昭和日本の
家と政治

日本社会学における家理論の形成と展開

斉藤史朗

弘文堂

Für Kuniko

昭和日本の家と政治◉目次

第一章 序にかえて――家と社会、家と政治……1

第五章 親方による支配と庇護――有賀喜左衛門の家理論……221

凡例

引用文献は、著作集などの後に編集されたものがある場合でも、原則として初出のものを用いた。その理由は、例えば、有賀喜左衞門著作集などは、しばしば編集上のミスや、編者の判断による取捨選択に大きな問題がある点が見られるからである。たとえば、有賀は戦前には「家制度」という言葉を使用していないが、著作集の編者はこの点に関して無頓着であるため、旧稿と新稿がある場合の注のつけ方にこの点を反映していないものがある。また、有賀本人が著作集の内容について語っていることが、事実とは異なることもある。(「家について」は戦後すぐに発表されたものと、その後に大学セミナーの一冊である「社会学——理論篇」に採録されたものとでは、内容的に大きな違いがあるし、その違いは有賀理論の展開の中でも重要な発展を見せているのだが、本人が内容的に変わらないとしているために、有賀理論の年代的変化について誤解を生じさせる恐れがある。)

また、喜多野清一は、他の著者の著作に書いた解説を自らの著作として編集する際に、かなり手を加えているので、こちらもただ単純に喜多野の著作を引用すればよいという訳ではない。

鈴木榮太郎著作集については、本文中でも触れた通り、戦前の記述に関して大きな訂正・削除の手が入っていてそのままでは鈴木のオリジナルな考えを知ることができない状態にある。

そういうわけがあって、本稿では、できる限り、初出のものをあたったが、手に入らないものがあったので、その場合は著作集などから引用をしている。

なお、上記の原典初出主義にともない、漢字・仮名遣いもまた、原典通りを原則とした。ただ、「ゟ」や「〻」などの変態仮名は、便宜のために常用の仮名に変えておいた。また、一部、活字等の問題で旧字を反映できていないところがあるがご容赦願いたい。

外国語については、流布している翻訳の本文を検討する場合を除いて、筆者が自ら日本語訳を作成した。その方が、引用する際の地の文との折り合いをつけやすかったからである。

なお、特に断りのない限り、引用文中の［ ］は読者の理解のために筆者が記したものである。

お母さん狐は、「まあ！」とあきれましたが、「ほんとうに人間はいいものかしら。ほんとうに人間はいいものかしら。」とつぶやきました。

——新美南吉「てぶくろを買いに」

第一章

序にかえて

—家と社会、家と政治—

① 家と政治

一　非政治的領域としての家

本書は、日本の社会学における家研究の特徴を、その誕生の時[1]から一九八〇年代の終わりに一区切りがつけられるまで[2]の六十年余りにわたり、代表的な学説をたどることによって明らかにするものである。その際に、それぞれの学説の背景となっている社会像と、それに基づく政治観がどのようなものだったかに注目する。

ここで、社会像を問うことに加えて、政治観という「政治」の問題が持ち出されることについて、疑問が出されるかもしれない。家という問題領域が「社会」に関係することはわかるとしても、家あるいは家族と、政治とは関係がないのではないか、と。

この疑問に直接答えるまえに、どうしてこういう疑問が出されうるのかについて考えてみたい。それは政治ということが「社会」や「家」、「家族」には似つかわしくないという考えから生じうる。例えば、「家政学」の対象とされる「家政」とは外部社会とは別の、家族という小集団の作り上げる「家庭」を経営することだとされ、そこに「政治」という要素は全く見られない。[3]また、代表的な家族社会学の教科書においても、家族と外部社会との関係は「家族と職業」「家族と地域社会」の関係に認められるのみで、家族と政治との関係は、強いて言えば「地域社会」の中の「住民運動」との関係が語られるのみである。[4]

1　戸田貞三が留学から帰国し、様々な論考を発表し始めたのが一九二一年、一九二三年頃のことである。

2　家理論のピークを形成した有賀喜左衛門と喜多野清一が亡くなったのが、それぞれ一九七九年と一九八二年であること、また、一九八〇年代後半から従来の家理論を批判する近代家族論や家＝株論が登場してくるため、このような時代区分を行った。

3　好本照子・福田はぎの『家政学概論』一九九〇年。

だが、家や家族を政治とは無縁なものとする考え方は、決して自明のことではない。日本の家政学のもとになったヨーロッパにおいては、家政学は内なる支配の学として、外の支配の学としての政治学と並んで扱われており、家（Haus）は、旧時代の政治的単位として支配を基礎づけるものとして観念されてきたのである。[5]また、日本においても戦前の翼賛体制の教義とも言うべき家族国家観[6]や、それに先行する穂積八束の議論[7]においては、家は国家の礎として観念されていたし、さらに遡れば古くから家は国のあり方と密接に関連させられて論じられてきた。[8]それゆえ、家や家族が政治とは無関係であるという観方の方こそ特殊であるともいえる。逆に言えば、こうした観方それ自体が一つの歴史的な事象として議論の対象となるべきものである。

では、社会学の領域では、家や家族をめぐって、どのような議論が行われて来たのだろうか。

二　社会学における家理論と政治

森岡清美は、一九二〇年代の戸田貞三の研究に始まる現代の社会学的な家族研究を「……家族を社会の文脈から切り離して観察し、そこに傾向性を見出そうとする研究態度」と特徴付けている。そうした研究態度は「研究の科学性を確立することに寄与した」とはいえ、他方で「……家族が政治権力の意図によっていかにつくられてきたか、支配の意図に適合的な家族は人々の福祉を達成するうえでも果たして適合的であるか、といった視点を欠落する事になった」と述べる。すなわち、現代の社会学の家族研究は「科学的であるけれども、非政治的」であるというのである。[9]

この発言には重大な意義が含まれている。一つには、こうした指摘を森岡がなし得るということは、非政治的ではない、すなわち政治的な家族研究もあり得ることが意識されているということである。また、この発言が行われた頃には、従来の「非政治的」な家族研究とは一線を画した政治的な家族研究が現れていて、その存在が森岡によって意識されていたということでもある。

現に一九八〇年代後半から、家や家族の研究にも国家や政治との関係を重視するものが多く現れている。それらの研究の中に家理論との関係で、大きな重要性を持つものとして二つの傾向を見てとることができよう。一つは、戦後の日本社会の発展の目標とされていた家族形態、欧米流のいわゆる近代的家族の中にある、実際の支配や不平等を見出し、批判する議論の中から生まれた、いわゆる近代家族論と総称されるものである。[10] もう一つは、長谷川善計とその門下生からなるグループが近世農家の文書の分析をもとに展開した議論で、家を政

4　森岡清美・望月嵩『新しい家族社会学』一九八三年。ただし、ここで語られる住民運動は、行政のチェック機能としてのものであり、それは行政というサービスに対するクレームに過ぎない。

5　後に、詳しく触れることになるが、ヨーロッパにおいても、近代化の展開とともに、政治的な要素を多く持った家（Haus や maison）から、そうした要素を希薄にした家族（Familie, famille）への移行を見ることができるのだが、それでもなお、政治的な要素の痕跡は認められるのであった。Otto Brunner,'Das „ganze Haus" und die alteuropäische „Ökonomik"', in „Neue Wege der Sozialgeschichte", 1956 および Dieter Schwab, 'Familie' in „Geschichtliche Grundbegriffe Bd. 3" hrsg. von Otto Brunner, Werner Conze, Reinhard Koselleck und Rudolf Walthe, 1975 を参照。

6　家族国家観については多くの文献があるが、代表的なものとして石田雄『明治政治思想史研究』一九五四年を挙げておく。

7　穂積八束「民法出テ、忠孝亡フ」『穂積八束博士論文集 増補改版』一九四三年。

8　慈円は鎌倉時代初期に書かれたとされる『愚管抄』において次のようにのべている。すなわち、「世ト申ト人ト申トハ、二ノ物ニテハナキ也。世トハ人ヲ申也。ソノ人ニトリテ世トイワル丶方ハヲホヤケ道理トテ、國ノマツリコトニカ丶リテ善悪ヲサダムルヲ世トハ申也。人ト申ハ、世ノマツリコトニモノゾマズ、スベテ一切ノ諸人ノ家ノ内マデヲヲダシクアハレム方ノマツリコトヲ、又人トハ申ナリ。其人ノ中ニ國王ヨリハジメテアヤシノ民マデ侍ゾカシ」と（『愚管抄 日本古典文学大系』一九六七年 三二八ページ）。鎌倉時代後半には「北条重時家訓」（石井進・石母田正・笠松宏至・勝俣鎮夫・佐藤進一編著『中世政治社會思想 上』一九七二年 三一〇ページ以下）が、また、戦国期、江戸期の多くの大名は領国内の統治や支配を家の問題として、家訓を残している（有馬祐政・秋山梧庵編『武士道家訓集』一九〇七年や石井紫郎編著『近世武家思想』一九七四年を参照）。また、江戸時代には庶民の間にも、日本の国のあり方を外国のあり方に対置しながら、そのあり方の基本に家と家業があることを述べる議論も存在した（河田正矩『家業道徳論』元文五年『通俗経済文庫 巻九』（一九一六年））。

9　森岡清美「一九二〇年代の家族変動論」『現代家族変動論』一九九三年、七六ページ。

10　代表的な研究として、落合恵美子『近代家族とフェミニズム』一九八九年、上野千鶴子『家父長制と資本制』一九九〇年、『近代家族の成立と終焉』一九九四年、西川祐子『近代国家と家族モデル』二〇〇〇年、これらの研究を概観したものとして、落合恵美子「近代家族をめぐる言説」『岩波講座 現代社会学一九〈家族〉の社会学』一九九六年。

治社会の単位としての「株」として見るという考え方である[11]。

このような議論が登場することにより、家の語りは再び「政治的」性格を回復した。逆に、森岡の言う「非政治的」な語りは、現代社会学における家や家族論の誕生から一九八〇年代まで続いた例外的なものであるということになる。この時代区分には興味深い特徴が見られる。すなわち、そこでは、戦前期の家の議論もまた、「非政治的」であるとされてしまうのである。戦前期と言えば、家族国家観のように、家と政治との結びつきが一つの頂点に達した時期である。その時期においてさえ社会学における議論は例外的に「非政治的」であったのだろうか。あるいは、戦前期の期間まで含んで「非政治的」であるとすることに無理があったのか。

この問いに答える前に、一九八〇年代以降の「非政治的」ではない議論が、先行学説をどのように理解しているのかを見てみよう。

近代家族論によって切り開かれた新しい家族の観方に立脚して、「家」という概念そのものの成立を批判的に検討した千田有紀は、過去の家理論について、次のような展望の下で議論を進めている。すなわち、「家」とは欧米の「近代家族」を範型とし、その反対像として戦後形成されて行ったのだと[12]。千田は戦前の家理論について次のように述べる。すなわち、「戦前の社会学における家族の議論は、……「日本の家族」を実証的に研究することを目的としていた。しかし、そこに存在する「日本の家族」をそのまま研究しようとする態度は、家族の形成に国家政策が関与しているという視角にはつながらなかった[13]」と。

さらに千田は、家をめぐる社会学の議論について戦前と戦後を断絶なく、同じく「非政治的」なものとしている。すなわち、「……例えば鈴木は、日本の「家」を自然村にみいだせるものとして考えたし、戸田によって家族は、感情融合に基づく自然な集団であった。「家族」が「自然」と考えられているという点では、戦後の家族社会学の問題設定と同じである[14]」と。

社会学において家や家族を考える際に政治的な観点を重視した、一九九〇年代以降の新しい議論のもう一方の代表例として、家＝株論の主導者であった長谷川善計の議論を検討してみよう。長谷川は先行学説を、家を家族として捉えたものと、家を経営体として捉えたものに二分している。

長谷川は、前者の代表として喜多野清一の議論を挙げ、あわせてその先行者として戦前の戸田貞三の議論をも批判している。すなわち、「……家や同族を、家族関係や親族組織としてとらえるためには、こうした家族結合の本質論を超えて、家族的諸関係や親族的諸関係のなかでそれぞれのステータスが有する権利・義務の観点から家族制度や同族関係を分析していくべきであった[15]」と。

また後者については有賀喜左衛門の議論を次のように批判している。すなわち、「……たしかに経営や生活連関というのは、家の内部構造としては重要な問題ではあるが、家とは、経営や生活連関だけに規定されたものではなく、……経営や生活連関という観点だけでは、「日本の家とは何か」ということは明らかにならないということである[16]」と。

長谷川は先行学説の二つの系統の両方に対して、「……家族や経営体・生活体といういわば「村内的」な側面からは充分にとらえきれない[17]」と評する。そうではなくて、「……日本の家のもつ独自な性格を解明していくた

11　長谷川善計・藤井勝・竹内隆夫・野崎敏郎『日本社会の基層構造――家・同族・村落の研究』一九九一年。
12　千田有紀「家族社会学の問題構成――『家』概念を中心として」『社会学評論』五〇巻一号、一九九九年および、「『家』のメタ社会学」佐々木潤之助編『家族史の方法』二〇〇二年。
13　千田有紀「家族社会学の問題構成――『家』概念を中心として」『日本型近代家族』二〇一一年、一二六ページ。なお、千田の本論文は『日本型近代家族』に収められたものから引用することとする。この記述は、先に引用した森岡の評価とほぼそのまま一致している。
14　千田有紀「家族社会学の問題構成――『家』概念を中心として」『日本型近代家族』二〇一一年、一二六ページ。
15　長谷川善計・内竹隆夫・藤井勝・野崎敏郎『日本社会の基層構造――家・同族・村落の研究』一九九一年、五一ページ。
16　長谷川善計・竹内隆夫・藤井勝・野崎敏郎、同書、六五ページ。

めには、その視座を転換して、村との関係、あるいは領主との関係という「村外的」な関係からとらえ直さなければならない[18]」というのである。

三　課題の設定

このように一九九〇年代頃から、政治という観点から家や家族を論じる新しい議論は、彼らに先行する社会学における家理論をその全体として「非政治的な」ものとして、自らの議論と対置して行く。森岡もまた、次のように述べて、先行学説への理解を共有している。

曰く、「戸田の限界は、集団としての家族の研究に従事する私たちの限界でもある。では、戸田の時代から今日まで、日本の家族研究を一貫する非政治性をいかに克服するか。その道は困難であるが、かつて一九一〇年代の法学者や経済学者の考察を反面教師として誕生した家族社会学は、現代の法学者や経済学者の分析を強力な手がかりとして、非政治性克服の歩みを進めることができるのではないか[19]」と。

ここにいたって、本書が解くべき三つの問いが明らかになる。

第一に問われるべきは、本当に社会学における家理論は、戦前期においても「非政治的」であったのかどうかということである。ここで名前を挙げた戸田や有賀などの議論をつぶさに見て行くことによって、彼らの家をめぐる議論と、政治や国家が無関係なものであったのかどうかを確かめる必要がある。

第二に問われるべきは、こうした理解——戦前期の議論を戦後の議論とともに「非政治的」であると評価すること——がいつ、どのようにして生まれたものなのかということである。社会学における家理論が、その誕生の時からずっと「非政治的」であったというのは、新しい理論が自らの議論の新しさを強調するためにそう主張したのか、あるいはそれ以前から、そのような観方が存在したのかを確認しなければならない。

そして第三に問われるべきは、社会学における家理論が、戦後のものばかりでなく、戦前に展開されたものもまた非政治的であったという学説史的理解が形成されるのに大きな影響を与えた要因としては何が考えられるのかということである。

この三つが以下の本書で答えを出すべき課題である。

これらの課題に答える準備として、以下で本書を叙述する際の用語や方法について述べておく。

② 社会像と政治観

一　政治の概念

これまでは森岡の用語としての「非政治性」に依存しながら議論を進めてきた。以下の叙述での議論の前提を明確にするために、ここで「政治」の概念を整理しておきたい。

まずは引用した三人の論者の議論を簡単に振り返る。

森岡の議論をもう一度見てみよう。森岡曰く、「この新しい研究態度〔家族を社会の文脈から切り離して観察し、そこに傾向性を見出そうとする研究態度〕は研究の科学性を確立することに寄与したが、他方、家族が政治権力の

17　長谷川善計・竹内隆夫・藤井勝・野崎敏郎、『日本社会の基層構造――家・同族・村落の研究』一九九一年、六六ページ。
18　長谷川善計・竹内隆夫・藤井勝・野崎敏郎、同書、同ページ。なぜなら、「……日本の家制度は、対内的には、家族・経営体・生活体に規定されながらも、それ自体は、むしろ村制度や領主の農民支配の制度としての性格をつよくもってきたと考えるべき」だからである（長谷川ほか、同書、六七ページ）。
19　森岡清美「一九一〇年代の家族変動論」『現代家族変動論』一九九三年、七六ページ。

意図によっていかにつくられてきたか、支配の意図に適合的な家族は人々の福祉を達成するうえでも果たして適合的であるか、といった視点を欠落することになった[20]」と。それゆえ、森岡の考える「非政治性」を克服した研究とは、家や家族と政治権力や支配との関係を問うものということになる。

千田もまた、それまでの家族社会学に欠けていた視角として挙げるのは、国家との関係である。再度引用するなら、「……「日本の家族」をそのまま研究しようとする態度は、家族の形成に国家政策が関与しているという視角にはつながらなかった[21]」と。千田が問う「政治的」な捉え方とは、国家の政策と家や家族との関係である。

長谷川も、問題としているのは家と国家との関係である。彼らの家＝株論とは、江戸時代における農民の一軒前の家を当時の行政の公的な客体として捉えることである[22]。

千田と長谷川はいわば同じ国家による家の支配を異なった視角から見ている。千田は上からの政策として、長谷川はその政策の受け手として。

もっとも政治を国家に関わることと捉えることについては、カール・シュミットの著名な批判がある。現代国家のように社会のあらゆる領域に国家が関与するようになって以後、国家に関わることと述べるだけでは、何も言っていないのと等しいのである[23]。本書では、シュミットの批判に賛同して、ただし、シュミットとは違ったやり方で、政治の特有の「標識」に注目する。そのために、これまで引用してきた議論において、彼らが国家のどのような側面を捉えて議論をしていたのかに注目することにより、「政治」という概念をより具体化してみたい。

森岡の述べる政治権力や支配にかかわる政治とは、国家による人々の支配を意味している。また千田の語る「政策」とは、国家の側の何らかの意図に基づく、人々の操作を意味している。家を、人々を操作するための手段として捉えるのであるから、ここにも支配の要素が色濃く反映されている。長谷川の述べる株としての家は、江戸時代における政治的単位であり、近世社会の最末端の行政組織と言うこともできよう。行政組織という上位下達の組織原理を持つがゆえに、ここでもまた、支配としての政治の意味が重要となっている。このように、三者ともに「支配としての政治」に注目していることは明らかである。

だが、長谷川の述べる末端の行政組織という捉え方は、国家や政治の別の側面をも明らかにする。すなわち、行政は支配の要素を持ちながらも、その組織を挙げて実現すべき目的を持っている。たとえ建前だけの場合が多くとも、集団全体の利益になることをするために存在しているのである。こうした被支配者をも含む集団の利益を実現するという側面は、森岡や千田の議論にも可能性としては含まれている。森岡の述べる「人々の福祉を達成するうえでも果たして適合的であるか」という問いは、戦前の家族や国家の在り方にたいする批判的ニュアンスを含んでいるが、それ自体をニュートラルに捉えれば、集団の利益としての「福祉」を問うていると言えるだろう。千田の「政策」もそうである。国家の政策意図が常に被支配者にとって重荷や障害になるとばかりは限らない。可能性としては、集団全体の福祉を向上させるという政策意図が存在することもあり得るだろう。

そこで本書では、「支配としての政治」とは別に、「統治としての政治」という概念を考えてみたい。政治とは最広義に捉えれば、「人が集まって生きていかざるをえない以上どうしても生ずる共同の課題に取り組み、そ

20 森岡清美「一九一〇年代の家族変動論」『現代家族変動論』一九九三年、七六ページ。

21 千田有紀「家族社会学の問題構成――『家』概念を中心として」『日本型近代家族』二〇一一年、一二六ページ。このように、家や家族を国家との関係において考えようという点においては、近代家族論の論者である西川祐子が近代家族を近代国民国家の単位と定義することとも通底し合うものがあると言えよう（西川祐子『近代国家と家族モデル』二〇〇〇年、一五ページ）。

22 長谷川善計・内竹隆夫・藤井勝・野崎敏郎『日本社会の基層構造――家・同族・村落の研究』一九九一年、一九ページ以下。

23 Carl Schmitt, "Der Begriff des Politischen, Text von 1932 mit einem Vorwort und drei Corollarien", 1965, S.24には次のようにある。すなわち、「そのような〔段階に達した〕国家においては、それゆえに、あらゆる重要なことはその可能性において政治的なのであり、国家に関与しているということは、「政治的」ということを特別に区別する指標を基礎づけることができないのである」と。

の集まりを運営していく」[24]ことである。人が一人でできることには限りがあるが、集団を作って、ことにあたることにより、その限界を超えて行くことができる。他方で、そうした集団を作り上げ維持していくことから、集団の中に指導する者とされる者との区別が現れ、支配と服従という問題が生じる。支配は、人々それぞれの自由を幾分かは奪うことにもなるし、この側面が肥大すれば集団の持つ可能性よりも、人々の行動を規制することのマイナス面の方がクローズアップされることになる[25]。

だが、統治としての政治を論ずべき視角は、「共通の課題の解決」というプラスの側面と「支配による規制」のマイナスの側面の二つにとどまるわけではない。文明の発達は、集団の高度化、多層化を生み出す。すると、それに応じるように、集団の持つ政治的機能はそれ自体で恒常的に存在する制度を生み出すようになった[26]。長谷川の議論に見られる、政治の組織としての側面である。制度が自律化すると、それ自体の存続が一番重要な課題の一つとなる。そうなると、「共通の課題」の解決という原義を幾分残しながら、統治としての政治は、実際には行為の中身を問うことなく、制度として存在するがゆえに妥当する支配となるだろう。

こうした統治としての政治が妥当する範囲が国、あるいは広い意味での国家であり、このような国家における秩序のあり方がすなわち国制で[27]、それは別様には「憲法」とも言い表されることとなる[28]。統治としての政治が制度としての自己保存にのみ汲々とし、政治の原義に含まれる被統治者の利害を考慮することなく、あまつさえそれを虐げるようになった場合には、被統治者はその無力さから、政治を天災にさえなぞらえられるようになるのである[29]。

以下の本論では、この、統治としての政治を軸に議論を展開することにしよう。

二　政治と政治観

なお本論を展開するにあたり、本書が「何でないのか」について、まえもって議論しておくことによってあり得べき誤解をあらかじめ解いておくとともに、本論の視角を明らかにする出発点としたい。

第一に、本論が対象としているのは、当該時期の家理論であって、家そのものではない。一九二〇年代から一九八〇年代にかけて、家が統治の手段としてどのように機能したのか、などの問題を問うているのではない。そうではなく、この時期に、家がどのように語られていたのかを問題にする（家そのものではなく、家理論の探求）。

24　渡辺浩『日本政治思想史』二〇一〇年、二ページ。

25　それゆえ、本来は人間の自由を保証する基盤となるはずの「規制」であるのに、それを失くすことで自由が開花するという考えも生まれることになる。（Émile Durkheim, *De la division du travail social*, 9e édition, 1973, Préface de la seconde édition p. Ⅲ）統治としての政治にも支配と服従につながる要素があるので、統治としての政治と支配としての政治は対立した概念ではない。あくまで政治を見る場合の視点の置き方の違いにすぎない。支配としての政治に対置されるべきは、同等者間に盟約によって形成される盟約としての政治であろう。以上の意味で、ここで述べる支配としての政治と統治としての政治は、zero-sum の権力と non-zero sum の権力との違いとは視角を異にしている。（zero-sum の政治と non zero-sum の政治については、Talcott Parsons, 'On the concept of political power' in *Proceedings of the American Philosophical Society* vol. 107, No.3, 1963 を参照のこと。）

26　この過程を渡辺浩は次のように述べている。すなわち、「始め単なる複数の人間であったものが、その間で役割が分化し、やがて指揮・指導・支配の系統によって組み合わされた行為の型が自覚され、遂にはその人々が全員入れ代ってもその同一性を保持していると自他ともに観念されるならば、それは、個々の人間を単なる一時的質料とする人間以上に実在的なものとさえ、感じられるに至る」と。（渡辺浩『東アジアの王権と思想』一九九七年、六三ページ）

27　カール・シュミットによれば、「国制とは政治的な統一と秩序の全体の状態を意味する」。（Carl Schmitt, „Verfassungslehre", 1928, S.3）近代国家においては、統治としての政治こそが国制の中核をなしている。なぜなら、統治という支配形式こそ、国家の中でもっとも高度で集中した支配だからである。しかしだからと言って、国制がすなわち統治としての政治が作り出す秩序と同じわけではない。統治としての政治は、人と人とがどのように結びついているのか、そうして結びついた人々が作る集団が、また、集団同士でどのように結び合うのかということの多層・多重の積み重ねを基盤として持っている。ここで言う国制とは、こうした基盤の全体をも含む「秩序の全体の状態」のことなのである。

28　ドイツ語では憲法も国制も Verfassung であり、英語では constitution が、フランス語でも constitution がそれにあたる（Heinz Mohnhaupt, 'Verfassung（I.）' in "Geschichtliche Grund - Begriffe" Bd.VI 1990, Dieter Grimm, 'Verfassung（II.）' in "Geschichtliche Grundbegriffe" Bd.VI 1990）。

29　後に触れるように、有賀喜左衛門は家を取り囲む外部条件として、天災とならんで、政治の苛斂誅求を挙げていた（本書第五章参照）。

第二に、家を語るその議論が、実際の政治とどのようにかかわったのかを問題にしているのでもない。戦前期、家族国家観は実際の政治に大きな影響を与えていた。本論でも、場合によってはそうした側面に触れることもあるが、その際にも、問題としているのは、そうした具体的な政治とのかかわりの背後にある政治の捉え方、あるいは政治への態度なのである。本論では、それを政治観と呼んでいる。（家理論の政治的効果ではなく、家論者の政治観）

ここで政治観と呼ぶのは、論者自身が明確な認識には至ってなくても、あるいは該当する論者の議論そのものには含まれていなくとも、一つの可能性として、その論者の政治への構えや態度を意味している。本論では一九二〇年代から一九八〇年代にかけて、統治としての政治に対して、該当する論者たちがどのような態度や構えを持っていたのかを明らかにして行く。

このような概念を用いることの利点は、真正面から政治を論じていない議論を対象としても、政治との関わりを問うことが可能となるということにある。いわば、政治を論じる対象が拡大するわけである。政治観という概念を用いることにより、直接的に政治について述べた議論だけでなく、政治について全く触れていない、あるいはかなり縁遠いように見える議論の持つ政治的意味をも問うことができるようになるのである。

このような視角に立たなければ、そもそも社会学の、しかも家を論じた議論を対象にして政治を云々することは、初めからできないことになってしまうだろう。

こうした考え方は、政治の領域を無闇に拡大し、本来、政治と関わるものとして扱うべきでないものまでも政治に巻き込むことになるのではないかという批判もあり得よう。だが、このように政治を問題にする領域を拡大することには十分な意義があるのだということを、政治思想史の研究から明らかにしてみよう。

統治としての政治を構成する人々、支配者も被支配者も含め、当該社会の政治を形作っている人々の意識のあり方を、近年の思想史学の研究は、直接的な政治論だけでなく、様々な政治的な行為や儀式に対する人々の構えや態度に見い出している。[30] たとえば、渡辺浩は江戸時代の諸大名たちの参覲交代の際の行列に注目し、厳しく、物々しいが他面で壮麗でもある行列を眺める人々の態度や構えに注意を促している。行列は「賛嘆の的であり、妬みと嘲りと競争心の火種だった」[31]と。こうした行列はそれ自体で行列にひれ伏している側と行列の中心にいる者との間の圧倒的な身分的差異を示しているが、さらに、その行列の向かう先に存する将軍の権威をいや増しにしたのであると。[32] このような権威付けと圧倒的な身分の差の実感が、圧倒的武力による「ご威光の政治」を基礎付けたというのである。[33]

このように、明確な認識や論を成していない、未だ構えや態度でしかないものも、それ自体が政治そのものを構成しているのである。政治の方からすれば、それは人々の意識のあり方から、決して超然として存在しているのではなく、どのような政治であれ、一国の政治はなにがしかのあり方で、人々の意識に基づいているのであり、そうした意識は構えや態度などからも明らかになるのである。[34] それゆえ、政治への態度や構えである政治

30　それゆえ、思想史の対象となるのは、一昔前のように「人類の知的遺産」を構成するような大哲学者や大思想家だけではなく、庶民の書き残したものにまで拡大してきている。渡辺浩はシュオーツを引用して次のように述べている。すなわち、「……「思想」とは、「思想家」「哲学者」の構築した理論体系だけではなく、人の考え、思い、感じること全てを指す」と。（渡辺浩『東アジアの王権と思想』一九九七年、ⅴページ。渡辺が引用するのは、Benjamin I.Schwartz, *China and Other Matters*, 1996, p.37)。
31　渡辺浩『東アジアの王権と思想』一九九七年、二四ページ。
32　渡辺曰く、「行列は支配身分の威勢を顕示し、同時に格式の序列を一層強化する。そしてさらにその進行方向によって、行列は権力の所在、政治社会の中心を万人に示した」（渡辺浩、同書、二六ページ）。
33　渡辺浩『日本政治思想史』二〇一〇年、六五ページ以下。
34　渡辺浩『東アジアの王権と思想』一九九七年、ⅴページでは、暴力が人々の意識を抑圧しているような強権国家においてさえも、意識が政治を形成していることを次のように述べている。すなわち、「しかし、「暴力装置」自身の支柱は暴力ではない。組織的な暴力は、意識と言語とによって可能となる。そして、信徒だけでなく、忍従も屈従も、必ず意識を媒介とする」と。

観は、何らかの具体的な政治を構成するものとして、それを持つ人の政治への関わりを問題にする際に、非常に重要なものとなるのである。[35]

だが、ある人の、政治や国家に直接関わっているのではない人の、直接的に政治について語ったのではない議論から、どのようにしてその人の政治観を明らかにすることができるのであろうか。

三　政治観・社会像・社会認識

先にも述べてきたように、ここで「政治」という言葉で表しているのは、国家の統治に関わる事柄である。それゆえ、政治は制度化していて、直接的な人と人との関係から遊離する度合いが強い。そのため、政治についての議論は、政治を語ることを許された特別な人たちの議論であって、政治に縁もゆかりもない者の、しかも一見すると政治的な要素を含んでいない議論とは全く交わらないかのように見えるだろう。しかし、制度化されたとは言え、統治としての政治の原点には共通の目的遂行のための集団の運営という原義が存在している。どのように制度化の壁が厚く、政治が個人から独立していて、個人の意図や思惑を寄せ付けないように見えたとしても、政治が人を動かし、人のつながりによって動かさざるを得ない以上、政治のあり方は政治を構成する人々が、政治にどのように関わっているのか、彼らの政治への構えや態度がどのようなものかということから無関係ではいられない。

そしてさらに、このような政治に対する構えや態度は、当該個人が他者との関わりをどのように捉えているのかに基礎を置かざるをえない。なぜなら、集団を運営するということは、それが支配に基づくにしろ、盟約に基づくにしろ、[36]人と人と、あるいは人と集団とが関係することだからである。政治の具体的な内容はまさに、当該集団に属する人々が、人と人との、また、人と集団との関係をどのように捉えているかに左右されるのである。

私たちが、人と人との、人と集団との関係について抱くイメージや理想によって、私たちが形作る社会関係は独自の色彩を帯び、そうではないイメージや理想を基盤とする社会関係とは異なった姿を取るだろう。その結果、社会関係の一種である、集団の運営というもののあり方も、私たちなりの姿を取ることになるだろうし、それはつまるところ、私たちの政治観のあり方そのものに他ならない。

ここで、人と人と、および人と集団（さらには集団と集団）の関係をどう捉えるのかを、当該人の「社会像」と呼ぶことにする。[37] 政治とは基本的に集団の運営であるから、政治に対する構えや態度である政治観は、何らかの社会像を前提とせざるを得ない。逆からみれば、何らかの社会像によって、ある政治観は規定されることになる。[38]

ここで言う「社会像」もまた、社会に関する何らかの認識というほどにまとまったものではない。それは人や集団の織りなす関係についてのイメージや理想であり、そうした関係に対する構えや態度である。それはいわば、一つの可能性にすぎないが、人や人間集団に関する認識すべての地盤をなすものである。

そのような社会像から、当該論者の政治観を明らかにすることができるということはわかったが、では、以

35 例えば、政治から最も遠いように思われる、政治を否定する態度が政治的には大きな意味を持ち、ある時代の政治の重要な要素となることについて、Friedrich Meinecke, "Die deutsche Katastrophe. Betrachtungen und Erinnerungen", 1946 を参照のこと。
36 盟約による政治秩序の形成については"Max Weber, "Wirtschaft und Gesellschaft, Die Stadt, Max Weber Gesamt Ausgabe I/22-5", 1999, S.128f.
37 これは以下の本論での叙述における用語の定義であって、こう社会像を定義するからと言って、社会とは人と人との関係、あるいは人と集団との関係であるとしなければならないと主張しているわけではない。社会の定義と人と人との、あるいは人と集団との関係については、戸田貞三『社會學 岩波講座 哲學 上』一九三二年 を参照のこと。
38 人と人との関係を上下の支配関係としてしか観念し得ない社会には、盟約としての政治観は存在し得ない。

下に本論で取り扱うような、社会学者の議論、何らかの社会のあり方について述べた議論、敷衍すれば社会科学的認識から、どのようにして社会像や政治観を導き出すことが可能なのだろうか。

この点に関して、社会科学は自然科学に対して大きなアドヴァンテージを持っていると言えよう。なぜなら、社会科学とは、人々があらかじめ抱いている社会に関するイメージを元に構成されたものだからである[39]。本論で明らかにしようとしている社会像とは、社会科学的認識のもととなっている第一段階のイメージなのである。言葉を換えて言えば、社会像とは人や人間集団に関する学問的認識の基礎にある、生活世界の知なのである[40]。

例えば、カール・シュミットは自由主義について、次のように述べている。曰く、「奇妙に思われるほどの自明性をもって、自由主義は政治的なものの外部に人間活動の様々な領域の「自律性」を認めるだけでなく、さらに進んでそれらの領域の専門分化やさらには完全な独立までをも主張するようになるのである[41]」と。この論によれば、家を政治から独立させ、家という集団内部の要素によってのみ家を語ろうとする学問のあり方は、一見政治とは無関係なようでも、自由主義という政治的主張と結びつき得るということになる。

では、政治的主張とそれとは一見無関係な学問的主張とをつなげるのはなにものなのだろうか。シュミットは自由主義の持っている「国家と政治に対する批判的な不信は、ある体系、個人が出発点でありかつ終着点であるという一つの体系を作り上げている諸原理から容易に説明がつく[42]」と述べている。個人を諸価値の源泉とし、個人を超える存在に価値を認めないがゆえに自由主義は「国家と政治とを回避ないしは無視[43]」するのであると。すなわち、「個人が出発点であり終着点である」という社会像を基礎として、その上に一方では「国家と政治とを回避ないしは無視する」という政治観を持ち、それをもとに「自由主義」という学問的な認識に至る一方で、「政治的なものの外部に人間活動の様々な領域の「自律性」というそれぞれの領域に対するイメージを持つことになるのである。

何らかの学問的認識を、このようにその基礎となる社会像にまで降りて行くとともに、そこから生み出される政治観を明らかにすることが可能であろう。それを社会学における家理論で行うと次のようになる。まずは、以下に取り上げる学者たちそれぞれの、家に関する議論を取り上げて、その他の議論をも参照しながら、彼らの社会像、人と人との関係や人と集団との関係についてのイメージを明らかにする。そして、その社会像をもとにした、各人の政治観、彼らが統治としての政治をどのようにイメージし、受け止めていたのかをつきとめて行く。このようにして論者の社会像と政治観とに開かれたそれぞれの家理論は、先にも述べたように、その時代の政治を形作る意識を成すのであり、それゆえ当時の政治の在り方を明らかにする鏡の役割を担うこともできるのである。

39 シュッツはこうした事態を「二段階目の構成」と呼んでいる。（Alfred Schutz, 'Common Sense and Scientific interpretation of human action' in *Philosophy and Phenomenological Reserch* XIV, No.1, 1953, p.3）

40 書かれたものから、書いた人間の社会像を探ることについての楽観主義は、書かれた対象を客観的に認識することに対する悲観主義の裏返しである。我々の何ものかに関する認識は、いかなる場合においても、認識する我々を取り囲む歴史的・社会的条件の影響から逃れることはできないということを逆手に取ると、我々の認識のもつ「偏り」から、我々を拘束している歴史的・社会的条件を明らかにすることができるのではないかと考えられるのである。

41 Carl Schitt, "Der Begriff des Politischen, Text von 1932 mit einem Vorwort und drei Corollarien", 1963, S.71

42 Carl Schmitt, a.a.O.,S.69

43 Carl Schmitt,ebenda.

③ 代表的家理論とその政治的含意

一　学説の解釈と歴史

前節の最後に、学者の遺した様々な叙述から、彼らの理論の背景にある社会像と政治観を明らかにする可能性について述べてきた。最初にも述べたように、本論は昭和と言う時代にほぼ重なる期間に及ぶ様々な学説を取り扱っている。それゆえ、誰か特定の学者の社会像や政治観をどう捉えるのかという問題とは別に、学説をまとめて議論するということについて、本論の考え方を若干述べておく必要がある。

本論の第一の課題である、そもそも戦前の家理論が本当に「非政治的」であったかどうかを明らかにするためには、端的に当該の論者の家に関する議論が国家や政策と何らかの関係があったという事実を詮索することが必要になる。たとえば戦前に活躍した戸田貞三、鈴木榮太郎、有賀喜左衛門のいずれについても、これまであまり触れられることのなかった資料の該当箇所を指し示すことによって、上記の課題は簡単に解決する。彼らの家理論は、決して「非政治的」ではなかったと。

たとえば戸田は、著名な『家族構成』を公刊する二年前、一九三五年に行った講演の中で次のように述べている。すなわち、「……少なくとも今申しました親が子に對する時に親が子のために考へるといふのと同様なる御心持ちを我國の歴代の天皇が御具へ遊ばして、常に國民の爲に大御心を砕かせられたと云ふ意味に於て、我が國が家族國家であるとも云はれ、或は家族精神を擴大した國家であるとも云はれ得るのではなかろうかと思ふのであります[44]」と。

また鈴木は家族の形態を夫婦家族、同族家族、直系家族の三種に分類し、中でも直系家族を最も高く評価しているが、その理由は次のようなものである。すなわち、「そこ［直系家族］に男女老若のあらゆる階級の者が含まれて居る。最も小さい人類世界の縮圖である。人倫組織の一組がそこに備はつて居る。そこには權利や義務といふやうな打算的な主義的な關係ではなく、……集團に對する個人の關係について見れば、全體に奉仕する没我獻身の精神である[45]」と。

さらに有賀は翼賛体制が国内の全ての団体を廃止し、包摂して行く際に、農業団体の合一のために産業組合が廃止される最後の大会において、そこで予定されている新しい国家による統合が決してうまくはいかない理由として、同族組織という民族的性格に根付いていない組織は農村においていかなる効果もあげることができないとして、次のように述べている。すなわち、「……新政策が雄大に構想される事は望ましいが、それが民族的性格から離れてしまつては、その實現が不可能であるといふのみに止まらず、又多くの犠牲を伴ふ可きは明かである[46]」と。

このような事実の指摘によって、第一の課題である、「本当に戦前の家理論は「非政治的」であったのか」という問題については、「否」と答えることができよう。しかし、それは決して完全な答えとはいえないように筆者には思われる。なぜなら、そのような事実の指摘だけでは、従来、これらの理論を「非政治的」であるとしてきた論拠と矛盾する事実のみだけが残され、この矛盾が解決されることがないからである。

戸田について言えば、従来議論されてきた、『家の道』の叙述の評価と同じ問題に逢着することになる。すなわち、方や戸田の国策迎合的な議論は実証主義社会学の必然的敗北であるとし、他方では、こうした議論は、や

44　戸田貞三「家族と外部社會」『學校教育』二九ページ。
45　鈴木榮太郎「家族生活の三つの型に就て」『緑旗』第七巻第六号、一九四二年、五ページ。
46　有賀喜左衛門「日本農村の性格に就いて」産業組合中央会編『新農村建設の基本問題――第六回産業組合問題研究会報告書』一九四三年、四三ページ。

むを得ず、いやいややったのであるとする理解の対立である[47]。

鈴木の議論については、そもそも、現在鈴木榮太郎の理論を研究する際に用いられている著作集の編集の問題に原因を帰せしめる議論もあるかもしれない。しかし、そういう外部的事情を超えて、当時の国策と密接な関係にあった鈴木の議論を「……家族の形成に国家政策が関与しているという視角にはつながらなかった」一例として、「……例えば鈴木は、日本の「家」を自然村にみいだせるものとして考えた」として挙げて、「「家族」が「自然」と考えられている[48]」とすることができたのは、いかなる理由によるものなのか。

同様に、有賀の議論についても、当時の国策の有効性を敢然と否定する、いわば政治的抵抗の姿勢を持った議論と、「……有賀氏は、家を経営体や生活体とみることによって家を、もっぱらその内部構造や対内的関係の観点からとらえられた[49]」という観方とが、どのように両立するのかが問われなければならない。なぜなら、ここに挙げた、戸田、鈴木、有賀の三人の家理論に関する従来の学説史的理解と、彼らの議論が決して「非政治的」なものではなかったという事実の指摘は、それぞれそれ自体では一面的な観方にすぎない。これらの矛盾を統一的に理解するためには、一方では対象となる家理論、戸田や鈴木、有賀の議論の基底にある社会像にまで遡り、彼らの政治観にたどり着き、他方でこれらの議論を「非政治的である」とした議論の前提とする社会像と政治観を明らかにして、矛盾を生み出すもととなった、社会像や政治観の違いを把握する必要があるだろう。

二　学説史と歴史

さらに言えば、従来の学説史的観方と、ここで指摘した戦前の家理論の持つ政治性とが両立する必然性を、それぞれの基礎にある社会像と政治観から明らかにすることは、第二の課題である、「戦前の家理論は「非政治的」であるという理解が、いつ、どのようにして生まれたのか」という問題に答えることにも資することになる。それは、誰が彼ら戦前の議論を「非政治的である」と言い出したのかを発見することを超えて、そうした誤解を生み出した背景を明らかにすることにより、一見しただけでは矛盾に思われる事態のある種の必然性を示すことができるのである。こうした必然性にまでたどり着くことによって、初めて第二の課題に真正面から答えることになろう。

第二の課題の「いつ、どのようにして」に単純に答えるならば、戦前の家理論をも非政治的であるとする観方は、戦後の家理論、いわば家理論の第二世代とも言うべき、喜多野清一によって生み出され、中野卓によって強化されたと結論づけるすることもできる。しかしこれは、課題の「いつ」については答えたことにはなるが、「どのように」に十分答えたことにはならないだろう。たとえば喜多野は戸田の弟子として、戸田亡き後、戦後世界における戸田理論の普及に努めた。しかし、喜多野は戸田理論の一部のみを取り出して紹介し、また、自分の理論に摂取したにすぎず、戸田理論に存在する別の側面を隠蔽してしまった。さらには、受容の偏りばかりでなく、喜多野は戸田理論のある重要な部分については、戸田理論のあり方とは正反対の理解を示してもいるのである。

また、喜多野が影響を受けたもう一人の先人である鈴木榮太郎との関係についても、アメリカ農村社会学の受容に関して、正面切った批判は行っていないにしろ、重要な点で鈴木の議論とは正反対の価値判断を下している。そして、さらに事態を複雑にしているのは、そうした鈴木の議論自体が、戸田の議論に対する明確な反論をなしていることである。

47　第二章の叙述を参照のこと。
48　以上、引用は千田友紀『日本型近代家族』二〇一一年、一二六ページより。
49　長谷川善計・内竹隆夫・藤井勝・野崎敏郎『日本社会の基層構造——家・同族・村落の研究』一九九一年、六五ページ。

ある論者の議論と先人の議論との関係を、その論者固有の議論のあり方と整合的に理解するためには、それぞれの論者の議論の基底に存在する社会像にまで降りて行く必要があるだろう。喜多野が戸田の議論のある部分を強調し、ある部分を全く無視したこと、鈴木の議論とは全く正反対の価値判断を下したことは、喜多野自身が人と人との関係、人と集団との関係をどのように捉えていたのかということに深く影響されているし、喜多野自身の理論もまた、こうした社会像によって生み出されたものなのである。それゆえ、学説の親近と反発は、それぞれの論者の社会像の親近と反発に応じているし、場合によっては表面的な親近と反発とは逆の関係にある場合もある。

例えば、中野の理論は有賀の理論と親近性が高いように思われているが、その社会像を比べてみると、大きな隔たりを見いだすことができる。そしてそのことはこの二人の政治観の決定的な差を作り出してもいるのである。そのため、中野の議論が有賀の理論に近しいと思われてきたことが、逆に有賀の理論のある側面を見失わせることにもつながっている。何重にも折り畳まれた理論の継承関係を明らかにし、「戦前の家理論は「非政治的」であるという理解が、いつ、どのようにして生まれたのか」という課題に答えるためにも、社会学の家理論のその初めから、それぞれの理論について、その社会像にまで降りて、そこから見いだされる政治観を明らかにしなければならないのである。すなわち、「いつ、どのようにして生まれたのか」という問いの「どのようにして」とは、相違した理解を生み出す社会像や政治観のあり方に遡るということを意味しているのである。

本論の叙述は、第一の課題に答えるために、戦前の論者の議論の基底をなす社会像を明らかにし、そこから可能となる政治観を導き出すことにつとめている。また、第二の課題に答えるために、戦後の議論が、彼等に先行した戦前の議論をどのように継承したのかということが、それらの議論を展開している彼らの社会像や政治観とどのような関係にあるのかを明らかにしている。要するに、戦後の論者が戦前の議論を受け止める、その受け止め方の偏りに、そうした偏りを生んだ戦後の論者の社会像や政治観を見出している訳である。

このような偏りを持った解釈が支配的となったからこそ、戦前の家理論を非政治的であるという観方が学説として定着することになったのであるが、それは取りもなおさず、その偏りを導いた社会像と政治観が、戦後の社会で力を持ったということである。逆に言えば、戦後の社会の支配的な社会像と政治観が、戦前の家理論を非政治的であるとする偏った解釈を産んだのだとも言えよう。それゆえ、第三の課題、「社会学における家理論が、戦後のものばかりでなく、戦前に展開されたものもまた非政治的であったという学説史的理解が形成されるのに大きな影響を与えた要因としては何が考えられるのか」という問いに対する答えは、「戦後社会の支配的な社会像と政治観がそうした理解を形成させるのに大きな力を発揮した」ということになる。だが、これはある意味でトートロジーである。なぜなら、そうした偏りを持った解釈の社会像と政治観自体が戦後日本社会で支配的であった社会像と政治観そのものであるのだから。故に、第三の課題に答えることは、生産関係のあり方とか、時代の支配的な思潮などを要因として挙げることではなく、第二世代の家理論のもつ社会像と政治観とを戦後日本社会の中で描くことによって遂行するよりほかはない。

このようにして第一から第三の課題を解決することは、結果として次のような副産物をもたらすことになる。すなわち、社会学という素材を通じて、それぞれの学説を産んだ時代の社会像と政治観を明らかにするということである。すなわち、本論は、いわば、社会学の政治思想史ともいうべきものになっているのである。

一般的な政治思想史は国家論や政治論など、法や国家について語られたものを対象とすることが多いが、ここで社会学の、しかも家を対象とした議論を対象とすることのメリットとは何だろうか。家についての議論ということで言えば、最初にも述べたように、家と政治との結びつきは、日本社会の歴史を振り返れば決して浅いものではなかった。さらに言えば、本論の叙述の対象となっている時代、昭和の初めの二十年間においては家は家族国家観という、政治との特別に密接な結びつきを見せていたのである。

だが、家族国家観を問題にするのであれば穂積八束や上杉慎吉、あるいは教育勅語との関係など、やはり国家や政治を真正面から扱ったものを対象とすべきであるという考え方もあろう。しかし、家族国家観研究の古典的著作である石田雄の『明治政治思想史研究』[50]においても、家族国家観の「普及」に力のあった「半官半民的組織」についての言及が含まれている。[51]近年ではさらに研究領域は拡大し、翼賛体制を牽引した為政者の側の思想だけでなく、そうした思想を受け入れ、自らのものとして行動した一般の人々の思考を対象にする研究が増えている。[52]

本論はこうした政治思想の対象の拡大という流れに棹差しながら、次のような観点を付け加えることができるのではないかと考えている。一つは社会学の家理論という共通のテーマによって、戦前と戦後の議論をまとめて考えることができるということである。同じく家を対象とした議論であるがゆえに、戦前と戦後の継承と断絶の関係を捉えることが容易となるのである。もう一つのメリットは、対象を学者の議論としたことである。吉見義明の『焼跡からのデモクラシー 上・下』は戦後改革思想に対して一般の人々がどのようにコミットしていたのかを、当時の資料から丹念に明らかにしたものであるが、惜しむらくは、一般の人々の遺したテキストは一つ一つの分量の少なさや単純な構造（言いたいことを書くだけで、その理由についての言及が少ない例が多いことなど）から、書いた人の社会像や政治観を明らかにすることが難しいという欠点がある。その点、学者の書き遺したものは、そこから社会像や政治観を抽出するに値するものが多いという利点が存在するのである。社会学者の家理論を素材にすることにより、戦前から戦後にかけて人々が政治にどう対していたのか、そこに存在する継承と断絶とを考えるための一つの視角を提供することが、本論の副次的な目的である。

三　本論が対象とする家理論の論者たち

本論文の対象となる五人は、上記課題の主たる対象である第二世代の論者の議論が参照する議論を遡ることによって決定された。すなわち、家理論の第二世代である喜多野清一と中野卓の二人に加え、彼らの理論の基礎となった先行者である、戸田貞三、鈴木榮太郎、有賀喜左衛門の三人を合わせた五人である。

本論の叙述は、それゆえに、対象となる五人の論者の家理論の議論から、それぞれの論者の社会像を明らかにし、そこから可能な政治観を導き、その政治観が同時代の政治にどのように関わっていたのかを、順番に、先行する議論との承継関係を含めて、叙述して行くことになる。このような叙述によって、先に提起した三つの課題を解決することになると考えている。

それでは以下に、取り上げる五人の論者について、本論の対象とする意義について簡単に触れておこう。

三―一　戸田貞三

最初に戸田貞三の理論を取り上げる。戸田の議論を取り上げるにあたっては、いくつか説明をしておかなければならないことがある。その第一は、従来、戸田の家族理論は、家という伝統家族の議論ではなく、現代家族のあり方の基礎としての近代家族の研究であるとされてきた。それゆえ家理論の吟味の対象としてふさわしいかどうかということに疑問符がつきかねないということである。もっともこの疑問については、第二章で詳述する

50　石田雄『明治政治思想史研究』一九五四年。
51　石田雄、同書、一八〇ページ以下。
52　こうした研究の嚆矢として、加納美紀代『女たちの銃後』一九八七年。近年では総力戦体制下の官民協力体制の問題として研究対象の拡大と研究内容の深化が進んでいる。例えば、大門正克『近代日本と農村社会』一九八六年や、南相虎『昭和戦前期の国家と農村』二〇〇二年を参照のこと。

ように、戸田の著作の全貌を振り返ることによって解消されるはずである。

現在の戸田理論のイメージは、戸田の理論の到達点を『家族構成』におくことによって成立している。そのため、一方でその対象としての家族論と、その方法としての社会調査が戸田の主要な業績とされるのである。しかし、戸田は家族論や調査論の他にも多くの分野における業績を残しており、家族論においても伝統的な家長的家族について言及しつつ、それが日本社会にとって必要であることが何度も主張されているのである。社会学における科学的な家族研究の創始者である戸田が、どのような家について、どのような議論をしていたのかということは、ひとまず、それだけでも本論の第一歩を成すのにふさわしい。

戸田を本論の最初に扱うことには、また別の重要な意味がある。さきほど引用した森岡による現代の家族研究に対する評価のきっかけは、戸田の理論に対するものであった。すなわち、現代の家族研究の基軸としての「制度としての家族の研究から集団としての家族の研究へと力点を移した」のは、戸田の業績によったのであり、「科学的であるけれども非政治的な家族研究[53]」とは、戸田の研究に対してもっともあてはまる評価である。

だが先にも述べたように、戸田の理論全体にはそうした側面には収まらないものが多く存在している。それが、このような形に切り詰められた過程を追うことが本論の第二の目的である。それゆえ、その後に流布した戸田理論の受容と対比する意味でも、出発点としての戸田の議論がいかなるものであるかを明らかにすることが必要なのである。

戸田の家理論を取り上げる理由はもう一つある。それは理論それ自体の内容によるものである。戸田は戦前にその理論を完成させたと言えるが、時局が押し詰まるに従い、政府の要請で国策を宣伝するような著述を行うようになった[54]。こうした国家主義的な叙述については、従来、いやいややったのだ[55]とか、あるいは実証主義理論の敗北である[56]とか評価されてきたが、あくまで戸田の理論の本筋とは別物として理解されてきた。だが、家と家族の理論を軸として戸田の社会像と政治観に迫っていくと、戦時の時局的発言が、決して戸田の理論と無縁のものではないことがわかる。戸田の社会像は、確かに非政治的である。というよりもさらに非社会的でさえある。しかし、そうした非政治的なあり方が、ある特定の政治観と結びつくと、いとも簡単に国家に服従する体制を作り出してしまうことを、我々は戸田の理論から学ぶことができる。そして、戦後の戸田の議論を注意深く見て行くと、戦後改革をはさんではいても、戦前の議論がそのまま踏襲されていることに気づくのである。

三-二　鈴木榮太郎

続けて本論では、鈴木榮太郎の家に関する議論を追う。ここで鈴木の議論を対象とする第一の理由は、鈴木の議論の理念性にある。鈴木は、家を集団ではなく精神だと論じていて、それが家理論の中でも際立った特徴を持つということ自体は学界の共通認識である。しかし、なぜ鈴木がそのような独特の考えを抱いていたのかについては、ほとんど議論されることがない。より具体的に言えば、家は精神であることを根拠に、鈴木は戸田の集団としての家族論に批判を加えるが、戸田と鈴木の議論を分かつものが何なのかを、両者の議論の背景となっている社会像および当時の文脈における政治観の違いにまで降り立って、明らかにした試みが存在しないためである。

鈴木の議論を分析する第二の理由は、先行研究における客観的条件による。すなわち、鈴木の議論に言及し

53　森岡清美『現代家族変動論』一九九三年、七六ページ。
54　戸田貞三『家の道』一九四二年。
55　小山隆・牧野巽・岡田謙・喜多野清一「家族研究の回顧と展望（座談会）」『現代家族の社会学――成果と課題』一九七〇年、二五四ページ以下の喜多野の発言を参照。
56　河村望『日本社会学史研究　下』一九七三年。

てきたほとんどの研究は、一九六〇年代終わりからの『鈴木榮太郎著作集』に依っていて、オリジナルの記述に言及していない。ところが、著作集では戦前の議論における、現在となっては不穏当と思われる表現が改訂・削除されているのである。それは場合によっては数ページにも及ぶものさえあり、鈴木の議論の本来の姿を隠し、そのため鈴木の意図を曲げてしまうことにもなりかねない。とりわけ、それらは時局にからんだ政治的な表現に多く見られるので、鈴木の政治観を捉えるには極めて不都合である。本論文では、こうした条件に影響を受けて十分に検討されることのなかった鈴木の政治観を明らかにし、それと鈴木の家理論との関係を確かめる。

鈴木の議論を取り上げることは、他の論者の議論の特徴を際立たせるという意味でも重要である。戦前における産業組合運動や農山漁村経済更生運動に対する鈴木の積極的な関与に対して、有賀の否定的な態度は好対照をなしているが、それが両者の理論のどのような違いに基づくものなのかに迫ることは、両者の社会像と政治観を明確にすることに大いに役立つはずである。

また、喜多野清一は鈴木に農村調査の手ほどきを受けるとともに、アメリカの農村社会学の研究においても鈴木から大きな影響を受けていた。農村社会学における活躍の時期を異にするこの二人の議論の違いを見て行くことが、取りも直さず、敗戦によって分かたれる戦前と戦後の社会像と政治観のあり方の違いを明らかにすることにもつながるのである。

三－三　喜多野清一

取り上げる三人目は喜多野清一である。

喜多野と言えば、現在では有賀・喜多野論争の当事者として有名である。だが、まず第一に確認しておくべきことは、この論争の出発点が戸田の家族論をどう捉えるのかという問題だったことである。喜多野と有賀の家理論の違いは、喜多野のように戸田の小家族論を積極的に評価し、自らの議論の土台とするのか、それとも有賀のようにそれを日本の伝統的な家族形態である家を捉えるには不十分であると批判するのかの違いに現れている。

喜多野は戸田の議論を受け継ぎ、発展させたが、それを戦後の社会において行うにあたって、喜多野独自の展開を行っている。戸田の非政治的な社会像は、容易に上からの支配に従ってしまうという政治観を生み出したが、喜多野は戦後社会において、政治的要素を社会から排除することを目指していた。政治や支配を「語らないこと」が、戦後社会で持っていた政治的意味を考えることによって、喜多野の政治観に迫って行こう。

他方で、喜多野が戸田の議論をどのように戦後社会に適合させたのかを見ていくために、喜多野と鈴木の比較が重要になる。喜多野における社会の非政治化の議論は、社会を過剰なまでに政治化しようとした鈴木の議論と鋭い対照をなしている。鈴木が政治的な参加によって実現しようとしたものを、喜多野が戦後社会の中で、何を土台にして実現しようと考えたのかを確かめることにより、それが戦後の社会のあり方とどのように呼応していたのかを明らかにしてみよう。

こうした非政治的な社会像は、政治や歴史が存在しない未開社会の議論と親和性が高かった。それゆえ喜多野の議論は、人類学の影響を受けた親族論に接続されることになって、現在の社会学での多数説となっている、家を親族論として扱う議論が、喜多野による非歴史的・非政治的な理論の後裔として、家理論の非政治化の一端を形成したのである。

三-四　有賀喜左衛門

四人目に取り上げるのは有賀喜左衛門である。有賀は戦前の早い時期から民俗学の世界で論文等を発表しており[57]、その頃から数えると、学問的経歴としては喜多野のそれ[58]よりも少し遡ることになる。それゆえ、叙述の順番としては、喜多野の前にする方がクロノロジカルにはふさわしいのかもしれない。ここで喜多野の次に有賀を論ずるのは、有賀がその学問を社会学の方へと舵を切ったのが一九三五年頃であり[59]、その頃にはすでに喜多野も精力的に学問的成果を挙げていたという前後関係も一つの理由であるが、それだけではない。

有賀喜左衛門を社会学の中の学説史に位置づけようとすることは、従来の理解に従う限り、必ずしも難しいことではない。家や家族の理論について先行者の戸田貞三に批判を加え、喜多野清一と論争を行い、中野卓を初めとして東京教育大学の社会学研究室に多くの後継者を持っていたという理解である。しかし、有賀の議論がどのように受け止められていたのか、とりわけ政治に関わる議論についてどうだったのかを問うと、後継者たちの有賀解釈はかなり偏っており、有賀の議論の重要な側面を見落としているように見える。

有賀は自ら、戦後の自分の研究は敗戦という事態を前に、家と政治との深い関係を見直すことから始まったと述べているが、中野の有賀理解には、政治という側面への目配りが不足しているように思われる。有賀本人の弁にも関わらず、喜多野との論争、および中野という広報者による有賀理解が広まったことにより、有賀の理論自体が非政治的なものとされてしまったのである。こうした事情を明らかにするために、有賀についての議論は喜多野に関する叙述の後にしたのである。

だが、こうした誤解の原因は後続の世代による有賀理解の不十分さにのみ帰せられるわけではない。有賀自身の議論にもまた、正確な理解を拒むような事情があったのである。この事情は、単に有賀の記述が誤解を招くようなものだったということではない。有賀は政治について、あるいは政治と家について独自の捉え方をしていて、従来の私たちの考え方をそのままあてはめると、まるで矛盾している考え方をしているとしか見えないのである[60]。

有賀の戦後の家の理論は、敗戦という事態に集約された民族の不幸とそれを招いた原因に対する一種の処方箋であった。だがそれは、戦後にかわされた多くの議論と、その前提をあまりに異にしていたがために、理解されることも、反論を受けることさえまれであった[61]。しかし、そうであればこそ、ここで有賀の議論を詳しく取り上げることにより、有賀を理解し得なかった当時の議論の特徴を、より鮮明に浮かび上がらせることができるはずである。

たとえば有賀は、家を成り立たしめる重要な要素として「家の自治」について述べている。従来の理解では、自治があるということは、対外的にも自律しているということであるとされていた。だが、有賀は家や村が国や上位権力に対して自律していることはないと主張する。有賀を解釈する人々は、一見すると矛盾する見解のどちらかの側面を都合の良いように受け取ってきた。しかし、相反するかのように見える議論の、そのどちらをも成り立たせていた有賀の考えを受け止めることによって、失われた可能性としての有賀の政治観を明らかにすることが、本論文の課題となる。

三-五　中野卓

最後に取り上げるのは中野卓である。中野は主観的には終生、有賀の忠実な弟子であった。中野は、師であ

57 雑誌『民族』に「炉辺見聞」を連載し始めたのは一九二六年のことである。
58 喜多野が大学院に入学したのが一九二七年であり、最初に論文「社會發展における自然的契機の役割」を『社會學雑誌』に発表したのが一九三〇年のことである。
59 「名子の賦役」が発表されたのが一九三四年のことである。
60 第五章第三節参照。
61 ほぼ唯一の例外が喜多野清一との論争である。ある意味で、喜多野は中野以上に有賀をよく理解していたと言えるだろう。しかし、喜多野はよく理解した上で、有賀には与しない立場を取っていたので、有賀の議論をさらに発展させることはもちろんなかった。

る有賀にならって、全ての社会事象を、それを取り囲む歴史的・社会的条件と不離のものとして取り扱おうとした。また、師の学説を発展させて、家を親族として捉える見方に反対し、そうした立場から一貫して、反対論者たち、喜多野やその弟子たちと論争を重ねた。だが、中野の議論はある意味で有賀の理論を裏切る結果をもたらすことになった。というのも第一に、中野と有賀の資質の違いにより、中野のつくりあげた家理論は、その中身においては有賀のそれというよりも、むしろ戸田や喜多野のそれに近しいものであったからである。第二に、中野の展開する論争の、その議論の仕方が有賀解釈の視野をせばめ、有賀理論のもっていた別の可能性に目を閉ざさせる作用を果たしたからである。

中野は学問的生涯のその初めから、戸田の小家族論を批判して来た。だが、それは家や家族の成員として、どこまでを認めるのかという構成論の問題である。家や家族の成員相互を結びつけるのが何なのかという本質論においては、実は、中野の捉える家と戸田の家族とは似た部分が多いのである。

それに対して、中野の考える家の内部的結合の基軸と、有賀が捉えるそれとには大きな違いがある。有賀が捉える家には、その中心に本家の家長がいる。彼のリーダーシップによって家の成員、あるいは同族成員が一つのまとまりをなしている。ところが、中野が考える家とは、その成員同士が仲睦まじく家業を営み、暮らしていくことを意味しているのである。これはまさに戸田の精神的融合そのものである。中野が家成員の範囲を非親族の奉公人にまで拡大せよと主張するのは、精神的融合の届く範囲を戸田よりも広く捉えているからに他ならない。そういう意味では、中野の『商家同族団の研究』は、近世商人世界の『家族構成』であるとも言えるだろう。

また、中野の議論におけるリーダーシップの不在は、家や社会の自律という問題を考える際にも有賀との違いを生むことになった。有賀にとっては、家や村、社会の自律性とは、所与のものとしてではなく、その都度、リーダーシップによって作り出されるものとして観念されていたのに対して、中野はそもそもリーダーシップという問題が念頭にないので、どこかに自律性の領域があれば、それはあらかじめ存在していたものだと捉えられ、それを作り出すという契機は見逃されてしまうのである。だが、中野自身はそうした違いがあるということは意識せずに、自分は有賀の忠実な弟子であると考え続けていたのだ。

一九七〇年代に至り、喜多野らのように、社会から歴史と政治を排除した非政治的なものの見方が定着する一方で、中野もまた政治とは区別された領域としての社会における非政治的な歴史を語って行くこととなった。そのため、有賀のように、自律した社会を成り立たしめる作為をテーマとして考える見方が失われて行ったのである。

これら五人の論者たちの書き残してきたものを読み込んでいくことによって、最初に提起した三つの課題に答えていくことが本書の目的である。まず最初に、これから述べていく議論の出発点となった戸田の議論から見ていくことにしよう。

第二章

個人主義による家族国家

―戸田貞三の家理論―

家理論という名称を題名の中に含みながら、その最初の議論の対象が戸田貞三であるということに、少なからず疑問を持つ向きもあろう。なぜなら、戦後の家族社会学の二大潮流のうち家を主としてテーマとしていたのは伝統家族論であり、もう一つの現代家族論は核家族を基軸に伝統家族と対照される新しい現代の家族を主たるテーマとしていて、戸田はその現代家族論の先駆け[62]と見做されてきたからである。そのような観方をするなら、家理論の方が戸田の理論を批判する中から誕生して来たと見ることも可能である。

だが、ここで戸田の家理論を本論の冒頭に置くのは、戸田本人もその最初の著作である大学の卒業論文の時代から一貫して家、戸田の言葉を使えば家長的家族について議論を続けて来たからである。だが、そのことは見失われ、戸田の述べる近代家族についての研究が戸田の家族理論であるという見方が定着してしまったのである。戸田の家族理論は近代家族を理論化したものであるという学説史的誤解は、戸田の理論を理解する上でのいくつかの問題点と深く関連している。第一に戸田と言えば家族論と社会調査であると要約されることが多い。こうした観方は、戸田の議論が社会政策にかかわる側面を強く有しており、それが家族論と調査論とをつなげていたということを見失っている。これが第一の問題である。著作目録を見れば明らかなように、その生涯にわたって戸田は社会政策や社会問題について議論を続けていた。そしてこうした問題意識こそが、家長的家族の意義を戸田に認識させるものだったのである。

第二の問題は、戸田の家族理論の到達点を『家族構成』に置いてしまうということである。『家族構成』以後の戸田の議論をたどれば、戦後の『家族制度』に明らかにされているように、戸田の家族理論の体系は精神的合

62　岡田謙は戸田の家族の本質論としての小家族論を、未開社会にも適用可能な普遍的なものであると高く評価する（小山隆・牧野巽・岡田謙・喜多野清一「家族研究の回顧と展望」『現代家族の社会学――成果と課題』一九七〇年、二六六ページ）。
63　喜多野清一「解説――日本における家族社会学の定礎者戸田貞三博士」『新版　家族構成』一九七〇年は『家族構成』の第一章の再評価を試みるが、戸田の著作中で『家族構成』をその理論的到達点とすることについては、従来の第二章を評価する論者と変わりがない。

一という家族結合の本質を問う本質論から始まり、家族がどのような成員から成り立っているのかを明らかにする構成論、家族の機能を捉えるための機能論、そして制度としての家族を考察する制度論にまで展開されている。こうした体系を正確に捉えることにより、近代家族と家長的家族のそれぞれを規定する歴史的・社会的条件を捉える戸田の観方が明らかになるのである。こうした全体を構成論に押し込めてしまうことによって、本来戸田の理論が射程におさめていたもののうち、何が欠落していったのかを捉える必要がある。それは、そのような観方を形成した戦後の理論の社会像の大きな特徴を明らかにすることになるだろう。

第三に、戦時期の戸田の翼賛的議論についての評価という問題がある。戸田理論の本質が近代家族についての理論にあるという理解からすれば、戸田は近代主義者でリベラルな論者であることになり、そうであれば、『家の道』に代表されるような議論は理解しがたいものとなる。この違いについて一方では戦時期にやむを得ず書かざるを得なかったとする観方[64]と、これこそが戸田の実証主義社会学の敗北であるとする観方[65]が対立している。以下では、これらの問題を解き明かしながら、戸田の理論を支えている社会像がどのようなものなのかに接近し、そこから見えてくる戸田の政治観にせまって行く。

① 社会学の誕生と集団としての家族

一 戸田社会学と社会問題

喜多野は戸田の『家族構成』の新版の解説[66]において、戸田の家族理論の展開を処女作である卒業論文「日本における家の制度発達の研究」から始めて、『家族構成』に至るまでに発表された議論を示しながら、戸田理論の深化とその到達点として『家族構成』を描いている。そして喜多野の「解説」の主要な論点とは、それまでの『家族構成』理解が、主に第二章の「わが國の家族構成」を中心としていて[67]、第一章に述べられた集団としての家族の特質についての叙述が等閑視される傾向にあったことに対する批判であり、戸田理論におけるその重要性を高く評価することであった[68]。

しかしその一方で次のように述べて、『家族構成』においては日本における伝統的な家族の形態である「家長的家族」についての議論が不十分であるとしている。すなわち、「だから家族結合一般の特質を問題とするばあいは、第一章が示しているように、精到な論理の展開が行なわれ、この小集団の統合が如何にして成立するかを見事に論証しているにもかかわらず、家長的家族についてはその統合が如何にして可能であるかの検討は少なくとも満足な形では行われていない[69]」、あるいは、「博士〔戸田貞三博士〕のように夫婦とその子たちの緊密な感情

64 小山隆・牧野巽・岡田謙・喜多野清一「家族研究の回顧と展望」『現代家族の社会学――成果と課題』一九七〇年、二六六ページの喜多野の発言には「先生がたぶんやむなく書かれたものでしょうね。」とある。
65 河合望『日本社会学史研究 下』一九七五年、一五二ページから一五三ページ。
66 喜多野清一「解説――日本における家族社会学の定礎者戸田貞三博士」『新版 家族構成』一九七〇年、三八一ページ以下。
67 喜多野清一は同論文 四〇二ページから四〇三ページに次のように述べている。「しかしこの古典については長い間、特に第二章で果たされている家族構成分析の諸成果の輝かしい学的業績のみが喧伝されてきた。それはそれでよいのであるが、……博士の家族論を、もっと体系的な理解で解説することは、より一層重要である（中略）そういう意味では第一章の家族結合の特質論は極めて重要である。」と。戸田の『家族構成』の第二章のみを高く評価し、第一章の価値を認めないものとして、小山隆・牧野巽・岡田謙・喜多野清一・那須宗一「家族研究の回顧と展望」『現代家族の社会学――成果と課題』一九七〇年、二六七ページに引かれている山室〔周平と思われる〕発言には次のようにある。「第一章の「家族の集団的特質」は一種の作業仮説じゃないか、あれ自体は必ずしも実証されてないと思うんです。標題から言っても『家族構成』であり、戸田先生の学風から言ってもやっぱり第二章以下が中心ではないでしょうか」と。なお喜多野は紙上参加したこの座談会では第一章よりも第二章を高く評価している。
68 喜多野清一「解説――日本における家族社会学の定礎者戸田貞三博士」『新版 家族構成』一九七〇年、三九〇ページ以下。
69 喜多野清一「解説――日本における家族社会学の定礎者戸田貞三博士」『新版 家族構成』一九七〇年、三九九ページ。

的融合と人格的統一に家族結合の基体をおく以上、それを超えたどういう内的態度の統合として家長的家族は成立するのか、これはわれわれのもっとも聞きたいところであって、従ってまた不満を感じるところである」[70]と。

このように述べられると、日本の家長的家族について戸田の理論は不十分なままであり、だからこそ、その後に続く喜多野らの議論が必要とされたことになる。だが、実際には、戸田は家長的家族において実現される集団としての家族の結合の特徴について、早くから議論を展開している。すなわち、夫婦中心の家族と親子中心の家族という二分法によって、親子中心の家長的家族の結合のあり方について詳細な叙述を行っているのである。[71]喜多野がそれを「満足な形で行われていない」とするのは、喜多野が家長的家族の特徴を「集団としての」家族の内部において見ようとし、戸田の『家族構成』以降の理論的発展、とりわけ集団としての家族に対する外部の影響とそれに応じて形成される家族制度についての議論[72]を考慮していないからだと思われる。[73]

戸田の社会理論、あるいはより狭く、その家族理論において「家」がどのような意義を持っていたのかを明らかにするためにも、いったんは視点を引いて、戸田の理論全体の歩みを概観しておきたい。先走って結論めいたことを述べれば、その際、導きの糸となるのが、戸田が社会問題などの実践的課題についてどのように考えたのかという、戸田理論の実践的契機[74]ともいうべきものである。その点を明らかにするために、まずは戸田の学問的業績の全体像をつかんでおくこととしよう。

戸田の著作文献目録から、戸田本人はその学問的生活の初期から晩年に至るまで一貫して、社会改良や社会政策に大きな関心を寄せ続けていたことに気づかされる。

戸田が「日本に於ける家の制度発達の研究」[75]を書いて東京大学文学部を卒業した後に、始めて書いた論文は、「何故細民が出來るか」[76]であり、題名からも明らかな通り、同時代の社会問題としての貧困問題をテーマとしたものであった。その後、東京大学の助手を辞任して戸田が就職したのは、開所されたばかりの大原社会問題研究所であった。そこで社会事業の基礎となる調査・研究を行っていたが、建部の勧めで東京大学に戻ると、翌年には米国及び欧州へ留学することになる。その留学中に米国から寄せた一文[77]が「米國に於て社會學及社會問題を中等學校の生徒に教授する事に關する從來の經過」[78]である。

---

70 喜多野清一、同論文、四〇〇ページ。

71 戸田貞三「親子中心の家族の特質」『思想』第三四号、一九二四年。この二分法は戸田の議論にその後もよく見られるものである。例えば、戸田貞三「家族と外部社会」『学校教育』第二六四号、一九三五年、五四ページ以下。また、これは戸田の生涯を一貫してもいる。戦後の議論については、例えば『家族制度』一九五〇年、七五ページ以下参照。

72 こうした理論の深まりが一つの形になったのが『家と家族制度』（一九四四年）であるが、この著作は、おりおりに垣間みられる翼賛的表現などからして、『家の道』と同一視されて、これまで積極的に取り上げられる機会がすくなかったようであるが、戸田自身が認めているように、『家族構成』で到達した理論的な展開をもう一歩進めるものであった。戸田曰く、「それ［博士論文である『家族構成』のこと］以後の研究テーマは當然、そこから移って、一つの團體としての家族がどういう機能を社會生活の上にもっているか、という點に興味が集中されました。この研究は、まだすっかり出來たわけではありませんが、ある程度やりかけたのを、『家と家族制度』（昭和十九年）という小さな本にまとめました」と（戸田貞三「学究生活の思い出」『思想』第三五三号、九三ページ）。

73 これは喜多野自身の理論構成が、戸田から出発しながらも、戸田の枠組みの中で研究を発展させたものではなく、別の枠組みを作ることになったということに起因している。こうした理論的枠組みの違いが、それぞれの社会像をあぶり出しているのだが、喜多野の議論の詳細は後述第四章を参照のこと。

74 戸田が社会学科の開講の辞で、「社会学を勉強して、それで社会を改良しようなどと考えている連中」には「即刻、他の学部か他の学科へ行って貰いたい」と述べたという清水幾太郎の「思い出話し」（「戸田貞三先生のこと」『清水幾太郎著作集』第十五巻 一九九三年 二二八ページ）によって、戸田が実践的な動機に否定的であったと即断することは慎まねばならないと思われる。同じ「思い出話し」のすぐ後の箇所で清水も述べているように、ちょうどその頃、社会主義運動との関係から東大の新人会は解散を命じられており、また、しばしば社会主義と混同された「社会学」の学徒を守ろうという意図が強かったのではないかと思われるからである。

75 戸田貞三「日本に於ける家の制度発達の研究」『日本社会学院年報』第一年 一・二、一九一三年。

76 戸田貞三「何故細民が出來るか」『社会と救済』第一巻第三号、一九一七年。

77 留学中にはこの他に建部遯吾編の『国家社会論』に「跋論」を寄せている。この「跋論」でも扱われているのは、当時の社会問題の世界同時発生の状況とその主要原因および、対処方法であった（戸田貞三「跋論」建部遯吾編『国家社会論』一九二一年）。

78 戸田貞三「米國に於て社會學及社會問題を中等學校の生徒に教授する事に關する從來の經過」『日本社会学院年報』第八年 一・二、一九二〇年。

この一文において、戸田は米国においては世論が社会を動かしており、それゆえに健全な世論を育てるために社会そのものに関する科学的合理的知識を必要としていること[79]、また、社会問題の解決のために広く行われている社会事業についての知識を得る必要があることの二つの理由から社会学が必要とされていること[80]、そうした知識は早期に取得させることが望ましいという考えに基づいて中等学校での社会学を用いた公民教育が行われていることを述べている[81]。アメリカの事例の紹介という形ながら、中等教育という場における社会学の存在意義を、戸田は社会問題や社会事業との関わりから捉えていることがわかる。

そもそも戸田が米国及び欧州に留学したのは、社会学を学ぶためではなく、「……日本の社會事業をどうしたらもう少しちゃんと筋立ったものにすることができるかということを研究してくることに[82]」あった。米国留学中のことを思い返して言うには、最初は社会事業関係の講義に出てみたが、あまり面白くなかったので、もっぱら社会学の講義に顔を出していたそうであるが、中でも社会事業のために行われている多くの社会調査に関心を持ち、その理論と方法に多くを学んだということである[83]。

帰国後に初めて著したのは、建部と共著になる『私有財産問題』である[84]。これは当時勢力を高めつつあった社会主義に対抗して、そもそもの問題である産業社会における貧困問題について、社会主義とは別の角度からアプローチした社会政策・社会問題の著作である。続いて一九二三年には農村における人口減少の原因と対策について述べた「社会的方面[85]」および「バラック生活の改善事項[86]」を著している。

さらに一九二四年には公民教育に関する議論を初めて公刊しているが[87]、これ以降、戸田は生涯にわたって公民教育に力を注いで行く[88]。その後も一九二五年には『社会政策時報』に、家族と社会問題の接点ともなるべき問題について取り扱った「家族的生活者と非家族的生活者[89]」を執筆し、それ以後も農村の人口問題についての論文や社会政策に関する論文、著作を間断なく書き続けていた。また、戦後には上述の社会科教科書のほかに

『家族制度』[90]および『家庭生活』[91]という中等教育における社会科の副読本を書いている。また、「社會的矛盾と反社會的行為」[92]の執筆や『社會病理學』[93]の編集などをも行っており、晩年に至るまで、戸田と社会問題との密接な関係が続いたのである。[94]

　このように、戸田は社会問題や社会改良に強い関心を持ち続けていたが、そうした関心と戸田の家族研究に

79 戸田貞三「米國に於て社會學及社會問題を中等學校の生徒に教授する事に關する從來の經過」『日本社会学院年報』第八年 一・二、一九二〇年、一六ページ。
80 戸田貞三、同論文、一七ページ。
81 戸田貞三、同論文、一七ページ以下。
82 戸田貞三「學究生活の思い出」『思想』第三五三号、一九五三年、九〇ページ。
83 戸田貞三、同随筆、同ページ。
84 建部遯吾・戸田貞三『私有財産問題』一九二二年。しかし、前書きにもあるように建部は戸田に著作発表の機会を与えて序論を書いただけで、中身は全て戸田の手になるという。
85 戸田貞三「社会的方面」『日本社会学院年報』第十年 三・四、一九二三年。
86 戸田貞三「バラック生活の改善事項」『太陽』第二九巻 一三号、一九二三年。
87 戸田貞三「社会に關する事項」『公民教育講演集』一九二四年。
88 戦前期においては三度にわたって改訂された中学公民教科書（戸田貞三『現代中學公民教科書』一九三一年、『現代中學公民教科書』一九三二年、『新制中學公民教科書』一九三七年、『新制中學公民教科書』一九四三年）、女子公民教科書（戸田貞三『新制女子公民教科書』一九三八年）や商業公民教科書（戸田貞三『新制商業公民教科書』一九四三年）、師範公民教科書などの教科書（戸田貞三『新制師範公民教科書』一九三七年）を執筆したほか、『新制公民教科教材及教授法講座』などの教師のための教本などの編集・執筆にあたっていたし、戦後も新制高校あるいは小学校の社会科の教科書を執筆しているのである。なお、戸田と公民教育については、石原晋吾「戸田貞三における社会学と公民教育」『慶應義塾大学大学院社会学研究科紀要』五五号、二〇〇二年参照のこと。
89 戸田貞三「家族的生活者と非家族的生活者」『社會政策時報』六二号、一九二五年。
90 戸田貞三『家族制度』一九五〇年。
91 戸田貞三『家庭生活』一九五〇年。
92 戸田貞三「社會的矛盾と反社會的行為」『月刊 刑政』第六一巻二号、一九五〇年。
93 戸田貞三・土井正徳編『社會病理學』一九五四年。

いかなるつながりがあるだろうか。そのことを明らかにするために、もう一度戸田の学究生活の初めに立ち戻ってみよう。

卒業論文後の最初の論文「何故細民が出來るか[95]」で戸田は、いくつかの社会問題（犯罪や公衆衛生など）がいかに社会的負担となっているかを述べた後、なかでももっとも大きな問題として貧困問題を取り上げている[96]。そしてこうした貧困問題は「個人的缺陷に由來するよりも、社會的勢力に基くと云はねばならぬ[97]」とした上で、戸田は細民が出来る原因として次のものを挙げている。すなわち、「貧乏の第一主要原因は所得と必要品價格との不平衡と云ふ社會的經濟的事實[98]」と「……失業又は就職難[99]」である。

この小論では、原因の指摘に留まり、貧困問題についての解決方法は示されているとは言いがたい。せいぜいが二つ目の原因である失業問題について、「職業仲介の機關[100]」の必要性が示唆されるに留まっている。だがここで注目しておきたいのは、どれくらいまで貧乏であれば貧困とするのかの基準をどこに置くのかという問題である。戸田は最小限度の生活程度をもってよしとはせずに、「肉體的健康と社會的品格とを保持するに足[101]」ることをもって、守るべき貧困のラインとしているのである。すなわち、生存のギリギリの水準では足りず、そこにさらに上乗せをする必要が主張されているのである。

その際戸田が理由として挙げたのが、貧困者自身の精神的な側面、すなわち生き方の問題であったことに注目すべきだろう。曰く、「……斯の如く貧苦に沈淪しなければならぬ様な人々に取つては、現實の缺乏其自身が苦痛である以上に、其貧苦から永久に脱出し得る見込みの附かぬ事が非常なる打撃である。一歩踏みはずせば自己も自己の家族も滅亡しなければならなぬと云ふ恐ろしい警告を、二六時中耳にしなければならぬのは、所謂最少限度の生活其自身よりは遙に苦痛である[102]」と。

最低限度の生活に耐え得るのは、「此恐ろしい滅亡の警告を聞く必要がない」「生活に余裕のある人」なのである。本当に最少限度の生活程度を成す人は、「内外兩面に於ける壓迫の爲に、精神的にも肉體的にも憔悴し、聽て社會的恩恵を受け社會的に寄生して、餘命を續けねばならなぬ有様となるのである」[103]から。

こうした精神面の重視は、大正期の社会の大きな変動[104]についての戸田の評価にも見てとることができる。戸田の指導教官であり、戸田を大学に呼び戻した建部遯吾の編著になる『國家社會觀』の「跋文」を戸田が書いている。その中で戸田は第一次大戦の原因を前代の社会に多く存在した強制と圧迫に求めている。すなわち、「從來各國民の間並びに各國家の間に力の強いものが強力と云ふ事丈を頼りにして横紙破りをやつたり無理

94 社会学と社会改良・社会政策との密接な関連は、そもそも日本における社会学成立の原点にもすでに看て取ることができる。東京大学における最初の社会学の実質的な講義を行ったフェノロサは、社会学（当時の呼び方では「世態学」）を政治学の基礎科目として講義しており、政治学のカリキュラムの中で次のように位置づけている。すなわち、「政治学ハ第一年第二年ノ学期ニ於テハ、専ラ世態学即チ古今人類ノ状態及ヒ其進歩セル原因次序ヲ論スルノ学ヲ授ケ　第三学期ニ於テ　道義学並ニ政治学ノ由テ基ク人生ノ原理及ヒ作用ヲ研窮セシメ」ると。（『東京大学法理文学部　第八年報』引用は『東京大学百年史 部局史二』一九八六年 八四〇ページより。）このような出発点がどのようにその後、東京大学の社会学科に受け継がれ、また日本の社会学界に影響を与えていたのか、またその際に受け継がれた社会学がSoziologieであったのか、あるいはまた日本の大学制度の成立に大きな影響を与えたシュタインの流れを汲むGesellschafts-lehreであったのかなどの問題については、別稿を期すこととしたい。
95 戸田貞三「何故細民が出來るか」『社会と救済』第一巻第三号、一九一七年。
96 戸田貞三、同論文、二〇七ページ。
97 戸田貞三、同論文、二一一ページ。
98 戸田貞三、同論文、二一二ページ。
99 戸田貞三、同論文、同ページ。
100 戸田貞三、同論文、同ページ。
101 戸田貞三、同論文、二〇八ページ。
102 戸田貞三、同論文、同ページ。
103 戸田貞三、同論文、同ページ。
104 第一次大戦後の新しい社会のあり方については、岡利郎「大正期における法体系の再編と新しい法学の誕生――「社会政治」との関連で」石井紫郎編『日本近代法史講義』一九七二年、有馬学『国際化の中の帝国日本』一九九九年を参照。その中から生じた、様々な価値観が農村においてどのような影響を与えたのかについては、大門正克『近代日本と農村社会』一九九四年、松田忍『系統農会と近代日本』二〇一二年などを参照のこと。

を押し通したりして、無理な關係、不自然な結合、人間生活の理想とすべき正義の要求とは相容れない様な非合理的な社會生活を強制したからである」[105]と。

こうした強制と圧迫の不正義に対して「……其不公平、其壓迫を除去し、社會生活上の無理な關係を一切やめにしようと云ふ運動」が起きていて、そうした運動が「現代社會に一大動搖を惹き起して居る」[106]のだという。だが、こうした運動に携わる人々の願いは、決して動揺を起こすことにあるのではなく、「個人として同人として、同一階級者として、同一國民として同一民族としての自個實現の完成である」[107]という。戸田は新しい社会の動きの原動力を「自己実現」という精神的な要求によって理解していたのである。このように、物質的な条件にとどまらず、精神的な問題に注目して行くところに戸田社会学の新しさがあった。

二　家族という社会問題

留学後に手がけ始めた家族の研究について、そのきっかけを戸田は次のように振り返っている。すなわち、「私はその後、大學で、日本の家族制度の研究をすすめました。……、どうもポイントがはっきり摑めずうまくゆかない。それで、……いろいろ勉強しているうちに、ファミリーという言葉と、日本でいう家という言葉がどうもぴったり一致しないのではないかということに氣がつき、この家、家族と日本でいわれているものの概念内容を歴史的にみてみようと思うに至りました」[108]と。

このような西欧と日本との比較の観点、言葉を変えて言えば日本の独自性に対する意識は、留学時代の経験に基づいていたと思われる。

一九三七年、日本で第七回世界教育会議が行われるにあたって、来日する外国人を接待し、その日本文化に関する質問に答えるために、日本文化全般についての講演集を世界会議の日本事務局が編集・発行したことがある。戸田はその中で「社会生活」という項目を担当し、「日本の社會生活の著しい特質と云ふやうなものを、世界の人に出來るだけ分るやうにしてあげやう[109]」という要望に応えて、具体的に日本人の生活の在り方を説明するという意図から、日本の農村と家・家族について語っている。

その中で戸田は自らの留学時代にヨーロッパやアメリカで見聞したことを次のように語っている。すなわち、「實に驚嘆に値するものは何かと云ふと、實に尨大なる養老院のあることです。（中略）なまはんかな見物をする人は、實にえらいものだ、斯んなに大きく養老院を造る、そして立派な設備をして年寄に物質的な心配の無いやうに暮らさせて居る、日本でも斯う云ふものを造つたらなんて言ふ人があります。思はざるも甚だしい。物質的設備がどんなに良くてもお前が先きに死ぬか、私が先に死ぬるかと云ふやうな年寄りばかり置いて、何が面白いことですか。（中略）そんな者ばかり居る處では人間の根性は僻むに決つて居る。精神異常者が非常に多いが、斯んな處に人間を置けば精神異常になるのは當り前だ。（中略）そんな人間は實に氣の毒なものです[110]」と。

これに対して「我が日本に於てはそんなものは拵へんくて宜い[111]」、「我が日本では年寄りだけを斯うした狀態に置くと云ふことは無い。年寄りは自分の子供や孫達と其日々をのびやかに暮すことが出來る[112]」という。欧米における養老院の状況と、それに対比された日本の家長的家族の中の老人の姿は、戸田が好んで取り上げる題

105 戸田貞三「跋論」建部遯吾編『國家社會觀』（現代社會問題研究二四巻）一九二〇年、四ページ。
106 戸田貞三、同論、四ページから五ページ。
107 戸田貞三、同論、六ページ。
108 戸田貞三「學究生活の思い出」『思想』第三五三号、一九五三年、九一ページから九二ページ。
109 戸田貞三「社會生活」『日本文化講座』第十一輯 一九三七年、一ページ。
110 戸田貞三、同論文、四八ページから四九ページ。
111 戸田貞三、同論文、四九ページ。
112 戸田貞三、同論文、四七ページ。

材で、戦前期も多くの著述の中に見ることができるが[113]、戦後になってもこの対比の構図は変わるところがない。

戦後に著された社会科の副読本である『家族制度』においてもまた、次のように述べられている。

曰く、「私も西洋に行ったときに、このようなところ〔養老院〕を見学したことがありましたが、外観は実にりっぱで保健の設備もよくできており、食事でも日用品でも何一つ不自由しないようですが、やっぱりどこかに物足りないところがあるようでした。（中略）ともかく養老院のようなところにおれば、人生のあじきなさを感ずるとともに心持が変になるかもしれません。若いときには苦労しても、晩年は心安らかに暮らせると思えば希望もでき、はげみにもなりましょう。……、あたゝかい家庭の中で、老いの身を安らかに過ごさせたいものと思います。しかも家族がこの老弱者を保護するのに最も自然であり、最も適当だと思われるのです[114]」と。

老者の扶養、とりわけその精神的側面での支援についての戸田の所論は、単に家族内部の問題にとどまるものではなかった。戸田にとってそれは一つの社会政策であり、国家的必要に基づくものであった。これこそまさに、社会問題や社会改良への継続的な関心とその問題を主に精神的な側面から捉えるという戸田の学問の特徴が、具体的な研究対象としての「家族」と結びつく重要な場面なのであった[115]。

このような実践的意図と具体的な研究対象としての家族の結びつきの第一歩を記したのが、一九二六年に書かれた「家族的生活者と非家族的生活者[116]」という論文である。

同論文において、戸田はまず大正九年の国勢調査の千分の一写しから、全人口の一割強が非家族的生活者であることを推定する。続けて戸田はこうした非家族的生活者、とりわけ若年層におけるその傾向が著しくなっているのではないか[117]と推測した上で、さらに「此種の人々〔非家族的生活者〕の増加する傾向[118]」がどうなるかを予測する。戸田は「近代人の生活形式は次第に都市化し、都市文明は次第に一般國民を風化[119]」すること、また「近代都市に於ける非家族的生活者増加の傾向[120]」を挙げ、東京市の人口構成比を明らかにすることによって、次のように述べている。すなわち、「我國民は……、將來に於ては、事實上自己の家族的集團の内に生活しないものが相當多く出来來るのではなかろうか」[121]と。

しかしこの段階では、當時の日本において家族的生活が重要であることについて、「我國民は家族的集團生活、近親者の團體生活に非常な興味を甞て持ち、又現在持つて居る」[122]なり、「我國民は歐米人より遙に家族中心的であり、家族生活を基本として居る様である。此様に我國民は、家族生活に非常な執着心を持つて居る」と述べるのみで、當時の日本人にとっての家族生活の意義をもう一歩深く述べることはなかった。

翌年に発表された「家族構成に就いて」[123]では、我が国の現在の家族のあり方が、同じく大正九年に行われた第一回国勢調査の千分の一写しの利用によって明らかにされる。その結果を古代の家族構成[124]と比較してみると、次のような結論を得ることができた。すなわち、「古代の家族團體は極めて複雑なる關係にある傍系親族を

113 戸田貞三「家族と外部社会」『学校教育 二六四号』学校教育研究会、一九三五年、六二ページから六三ページ。
114 戸田貞三『家族制度』一九五〇年 五八ページから五九ページ。
115 戸田と社会改良・社会政策との関係については、近年石黒史郎が見直しの光を当てている。（石黒史郎「戸田貞三の初期著作に見出される家族：社会改良、統計法と近代文明社会における家族」『家族社会学研究』一九巻一号、二〇〇七年）。だが石黒はこうした側面が戸田の生涯を通じてのものであること、またこうした社会改良・社会政策の基軸としての精神的価値の存在、最後にこうした基軸と戸田の家族論との接合にまで議論が及んでいない。
116 戸田貞三「家族的生活者と非家族的生活者」『社會政策時報』第六二号、一九二五年。
117 戸田貞三、同論文、一〇四ページ。
118 戸田貞三、同論文、一〇五ページ。
119 戸田貞三、同論文、同ページ。
120 戸田貞三、同論文、同ページ。
121 戸田貞三、同論文、一一二ページ。
122 戸田貞三、同論文、同ページ。
123 戸田貞三「家族構成に就いて」『統計時報』第一四号、一九二五年。
124 戸田貞三、同論文、七ページ以下で、正倉院文書を利用して同一戸籍に含まれる身分上の地位別の家族員数を明らかにしている。

多數に包容せるに反して、現代の家族團體に於ては北陸、東北地方の如き所に於てさへ、構成員中には傍系親族の種類も少く、又假令複雑なる傍系親族が含まれるとしても其數が極めて少ないのを觀る[125]」というのである。

こうした傾向が将来どうなるかについて、戸田は次のように述べている。すなわち、「現代の家族の包容力は此様に次第に縮少し、此傾向は都市又は商工業者の比較的多い地方に於て殊に著しくあらはれて居[126]」り、こうした傾向は「國民生活上一種の不安[127]」を伴うものであると言う。なぜなら、「家族の包容力が小なる場合は、何れかの家族から離れた者、又は自分の家族を何かの關係上止むを得ず解散した者は、再び他の家族に収容せられ得るプロバビリチーが少くなるであらう。彼等は多くの場合には、血縁的の協同に於て相互扶助の下に生活する機會を捕へ難く、此意味に於て生活の不安に落ち入るであらう[128]」から。

ここに家族生活の国民生活上の重大な意義が存在するのだ。すなわち、「國民の大多數は家族團體に於て比較的安定なる生活を營み得るのである。此内に於て親子、夫婦、兄弟、姉妹、其他の親族の者は緊密なる協同をなし、相互扶助の責任を負ひ、他に觀る事の出來ない親和關係を保つのである。此の如き相互扶助の作用、緊密なる協同は家族の如き團體に於てのみ觀られ得る特色である。それは家族團體の重要なる機能であり、國民生活安定の最も重視すべき基本條件の一つである[129]」と。

ここに、家族生活は家族だけの問題ではなく、国家的問題として解決すべき社会問題となり得るのである。

もう少しその理由を詳しく見てみよう。戸田曰く、「生活資料たる物資の供給如何も生活の安定を期する上に大切なものであるが、人々が生活を實現して行く上に於て如何なる人々と親和し協同するかも、亦生活の安定を求むる上に於て重大なる關係をもつて居る。日常生活に於て血族親族等と緊密なる協同を保ち得るものは他の事情にして同一なる限り、然らざるものよりは一層安定的生活を得たものと推定し得べく、包容力の大なる家族團體の多い所に於ては、然らざる所よりは一般には安定的生活が行はれて居ると考へられ得る[130]」と。

すなわち、国民生活安定のためには、物質的安定とともに、家族による精神的安定が重要であり、そのために家族生活が何よりも重要であるというのである[131]。

それゆえ国民生活の安定という社会政策のために、家族を研究する意義が存在するのである。先に引用した箇所に続けて曰く、「それ故に國民生活の安定性を觀察し得る一方法としては物資の供給、物價の高低如何を調査する必要あると同様に、國民が如何なる關係に於て家族を構成して居るか、即ち家族の包容力如何を研究する必要あるであらう。即ち家族團體に固有なる機能の上から考へて、家族が如何に構成され、其包容力が如何に強大であるかを觀察する事は、國民生活の形式を觀る方法として頗る重大なる意義を有するものと考へられるであ

125 戸田貞三「家族構成に就いて」『統計時報』第一四号、一九二五年、二二ページ。
126 戸田貞三、同論文、二七ページ。
127 戸田貞三、同論文、同ページ。
128 戸田貞三、同論文、同ページ。
129 戸田貞三、同論文、三ページから四ページ。
130 戸田貞三、同論文、四ページから五ページ。
131 家族の生活安定機能については、別のところで、次のようなわかりやすい例を出している。「又吾々は感情融合して行くといふことに於て、家族内側で生活安定を得て居ります。國家的に觀て國民生活の安定を保つことは非常に必要であります。然るに此安定を致す上に大切なのは家族生活であります。家に歸つて女房が横を向いてゐる。子供も親とは物的に接觸する丈で感情的には接觸して居らないとしたら、心の慰めとなるものは少なくなります。外で課長さんに叱られ、家で女房や子供の苦い顔を見る。どうしてそれで内心の平和が得られませう。一日や二日であれば外へ酒でも飲みに出掛けられませう。併しさういふことが毎日續くものではありません。家に戻つて來たらやれやれとくつろいで一家の者と苦楽を別つといふところに吾々の生活の安定、本當の落付きがあると思ひます。人々が此様な安定を求め得る生活を失ひ、家族を捨て、寄宿舎のやうな生活に入り、生涯左様な生活に滿足しなくてはならないとしたならば、兵營か養老院のやうな生活となります。そんな生活を一生つゞけることは通常人には出來ないと思ひます。吾々は内心の安定を求め得る場所、心の内側に於て眞に胸襟を開いてそれによつて哀楽を共にすることの出來る場所を求めて居ります。此の場所は通常人にあつては家族であり、人は家族生活の内に於てその日の勞苦を忘れるのであります。課長に叱られ不平満々の人も家族と共に食事をすれば、そんなことは忘れてしまひます。それでこそ明日の働きが愉快に出來るのであります。そこが家族生活の大なる効果であります。……その日その日の苦楽、その日その日に清算されてしまへば又明日朗らかな氣持ちをもつて人々は國家活動、外部社會の活動に向ふことが出來ます。これが國家永遠の反映の所以であらうと思ふのであります。」

らう[132]」と。

　このような観点から家族を見た場合、日本の家族、いわゆる家長的家族は、欧米の家族とは違った役割を持っているという。

　すなわち、「……之に反して家族團體の包容力の大なる場合、即ち比較的遠い血縁者及び姻族等に到る迄何らかの家族團體の内に其構成員として包容せられて居る様な場合にあつては、大多數の國民は家族員として親和的に協同し、安定的の生活を營み居るものと考へられる。而して家族の包容力の小なる場合には、家族以外の團體の施設即ち社會事業的施設を極めて大仕掛に設立せなくては國民的不幸を除き得ないのであるが、其包容力が大きい場合には、此様な施設は比較的少くても多數の國民は安定を得易いのである[133]」と。

　老人の保護という社会的課題を、その精神的側面を重視することにより、家族によって解決することが望ましく、そうした方法を持つ日本伝来の家長的家族は欧米の夫婦中心の家族よりも優れているのだという戸田の考え方は、戦後、法的には家族の形態が全面的に転換した後もなお維持され続けた。

　戸田曰く、「個人の尊厳と人種《ママ》［「人権」か］の尊重に立脚して定められた新しい憲法の下においては、……、当事者の意思感情を尊重し、西洋風に親と離れて家庭をもつこともよいことでしょう。しかし夫婦本意の家族制度にも欠点はありましょう。たとえば、子女は婚姻して親の家庭を離れてしまうため、ひとりさびしく老後を養老院とか老人専用の旅館、その他の施設の中に過ごさせるというようになるのはどんなものでしょうか[134]」と。

　戸田にとっては、「老後に希望もなく慰めもなければ、健康に恵まれ物に不自由なくとも幸福とはいえない」のであり、「子供たちは老人とともにいることにより、いろ〳〵の昔話やこれまでの経験を教えてもらつたりして、生涯の大事な生活のよりどころにすることができ」るのであるから、「これまでの傳統を生かしながら……、これまでの短所を補い、堅実な家庭生活をきずくことに努め[135]」るべきなのである。

これまで戸田の理論の全体を駆け足で振り返って来た。わずかな引用をみるだけでも、戸田の家長的家族研究は、老者の保護、しかも、その精神的な意味を重視するという実践的な問題意識に貫かれていたことがわかる。もっとも、戸田の家族論における家長的家族の理論的位置づけはどのようなものであり、また、戸田の理論的到達点からすると、『家族構成』はどのような意義を持っていたのかを、さらに深く探求する必要がある。

三　戸田家族理論の全体像

従来の戸田理解では、『家族構成』を戸田家族理論の到達点と理解するがゆえに、戸田の研究の重点は「制度」の研究から「集団」の研究へと移行して行ったとされてきた[136]。しかし、戸田の著作文献目録を見てみると、ここでも従来の戸田理解が偏った観方によるものだったのではないかという疑問が生ずる。なぜなら、『家族構成』の後に書かれたまとまった家族研究の著作の題名は『家と家族制度』という名前の、文字通り「制度」の研究である。この著作については、発刊時期や本文中にしばしば見られる翼賛的言辞から、『家の道』[137]と同様なものと

132 戸田貞三「家族構成に就いて」『統計時報』第一四号、一九二六年、五ページ。
133 戸田貞三、同論文、四ページ。
134 戸田貞三『家族制度』一九五〇年、一七〇ページ。
135 戸田貞三、同書、同ページ。
136 喜多野清一「解説——日本における家族社会学の定礎者戸田貞三博士」『新版 家族構成』一九七〇年、三八五ページから三八六ページ。社会学会における一般的理解を代表するものとして、米村昭二「家族研究の動向——戦前戦中における」『社会学評論』第二八巻第二号、一九七七年、三一ページから三二ページ。
137 戸田貞三『家の道』一九四四年。この本は副題が「文部省戰時家庭教育指導要項解説」とあることからも明らかなように、当時の翼賛体制を支える家庭のあるべき姿を説いたものである。ただし、その議論の骨子は、戸田の学問的業績をふまえたものであり、その翼賛的言辞のみをもって学問的評価の対象から外してしまうことは、戸田理論の理解のためには好ましくないと思われる。

して、戸田の学問的業績の検討対象から外して考えられることも多い。

しかし、そうした偏りのなくなった戦後の啓蒙的著作、家族論としては戸田の最後の著作もまた、『家族制度』[138]として「制度」を題名に掲げている。つまり、著述の題名を見る限り、その最初期から晩年まで戸田の家族の制度の研究はやむことがなかったのである。

もっとも、戸田の家族研究における『家族構成』および、家族を集団として捉える研究の重要性は決して軽いものではないことも確かである。戸田自身は『家族の研究』の序の中で、家を制度の側面から見る研究と集団の側面から見る研究について次のように述べて、その両者が共に重要であると言う。

曰く、「此等の制度［婚姻制度、離婚制度、親子關係の規範、相續制度、家長權の制度等］は家族の生活形式を尋ねる上に於て重要なる研究項目である事は云ふ迄もないが、併し家族の研究は制度としての研究《ママ》あると同時に團體としての研究が試みられねばならぬ。家族を制度として觀る方面と、之を團體として觀る方面と、此二つの方面からの研究を重ねる事に於てのみ家族の性質を明にし得るのである[139]」と。

制度研究に対する集団研究のいわばマニュフェストとも言うべき議論であるから、制度研究の重要性を指摘した部分は従来の法学や歴史学による研究へのリップサービスと言えなくもない。しかし、その後も制度論の研究を続けていたことを考えると、家族研究において制度を決しておろそかにしてはならないという認識が戸田にあったことは確かだろう。

そうであればこそ、戸田の家族研究の全体において家族の集団としての側面はどのような位置づけを得ており、また、制度としてのそれはどうなのであろうか、という問題を考慮せざるをえない。さらに戸田の家族論の全体像を描くためには、家族の機能という側面をも考慮に入れなければならないだろう。げんに戸田自身が『家族構成』の後、研究テーマが家族の機能へと「移った[140]」と言っているのであるから。すなわち、戸田の家族論を総体として捉えるためには、集団論、制度論、そして機能論の全てについて考慮する必要がある。

戸田は、自らの一般社会学の構成について、次のように述べている。曰く、「……従つて社會を實質的に觀て此等諸種の生活要求に應じて且つそれの實現を規定するものとして之を考察することは極めて重要である。併し此如き考察は（中略）……社会一般に就いての攻究となり難い。それ故に茲には暫く諸種の生活要求から離れて、一般に社會に於て觀られる構成形式を考察し、次いで其機能に就いて何程かの考察を加へて觀たい[141]」と。

すなわち、一般社会学の組み立てにおいて「構成論」はあくまで述べるべき全体の一部を成しているのであって、けっして「構成論」だけで社会を十全に語ることは予定されていない。これは個別社会学としての家族論についても当てはまる。『家族構成』で述べられたことは、重要であるが、語られるべき家族論の一部ではあっても、それで家族について全てを語ったことにはならず、それに続けて家族の機能論が合わせて述べられなければならないのであると。

一般社会学の立て付けを家族論に敷衍することが許されるのであれば、さらに次のような類推が可能である。すなわち、戸田の一般社会学において機能論というべきものは、「社会の作用」として語られている[142]。その内容をさらに細分化すると、例えば晩年の『社会学概論』では、「第五章 社會の作用」が「第一節 任意の制限」「第二節 社會制度」「第三節 社會意識」の三つの節に分かれており、社会の総体的な叙述は制度と意識をもって

138 戸田貞三『家族制度』一九五〇年。
139 戸田貞三『家族の研究』一九二六年、緒言、一三ページから一四ページ。
140 戸田貞三「學究生活の思い出」『思想』第三五三号、一九五三年、九三ページ。
141 戸田貞三『社會學・下』一九三二年、七二ページから七三ページ。
142 戸田貞三、同書、第五章「社會の作用」一二九ページ以下。あるいは『社會學講義案（第二部）』一九三三年、「社會の作用」二〇〇ページ以下。『社會學概論』一九五二年、一四一ページ以下。

しめくくられている。とすれば、個別社会学としての家族論においてもまた、制度論は欠くべからざる部分なのではなかろうかと。

では実際に、『家族構成』以降の著作における家族論[143]の構造を、その目次の題目から見てみよう。戦前に刊行された『家と家族制度』[144]では、最初に「一　住居としての家」が述べられた後に、「二　近親者の集團としての家」と題して集団としての家族を議論の対象とすることが宣言される。「三　家の大いさ」で家族員数が少ないことを述べ、「四　家が小集團となる理由」では、感情的融合という家族集団の特質がその原因となっていることが述べられる。次いで「五　家の構成員」では、そのような集団的特質を持つ家族の成員には誰でもなれるわけではなく、血縁という制限が存在することが明らかにされる。

「六　家の形態」では、欧米の家族と日本の家族との違いである、夫婦中心の家族か親子中心の家族かという論点を明らかにし、「七　家の連帯性」では、家族の本質である感情的融合が、社会生活の中で外部に対して家族自体の「連帯性」を生むことが述べられる。続く「八　家之機能の國家的意義」では、この「連帯性」を軸とした家族の機能（作用）が概括的に述べられ、以下、具体的に機能が詳述される（「九　内的安定作用と家」「一〇　物的生活の保障作用と家」「一一　幼少者及び老弱者保護作用と家」「一二　徳行助長及び犯罪防止作用と家」「一三　祖孫一體化と忠孝一體」）。

続いて「一四　家の作用と家族制度」では、家族の機能（作用）を十分に発揮させるために家族制度があることが述べられ、「一五　民族的家族制度」では、そうした家族制度も民族それぞれの特質によって異なって来ること、とりわけ国家による制度と民族による制度の違いが明らかにされている。

それを受けて「一六　我が國の家族制度の特色」で具体的に日本の家族制度の特徴が述べられ、「一七　家風」と続き、「一八　現代の社會情勢と家」で近年の都市化による伝統的な家族形態の解体傾向とその克服の必要、とりわけ婦人の役割と女子教育の重要性について語られ、「一九 結語」において、伝統的な家族形態の存続のための指針が述べられている。

戦後、一九五〇年に刊行された『家族制度』では章立てはかなり変更されているが、議論の組み立てに変わったところはない[145]。戸田の家族論の特徴をまとめてみる。

第一に、構成論と、集団としての家族の本質論との密接な結びつきである[146]。順序としては、まず家族集団の本質としての血縁に基づく密接な精神的融合を語った後に、それがゆえに構成員も少なくなり、また資格の制限が存在するという構成論が語られる場合もあれば、逆に、構成論を語った後に、どうしてそうなるのかというと、家族という集団は密接な精神的融合を必要とするからであると述べる場合もある。しかし、いずれにせよ、構成論が本質論の力強い証拠となっていることに違いはない[147]。

第二の特徴は、機能論もまた本質論との密接な関係があることである。例えば、家族の機能の一つに挙げら

143　単著としては、この他に『家の道』（一九四二年）があるのだが、「戦時家庭教育指導要項解説」という性格上、以下の叙述の対象からは外している。本章の最後に簡単に触れるが、『家の道』もその議論の大半は戸田のそれまでの学問業績を土台にしており、叙述の構成も、以下に挙げる『家と家族制度』から『家族制度』までの議論と骨組みは何等変わっていない。

144　なお、この著作では時局の深まりを背景に、従来とは異なった用語法が散見される。特に目立つのは、従来「家族」とされていたものについて、全て「家」と記されていることである。以下、引用文においてはそのまま「家」と表記するが、本文中では適宜読み替えて、「家族」とすることにより、従来の議論との整合性を保つようにする。

145　同時期のその他の著作を見ても、叙述の順番を別とすると、内容に大きな変わりはない。戸田貞三『家庭と社会』一九四八年、『家庭生活』一九五〇年を参照。

146　『家族構成』の第一章と第二章との密接な結びつきと言い換えてもよいだろう。第一章の重要性は喜多野の指摘を待つまでもなく、『家族構成』以降の著述の中で戸田自らが論証しているのである。

147　戸田貞三「家族と外部社会」『学校教育』一九三五年では、家族という団体の特徴として「人々の結合の仕方に於て極めて感情的な人格的結合」であることを述べ、その現れてとして第一に「夫婦、親子、近親者と云ふが如き特別資格あるものを以て構成員を制限」することを挙げ（三〇ページ）、続いて「構成員數の少ない團體である」ことを挙げている（三三ページ）。

れている子孫（次世代）の育成であるが、興味深い議論がなされている。すなわち、戸田によれば、子孫（子供）の育成は家族にまかせるよりも、専門機関にまかせた方が社会的効率は良いのだという[148]。では、なぜ家族内で子供を育てるのかというと、家族内での深い愛情に包まれて成長した子供は、自らの受けた愛情を周りの人に及ぼすことにより、「周囲の人々と親和し、協同生活を円滑に営むことが出來るのである[149]」からだという[150]。先にも見て来たように、老弱者の保護は、その経済的側面よりも精神的側面、精神的融合が得られるのかどうかが重要であった[151]。

第三の特徴として、家族の機能あるいは機能の条件として制度が語られ、家族論において制度は欠くべからざるものとされていることである。ここでも戸田は、経済的合理性を上まわる精神的価値の重要性を強調している。以下、家族の機能と家族制度との関係について少し詳しく見てみよう。なお、ここで論旨をたどる資料は戦後のものを使うが、こうした点がすでに戦前期にも見られたことは言うまでもない[152]。

『家庭と社会』の「八、家庭生活に關する社會制度」と名付けられた章の冒頭において戸田は次のように述べている。曰く、「われわれの家庭は右に述べたように社會的に實に大きな働きをしている。それ故にいずれの民族もいずれの國家も、このような作用をなす家庭生活を重んじ、家庭の作用がよく行われるようにするために種々な制度を設けている[153]」と。つまり、家族制度とは、家族の機能を十分に発揮させるために設けられたものということになるのである。

戸田は続けて次のように述べる。曰く、「家族制度といわれるものは家庭生活に關するこのような制度であつて、いずれの國、いずれの民族にもあるものである。ただこの家族制度のありかたは國により、民族によつて一様ではない[154]」と。

戸田の論旨をたどって来ると、国家や民族による多様性が、ここに至って始めて登場してくるのに気がつく。家族の本質は、国家や民族によって変わることはないし、また、家族の構成、その員数が少ないという点についても、同じく変わることがない[155]。

だが、家族の機能論については、問題がなくはない。家族の機能のうち、老弱者の保護について言えば、こ

148 同旨の議論が上記の著作や、あるいはその他の論文でなされているが、ここでは戦後最初の家族論である「家族の構成と機能」『社會學体系第一巻・家族』一九四八年、四九ページから五〇ページには次のようにある。「……公立の兒童養成所のようなものが設立せられ、そこで医師や看護婦や保姆や教師などに世話せられて、（中略）……かような方法による場合は育兒費は各家庭に於ての場合よりは安くなり、子供の発育も一層よくなるであろう」と。

149 戸田貞三、同論文、五四ページ。

150 『家と家族制度』では、協同生活の範囲がより明確にかつ、広がりを持って語られている。すなわち、「母、父に次で兄弟姉妹・祖父母及びその他の親族へと、子供達は次第に廣く自分を包むでゐる者に親しみを覺え、更に進んで家を異にする近隣の人々・村の人々・町の人々に愛着の念を結びつけるようになり、それが次第に擴大して、自分等と同じ運命を擔つてこの國を形成してゐる人々に對して愛着の念を強めて來るのである」と（戸田貞三『家と家族制度』一九四四年、九〇ページ）。

151 戸田貞三「家族の構成と機能」『社會學体系第一巻・家族』一九四八年、五四ページから五五ページには次のようにある。「老弱者保護を單に物質的保護と考えるならば必ずしも家庭の中に於てこれをなす必要はない。養老院の如きものの設備を十分にし、給與物を十分にすれば保護作用は十分に行われていることになる。しかしかような収容施設は如何に物質的によく整備せられていても、それに収容せられている老弱者に精神的満足を與えることは出來難い。（中略）将來の短い老人に平和な晩年を送らせる爲に最も重要な作用をなすものは、実に家庭生活である」と。こうした観点が戸田の研究の早い時期から見られることについては既に述べて来たところである。

152 戸田貞三『家と家族制度』一九四四年、一一四ページには次のようにある。すなわち「何れの國に於ても、又如何なる民族に於ても、それらの國民、或は民族は家の生活をなし、親子・夫婦・兄弟等、身内の者が互に緊密に共同して小さい團體生活を營んでゐる。而してその團體生活はその國民生活の上に種々貢獻をなしてゐる。それ故にそれ等の民族それ等の國家も、これを保護する爲にいろ〱の規定を制定してゐる。それはそれ〲の民族又は國家の家族制度である」と。

153 戸田貞三『家庭と社会』一九四八年、七九ページ。

154 戸田貞三、同書、七九ページ。

155 戸田はよく、家族員数が多いと言われている中国の家族の例を取り上げて、言われるほどの大家族はあっても、その割合は少ないのだと述べ、家族員数が少ないことの普遍性を語っている。すなわち、「当時の調査［唐の開元二十二年および永和五年の調査のこと］を信頼すれば、大家族をもっていると一般に考えられている中国でも、家族の数は五、六人程度のものにすぎないことがわかります。もちろん、まれには数十人以上の家族の人数をもっていることもあったでしょうが、それは例外で、一般の家族人員数は私たちの周囲に見る程度のものと、あまり大きなちがいはなかったのではないでしょうか」と（戸田貞三『家族制度』一九五〇年、一三〇ページ）。

の機能こそ戸田が留学から帰った後に、欧米との違いから日本の家長的家族の優位点であると認識し、その優れた特徴を今後も維持するにはどうしたよいかという問題意識を持った原点でもある。

このように欧米との対比による日本の家長的家族の優位を言うのであれば、そもそも、機能の段階で彼我の差を認め、それぞれの利点を活用するための制度であるという論理展開をしてもよさそうなものである。すなわち、家族は血縁からなる小人数の集団であり、成員相互の精神的融合によって結び付いているが、その機能は国家、民族の違いによってまちまちであり、日本の家長的家族では、老弱者の、とりわけ精神面における保護機能を持っている。日本の家族制度はそうした機能を充分に発揮させるためにあるのだと。しかし、戸田の議論の理論的な順序はこのようにはなっていない。彼我の違いをもたらすものとして戸田は家族の外にある国家や民族の要素を重視し、そうであるがゆえに、家族とそれら外部の要素をつなげるものとして制度を重視するのである。

戸田が制度を重視するに至る、その理路の展開を見て行こう。

制度は集団の機能を守り、集団そのものを守るものであるが、その一方で集団に制限を加えるものでもある[156]。例えば家族について言えば、「私たちが家族のものと生活をする上に、「こうしてはいけない。」とか「こうしなくてはならない。」とかいうようなきまりごとがあることが必要です。このようなきまりがあることによって、私たちの家族生活が安全円満に行われるのです。家族制度というのは私たちの家族生活をする上にきめられた行為のよりどころ、基準[157]」なのである。このような基準が必要なのは何故であり、また、こうした基準と当該集団（この場合なら「家族」）とはどのような関係にあるのだろうか。

精神的融合による家族の形成は、家族外の要素とは関係なく、家族を形作る当人たちでだけで行われる。曰く、「……他からの干渉によって親子が融合し、夫妻が共同して生活するのではなく、お互の間に直接形作られるものです。（中略）このように考えてくると、家族の共同生活は自発的な愛情を基礎とし、他の第三者の干渉・支配することを許さないものであるから、この條件さえ備えておれば緊密な共同生活ができるわけです[158]」と。だが、「愛情や信頼感は家族生活の内側のことで[159]」ある。

他方で、そうした精神的融合を基軸とした家庭生活は、「家庭の外側にある多くの人々との生活と重大な関係をもってくる[160]」。我々は親子なり夫婦なりの関係を結んで家族となって家庭生活を送るが、同時にその他の集団、国家なり教団、階級あるいは一地方の一員としても生活を送っている。そこで、「國家・教團・階級・町村等は、その團体の一人である限り、家族生活をするについても、その團体の存立を助長するように行動することを要求し、少なくともその存立を害するような行動はとらないように要求するわけ[161]」である。

「つまり家族の生活は夫と妻、親と子というように、家族の間だけの生活にとゞまるものではなく、その家族の属している國家その他の團体の存立に重大な影響を与えるものであることがわかります。（中略）家族制度は以上述べたような必要から生まれたものであり、社会の構成員が家族生活をする場合に取るべき行動の規準として示した外的條件[162]」なのである。

ここでみられるように、戸田にとって具体的に家族がどのような制度を取るのかは、家族成員の結合の仕方

156 戸田貞三『社會學概論』一九五二年、一四一ページ以下。
157 戸田貞三『家庭生活』一九五〇年、六四ページ。具体的には夫婦で言えば婚姻や親子に関する法的規定のことなどを指している。
158 戸田貞三『家族制度』一九五〇年、六七ページ。
159 戸田貞三、同書、同ページ。
160 戸田貞三、同書、六八ページ。
161 戸田貞三、同書、同ページ。
162 戸田貞三、同書、七〇ページから七一ページ。

などの内的条件によるのではなく、家族を取り囲むその他の集団、国家や教団、階級あるいは一地方などの要求によるのであり、そうして成立する家族制度はそれぞれの家族にとっては「外的條件」として存在することになるのだ。実際に「國情や民族の差によって[163]」家族制度がどのように形成されているかというと、親子中心の家族制度（家長的家族）と夫婦中心の家族制度（近代的家族）とがある。[164]

戸田曰く、「そこで家族制度を大きく分けますと、親子中心の家族制度と夫婦中心の家族制度の二つに分けることができます。前のものは主として東洋で行われているもので、……後の方は主としてヨーロッパ諸國やアメリカで行われているもの[165]」である。[166] こうした違いを生み出しているのは、家族そのものの性質によるのではなく、家族を包む外部の集団であるそれぞれの民族や国家の違いによるのだ。[167] そして、日本の家長的家族というのは、日本の民族や国家の歴史の中で形作られて来た家族制度なのである。[168]

すなわち、家族という集団として共通の本質を持ち、小家族という共通の構成を示し、そうした本質と構成に依る共通の機能を備えながらも、欧米とは異なった歴史的・社会的条件のもとにある日本の家族は、日本の民族・国家の要請によって親子中心の家族という家族形態を取り、また、それにふさわしい機能を担っているのである。

② 比較の中の家族——欧米と日本

では、日本の国家と民族の要請により形作られた家長的家族は、どのような役割を果たすためのどのような制度として存在しているのだろうか。とりわけ、戸田の最大の課題の一つであった老親の扶養はどのように解決され、その解決のあり方を、上記の戸田の理論構成の特徴はどのように規定しているのだろうか。

一　欧米の家族と日本の家族

戸田は日本の家長的家族すなわち親子中心の家族を欧米の夫婦中心の家族と対照して、その特徴を次のよう

163　戸田貞三『家族制度』一九五〇年、六八ページ。

164　戸田は、家族を制度として論じることが明確な場合は、「親子中心の家族」と「夫婦中心の家族」という用語を使用し、制度的なものを含んだ上で家族の在り方を問題にする場合には「家長的家族」あるいは「近代的家族」という言い方をすることが多い。しかしこの区別はあまり厳密ではないように思われる。

165　戸田貞三、同書、七四ページ。この二分法自体は喜多野も指摘するように戸田の叙述のかなり古いものから見ることができる。最も古いものとしては、戸田貞三「親子中心の家族の特質」『思想』第三四号、一九二四年を挙げることができる（喜多野が挙げるのはこの一年後に発表された戸田貞三「家族結合と社会的威圧」『哲学雑誌』第四〇巻 四五九号、一九二五年である。喜多野清一「解説——日本における家族社会学の定礎者戸田貞三博士」『新版 家族構成』一九七〇年、三八六ページ）。

166　戸田貞三『家と家族制度』一九四四年、一三七ページには次のようにある。「家族制度樹立の基礎は、大きく分けて二つとすることが出來る。一つは家の永續化を助長する意味に於て定められてゐるものであり、他は家の生活を夫婦一代限りのものとして、夫婦の共同を助長する意味に於て定められてゐるものである。前者は……これを親子中心の家族制度と呼ぶことが出來、後者は……これを夫婦中心の家族制度といふことが出來る。前者は主として東洋で行われてをり、我が國に於て最も明らかに現れてゐるが、後者は主として現代の歐米に行はれてをり、米國に於てこれが最も強く現れてゐる」と。

167　戸田貞三「日本の家族制度の特質」『家族と婚姻』一九三四年、一一〇ページには次のようにある。すなわち、「此樣な内的條件［成員相互の精神的融合のこと］を備へた上に、更に國家的に定められた家族生活存立に關する準則に從ひ、團體生活上認められた家族生活上の行動形式に從ふことに於て、始めてそれは公に認められ、社會生活上許される夫婦の共同となり、親子の結合となる」と。

168　戸田は戦後民法改正の後にもなお存在する家長的家族について次のように述べている。「わが國では封建制度の時代から親子本位の家族制度がながい間つゞいてきました。（中略）終戦後には民法が改正されましたが、それ以前には家という制度があり……ました。（中略）しかし家というものは法律の上ではなくなっても、長い間の世のならわしとして残っています。……法律の上ではなくなっても、これまで長い間、実際生活上行われてきたことは、一ぺんにはなか〳〵なるものではありません」と（戸田貞三『家族制度』一九五〇年、七七ページから七八ページ）。また別のところでも次のように述べて、親子中心の家族が日本社会の中でそう簡単にはなくならないことを主張している。曰く、「從つて現代のわが國民も國家的には民法上定められている年齢上の制限とか血縁連鎖上の制限とかいうような制度の制約を受け、また民族的な慣習から見るならば婚姻擧式において各地方で種々の制約を受けている。これらはすべて現代の國民の受けている家族制度の制約である。從つて家長的家族制度の制約は現代強くあらわれていないとしても、或る程度の家族生活に關する制度上の制約は現代もなお存するのである」と（戸田貞三『社会学概論』一九五二年、一五八ページから一五九ページ）。

に述べている。すなわち、「之［欧米の夫婦中心の家族］に反して親子中心の家族にあつては夫婦は第二次的の意味を持つて居るに過ぎない。……この種の家族にあつては親子の共同により家系、家業を永續せしむることが最も重要事とせられ、夫婦は此家族の連續に必要なる親子關係を發生せしめる手段たるに過ぎない[169]」と。

戸田は親子中心の家族を成り立たしめ、夫婦中心の家族との違いを形作る中心的価値としての「家の永続」に注目している。このような家族を生んだのは我が国の家族制度であるのだが、そうした制度として戸田以下のものを挙げている。すなわち、「……一つには家長權の制があり、次には家督相續の制があり、次には養子の制があり、次には勘當の制があり、次には離婚の制があり、次には妾の制がある[170]」と。

それぞれがどのように家の永続と結び付いているのか。戸田はここで国家の役割を強調している。

戸田によれば、国家は「……家族員を支配し、之を指導して、家族内の秩序を維持し、外部に對しては家族なる小集團を代表して他の者と接觸交渉の任に當」ることを「國民生活上重要と認めるが故に[171]」家長権を認めるのである。また家長権が家長の死亡又は老衰によって行われなくなるのを防ぐ為に「家長權の相続として認められたものは家督相續である[172]」。しかし、継承すべき子が無い場合にも「……家督相續を可能ならしめ、家族の崩壞を防ぐ爲に、國家は養子の制を定め[173]」ているし、継承すべき子があっても「……其子供が家風に同化せず、家業を怠るやうな態度を取り、將來家長權を行ふ者たる資格を缺くが如き恐れある場合には、家長は此子を勘當して之を家族團體外に放逐し得ることを國家は認めて居た[174]」。

家長に実子のない場合は養子の制度が用意されているが、「養子は多くの場合實子のやうに家族的に同化し、訓練することが出來難い」ので、できるならば実子を得ることが望ましく、そのため子を生むことのない妻は「……婦人として有能な人であらうとも、家族の存續に就いて責任を持つ家長の妻としては不適當である[175]」として離婚されることがあった。また、同じく有能な婦人であっても、「家風に合はぬ」という理由での離婚も多かったのである。[176] 他方で、「……家長は其實子を得る爲に妾を置き得ることが、社會生活上曾許されて居た[177]」と。

このような諸制度によって、親子中心の家族という家族形態が作られてきたわけだが、そこでは夫婦中心の家族にも共通して認められる弱者の保護機能が、老親の扶養ということにも及んでいる。なぜなら、夫婦中心の家族であれば親が扶養を必要とするほどの高齢になっている時には子はすでに新しい家族を作って親の家族とは分離しているので、子供世代の家族で親の扶養をするということは、費用を負担することを除いてはそもそも考慮のしようがないことである。

それに対して親子中心の家族であれば、家の連続のために老親とその嫡子は同居しているので、現世代家長による老親の保護が行われやすいからである。だが、そうした事実上の容易さを超えて、日本の家族制度は子供の扶養とならんで老親の扶養という機能を国家的観点から助長するものであるという。

戸田曰く、「親子關係に於きましても、子供を育てる場合には斯様々々な育て方をせよとか、親を扶養する場合には斯様々々に扶養せよと云ふやうな制度を立てますのは、その制度の要求に從つて子供を育てることが常に次代の國民を一層優良ならしめると國家的に考へられ、又此の國家の要求に從つて老人をその子供が養つて行く

169 戸田貞三「日本の家族制度の特質」『家族と婚姻』一九三四年、二一五ページから二一六ページ。
170 戸田貞三、同論文、二一七ページ。
171 戸田貞三、同論文、二一七ページから二一八ページ。
172 戸田貞三、同論文、二一八ページ。
173 戸田貞三、同論文、同ページ。
174 戸田貞三、同論文、二一八ページから二一九ページ。
175 戸田貞三、同論文、二一九ページ。
176 戸田貞三、同論文、同ページ。
177 戸田貞三、同論文、二二〇ページ。

といふことは國民生活を一層安定せしめると國家的に考へられて居るからであります[178]」と。

だが、戸田の時代にすでに、こうした家族による老親の扶養という親子中心の家族の機能は一つの大きな問題にぶつかっていた。戸田によれば、日本における離婚率は世界で一位か二位を争うくらいに高いのだが、その理由は親子中心の家族に外から入ってくる妻が、舅や姑、あるいは小姑になじめないということにあるという。そのような原因での離婚を防ごうとするなら、どのような家に嫁いでもそこになじめるような従順さが必要となり、自然と若いうちの結婚が進んで早婚の傾向が強くなるのだと。

ところが反対に現代生活のように文化内容が複雑になってくると、「この複雑なる文化内容を取り入れて吾々の生活を自ら築き上げる爲には可成り長い準備教育卽ち訓練を要します[179]」。しかし、こうした準備教育を行っていると、その分、婚姻年齢はあがり、晩婚化してしまう。戸田曰く、「現在婦人の結婚年齢は文化の程度の高い所程高いのであります[180]」と。

だがそうなると、もはやこうした教育を受けた婦人は「無色」ではありえない。何らかの色に染まっているので、嫁ぎ先のどんな家風にも合うとは言えなくなってしまうのである。「從つて此の點に於て早婚を助長する家長的家族の要求と現代文化の多種多様性との間に矛盾があ[181]」るという。

この矛盾につき、「現代文化の增進と相容れないやうな早婚……は現代人は餘り望まないのではないかとも考へられ」る。そこで矛盾の一つの解決策として「……此の様な家族形態及び此の形態を維持するやうな制度を廢止すべき[182]」かどうかが問題となる。

ここで先にも述べた戸田の最大の問題の一つが登場する。すなわち、「之［親子中心の家族およびそれを支える制度］を廢止したらどうなるでせうか。その場合の結果を簡單に且つ具體的に申上げますと、我が國に非常に大きな養老院を澤山作らねばならぬと云ふことになります[183]」と。親子中心の家族をなくして、欧米と同じような夫婦中心の家族となったならば、老親は子供の家族と同居することはできないので、「……老人がその子と一緒に居らぬ場合は年寄つた親を誰が養ふのでせうか[184]」という問題が生じ、結果的に欧米にみられるような大きな養老院が必要になるというのである。

これまで明らかにして来た通り、戸田はあくまで老親を親子中心の家族の中で扶養すべきであると主張する。では、現代文化の多種多様化との矛盾の解決は誰が担うのであろうか。

戸田はこうした問題の焦点に位置する婦人＝妻のあり方に解決の糸口を求めるのではなく、家長的家族の軸である家長＝夫のあり方の改革を提案する。すなわち、「此の様な人生に取つて偉大なる價値をもたらす家族生活を建設するためには婦人に譲歩を求める丈でなく男もある程度まで婦人のために譲歩する必要があると思ひます。さういふ態度を持つやうに、男子を馴致することが必要である[185]」というのだ。

家族の中で家長夫婦が互いに譲り合うことを戸田は求めるが、当時の一般的状況——女性の男性に対する全面的忍従——からすれば、改めて夫へ要求するという形にならざるを得ない。

それゆえ、戸田は次のように述べる。曰く、「矢張り日常の生活にお互相讓るといふ精神を養成して行くやうに男女を躾けねば、將來の家族生活は圓滿に行かないと思ひます。普通家族内に於ても男の子だから仕様がな

178 戸田貞三「家族と外部社会」『学校教育』第二六四号、一九三五年、五二ページから五三ページ。
179 戸田貞三、同論文、六一ページ。
180 戸田貞三、同論文、同ページ。
181 戸田貞三、同論文、同ページ。
182 戸田貞三、同論文、六二ページ。
183 戸田貞三、同論文、同ページ。
184 戸田貞三、同論文、同ページ。
185 戸田貞三、同論文、六六ページ。

い。併し女の子は従順でなくてはならぬと云ふやうに、男の子の前で申しますと、それをきいた男の子は、俺はいくら威張つても差支へない、女は威張られないものだと、變に曲解をする事になります。此の様な考へを持たせては將來我が國民の家族生活はやゝもすれば和合一致を欽き、家族に於て最も大切なる人々の生活安定は失はれ、親子の共同も妨げられ易くなり、その爲に國民は大なる犠牲を拂はなくてはならぬやうになるのではないかと存じます[186]」と。

このような考え方は、観方によっては「近代的な」立場として戸田の議論の進歩性を裏付けるものとされることもあるだろう[187]。だが、そうした評価を下す前に、当時のその他の論者、特に鈴木榮太郎の議論と比較してみよう。すると、戸田が単に「近代的な」論者であるだけとはいえないことがみえてくる。

二　比較と対立——民族の独自性と家族の共通性

鈴木榮太郎は『日本農村社會學原理』の中で、日本において離婚が多い原因について戸田の議論を引いて次のように述べている。曰く、「戸田氏は、日本に於いて離婚率の多い理由の一つとして、日本に於ける家長的家族の多い事を擧げ、我が國に於いても家長的家族の多い農村に特に離婚率多く、家長的家族少き都市に離婚率少き事を明らかにする事によつて其を立證して居る。……我が國に於ける離婚率が減少しつつある傾向は、戸田氏に依れば、「日本に於いて離婚率が多かつたのは、日本の家族が從來家長的家族の形態を持つて居たからである。日露戰争後殊に歐洲対戰後日本の離婚率が減少する様になつたのは、日本の産業の形態が此等の事件後に急激に變化し、從つて家長的家族生活の形が徐々に變化したからである。」[188]」と。

家長的家族が多くの離婚を招くその原因の一つとして鈴木が挙げるのは嫁姑の関係である。すなわち、「嫁と姑の關係は我が國の共同社會的家族生活の内部に存する殆ど唯一の對立關係である。此關係を風刺した如何に多くの俚諺、民謠、方言がある事であるか、又如何に多くの傳説や物語りが此關係に生じた悲劇を傳へて居る事か。離婚が如何に多く其爲に生じ、また結婚が如何に多く其爲に躊躇されて居る事か[189]」と。

あるいはまた、姑に限らず、婚家になじむことの難しさを次のようにも述べている。曰く、「其他の家族員は、悉く其家族内に產み落とされ生育され、各々家族の位座にあつて、強固なる結束の下にある者である。婦は其社會に飛び込んで来た外来者である。……婚家の家風も家の事情も知らず、多くの耳と多くの口の中にあつて、只管服從につとめても尚ほ家人等に滿足されないのが常である。家長的家族に結婚し来る婦には、結婚は決して歡喜のみではない[190]」と。

ここまでの現状認識は、戸田の記述をそのまま引用していることからしても、戸田の認識と大きく変わるところはない。すなわち、伝統的な日本の家族の中では妻の地位は不安定であり、それが離婚率の高さの原因の一つになっていること。また、伝統的な家族形態から欧米流のいわゆる近代的家族への変化が生じていることである。それゆえ鈴木も当時の日本の家族の中に次のような問題があることをも認識していた。「家長的家族は婦人の爲には望ましき制度ではないかも知れぬ。かくて家長的家族より夫婦家族への移行の最も大きな原因の一つは、結婚せんとする婦人が家長的家族を忌避せんとする態度であり、而して此態度を助長するものは、自由主義的個

186　戸田貞三「家族と外部社会」『学校教育』第二六四号、六六ページから六七ページ。

187　戸田のこのような提言は次のような評価をもたらすのに少なからぬ影響を与えたことであろう。「……戸田における近代的個人主義の立場は、「個々人の個性の開展を矯めて迄して」家共同体の秩序にしたがわしめることにたいして反対であったということができよう。彼は、……、近い将来に家族の「近代化」がこれまでの家族制度の解体をもたらすことを予想し」ているのであると（河村望『日本社会学史研究　下』一九七五年、一四七ページ）。

188　鈴木榮太郎『日本農村社會學原理』一九四〇年、一八五ページから一八六ページ。

189　鈴木榮太郎、同書、一八七ページから一八八ページ。

190　鈴木榮太郎、同書、二九六ページ。

人主義の思想的背後の下に男女同權を主張する思想である。而して此思想に其實現の可能性を準備して居るものは婦人の職場への進出である[191]」と。

だが、問題への向かい方において戸田と鈴木では大いに異なっている。

鈴木によれば、家長的家族における一家の精神の伝承のためには、家長は男性であることが望ましい。そうすると、「……家長は其家の生えぬきであり、男子であるとすれば、家は父系となり結婚は嫁取りの形式となる」。そのため、「……婦人が結婚と同時に家族集團への加入に伴う勞苦は避け得ないものに考へられる」というのである。

その上で鈴木は「婦人の眞の幸福と尊嚴が何れの場合に多いかは問題である」としながらも、「……家長的家族である以上、婦人は夫婦家族に於けるが如き自由對等の生活を爲す事は出來ない」として、解決そのものを拒んでしまう。

ここで戸田と鈴木の違いを生み出す、それぞれの議論の成り立ちを確認してみよう。

戸田においては欧米流の近代的家族と日本の伝統的な家長的家族との間に、精神的融合による小家族という共通の核が存在している。これに対して、鈴木においてはそうした共通部分が存在せずに、近代的家族と家長的家族はそれぞれの背後にある思想からして相容れないものとして二者択一的に対峙している。こうした二者択一的な議論は何も鈴木に限ったことではない。

明治維新後に西洋から流入した個人主義と日本伝来の集団主義とを対置すること、とりわけこの対立を家族のあり方において論ずることは早くから行われていた[192]。明治も終わらんとする頃に東亜協会において、当時の倫理学者、法律学者、社会学者などを集めた『家族制度に就いて』と題する研究会が行われ[193]、この問題をめぐって様々な議論が交わされた。ここでの議論においても、鈴木がおこなった二者択一が行われている。

こうした研究会が行われる背景としては、日露戦争という近代化の山を越えた日本社会に顕著になってきた伝来の社会の変化、いわゆる家族制度が危機に瀕しているという認識があった[194]。例えば、三輪田元道は伝来の家族制度の命運について「私は社會の風潮をこの儘にして置い《マ》ならば《マ》、家族制度は益々衰退するものであると感じて居る[195]」と述べている。そうであればこそ、「……日本の國體は、家族的基礎の上に立つのみならず、愛國心も家なる觀念と著しき關係を有するを以て、出来るならば家族制度を維持したい、否昔ながらの家族制度が已に夢となりつ、あるを以て、最早この上は改善されたる家族制度を作り、日本の國民道徳を盛にしたいと思ひます、併し大勢の挽回は容易の業で[196]」ないのであるという。

この研究会の主催者である井上哲次郎は研究会の最後に話をしているが、その中で当時の社会についての自らの認識を「我邦從來の家族主義に對して個人主義が維新以來西洋文物の輸入と共に段々這入つて来た[197]」と述べている。こうして日本に入ってきた個人主義が「……段々勢力を得つ、あるのであります。従つて家族制度が次第に破壊せられて行くやうな傾向が見える。奥田君が言はれたやうに、今日の法律が家族制度を破壊するや

191　鈴木榮太郎『日本農村社會學原理』一九四〇年、二七〇ページ。
192　例えばボアソナード民法をめぐる「民法典論争」においても、近代法原理に対して伝来の家族のあり方を守ることが主張された。穂積八束「民法出テヽ忠孝亡フ」『穂積八束博士論文集』一九四三年、二二三ページ以下（初出は『法學新報』第五号 一八八九年）などを参照のこと。
193　この時の講演に何編かの付録論文を載録したものが『國民教育と家族制度』として一九一一年に刊行されている。
194　この講演会の発起人であった井上哲次郎は講演会の目的を次のように述べている。曰く、「家族制度の問題はなか〳〵重大なる問題でありまして、何んとか之を解決せんければならぬ様になつて居るのであります。併しながら此の問題の性質として、種々なる方面に關係を有つて居るのであるから、さう簡單に解決の出来る様なものではない。……それで嘗つて大學の山上御殿に於て東亜協會の研究會を開いて、いろ〳〵此の問題に就いて講究したことがあります」と（井上哲次郎編著『國民教育と家族制度』一九一一年、序、一ページから二ページ）。
195　三輪田元道「家族制度に就いて 其七」井上哲二郎編著『國民教育と家族制度』一九一一年、八一ページ。
196　三輪田元道、同論文、八四ページ。
197　井上哲次郎「家族制度に就いて 其十」井上哲二郎編著『國民教育と家族制度』一九一一年、九六ページ。

うな具合に出來て居るが。《ママ》其外耶蘇教だの文學だの商工業の發展と云ふやうなことが法律と一緒になつて社會に偉大なる變化を齎しつゝあるのであります[198]」と。

だが、こうした個人主義の隆盛にもかかわらず、伝来の習慣たる家族制度は舶来の個人主義に十分に対抗し得るのだと言う。曰く、「併ながら其船《ママ》ら來の個人主義に對して習慣となつて來た所の國民道德の惰性が非常な者であるから十分之に對抗して其弊害を矯正する丈の勢力があると信じて居る[199]」と。

このような発言にもかかわらず、新しい時代に適応すべき、新しい家族制度とは何かは明確にはならない。それゆえ「……斯う云ふ問題は今後幾度か研究會を開いてじゅぶん講究したいと思ひます[200]」との言葉を以て研究会は閉会され、具体的な解決策の提示は先延ばしされた。

学問諸分野における家族研究の当時の代表的研究者を集めながら、具体的な方策の手がかりさえも得られなかったことの原因の一つとして、家族制度の積極的保持論者も消極的論者も皆が日本の伝統的家族制度の独自性を主張するあまりに、欧米の近代的家族との比較を行うことのできる共通の土台の存在を配慮していないことが挙げられる。

藤井健治郎は、家族制度は日本に限られたものでなく、西洋にもまた西洋流の家族制度があるのだという説を批判している[201]。日本の家族制度と西洋の家族制度はその形式と実質において全く異なっているというのだ。その形式においては次のように日本と西洋は異なっているという。曰く、「歐羅巴、亞米利加あたりの家族は、夫婦本位である。……隨つて夫婦がなくなると、同時にその家といふものもなくなつて了ふ。……日本の家は親子本位である。……隨つて親が死んでも其家といふものはなくならない。所謂家督相續ということがあるのであります。……それであるから、形式に於ては、歐米の家族制度は横の家族制度であり、日本の家族制度は縦の家族制度である、といふ様になつて居ります[202]」と。
またその実質においては次のように異なっているという。すなわち、「……實質に於ては、欧米で家と謂ひますのは、前申しました通り、夫婦即ち夫と妻及子供が家を構成すると云ふことが原則になって居る。之に反して日本の家と謂ふものは、……家の實質に於いては、日本の家は西洋のよりも、餘程澤山になつて居るのであります[203]」と。

いずれも戸田の議論を先取りするような指摘であるが、「精神的融合」という共通の核を持たないため、日本の家族と西洋の家族とは違いばかりが強調されて共通な部分は見出されていない。

こうした西洋と日本との二者択一的な対立と比較したとき、「精神的融合」という共通の核を持ちながら、個々の国家や民族の要請という外的条件を加えることによって具体的な家族形態を明らかにするという戸田のアプローチは、変革期の日本の家族の直面する問題について、漸進的・現実的な解決をもたらし得る。

すなわち、戸田の家族理論は「精神的融合」という共通の直線（次元）の上で、理念型としての個人主義的家族と集団主義的家族との両極の間を、時々の外的条件（国家や民族の要請）によってスライドして行くものとしてイメージすることができる。そうすることにより、ある歴史的・社会的条件のもとでの最適な混合形態、有り

198 井上哲次郎「家族制度に就いて 其十」井上哲二郎編著『國民教育と家族制度』一九一一年、九八ページ。
199 井上哲次郎、同論文、一〇二ページ。
200 井上哲次郎、同論文、一一一ページ。
201 藤井健治郎「家族制度に就いて 其二」井上哲二郎編著『國民教育と家族制度』一九一一年、九ページには次のようにある。すなわち、「……第二説の家族制度は日本にもあり、西洋にもあるから必しも日本の特色と見ることは出來ぬと言ふのは、これは唯、家といふ言葉の上に捉はれた考であつて、甚だ感服しないのであります」と。
202 藤井健治郎、同論文、六ページから八ページ。
203 藤井健治郎、同論文、八ページから九ページ。

体に言えば「良いとこどり」ができるのである。

それゆえにスライダが西洋近代の方にずれていけば「近代的」に映り、スライダが伝統日本の方にずれていけば「伝統的」に作用するのである。だが、その際に忘れてはならないことは、戸田にとっては子供の扶養も老親の扶養も、ある具体的・歴史的な国家の要請によって規定されるものであったということである。すなわち、スライダの位置を決めるのは国家なのであって、どうしてもこうでなければならないというような家族のあり方は存在しないということである。言葉を変えれば、戸田にとっては、それが西洋の家族だろうと日本の家族だろうと、前国家性を主張得るような家族は存在しないのである。

このような認識は、戸田の家族本質論とどのように関わっているのだろうか。

三　家族と政治――日本と西洋の違い

戸田は数多くある家族研究の多くが、その歴史的・制度的面に偏っていて、家族の集団としての特徴を論ずるものがないことを嘆いている。しかし、注目すべき数少ない研究の中でも、とりわけ家族の集団的特徴についての貢献をなしたものとしてヴィルヘルム・ハインリヒ・リールの"Die Familie"を挙げる。

「恐らくリールの此著述は家族の内部に見出され得る特質に着眼して此小集團を研究せんとした著述の最初のものであらう。社會學者の内には家族の此性質を把へて之を社會學たる著述中に説いて居る者もあるが、所謂家族の研究書として知られて居るもの、内では、此様な方面の研究を試みて居るものはリールの著述が最初のものであると思はれる。[204]」と。

さらにリールは、戸田の理論における家族の集団としての特質の構成において、枢要な地位を占めることになる。戸田は過去の家族理論を整理して、家族の特質とされてきたものを六点にまとめている。

「（一）家族は夫婦、親子及び其等の近親者よりなる集團である。
（二）家族は此等の成員の感情的融合に基く共同社會である。
（三）家族的共同をなす人々の間には自然的に存する從屬關係がある。
（四）家族は其成員の精神的並びに物質的要求に應じて其等の人々の生活の安定を保障し經濟的には共産的關係をなして居る。
（五）家族は種族保存の機能を實現する人的結合である。
（六）家族は此世の子孫が彼世の祖先と融合する事に於て成立する宗教的共同社會である。[205]」と。

このうち、（五）と（六）は家族の一般的特徴とはすることができないとして、家族の特質としては（一）から（四）までの四点が採用され、その理論を組み立てることになる。[206] では、それぞれの点は先行する誰の議論から採られたものなのだろうか。（一）の夫婦、親子および近親者、（二）の感情的融合、そして（三）の自然的従属関係というのは、まず第一にコントの議論を参照している。コントの議論を紹介したのちに、その評価に及んで「家族を目して夫婦及び親子の感情的共同によつてなる集團なりとし、此等の者の間に生ずる自然的從屬信

204　戸田貞三『家族構成』一九三七年、一四ページから一五ページ。ここでは一八五四年の初版が参照されているが、実際に引用する際には一九二五年の第九版が使われている。以下、引用はこの第九版による。戸田のリールへの傾倒はすでに『家族と婚姻』（一九三四年）に収められた「家族の集團的特質」にも顕著である。そこでは「此等家族研究書の中、此問題〔集団としての家族の特質〕に觸れて居るものとして注意すべきものは、只だリールの研究（W.H.Riehl, *Die Familie*, 1854.）とクーランジの「古代都市」（Fustel de Coulanges, *La Citè antique*, 1864.）とあるのみである。」と（戸田貞三「家族の集團的特質」『家族と婚姻』一九三四年、二ページ）。

205　戸田貞三『家族構成』一九三七年、四三ページから四四ページ。

206　戸田貞三、同書、六一ページ。「それ故に家族の一般的性質を尋ねんとする場合には、此等の二性質を除くことが必要となる。此等の二性質を除いてみると、家族は夫婦、親子並びにその近親者の愛情に基く人格的融合であると云ふことになる。如何なる民族の家族生活就いて觀ても、何れの時代の家族を考察してみても、家族は近親者の愛著的結合であり、かゝる結合に基いた共産的共同である。」と。

頼の關係に基く合一化であるとした彼の説明は、家族の集團的性質を可なりよく捉へたものと云われ得るだろう。[207]」と。

最後の（四）の共産的関係であるが、これはウェーバーから採られている。「コントは此様に家族構成員間の感情的融合と従属関係とを高調したのであるが、此等の関係の存立を認めながら、尚其外に扶養の共同（Versorgungsgemeinschaft）と云ふ經濟的機能を捉へ、此機能に重きを置いて家族の集團的性質を説明せんとした者にマックス・ウェーバー（Max Weber）がある。[208]」と。

しかし、コント、ウェーバーのいずれも、まだ戸田を完全には満足させない。コントについては次のように述べる。「只だコントは此従属關係と夫婦及び親子間に働く愛情との関係を十分に説明せず、家族は根本的には夫婦及び親子の感情的要求に基いて成立する共同であるが、此行動は此等成員間に生ずる自然的の従属關係によつて更に強い統一となると考へて居た[209]」と。

コントのこの不十分さ、家族近親者の愛情とその従属関係がどのようにかかわっているのか。この説明がなされていないところを補完するものとして戸田が採るのが、リールの議論なのである。

すなわち、「リールは此従属關係は性的血縁的の愛情と別なものではなく、愛情に基く信頼感が家長並びに親に對する敬虔の念となり、従順となり、此従順よりして家長又は親の權威が自ら認められるようになり、之に對して家族員が服從の態度を取るに至るのであると説明する。……家族の一體化は……外部より加へられる強制や他の目的實現の為に形造られるものではなく、家族員相互の愛と信頼とに基いて居る。此點に着眼して家族の統一を維持して居る權威と服從とを説明したリールの考へは、家族の集團的性質を説明したものとしては、恐らくその後にあらはれた多くの家族研究書よりは優れて居ると云ひ得る。[210]」と。

もっとも戸田は、いったん、リールの研究が内的態度に偏っていて、それが具体生活に現れる形についてあまり述べていない欠点があるがゆえに、そこをウェーバーで補わなければならない[211]と述べるのであるが、そのウェーバーについても次のような注文をつけている。「此意味に於てマックス・ウェーバーの所説は家族の集團的性質の一大要點に觸れて居ると云はれ得る。只だ彼の説明では、此共産的性質と家族に於ける權威との間及び此性質と家族員の從屬的態度との間に如何なる關係あるかが明瞭になつて居らぬ。[212]」と。

すなわち、コントに依拠し、リールによって補われた（一）から（三）の家族の内面的特質と、ウェーバーによる（四）の家族の実生活における特質との関係如何という問題である。

この点については、『家族構成』では詳しく議論されていないのであるが、『家族と婚姻』の「家族の集團的特質」の記述によれば、この点においてもリールが要となっている。

すなわち、「家族の各員は相互に自他の區別を嚴密に立てんとするよりは、寧ろ自他の融合化、一體化を求めんとして居る。彼等は感情的に強く接近せんとするよりして互に信賴的、沒我的となり、此沒我的合一化は經濟生活に於ても差別的排他的となることを許さず、かくして家族員はあらゆる生活關係に於て緊密に融合し、經濟生活に於ては共産的關係を形作るのである。[213]」と。

207　戸田貞三『家族構成』一九三七年、二六ページ。ただし、コントが「家族的共同が家族外に存する社會の單位となり、人々は此家族生活を通じて社會生活に入ると考へた」ことについては、本文では「此點を暫く除いて見るならば」と留保しながら、注においては、社會をもっと多様に捉えるべきであり、その場合には家族を社会の基礎単位とすることはできないとしている。ここでは、社会として何を考えるのかの対立と戸田の立場が明らかになっている（戸田、同書、同ページおよび、五七ページから五八ページの注（4））。リールはもちろん、社会を国家に対立するGesellschaftとして捉えているがゆえに、家族をその基本単位としている。

208　戸田貞三、同書、二六ページ。

209　戸田貞三、同書、三七ページから三八ページ。

210　戸田貞三、同書、三八ページ。

211　戸田貞三、同書、三八ページから三九ページ。

212　戸田貞三、同書、二九ページ。

すなわち、共産的という経済的関係が、家族相互を差別しないという、内面的な関係によって根拠づけられ、そうすることによって、近親者の間の愛情とそれに基く自然的従属関係とに、接合されるのである。

集団としての家族結合の軸となる愛情について、戸田はリールに全面的に依拠していた。ここで戸田が重視した家族成員の愛情による結合は、ショーターの述べる「ロマンス革命[214]」に相当するだろう。こうしたリールの理論を生み出したドイツの議論の文脈をたどると、戸田がリールから何を受け取ったのかの内容がより明確になる。

ディーター・シュワブの研究によれば、十九世紀のドイツにおいて中世以来の伝統的な家（Haus）概念に代わるように、市民層を中心として市民的家族（Familie）概念が誕生し、発展したという[215]。Familieという語はもともとはラテン語出自で、同時代のフランス語のfamilleの用法の影響をも受けながら、十七世紀になってドイツ語文化圏に取入れられて行ったのだが、当初は従来のHaus概念を代替していたため、Haus概念の持っていた支配の中核としての意味を強く残していたという[216]。

だが十八世紀を通じて大きく展開して行った資本主義は、経営と家計を分離することによって、家族（Familie）を消費の領域に限定して家族（Familie）概念を人間関係に限定されるようにしむけることとなった[217]。こうした家族概念の変化は、啓蒙主義の影響により、家族を社会的な義務から免除し、家族を社会の基礎単位としては考えないような観念を生み出した[218]。さらにロマン主義は婚姻の本質は夫婦の愛情にあるという考えを持ち込み、その愛情重視の考えは親子の関係にも及ぼされ、家族関係は法以前の愛情という自然によって支配されるものとなったのである[219]。

ところが十九世紀の中頃になって、中世後期以来の政治的単位としてのHausの概念がFamile概念の中に再興されるようになった。そこでロマン主義的で内面的な家族の概念と、政治的な基礎単位としの家族概念が融合された市民的家族概念が生まれたのである。[220]

シュワブは市民的家族概念の特徴を次のようにまとめている。（一）家族は倫理や国家、社会に対して重要な根本的な重要性を持っているとされており、歴史を動かす力として主体化され、家族には歴史発展の要素としての役割が割り当てられた。（二）家族はしばしば政治的な統一体として、自らの中に溶け込んだ個人を抑圧した。（三）家族は自然的で倫理的な有機体とみなされていたために、家族に課された社会的機能は法的に制御したり、強制したりすることができないと感じられていた。それは、家族からの個人の法的な保護の後退を意味したし、その結果として、制御するもののない、夫の権力と親の権力がもたらされた。（四）家族の関係はロマン主義におけると同じく内面化されたが、家族は倫理的な諸カテゴリーの助けを借りて、たんなる心理的なものであるという性格を剝ぎ取られ、新たに制度化されたという点においてロマン主義とは異なっていた。（五）家族

213 戸田貞三「家族の集團的特質」『家族と婚姻』一九三四年、二一ページ。
214 Edward Shorter, *The Making of the Modern Family*, 1975, p.120.
215 Dieter Schwab, 'Familie' in "Geschichtliche Grundbegriffe, Bd.3" 1975, S.278. ff.
216 Dieter Schwab, 'Familie' in "Geschichtliche Grundbegriffe, Bd.3" 1975, S.270. f. 中世後期のドイツ社会においては、Haus は領主（Herr）の支配の中核であった。Haus の外延には Holde と呼ばれる農民の耕作する Hufe があり、Herr は彼等に軍役を課したり刑罰権を講師するなどの経済外的なさまざまな支配を及ぼしたが、その反面、外敵からの保護など、様々な恩寵（Huld）を施したのである。こうした支配の連合から地域的な支配が形成され、Land が形成されていたのである。そこでは、Haus は他人の支配が介入してはならない領域であり、独自の平和領域として政治や支配の基本単位として観念されていた。支配の中核としての Haus については、Otto Brunner, "Land und Herrschaft" 1939 S.277 ff. また、こうした Haus 観念が十九世紀の社会にいかに影響を及ぼしていたのかということについて、Otto Brunner 'Das "ganze Haus" und die alteuropäische „Ökonomik"', in "Neue Wege der Sozialgeschichte" 1956, S.33. ff.
217 Dieter Schwab, 'Familie' in "Geschichtliche Grundbegriffe" Bd.2 1975, S.273.
218 Dieter Schwab, a.a.O., S.280.
219 Dieter Schwab, a.a.O., S.284. ff.
220 Dieter Schwab, a.a.O., S.287. ff.

は外的には公的領域に属し、内的には私的領域に属していた。それゆえに家族法が私法に委ねられたことをもって単純に「家族の私化」とは言うことができない。(六)家族の内部の事柄を、外部に対しては隔離することによって、男性のみが公的領域に到達した。女性と子供は政治的に陪臣化されたのである。[221]

リールの家族論はこうした市民的家族概念を代表するものであった。[222] それゆえにHaus概念に由来する伝統的な支配と政治の基盤という要素と、内面性という戸田がまさに家族の集団的性質の要として依拠したものの両方を兼ね備えていた。

他方、リールは自然的従属という考え方に則りつつ、女性は家族として解放されるべきであると論じる。「家族は政治的に解放されねばならない。そうすれば婦人も解放されるのである。[223]」と述べることによって、リールは男性が外的世界における政治を代表し、女性や子供はあくまで男性の保護下で政治に影響を与えるにすぎないことを主張している。だが、戸田はリールの自然的従属を自らの理論の骨格としながらも、こうした問題については触れることさえない。リールとその家族理論にとっては、国家や法、政治との関係は決定的に重要なものであった。にもかかわらず、戸田はリールによって代表される市民的家族概念のうちの内面性のみを受け入れ、もう一方の柱である支配や政治的単位という要素は取りこぼしているのである。

このような戸田によるリールの一面的受容の結果、近代的家族もまた前国家性を主張することはできなくなってしまった。リールにおいて、家族は国家を基礎付けるものであったのに、戸田においては、家族は外部条件たる国家によって規定されるものとなってしまった。近代家族と家長的家族の両極の間を行き来することのできる戸田の家族理論は、変貌する日本の家族への処方箋を与えるための格好の基盤を作り上げたかわりに、いかなる国家の要請をも断ることのできないものとなったのである。[224]

③ 家と国家——戸田理論における社会統合の問題

一 孤立する家族と集団

これまで見てきたように、戸田は生涯を通じて日本の伝統的家族のあり方である家長的家族に積極的な関心をいだき続けてきた。他方で家長的家族か近代的家族かにかかわらず、家族の結合と機能とにおいてその家族構成員同士の精神的融合という点を極めて重視してきた。戸田が家族という集団に見られる精神的融合をどのように理想化していたのかについては、次のように記されている。「夫婦や親子の間の感情的融合および全人格的信頼（中略）こういう点に触れる時、教壇の先生は、必ず眼を半ば閉じて、恍惚と呼びたいような表情になる[225]」と、逆に実際に聞いていた人間は鼻白まんばかりであったらしい。

221 Dieter Schwab, 'Familie' in "Geschichtliche Grundbegriffe Bd.2" S.298.
222 Dieter Schwab, a.a.O., S.288.
223 W.H.Riehl, "Die Familie", 1925, S.91.
224 上記の叙述では、外部的條件である国家と民族との違いを明確にせずに、もっぱら国家として語る部分が多かった。これは戸田の叙述のほとんどの場合、国家と民族とは一括して語られることが多く、その間に区別をつける必要が見られないからであるが、わずかの例外として、国家の要請と民族の要請とが矛盾する場合が『家と家族制度』に語られている。戦時の翼賛体制下において家族の妻が勤労奉仕で外（工場）で働くことを、戸田は国家の要請からは止むを得ないとしながらも、民族の要請からすれば妻は家に居て家を守るべきであると言う（戸田貞三『家と家族制度』一九四四年、一九二ページ以下）。
225 清水幾太郎「戸田貞三先生のこと」『清水幾太郎著作集』第十五巻 一九九三年。

こうした精神性は、森岡清美の戸田評である「非政治的[226]」というイメージと結び付きやすい。またリールの議論との対比でも見てきたように、戸田の家族の捉え方からは、家族の政治的な意義が全く抜け落ちている。

では、こうした家族観を持つ戸田は、社会そのものをどのように捉えていたのであろうか。その社会像と家族の非政治性はどのような関係にあるのだろうか。

手始めに、戸田本人をかくまでとりこにした精神的融合は、戸田の社会学全体の理論の中で、どのように位置づけることが可能かを明らかにする。戸田の初めての社会学の体系的著述である『社会学（上）（下）』[227]の叙述を詳しく見てみよう。

戸田は「社会」という語の様々な用法を列挙した後に、そこに含まれる共通の事項として、ひとまず対人関係というものを考察の中心に置く。曰く、「此様に社會なる言葉は種々の意義を含んで居るが、此等種々の意味を通じて觀られる社會なる言葉の特色は、對人關係を豫想し、何等かの意味を持つて他の者に接近せんとして形作られる人間生活の全體と云ふことである[228]」と。

戸田はより具体的に対人関係とその共同性の在り方を明らかにするために、共同性の反対概念としての孤立性を持ち出している。孤立の生活とは、「人々は自己に集中し、自己の内部を他に示すことなく、自他の間の接觸は妨げられ、他に對して自己は門扉を鎖した殿堂の如くになつてあらはれる[229]」のであり、「孤立化の生活と云ひ又個人化の生活と云ふのは、門扉を鎖した側から觀た殿堂のごとき人々の生活を云ふのである[230]」と。

これに対して共同化、あるいは合一化という生活が述べられる。「……合一化を求めんとする態度は前の孤立化の態度とは全く相異るものである。それは何程か自己を他に没入せしめんとする態度であり、自己の内部を何程か他に示さんとするものであり、自他の間に何等かの意味に於て共同し得る生活を求めんとするものである[231]」と。

我々の実際の生活において、孤立化と合一化とそのどちらか一方だけしか行わないということはまずない。また、これら両方の生活を営むからと言って、ある時は孤立化し、ある時は合一化しているというのではなく、同時にある面に対しては孤立化し、別の面に対しては合一化しているのである。すなわち、「人々は其生活實現の殿堂の門扉を一時に悉く開いたり、又次に悉く閉ぢたりするのではなく、東南部を開いて西北部を閉ぢ、又は一方を開いて三方を閉ぢるとかして居るのである[232]」と。

では、こうした対人関係から社会はどのように立ち現れてくるのだろうか。戸田は社会を次のように定義する。

「此如き共同し得る生活を持つ人々の合一化の關係は社會と云はれるものであり、かゝる合一化の關係を實現せんとする人々の行為は社會生活と云はれるものであるが、此社會は人々の生活内容となるべき意味によつて結ばれた合一化である[233]」と。

226 森岡清美「一九一〇年代の家族変動論」『現代家族変動論』一九九三年、七六ページ。

227 戸田貞三『社會學・上下』は一九三二年に岩波書店より「岩波講座 哲学（概説）」シリーズの一部として刊行された。それ以前には『社會學講義案』と題された大学の講義の教科書が一九三〇年に発行されている。戸田は自らの一般社会学理論を戦後にもう一度『社會學概論』（一九五二年）として出版している。叙述はそこで用いられている例を含め、ほとんどが戦前の『社會學・上下』を踏襲しているが、大きな違いは家族に関する事項に見られる。一つが、戦後の家族法改正によるものであり、もう一つが『家族構成』以後の家族制度の研究の成果を取り入れたことによるものである。これらの要素についても、それぞれ、必要な箇所で触れて行くこととする。

228 戸田貞三『社會學・上』一九三二年、五ページ。

229 戸田貞三、同書、七ページ。〔 〕は原文による。

230 戸田貞三、同書、八ページ。

231 戸田貞三、同書、同ページ。

232 戸田貞三、同書、一一ページ。

233 戸田貞三、同書、一八ページ。

つまり、社会とは対人関係のうち、合一化を求める関係であるというのだ[234]。そこからして、社会学という学問の対象も自ずから明らかになる。すなわち、「社會學が明にせんとする所は、社會に關するあらゆる理解ではなく、社會に固有と觀られる方面――合一化――丈に關する理解である[235]」と。

こうした社会学の領域確定は、社会学が独自の学問として成立するのは、認識方法によるのではなく、あくまでその対象の違いによるという考えに基づいている[236]。

では、このような合一化の対人関係は、どのような社会関係の中に見ることができるのであろうか。戸田はここで当時隆盛を誇った形式社会学の口吻を借りながら、次のように述べる。

「社會を其一般的構成形式に於て觀るならば、それは人が他の者に接近せんとする態度を以て形作る對人關係であると考へられる。それは人々が其人的環境に對して形作る關係である。かゝる對人關係には、所謂形式社會學者の主張するが如く、親和的なるものと反對的なるものとの二種がある。……對人關係は此如く親和關係と反對關係の二面を含んで居るが、社會なる生活相は前にも述べた如く自他の間に障壁を置かんとする態度に基いて展開するのではなく、他と融合せんとする態度を以て自他の間に共同し得る生活を捕へることによつて形作られる。それ故に茲に社會の構成形式を問題とする限りに於ては、暫く反對的なる關係を除き、主として親和的なる對人關係に就いて考察することとしなくてはならぬ[237]」と。

戸田のとらえる社会とは基本的に親和的な対人関係であるが、それを具体的に展開するために、戸田は親和的な人間関係をさらに二つに分けて考える。当時学会に大きな影響を与えた共同社会（ゲマインシャフト）関係と利益社会（ゲゼルシャフト）関係との区別である[238]。

親和的な対人関係が戸田によってどう捉えられ、それが戸田のいかなる社会像につながっているのかを見てみよう。まず戸田は共同関係の中身を詳しく叙述することから始める。

「前者〔共同社会関係〕は人が相手方となるべき人自身に感情的に執着して、其人格に接近し之と融合せんとしてなす關係であり、それは根本的に人格關係であり、非打算的關係である。現實に存するあらゆる對人關係中此如き人格關係に最も近いものを求めるならば、それは母子關係又は眞に相愛する男女の關係の如きものであらう[239]」と。

これに対して利益社会関係は「人が相手方となるべき人自身に接近せんとしてなす關係ではなく、相手方の内に見出される性質又は相手方が提供する機能が自己の目的要求に相應ずるが故に、便宜的に之に接近せんとしてなす關係である[240]」。

それゆえにこうした關係は非人格的なものであり、典型的には近代人の営む取引関係や雇用関係がそれにあたるという。取引においては、希望のものあるいは金銭が手に入れば相手は誰でもよいのであるし、雇用においても同様である[241]。

233 戸田貞三『社會學・上』一九三二年、一八ページ。
234 戸田は次のようにも述べている。「社會に固有の意味は此結合を求めんとする要求、合一化せんとする態度より外にないと考へられる。」（戸田貞三『社會學・上』一九三二年、三〇ページ）。
235 戸田貞三、同書、三一ページ。
236 二十世紀になってから、ドイツの社会学が「社会」そのものではなく、いわば「社会」を形作る枠組み、人々の行為の形式や意味に焦点を合わせてきたことと、対照的であるし、また、そうした新しい社会学、とりわけジンメルの形式社会学の影響の強かった日本の社会学においても特徴的である。このような社会学観については富永健一『戦後日本の社会学』二〇〇四年をも参照。
237 戸田貞三『社會學・下』一九三二年、七三ページ。
238 戸田貞三『社會學・下』一九三二年、七五ページに曰く、「人間相互間に存し得る親和的關係は此如く種々に分ち得るが、其中最も重要なる類別は此關係の基調をなす心的傾向の差に基く區別である。それは通常共同社會關係と利益社會關係の別として知られて居る所のものである」と。
239 戸田貞三、同書、同ページ。戸田貞三、同書、七六ページから七七ページ。
240 戸田貞三、同書、七六ページ。
241 戸田貞三、同書、七六ページから七七ページ。

「……従つて雇傭關係の如きは其根本の性質に於て母子關係の如きものと全く相異り、相手方となるべき特定の人に執着して其人に自己の胸襟を開くと云ふ關係ではなく、自分の求むるものを與へて呉れる者であれば、相手方の何人たるかに關係なく相互に接近し得る關係であり、極めて非人格的の關係である」[242]と。

戸田は対人関係を二つに分けた。一つは合一化を求める関係であり、もう一つが孤立化である。そして、社会と言うのは前者の合一化を求める関係、すなわち親和的関係であるとして、その親和的関係をさらに二つに分けて、その一つである利益社会関係は非人格的関係であり、共同社会関係こそが社会をなす人格的関係なのであるという[243]。

そうであるならば、戸田にとっての「社会」とはまさに「母子關係又は眞に相愛する男女の關係の如きもの」すなわち、家族に他ならないことになる。すなわち、戸田が家族の中に見いだした、家族をそもそも成立たしめる精神的融合こそ、戸田にとっては社会そのものを成り立たしめるものだったのである。

だが、対人関係を二つに分けたうちの一つである合一化を求める対人関係が社会を形成するのだとして、その関係は結局のところ「家族」に他ならないとすると、そこに生じる社会とは、どのようなものとしてイメージすることが可能だろうか。

合一化の反対物としての孤立化という対人関係について、すでにみたように戸田は「孤立化の生活と云ひ又個人化の生活と云ふのは、門扉を鎖した側から觀た殿堂のごとき人々の生活を云ふのである[244]」と述べていた。すなわち、修道院にこもったような生活であって、他者との交渉をできるだけ排した生活である。

合一化の対人関係、すなわち社会というのは、こうした「門扉を鎖した殿堂」の扉を開いて外へ出て行く関係のはずである。ところが、そうした関係の代表例である「家族」について戸田が語るのは次のようなものであった。すなわち、「……家族にあつては、如何に人々が希望するとしても、其家族員と性的又は近い血縁的關係のない者は總て排斥せられ、集團の門戸は此等の者に對して固く閉鎖されて居る[245]」のであるという。

より具体的に家族生活のあり方を家長的家族と近代家族に分けて見てみた場合に、家長的家族においては、「その構成員（主として男の）の為に新に配偶者（主として女）を求めんとする場合には、その家族の所屬員はその共同の範圍を元來自分等の所屬して居た家族の成員丈に限ると云ふが如き排他的態度を捨て、……封鎖的なる家族の門戸を一時外部に向つて何程か開放しなくてはならぬ。……若し無制限に此開放が行はれるならば、絶えず新なる要素と新なる生活形式とが家族内に輸入され、家族の封鎖性は破られ、家族に於ける共同の緊密と内的の合一化は失はれ易くなるであらう。それ故に家長的家族はかかる危檢を豫め防ぐ為に、其門戸開放に就いて充分の警戒を加へて居る。……一度此異性が求められるや、家族は其門扉を再び固く鎖し、外部の者の接近を許さない[246]」のである。

他方、近代的家族についても、「此場合に於ては此等の夫婦が元來所屬して居た二つの家族も、又此等の夫婦によつて新に形造られた第三の家族も、その排他性を直接破られることはない。此種の家族にあつては、從來此等の男女が所屬して居た家族の構成員（主として父母）は自分等の家族の獨自性封鎖性を固く守る為に、新なる構成員を其内に加へることによつて起り得る家族内の生活形式の變化を恐れ、一切外部の者を此内に進入せしめず、家族内の者が通婚によつて外部の者と不可分的の關係を形造る場合には、自己の家族構成員數の縮少となる

242 戸田貞三『社會學・下』一九三二年、七七ページから七八ページ。傍点は原文に依る。
243 戸田は次のようにも述べているが、ここからしても、社会学にとって、この利益社会関係は二次的な役割しか与えられないことになるだろう。戸田は取引の交換という利益社会関係について述べたところで次のように述べる。曰く、「若し他の人に接することを要せずして此交換を完了し得るならば、自働販賣機に於て觀るやうに、人は全く機械的に此授受作用を營むであらう」と（戸田貞三、同書、七七ページ）。
244 戸田貞三『社會學・下』一九三二年、八ページ。
245 戸田貞三『家族構成』一九三七年、六八ページ。
246 戸田貞三、同書、七一ページから七三ページ。

にもかかはらず、此不可分的の關係に立つ者を自己の家族から外部へ析出するのである。」[247]と。

そうであるならば、他者との合一関係は、家族の内部においてのみ存在して、家族の外にあっては、ほぼ孤立化の生活を営むより他はないことになる。

戸田においてはリールの述べる家族の「神聖性」や「不可侵性」が家族の「排他性」「封鎖性」へと転換して捉えられているのである。

戸田の生きる世界では、個人は孤立化しても門扉を固く閉ざした中に生きているし、また、孤立化の扉を開けて外へ出て家族を形成しても、ふたたび家族という社会が外界に扉を固く閉ざしてしまうのである。

だが、こうしたことは戸田の家族論からすれば、何等驚くべきことではない。なぜなら家族構成を論じて、家族構成員の人数が少ないことを述べる際に常に言われてきたことは、家族人数が増えることにより互いの心的つながりが弱くなり、どこかで隠し事をするようになると同一の家族であり続けることが難しくなって、精神的融合の度合いの低い者が家族から排除されて行くということであった[248]。また、家族が家族員の精神的安定化機能を果たすということは、とりもなおさず、家族外の社会が決して気を許すことのできない、支配と打算に満ちた世界であるということなのであるから[249]。

戸田のこうした孤絶しがちな社会像において、他者との合一がどのような意味を持っていたのか。これを少し別の角度から検討してみよう。

戸田は個々人と社会との関係について次のように述べる。

すなわち、「偖て此様にして一人の者が種々の社會に同時に所屬するものとせば、人々がそれぞれの社會に所屬すると云ふのは全人格的の所屬でないことは云ふ迄もない。Aは經濟的の要求を充すと云ふ意味で會社の一員となつて居り、其意味が共同し得る生活によつて充される限り、其限度に於て會社に所屬し、其以外の生活要求の充實は他の社會に於て求めんとして居る。政黨、組合、家族等の所屬關係に就いても同様に考へられる。人々があらゆる生活要求を只だ一つの社會によつて充たさんとするが如きは、原始社會の如き未分化の社會の外にはない」[250]と。

戸田にとっては、他人と合一化的関係を結ぶことができるのは、わずかに家族の固い門扉の中においてだけなのであり、その他の領域での合一化の要求は断念せざるを得ない。なぜなら、「如何に親密の間柄に於ても、二者が融合し、合一化し得るのは一定範圍の生活要求に關する限りであり、此範圍の外側に於ては二者は別々の自己を守らんとして他の侵入を許さない。若し二者が全く一體化することありとするならば、二者は二者でなくなり、一つとなるのである。かゝる一體化は現實生活にはない。此如き場合は個人化の傾向が消滅し、純社會化があらはれたものと觀られ得るが、それは信仰の極限に於て見出されるであらうと想像せられる、神人一致の場

247　戸田貞三『家族構成』一九三七年、七三ページから七四ページ。

248　「家族構成」を述べる多くの場面でこうした内容が語られているが、ここでは『家族構成』を書き上げる直前になされた講演から次のような叙述を参照されたい。「從って多數の者が一つ所に居りますと、如何に血縁連鎖をもつてゐる者の間に於きましても、親子の間と兄弟の間とに於ては親密の程度に差を生じて來るのであります。（中略）そこで血縁者の間に於ても感情融合の度合いを異にする者がある場合には、一番強く融合してゐる者丈は強く結びつきますが、親密の度合いの異なる程、お互に距てが出來、距てが出來れば何か機會がある毎にお互に別れ易くなるのであります」と（戸田貞三「家族と外部社會」『學校教育』第二六四号、一九三五年、四五ページ）。

249　家庭生活が国民の心的安定化機能を営むというところで引用した次の叙述を再度参照されたい。「外で課長さんに叱られ、家で女房や子供の苦い顔を見る。どうしてそれで内心の平和が得られませう。一日や二日であれば外へ酒でも飲みに出掛けられませう。併しさういふことが毎日續くものではありません。家に戻つて來たらやれやれとくつろいで一家の者と苦楽を別つといふところに吾々の生活の安定、本當の落付きがあると思ひます」。（戸田貞三「家族と外部社會」『學校教育』第二六四号 一九三五年 六六ページ　戦後のものとして次のような叙述も残されている。「家の外側に展開する種々の対人関係に於ては人は右のような隔て心のない、何等私心のない共同をなすことは困難である。（中略）多くの社会関係に於ては相手方との間に相当大きな距離を置き、互に超えることの出來ない一定の限界を守り、自他の別を明らかに意識し、互にある程度警戒しながら接触している。從って家族の外側に於ての社会関係にあっては、人々は絶えず緊張や注意を必要とする」と（戸田貞三「家族の構成と機能」『社会学体系第1巻・家族』一九四八年、四三ページから四四ページ）。

250　戸田貞三『社會學・上』一九三二年、一二ページ。

合以外にはないであらう[251]」からである。

すなわち、戸田における社会的なものは、それが純化された極限には、宗教的な神との合一があるのみで、それに準ずる境地として、家族における精神的融合があるだけなのである。別のところで戸田は信仰とそれに準ずる家族の位置づけについて、次のように述べている。

すなわち、「人々の生活に内的安定を与えるものは單に家族生活ばかりではない。われ〱の生活に最も強い安定性を与えるものは強い信仰であると考えられる。（中略）この意味において強い信仰をもつことは最も望ましいことである。しかし強い信仰をもつことは容易ではない。（中略）然るに家族生活を通じてこの和合によって内心の落着きを求めることは何人にとっても極めて容易である[252]」と[253]。

我々は家族の外で様々な社会関係を形成しており、経済的にも、政治、文化的にも多くの人々と結び付いている。しかし、そうした関係は自分達の生活要求を充実するために、打算的便宜的に相手方に近づいているに過ぎず、真に相手方に対する愛情を基本とする家族内の関係[254]とは正反対である。中でも政治は、戸田の捉える社会にとって縁の遠いものであったのである。

二　集団と支配関係――個人に立脚した家族国家観

これまで見てきたところによれば、戸田の捉える社会においては、そもそも個人や集団同士で何らかの積極的な社会関係を作り出すことが非常に難しい。だが、そうだとすると様々な機能を働かせて全体としての社会が活動し得るのはなぜなのであろうか。打算的便宜的な関係によって、全体社会がうまく機能しているということなのだろうか？

だが、この問題に結論を下すのはまだ早い。なぜなら人や集団の社会関係には、これまで見てきたような平等関係のほかに上下の支配関係が存在するからである。

すなわち、「人と人との親和關係は此如く感情的人格的の關係と理知的打算的關係とに分けて考察されるが、次に又それは此關係を構成する人々が相手方に對する作用のあらはれる形式から觀て、上下關係と平等關係に分けて觀察され得る。上下關係は支配被支配の關係であり、それは一方が他方の欲すると否とにかゝはらず他方をして自己の要求に從はしめ、他方はそれ自身の要求する所のものが一方によつて與へられると否とにかゝはらず、相手方の意に從つてそれの要求する所のものを提供することによつて成立する關係である[255]」と。

以下、戸田が支配についてどのように考えていたのかということを見て行きたい。

戸田によれば、家族制度が成立するのは、家族の機能のいくつかを、国家が維持・発展させようと要請するということによってであった。では、なぜに家族は国家の要請を受けねばならないのであろうか。

戸田の議論において、家族が国家の言いなりとなるのは、まさに国家という集団が家族という集団を支配しているからに他ならない。この支配の在り方を、戸田は、次のように理論化する。

国家が家族を支配するのは、国家が地方公共団体を支配するような、直接的支配関係ではなく、間接的支配

251 戸田貞三『社會學・上』一九三二年、一〇ページ。
252 戸田貞三「家族の構成と機能」『社会学体系第一巻・家族』一九四八年、四八ページ。
253 戸田貞三『家と家族制度』一九四四年、六四ページにも次のようにある。「勿論人々に強い内的な安定を與へるものは家之生活ばかりではない。強い信仰をもつことも人々に強い心の安定を與へるものである。この意味に於て信仰は極めて大なる働きをなすものである。（中略）さういふ意味に於て、強い信仰はをもつことは極めて大切である。（中略）併しながらかういふ強い信仰は、何人にも容易に得られるものではない。（中略）然るに人々の教養の程度如何に拘らず、又富の程度如何に拘らず、如何なる人々に對しても、如何なる地位の者に對しても、具體的に且つ最も容易に、內心の安定を與へるものは何かと問ふならば、それは家の生活であると答へることが出來る」と。
254 戸田貞三、同書、六四ページ。
255 戸田貞三『社會學・下』一九三二年、八六ページ。

関係と呼ばれる関係による。それは、「……然るに間接の支配關係は直接下位の集團が上位のそれから左右せられるのではなく、一集團の人としての資格にある者に對して加へられた制限の故に、此等の者が其集團の人として立ちながら更に別の集團を形作った場合に、此新に生じた集團が間接に既存の集團によつて拘束される關係である。それは、國家と家族との關係、宗教的敎團と教育團體との關係等に於て觀られる支配關係である」[256]。

具体的に国家と家族との間接的支配関係を述べているところを引いてみよう。すなわち、「國家は其國家人が取るべき種々の行動形式を規定するが、かゝる行動形式中には婚姻に關するもの、夫婦關係に關するもの、親子關係に關するもの等がある。國家人たる資格に立つ者は總て此等の形式に從つて行動しなくてはならぬ。然るに此等夫婦又は親子關係に關する行動形式に從つて國家人が行爲することは、當然國家とは別な集團――家族――を構成することになる。從つて國家は此集團卽ち家族を直接支配することを望まないとしても、家族を構成する國家人を支配するが故に間接に家族を支配し統制することになるのである[257]」と。

要するに社会において個人は多くの集団に属していて、それぞれの集団に対する忠誠義務を負っているのだが、国家とその他の集団との関係について言えば、人はまず国家という集団の定める行動形式に従うがゆえに、彼等が属しているその他の集団も、結果的に国家に従うようになる。戸田は集団同士の矛盾と対立を、個人の中での忠誠の対立として処理するのである。

戸田曰く、「各々の集團人たる立場から觀れば其集團人として忠誠であるべきことが求められて居る。此場合に一に忠ならんとせば他に不忠になり、何れにも忠ならんとせば何れにも不忠となり易い。それ故に何れかの集團人として強く働く爲には、他の側に於ける集團人としての行爲を犠牲としなくてはならぬ。卽ちブルータスもローマの公人としてはシーザーに刃を向けなくてはならぬ場合が起る[258]」のである。

ここに於いて下位の集団は決してその成員を上位の集団から守ることはできない。集団がその成員を別の集団から守るということは戸田の考えからすると、あり得ないことである。そのため、集団同士の争いは結局のところ、成員個人の心の中で決せられることになる。その意味でも、集団の独自の存在を認めないという戸田の理論は一貫しているのである。

こうした理論立ては、戦後になっても変わるところがない。ある集団による他の集団の間接的支配について、『社會學概論』では次のように述べている。曰く、「……間接的支配關係は直接に下位集團が上位集團から作用せられるのではなく一集團の人としての資格にあるものに對して加えられる制限の故にこれらのものがその集團の人として立ちながら、更に別の集團を形造った場合に、その新に生じた集團が間接に既存の集團によつて拘束される關係である[259]」と。

さきほど引用したところと比べてみるとわかる通り、多少の表現の違いがあるとはいえ戦前に書かれた『社會學』と文章としても殆ど変わりがない。

国家と家族との関係として考えれば、集団と集団との関係であるが、先にも述べたようにその対立は、結局は個人の中の立場の矛盾と対立に帰着している。そうした個人の中での立場の相克については、戦前も戦後も同じく次のように述べている。

曰く、「一般の道徳律は私人關係よりも公人關係に一層大なる價値を認め、公人關係を重んずべきことをわれわれに要求している[260]」と。そして公人関係の一番のものとして戸田が挙げるのが国家生活に関係がある社会生

256 戸田貞三『社會學・下』一九三二年、一〇〇ページ。
257 戸田貞三、同書、一〇〇ページから一〇一ページ。
258 戸田貞三、同書、九八ページ。
259 戸田貞三『社會學概論』一九五二年、一〇五ページ。

活なのである[261]。

このように個人の立場の相克が、上下の支配関係として解決されるがために、上位の集団の意思の実現は極めて容易になっている。これに対して、戸田の言う「左右關連的な關係[262]」すなわち平等な関係を考えてみると、実例の一つとしての家族について言えば、家族と家族との關係は、婚姻の成立というごく短い期間を除けば、扉を閉ざした城同士のように、互いの関係はほぼ途絶えてしまっていると言っても過言ではない。

そのことは戸田の一般社会学理論におけるこうした「上下關係」と「左右關係」との叙述の分量の差からも見て取ることができる。戸田は上下の支配関係については多くの紙幅を割いているにもかかわらず、「左右關係」についてては通りいっぺんのことをあっさりと述べるのみで、深くそのメカニズムを解明することはない[263]。戸田が捉える社会において人間あるいは人間集団は、家族などのごく少数の例外を除いて平等な関係を作ることは殆どなく、ひろく結ばれる上下関係によって「社会全体」に統合され、機能させられているのである。

では、こうした上下関係を形作る支配を戸田はどのように考えていたのだろうか。

戸田は支配をも一つの社会関係として捉えている。なぜなら敵対関係は、そこに精神的な結合は何等生じない。これに対して支配は相互の優劣の差を互に承認した後に、弱者が強者に対して「心の門扉」を開いて強者の「意に従つて動かされる」ことであり、そこには「何程か兩者が合一化し」ているのであるから[264]。戸田は一種の社会関係としての支配の在り方を、支配者と被支配者のそれぞれの利益がどう意図されているかということによって三種類に分類している。

すなわち、一つ目は「支配者の利益のみを主として此關係［支配関係］が形造られる場合」であり、二つ目が「支配的地位にある者は自他共同の利益の爲に相手方の服従を求める」場合である。そして最後に「更に進んで此關係［支配関係］は被支配者の利益を主として形造られる場合」である[265]。第一の関係はすなわち「搾取關係[266]」であり、第二の関係は共同の利益関係あるいは共存関係にある場合に良くみられるとされる。[267]

第三の関係はいわば「母が子の利益の爲に此の服從を求め、子の任意行動を許さない場合」のように「弱者たる子の利益を伸長することを自己の要求とし、此意味を以て子を支配する」ことを言うのである。[268]このような関係が極限化すると、「……支配者は指導者となると同時に被支配者は被指導者となり、指導者に信頼してこれに從屬し、遂には支配者の意のまゝに動き、自己の任意が支配者の爲に制限せられて居るが如きことを全く意識しないやうになるものである[269]」と。

平等の横の関係においては家族という集団の中でしか精神的合一は実現し得ずに、せいぜいがよそよそしい利益関係を結ぶに過ぎなかったのが、この第三の支配関係においては家族ではない他者との関係が精神的合一を伴い得るのというのである。

だが、戸田の理想である精神的合一を可能にするこの関係が、個人の自由や人権の確保をもたらすのかとい

260 戸田貞三『社會學概論』一九五二年、一〇一ページ。戦前の『社會學・下』一九三二年、九八ページでは次のように述べている。「一般の道徳律は人々をして私人關係によりも公人關係に一層大なる價値を認めしめんとして居る」と。
261 戸田貞三、同書、一〇一ページ。
262 戸田貞三『社會學概論』一九五二年、一〇三ページ。
263 戦後の『社會學概論』一九五二年の「第三章 社會關係」の「第三節 上下關係と左右關係」では、左右関係については上下関係を導出するために数行にわたる説明および、当事者同士がどのように心を開くのかについて左右関係について数行触れるのみで、全一二ページあまりの残りは上下関係についての叙述に割かれている。戦前の『社會學・下』でも同様である。
264 戸田貞三『社會學・下』一九三二年、八七ページ。
265 戸田貞三、同書、八八ページから八九ページ。
266 戸田貞三、同書、八八ページ。
267 戸田貞三『社会学講義案（第二部）』一九三三年、一一四ページ。
268 戸田貞三『社會學・下』一九三二年、八九ページ。
269 戸田貞三、同書、同ページ。

うと、そもそも目指しているものが違うと言わざるを得ないだろう。この関係においては被支配者の利益は守られることにはなる。しかし、何が被支配者の利益であるのかというとを決定するのは支配者である。子供がやりたいことをやらせるのが良い親ではないのと同じである。子供の意志に反しても正しい事を指導するのが親の勤めであるのだから[270]。

「自己の任意が支配者の爲に制限せられて居るが如きことを全く意識しないやうな」支配によって精神的合一を伴って統合される社会こそが戸田の理想とする社会なのであり、そうした理想を実現している政治が日本にはあると戸田は考えていたと思われる。

一九三五年に学校教育研究会が行った講演会において戸田は「家族と外部社会」と題する講演を行っているが、ここでも支配の三分類に関しては内容に相違はない。

ただし注目すべきは、この論文において戸田は、具体的な国家がどのような支配類型を取っているかという議論を展開していることである。

曰く、「第三の場合の如き支配の性質の最も濃厚なのは所謂搾取國家であります。これは國家の支配權を握る者、卽ち支配的地位にある者が主として自分等の利益のために被支配的地位にある國民を支配することによつて成立する國家であります[271]」と。

こうした國家が世界にはあったし、未だにあるのに対して、「……我國に於ける國家精神に重大な關係のある、皇室と一般國民の間にある支配關係に就いて觀ますと、我國における支配關係は常に被支配者爲《ママ》に被支配者の利益を增す爲に行はれたものであり、支配者が支配者の利益の爲に被支配者を支配すると云ふやうな意味はあらはれて居らないのであります。……そこが我國が外國と異るところの一大特色であると思ふのであります[272]」と。

このような指導的支配関係は、「聖徳太子が憲法に於て御示しになつて居る所、或は歴代の天皇が實施なされましたところを吾々が歴史的記録によつて拝見いたしましても、或は又　陛下の御日常の御行動等を間接的ではありますが傳へられるがまゝに吾々が窺ひましても、常に仁徳天皇が民を御慈みになつたのと同様なる大御心を拝察し得るのであります」と。

戸田はこのような支配関係について、「通常は家族に於て最も濃厚に現はれて居ります。先づ親が子供を支配すると云ふ場合を考へて觀ませう。此の場合、支配者たる親には親の利益の爲に子供を支配し子に命令するという心持は殆どないのであります。（中略）親の親らしい心持は子のためによかれかしとのみ思ふて居るのであります[273]」と述べている。

つまり、家族に見られるこうした指導的な支配関係が、日本の国の政治の古くからの在り方だったのであり、それが我が国の特長であるというのだ。すなわち、「家族に於ける支配關係を此の様に觀て來ますと、その支配の性質は我國家の支配關係の基本的なるものに餘程似て居るのであります[274]」と。

これをもって家族国家観と呼ぶこともあながち誤りとは言えない。戸田本人もこうした考えを次のように言い表している。

すなわち、「……少なくとも今申しました親が子に對する時に親が子のために考へるといふのと同様なる御心

270 戸田貞三「家族と外部社會」『學校教育』第二六四号、一九三五年、二九ページには次のようにある。すなわち、「……子供は親が欲する通りに欲しないかも知れないが、併し親は此の我儘が子の爲ではなくして親の欲するところが子の爲であると考へて、子に命令し、子に服従を求めて居るのであります」と。
271 戸田貞三、同論文、一九三五年、二七ページから二八ページ。
272 戸田貞三、同論文、二八ページ。
273 戸田貞三、同論文、二九ページ。
274 戸田貞三、同論文、同ページ。

持ちを我國の歴代の天皇が御具へ遊ばして、常に國民の爲に大御心を砕かせられたと云ふ意味に於て、我が國が家族國家であるとも云はれ、或は家族精神を擴大した國家であるとも云はれ得るのではなかろうかと思ふのであります[275]」と。

このように、戸田の社会像・政治観は家族に始まり家族に終わったとも言える。この発言は、『家族構成』が公刊される二年前に行われていたのであり、決して時局の深まりに伴って、やむなくそう言わざるを得なかったというようなものではない。戦後の戸田の議論をも参照しつつ、戸田の議論全体をどう評価すべきなのかを考えてみよう。

三　戦前と戦後の連続と非連続

一九四五年八月十五日の終戦詔勅、九月二日の降伏文書への署名に続き、ＧＨＱから大日本帝国憲法の改正についての示唆があり、日本国民の間でも憲法問題についての議論が行われるようになった。東京大学においても南原総長の主唱のもとに東京帝国大学憲法研究会がつくられたが、戸田は、合計二十名からなるこの憲法研究会の委員の一人に選ばれていた[276]。

戸田貞三は、昭和十七年発行の『家の道』では次のように述べていた。

曰く、「女子は更に、子弟教養の任に直接當るべき者である。我等が大君の御民であるとともに、我等の子はまた陛下の赤子である。大君からお預かりしてゐる子弟に對して、教養の懈怠《けたい（おこたり）》があつてはならない。母たる者は、自ら奉公の道を行ずると同時に、その子弟に奉公の大義を植付くべきである。「自分の子供がと思ふと、泣けて〳〵仕方がなかつたが、陛下からお預りの者をお返しして、陛下の御役に立て得たと思ひついた日から、涙をこぼした身が淺間しく感ぜられました。」と述懐《じゅつかい》してゐる戰死者の母の言葉こそ、奉公の眞義に徹した聲である」と。[277]

戦後民主的国家の出発に立ち会ったというイメージ[278]を重視する者は、そもそも『家の道』のような記述を戸田が記していたことを無視するか[279]、あるいは時流の中で「仕方なく・いやいや」書いたのだとして[280]、戦前から見られる戸田の「リベラル」な議論を戸田理論の本分だとする[281]。これに対して後者を重視する者は、そのような議論を行ったところに戸田の理論の限界と敗北を見ている[282]。

だが、どちらも戦後の議論と戦前の議論の間に一種の断絶を見ていることには変わりがない。前者では、戦

275 戸田貞三「家族と外部社會」『學校教育』第二六四号、一九三五年、同ページ。

276 我妻栄「知られざる憲法討議」『民法研究Ⅷ 憲法と私法』一九七〇年、三四ページ。少なくともこの段階で戸田は東京大学の学内ではいわゆる「進歩派」に属すると見做されていたと言えよう。

277 戸田貞三『家の道 文部省戦時家庭教育指導要項解説』一九四二年、一〇八ページ。ルビは原文に依る。

278 研究会全体としては日本国憲法の理念を支持していたと言えるだろうが、条文の個々には委員の見解が別れる箇所もあったという。そのため、この研究会の委員の全員が同じように、いわゆる「進歩的な」考えの持ち主であったというような評価をすることには問題がある。とりわけ国民主権と天皇制の問題については議論が戦わされたようである。報告書には高木委員、横田委員の私見が付されている。また別のところで宮澤委員と尾高委員との間で著名な「尾高・宮澤論争」が行われている。残念ながら研究会における議論の記録がないので、日本国憲法の草案を戸田がどのように評価したのかは不明である。しかし、いずれにせよ、戸田がこの委員に選ばれたということは、新しい理念による憲法の議論をするのにふさわしいと考えられていたということには違いがないと思われる。

279 富永の戸田論は戦前のこうした「暗い歴史」には一切触れることがない。

280 小山隆・牧野巽・岡田謙・喜多野清一「家族研究の回顧と展望（座談会）」『現代家族の社会学――成果と課題』一九七〇年、二六八ページの喜多野の発言に「先生がたぶんやむなく書かれた」という表現がある。

281 富永はそのため建部の理論との違いを強調する。曰く、「戸田貞三の社会学理論が、このようにリベラルな社会観に基づくものであったことは、戸田が東大で師事した建部遯吾が、コントの社会有機体思想を伝統的な儒教倫理と結びつけた「コチコチの右翼」といわれたことを想起すると、驚くべきことであった。これは戸田が建部からの思想的影響を意識的に遮断し、自由主義を選び取ったということを意味する」と（富永健一『戦後日本の社会学』二〇〇四年、七五ページから七六ページ）。

282 河村望『日本社会学史研究 下』一九七五年、一五二ページには「……戸田にあっても、彼の実証主義を支えていた「近代化」史観は、侵略戦争の拡大と天皇制イデオロギーの強化のなかで簡単にすてさられてしまい、家族国家観を正当化するための家族社会学にいきついてしまったのである」とある。

前からリベラルな論者だった戸田が、軍や政府に押されてやむなく『家の道』のようなものを書いたのだが、それは戸田の本来の理論とは無関係であるとするのだし、後者もまた、戸田の戦前の理論が天皇制ファシズムに対抗し得なかったとはするものの、『家の道』が戸田理論の必然的結論であると述べているわけではない。

河村は『家の道』に先行する戸田の議論のうちに、「家共同体の秩序にしたがわしめることにたいして反対」する「家族の「近代化」」の要素を見いだしている。[283] しかし、戸田は実証主義を支える「全体との関連のなかに位置づける理論[284]」を持たないがゆえに、時流に押し流されることになったと見ているのであり、そういう意味では『家の道』は戸田理論からの逸脱であり、そこには断絶があるものとして捉えているのである。

だが、『家の道』を記す戸田と、リベラルな戸田には断絶があるのだろうか。この二つの異なった戸田をつなぐものは、戸田の理論の中に実は存在するのではないか。

ここでこれまで明らかにして来た戸田理論の在り方に照らしながら、戸田理論を捉える従来の両極の見方の論拠を糺してみよう。

河村は翼賛体制の中で、『家の道』に見られるように戸田が「近代化」史観を「すてさ」ったとする[285]一方で、それより前の議論においてはまさに「近代化」によって、家共同体を批判する観点を獲得していたとしている。その論拠となっているのは、戸田が「家系尊重の傾向に就いて」の最後の箇所において「「家名、家系は大切ではあるが、個々人の生活を犠牲にして迄も、家族の維持に努力しなくてはならぬと考へない人々が徐々に多くなりつつある[286]」ことを肯定的に評価して[287]」いるということであった。

だがすでに述べたように、戸田は歴史の大筋における進展がそのようであるだろうことを認めてはいるものの、その中で伝統的な家長的家族、その持つ老親の扶養機能を維持することを望み続けたのだし、それは戦後においても変わることはなかった。[288]

近代的家族かあるいは伝統的家族かの二者択一に陥るのではなく、時代の変化に合わせた柔軟な対応を可能にしたのが、戸田の理論構成であった。だが、その理論構成の特徴である、具体的な歴史的社会的状況に応じた国家や民族の要請に合わせて家族の形態から機能、制度が決まってくるという構造は、国家との関係において主導権を握っているのは家族の方ではなく、国家なのであることをも意味している。

この問題を生み出している戸田の社会像にまで降りて行って、どうしてそのようになってしまうのかを考えると、戸田をリベラルと捉える論者の議論の持つ問題点に接続することになる。

戸田は個人に先立つ一切の団体や集団を認めない。それゆえに師である建部の社会有機体説に対して厳しい批判を浴びせることになる。また、そうであるがゆえに、戸田の理論をリベラルであると評価する者がある。[289]だが、個人に先立つ団体や集団が存在しないということは、先述の通り、――団体間の争いは個人の中における役割の競合として処理されることを意味する。ある個人は家族にも属しているし、国家にも属している。それぞれの集団は自らに忠実であることを求めるがゆえに、一個人の中で家族の一員としての自分と、国家の一員としての自分とが対立する場合もあるだろう。さきにも引用したブルータスの悩みである。個人の中での役割の葛藤は、それぞれの集団の上下関係によって解決される。

283 河村望『日本社会学史研究 下』一九七五年、一四七ページ。
284 河村がここで言う「全体との関連」とは資本主義体制の中の諸階級のあり方であり、そこに位置づけるための理論とは史的唯物論にほかならない。
285 河村望、同書、一五二ページ。
286 戸田貞三「家系尊重の傾向に就いて」『丁酉倫理會倫理講演集』二六三号、一九二四年、一九ページ。
287 河合望『日本社会学史研究 下』一九七五年、一四七ページ。
288 前掲『家族制度』一九五〇年、一七〇ページから一七一ページおよび、本論二九ページ以下を参照。
289 富永健一『戦後日本の社会学』二〇〇四年、七五ページから七六ページ。

例えば大なる集団である国家が作る制度と、小なる集団である家族や学校、組合がそれぞれに作る制度とがある場合に、「只だ小なる集團は大なる集團の制度の規定を受けて居る故に、小なるものの制度は大なるものの制度と矛盾するものたることが許されないのみである」と。[290]

個人という最小単位をもとに、集団が作られるのだが、それぞれの集団は小を大が含む形で拡大して、はては国家に至る。その中で小よりも大の方が優先されるという基準ができている。個人は自らの葛藤をその基準に従って解決するということになる。そうであれば、現状、地上における最上位の集団である国家が他の集団にまさる事は言うまでもないだろう。[291]

「國家の構成員は互いに各成員をして出來る國家の存續に助力せしめんとして、國家生活に多少關係あると豫想せられる成員の一切の思想行動に關して何程かの基準を設け、國家的秩序を亂す恐れのある一切の思想行動を制限して居る[292]」のである。

そこには団体独自の力や働きといったものは一切考慮されることがない。すなわち、ある集団、例えば家族が集団として国家に対抗するということは考えられないのである。

リベラリズムという言葉が、国家権力から個人の自由と権利を守ることを意味するのであれば[293]、個人を出発点として集団や団体の独自の実在を認めない戸田の社会像が、リベラリズムを意味しないことは明らかであろう。

さらに戸田の主観的な意図を憶測してみても、戸田の議論をリベラリズムと呼ぶことは躊躇せざるを得ない。なぜなら、そもそも戸田はその社会学理論の出発点を個人に置きはしたが、個人の自由や人権を守ろうとしていたわけではなかったからである。先にも述べたように、戸田はときおり家の中の妻の権利を擁護したり、それに類する発言をしているために、それだけをとってみればリベラルとも見える。しかし、そうした家族のあり方自体が戸田の理論からすればその時々の国家の要請に基づくものなのである。

戦時下、国家が大事な息子の命を差し出せと要請すれば、それに喜んで従うのが母の役目であるという主張も、理論の上では何ら矛盾するものではない。だが、リベラリズムという場合に、個人の自由や権利を守るべき相手は、家や家族制度ではなく、まず第一に国家であるはずだろう。それゆえに、ときにより個人を家や家族から守る発言をしたからといって、それが国家に対して個人の自由や権利を守ることに基づいていないのであれば、リベラリズムと呼ぶことはできないはずである。

家族のあり方、ひいては社会のあり方は、その時々の歴史的な条件に応じて国家によって決められるという戸田の社会像・政治観はそもそも、その時々の歴史的・社会的条件に適合的である。社会全体が個人の自由を広

290 戸田貞三『社會學・下』一九三二年、一四〇ページ。戦後の『社會學概論』になると、端的に次のように述べられる。すなわち、「しかし現實においては國家が人々の生活秩序を維持する上において最も重大な働きをするものである」と（戸田貞三『社会學概論』一九五二年、一五四ページ）。

291 戸田貞三『社会學概論』一九五二年の最後の部分（一六六ページ）には次のようにある。すなわち、「成員がその集團の要求に反する行爲をとり得ないのは、それ自身が集團意識をもつているからでもあるが、他面にはこの大なる對抗力［集団の秩序に違反した者に加えられる対抗力のこと］が背後に働いているからでもある。……かような集團的要求を實現するに必要な任務に當るもの［巡査とか官吏、議員など］が、背後に備えているところの集團的對抗力は社會的權威といわれるものである。かような權威は何れの集團にも常にあらわれているものであるが、それの最も強くあらわれているのは國家の場合である」と。なお、戦前の『社會學・下』一九三二年における同一箇所で、「かゝる權威……の最も著しい現れは國家の主權と家長的家族の家長權とである」とされている（同書、一四七ページ）。

292 戸田貞三『社會學・下』一九三二年、九八ページ。戦後には次のように述べている。曰く、「人々は國家の規範がなくても……、家族を構成することはできる。……國家はその國家の存續發展上、國民の種々の行動に關してそれぞれの制度を形造つているのである。從つて國民は國家の成員である限り、その制度に從つて行動し、その結果國民の形造る諸種の集團が國家的に規定されている制度に應ずるものとなるのである」と（戸田貞三『社会學概論』一九五二年、一五四ページから一五五ページ）。

293 Carl Schmitt, "Verfassungslehre" 1928, S.7. ff. シュミットはまた次のようにも述べている。すなわち、「自由主義の体系的理論が相手にするのは、ほとんど国家権力に対する国内政治上の闘争のみなのであり、個人の自由と私有財産の保護のために国家権力を抑制し監査するための、また国家を一種の「妥協」とし、国家機関を一種の「安全弁」とするための、そしてさらには民主政には君主政を、君主政には民主政をぶつけて「均衡を取る」ための、一連の方法を提供するのである」と（Carl Schmitt, "Der Begriff des Politischen, Text von 1932 mit einem Vorwort und drei Corollarien", 1963, S.69.）。

範に認めるような潮目では「リベラル」な社会が実現され、反対に個人の自由を全体のために犠牲にするということが重視されるような潮目になると全体主義的な社会へと姿を変えることも可能だからである。

戸田の理論が個人から出発しながらも、その個人からなる諸集団は国家に対して無力であり、歴史的社会的状況次第では、国家に奉仕することを「家の道」とするようになることは、戸田の理論のしからしめるところであり、決してそれは戦時の一時の妥協や敗北だったのではなかったのである。

日本国憲法の国民主権の規定や、象徴天皇制について戸田が直接に言及したものは残されていない。しかし、戸田流の家族国家観を支える社会像については戦前の理論体系と戦後のそれとの間には断絶がないことは、これまで述べて来た通りである。戸田の理論は戦前と戦後で決して矛盾・分裂しているわけではなく、一貫して上からの支配関係による社会統合を背景として持っていたのである。

戦後の社会の転換は、戸田の理論を延命させるのに二重に力があった。

第一に、このように外的条件によって社会の姿が変更されるという理論構造が、変化をもともと許容するようにできていたことによって、戸田は再び到来した自由を重視する社会に対して、改めて「リベラリズム」の顔をみせることが可能になったからである。

第二に、戸田の支配の三分類のどれをとっても、国民主権の条件下では、国民が国民のための政治を行うことに帰着する。国民主権とは他の誰でもなく、国民が支配者となることであった。そうであれば、支配者が自分のために支配を行うことも、支配者が自分と被支配者たる国民の両方のために支配を行うことも、支配者がもっぱら被支配者たる国民のために支配を行うことも――支配者が国民である限り――この区別には意味がなくなる。なぜなら国民が国民のために支配を行うこととなるのであるから。

このような状況のもとに、戦後の議論は戸田の理論を受容して行くことになるのであるが、それについて述べる前に、家に関する戦前のもう一つの重要な議論である、鈴木榮太郎の家の理論について詳しく見てゆくことにする。

第三章

平等と政治の過剰

—鈴木榮太郎の家と農村—

鈴木榮太郎は戸田の理論を、家を理論的にどう捉えるのかという点だけでなく、広くその社会学の在り方について厳しく批判しているが、戸田との相違は学問的な議論ばかりでなく、その社会像と政治観にも顕著であった。戸田は積極的に政治的な発言をすることは少なく、その社会像もまた政治とは縁遠いものであった。これに対して鈴木榮太郎は積極的に政治に関わる議論を展開している。

本章では、政治に対する態度の相違が両者の社会像のいかなる違いに基づくものなのか、また、その違いが鈴木の政治観に何をもたらしたのかを明らかにして行く。

① 戸田家族理論との対決

一　精神としての家

昭和に花開いた家族社会学の中で、鈴木榮太郎の理論がひときわ異色を放つのは、その観念性・理念性である。戸田や有賀[294]、喜多野の理論においては、「家」や「家族」は人間の「集団」として捉えられていた。しかるに、鈴木は「家は一つの精神である[295]」と言うことによって、家を集団としての家族から区別するのである[296]。

294　有賀については、鈴木の「精神」とは異なり、実体的な基礎を持つという意味では戸田や喜多野らと同様である。鈴木の議論の「精神性」についての一般的理解を代表するものとして、米村昭二「家族研究の動向――戦前戦中における」『社会学評論』第二八巻第三号、一九七七年、三五ページから三六ページ。

295　鈴木榮太郎『日本農村社會學原理』一九四〇年、一四八ページ。傍点は原文による。

296　米村千代『「家」の存続戦略　歴史社会学的考察』一九九九年は、「家」を盛山の理念的実在として捉えるべきだとする観点から、鈴木理論の観念性・理念性を評価する。

曰く、「然らば家とは何か、積極的に其を明らかにしなければならぬ。家は一つの精神である。此精神は現在の家族員等の統一的活動の中に認め得ると共に、此統一的活動が過去と未来に於けるかくの如き統一的活動とつながる關係の中に具現されて居る」[297]と。

こうした観念性・理念性は、戸主一人の「家」という例外状況の評価において頂点に達する。たとえば、喜多野は家と家族の違いを語るに際して、遺された幼子一人の「家」もまた存在し得ることを述べるが、それは「核としての家族の本來の集團的性格から出る要求ではな」く、本来は家もまた「核としての小家族によつて、あるいはその複數の結合によつて荷擔されて存立している」と述べ、こうした事態が家の本質＝核をあらわすものではなく、その意味で例外であるとする[298]。

これに対して、鈴木は、こうした事態を「例外」としてではなく、精神としての家の本質に基づくものだとしている。

曰く、「家族を集團と認めるなら、即ち家族を現在の個人等の一定の型に於ける結合の關係と見做すなら、一人の家族は無い筈である。然し一つの精神である家としては、一人の家も當然にあり得る。……日本の家は多くの場合、家族を成しては居る。然し家族を成す事は家の存在の為に不可缺ではない[299]。」と。

つまり、鈴木にとっての「家」は、現実に存在している家を構成している人間やその集団にその本質を持つのではなく、集団を超えた理念にこそ家の本質が存在しているというのである[300]。

鈴木はまた、家を考察するに際して、家単独を対象とするのではなく、村という家を取り囲む環境の中でその在り方を明らかにしようとつとめていた。むしろ、鈴木にとって家は村の姿を明らかにするために必要な、中でも最も重要な要素として存在していたと言ってもよいだろう[301]。

それゆえに村を論じる場合には村の性質を規定するものとして家が語られ、家について語られる場合には村の在り方とどのように関係するのかという視点も合わせて語られることが多い。
しかも鈴木理論においては、村と家の構造は相似形をなしている。家について語られる概念は村についての概念で説明され、村について語る際に家の説明をもってあてられることが多いのである[302]。

精神ということについても、家と同じく村もその本質は「精神」であるとされる。

村についてもその精神は具体的な集団を超えて理念的である。鈴木曰く、「村人となる個々の個人等は絶えず新陳代謝され、村に存する個々の集團も亦興亡し更新されるであろう。然し村の精神丈は、常に時間的同一性を保ちつつ發展して居る。此の精神をはなれて村は存しない[303]」と。

そして、家と村の本質をなすそれぞれの「精神」について、次のように叙述されるのである。すなわち、「此精神は協同體成員等の生活規範であつて成員等の相互察監相互督勵の過程によつて保持され發展されて行くものである[304]」と言う。

このように、家および村の精神とはそれぞれの共同体をそれとして形成し、自他を区別する規範として存在しているのである。しかも、この精神＝規範は、ある現在時点での規範として、その時点の家や村を律している

297 鈴木榮太郎『日本農村社會學原理』一九四〇年、一四八ページ。傍点は原文による。
298 喜多野清一「同族組織と封建遺制」日本人文科学会編『封建遺制』一九五一年、一七九ページから一八〇ページ。
299 鈴木榮太郎『日本農村社会学原理』一九四〇年、一六一ページ。
300 喜多野は、鈴木理論では家の持つ集団の側面と制度の側面とが両極分解していると表現している。（小山隆・牧野巽・岡田謙・喜多野清一「家族研究の回顧と展望（座談会）」『現代家族の社会学――成果と課題』一九七〇年、二五四ページ以下。
301 鈴木榮太郎『日本農村社会学原理』一九四〇年、三三ページ。
302 鈴木榮太郎、同書、一四九ページには次のようにある。「家を一つの精神であると云ふ此唐突なる提言が何を意味するか、讀者は自然村の精神より略々推察し得ると思ふ。」と。
303 鈴木榮太郎、同書、四二九ページ。傍点は原文による。
304 鈴木榮太郎、同書、九六ページ。傍点は原文による。

ばかりでなく、過去から未来へと続いて行くものなのであり、逆に言えば過去や未来が規範として現在を縛っているのである。

鈴木曰く、「私等は自然村の精神に於いて、其が現在の成員の關係に於ける秩序や發展を多少犠牲にしてまでも自己主張する原理を含んで居る事を見る。此犠牲は明らかに部分が全體に對する犠牲であると共に、現在が將來及び過去に對する犠牲を意味している。精神が支配する村の成員は常に過去と未來に連結された現在の成員である[305]」と。

それゆえ家も村も現在の成員による共同体であるばかりか、その成員には過去や未来の「計り知れぬ多くの成員等」を含むものなのである[306]。

鈴木の主張する精神としての家が、現在と過去を結び、現在と未来をつなぎ、過去から未来へと断続なく続いて行くものであるということは、戸田の述べる家長的家族と通じ合うものがある。

戸田の家長的家族論を振り返ってみよう。戸田は家族は集団であるとしている。近代的家族と異なった家長的家族をそれとして成り立たしめているのは、家族としての在り方によるのではない。日本の民族や国家の要請によって、制度としてそのような姿をしているのだという。それゆえ家長的家族もまた欧米の近代的家族とともに集団であるという点では共通の前提に立っている。その限りでは鈴木の議論の中心となっている精神性とは正反対のようにも見える。だが家長的家族はその先祖崇拝の機能を通じて、一般に考えられる集団とは異なった性質を持つようになる。

戸田曰く、「家族に於ける人々の感情融合は單に現在の所屬員を一體化せしめるだけでなく、現在の家族を今日まで存續せしめた祖先と現在の所屬員とを精神的に結びつけ、かくして現在の家族員は祖先の精神を體得するようになる。……我が國の家族團體は、世代を通じて父祖から子孫へ承繼がれる永續的の小集團である[307]」と。

すなわち、過去および未来の家族成員という、今ここにいない人々をも含む集団となるのである。しかし、これを通常の意味における集団と呼ぶべきかどうかには疑問がないとは言えない。ここまで来ると、すでに集団というよりは団体であり[308]、その団体を団体たらしめているのが「人々の感情融合」であるというのである。

鈴木の主張する「精神としての家」と戸田の集団としての家族を存在形態として見直してみると、従来考えられていたほどその差は大きくないのかもしれない。だが、鈴木はあくまでその違いに拘泥して行く。

二　集団としての家族

鈴木は自らの農村社会学の核とも言うべき自然村論を展開するにあたって、次のように従来の社会学を批判している。

すなわち、「従來の社會學に於ける基本的概念は、個人間の結合關係が其決定的要素をなして居る家族や村落を事實營んで居るところの歐米人の……生活體驗の中から產み出された社會學に於けるものである（中略）然しわが國に於いては、自然村に於ける精神の如きものが、事實家族にも國家にも存し……家族や村落や國家に於けるかくの如き精神をよそにしては日本に於ける社會事象の意味はただしく理解出來ない[309]」と。

305　鈴木榮太郎『日本農村社会学原理』一九四〇年、九六ページ。
306　鈴木榮太郎、同書、九七ページ。
307　戸田貞三「家族社會學」『日本國家科學体系』一九四四年、六〇ページから六一ページ。同年刊行の『家と家族制度』一九四四年の一〇五ページには次のようにある。すなわち、「……家に於ける人々の一體化は單に現在ゐる者だけの横の關係に於ける一體化に止まらず、過去の人々と現在の人々が縱の關係に於て結びついてゐる時間的な一體化となつてゐる」と。
308　戸田は別のところで団体という呼称をも使っている。若年者における婚姻観の変化が、家族形態の変化をもたらしつつあることを述べて、「……此婚姻に於ける態度の變遷は、茲に端を發してやがて我國民の形作る家族團體構成の上に大なる差異をもたらしつゝある」と（戸田貞三「家族の集團的性質の變遷過程」『理想』第一九号、一九三〇年、五九ページ）。

鈴木はまた、家や家族そのものをテーマとしている議論においても家を集団として捉える見方を批判して次のように述べている。

すなわち、「家は現在生きて居る人々のみが構成して居るのではない過去現在未來のすべての家人等が、協力して居るのであつて、現在の家人等は遠き過去より悠久なる未來に及ぶ家之生命の單なる一箇に過ぎない。……凡そ家長一代をもつて現在といふならば、歐米の家族は過去も将來もない現在のみである。……故に日本の家も時間的な或る一點における構成を見れば、歐米の家族の如く一般にやはり家族といふ團體をなして居る。しかしそれは過去と未來につながる現在であつて、獨立した現在ではない。そこに極めて大きな差異がある。けれども日本の家も歐米の家族研究に用ひられた同じ見方でのみ研究されて來た場合が多いので、日本の家も主としてその現在における集團性においてのみ考察されて來た」[310]と。

鈴木がかように戸田の「集団」論に反発する[311]のは何故なのだろうか。それは鈴木が戸田の理論に含まれる「精神」性を理解していなかったからなのだろうか。あるいは、戸田の家族もまたある程度の精神性を含むことは認めながらも、精神のその内容に大きな不満があるからなのだろうか。

両者の違いをより深く理解するために、迂遠なようではあるが、鈴木が家や村の「精神」を取り出した議論に立ち返ってみよう。

鈴木は村の精神について、「自然村の自然村たる所以」にその存在を求めている。だが、そもそも自然村とは鈴木が作り出した学問的概念である。では鈴木は何のために「自然村」という概念を作り出す必要があったのだろうか。鈴木の議論の展開の中で自然村の概念の必要性を尋ねてみることにより、「精神」を求めた必然性を支える鈴木の実践的な意図が見えてくる。

鈴木は一九三三年に「農村の社會學的見方」と題する論文で、その後に「自然村」として実を結ぶ考え方を明らかにしている。この論文での直接の目的は農村の調査を行うにあたって、どのような領域[312]や対象[313]を選ぶべきかということなのであるが、調査対象の選定の善し悪しはその調査が何を目的としているのかによる。それゆえ、この時期に鈴木が問題としていた農村調査は何を調べることを目的としていたのかが重要である。

では、鈴木の目的とは何だったのだろうか。

一九三二年に開始された農山漁村経済更生運動は、別名、自力更生運動とも呼ばれるように、政府主導の運動でありながら政府の側にできるだけコストをかけずに、対象となる農山漁村のイニシアチブ、見方を変えれば彼等のリスクによって農山漁村の経済を再生させようとした運動であった[314]。

このような運動には「……目に見えた目前の利益が顕著にある譯ではなく、寧ろ目前に現はれて居るのは犠牲と忍従である[315]」がゆえに、運動を成功させて農山漁村の経済を更生するためには、運動が展開される「農村に於いて充分効果ある協働が達成され[316]」なければならない。そのため、更生運動の軸となって効果的な協働をなし得るのは、農村の如何なる部分、要素なのかを調べる必要があったのである。それゆえ、そうした協働を実現し、運動を成功させて「農村の具體的な經濟更生を考へ[317]」る為に、「農村に於ける人々の社會關係の糸を尋ね

309 鈴木榮太郎「日本に於ける農村協同體に就いて」『国民思想』一九三九年、六二ページ。傍点は原文による。
310 鈴木榮太郎「家族生活の三つの型に就いて」『緑旗』一九四二年、一一三ページから一一四ページ。
311 鈴木は『日本農村社會學原理』一九四〇年においては、戸田の議論を正面から批判している。すなわち、「家族は最初から制度である」（一四一ページ）とし、「家族は社會的約束であり、制度であるからである。制度は民族や時代によつて異るから、家族の性質も時と處により異つて居る」（一四二ページ）としている。だが、制度というレベルで国家や民族によって家族制度が異なり、だからこそ日本の家長的家族は欧米の近代的家族とは異なっているのだということは既に述べた通り、戸田がその理論の初期から主張し続けて来たことであった。
312 それまでの調査で往々にして行われたような行政区画上の町村単位であるとか、あるいは「大字」単位にするとか、行政組織上の何らかの単位で一律に調査を行うことに対して鈴木は農村の現状を把握するという目的から、原則的な反対をしている。鈴木榮太郎「部落は大字なりや」『社會學』第二輯、一九三四年、三四三ページをも参照。
313 ここで鈴木はこれまでの調査が調査対象者を農会に属している者（世帯）に限定していることに疑問を投げかけている。

てどんな關係の團塊が特定の農村に既に存して居るか」を認識しようというのが鈴木の目的であった[318]。

そこで鈴木はソローキンにならって、当該農村における集団に属する農民の地域的分布を調査して、その集積の在り方から同時に多くの分布の輪が重なり合う累積的社会を「自然社会」と呼んで、農村計画その他農村における協働の効果を発揮させるための単位とすべきことを主張している[319]。なぜならば、そうした地域においてこそ、「隣保的な相互の社會的拘束」によって、互いに我慢をし合いながら、協働して事業を推進することができるからである。全く異なった地域同士をいっしょにしてみても、何らかの協働は、「非常に强制的な命令によるか、何か極めて顯著な目に見えた利益があつて而も他に何等の差しさわりもない様な場合でなければ殆ど達成出來ないのである[320]」。

この段階では「自然村」という用語が使用されていないのみか、集団の累積を超えた村の精神という重要な観念はまだ見いだされていない。それが明らかになるためには更に数年を要したのである。一九三八年に発表された「我が國に於ける農村社會の構造」に於いて、鈴木は社会関係の単なる累積を超えた、人々を拘束し得る社会意識の存在を初めて明らかにすることとなった。鈴木は次のような問を立てる。

すなわち、「……吾人が今推論の途上逢著して居る事實は單に集團の累積的統一があると云ふ事丈であるが、此累積的統一が所謂地域社會そのものであるか否かは、よしその地域の一致が認められるとしても、尚ほ殘された問題である[321]」と。

自然村は社会関係の累積が一番多い地域である。しかし、それだけでは、その地域が互いに助け合い、忍耐し合うことを強いるような「村」になるとは限らない。

そこで鈴木の問はさらに深まる。曰く、「即ち、集團累積の基底に亦は社會關係の堆積の基底にそれ等のものを統一整序する何らかの社會的必然はないのであろうか[322]」と。そして「個人と個人との間の社會關係は、兩者に共通して存する何等かの集團によつて規制されて居る」[323]と答える。

集団が累積することにより、新たに加わる集団も、既に存する諸集団の制約に服することになる。そのようにして次々に集団が累積しながら、個々の社会関係に対する制約が出来上がるのであるが、そうした既存の集団による個人間の社会関係や新しい集団への制約はどのような形で加えられることになるかというと、それは個人

314 農山漁村経済更生運動は、一九三二年から毎年一千町村を指定町村として、政府が一町村あたり百円の補助金を出し、町村有力者を網羅した経済更生委員会を作らせて、様々な事業を行わせたものである。事業内容の主なものを挙げれば、土地分配の整備、土地利用の合理化、農村金融の改善、労力利用の合理化、農業経営組織の改善、生産費・経費の削減、生産物の販売統制、農業経営用品の配給体制、各種災害防止、共催、生活改善などであったが、財政的裏付けに乏しい一方で、農民道場の展開などに見られるように精神運動的な側面が強かった。一次資料としては、農林省「農山漁村経済更生計画ニ関スル農林省訓令」『農山漁村経済更生計画樹立方針』一九三二年の他に小平權一「農産漁村經濟更生計畫の大要」『郷土教育』第二十八号、一九三二年、五〇ページ以下など。二次文献としては、石田雄『近代日本政治構造の研究』一九五六年、大門正克『近代日本と農村社会』一九九四年。森武麿『戦時日本農村社会の研究』一九九九年など。なお、有賀喜左衛門は更生運動には厳しい評価を下していた。有賀曰く、「併し如何なる同情もそれは見下す態度に立つものである限りかゝる態度も亦常に農民を愚味にし農民への指導意識にのみ彼ら自身を昂奮せしむるものに過ぎなかった。斯くして農村の起死回生が果されるであろうか。更に我々は別に無策のカモフラージュとしての自力更生論を耳にする」と（有賀喜左衛門「菅江眞澄翁の墓（二）」『帝國大學新聞』第六百八号、四ページ）。

315 鈴木榮太郎「農村の社會學的見方」『大谷學報』第十四巻第四号、一九三三年、一二三ページ。

316 鈴木榮太郎、同論文、同ページ。

317 鈴木榮太郎、同論文、同ページ。

318 鈴木榮太郎、同論文、同ページ。

319 鈴木榮太郎、同論文、二四ページから二五ページ。

320 鈴木榮太郎、同論文、二三ページ。次の叙述も参照のこと。「最近經濟更生計畫や負債整理組合などに於いてしきりに部落單位と云ふ事が問題にされる様になつたのは、遅ればせではあるが當然である。長期に亘る犠牲忍從を要する此等の協力は既に隣保共助相互監視の有する圏内に於いてに非らざれば其成果を期待する事は到底できない」（鈴木榮太郎「農村社會調査及び社會事業の單位としての部落」『社會事業』第十八巻第二号、一九三四年、一三ページ）。

321 鈴木榮太郎「我が國に於ける農村社會の構造」『農業と經濟』一九三八年、八一ページから八二ページ。

322 鈴木榮太郎「農村の社會學的見方」『大谷學報』第十四巻第四号、一九三三年、八三ページ。

323 鈴木榮太郎、同論文、同ページ。

における社会意識によるのだという。

すなわち、「既存の集團の制約とは既存集團の中に釀成された社會意識の抗束に外ならぬ[324]」のである。このようにして生じる社会意識が人々の間に共有されることにより集団の累積は単なる累積ではなく、一つの統一的な社会意識によって個人を規制することになるのである。[325]

翌年に発表された「日本に於ける農村協同體に就いて」においては、この社会意識に含まれる過去から未来へのつながりが明らかにされることによって、「精神としての村」という認識がもたらされることになった。

鈴木は更生運動の基軸とすべき農村の核としての自然村の持つ拘束力の在り方を明らかにするために、そういうものの存在しないアメリカの農村との対比から議論を始める。アメリカにも一定の社会関係の認められる地域社会は存在する。いわゆる都鄙共同体（rurban community）である。

これは住民の属する集団の累積によってもたらされるが、この段階に止まっている限りは自然村のような拘束力を持つ共同体にはなり得ない。では何が必要か。鈴木は日本の農村にみられる集村形態に注目して地理的近接ではないかという仮定をおいてみる。しかし、単なる地理的近接だけでは共同体の成員を深く拘束するまでには至らない。

鈴木の著名な三つの社会区域について考えてみた場合、自然村とほぼ一致する第二社会区域の独立性は必ずしも空間的形態において実現されているわけではない。というのも、「一つの聚落が二つの獨立した集團累積體より成る場合もあり、稍々距りたる二つの聚落の間に集團の累積が認められる場合、又其反對に相隣接する二聚落間に集團の累積は元より個人間の社會關係も殆ど認めがたき場合もある[326]」のであるから。

そこで鈴木は、村の歴史に自然村の拘束力の源を見いだそうとする。古くからの我が国農村の存立条件を検討した上で鈴木は、現在の自然村とその区域を同じくしていた江戸時代の村では、「……歴史的社會的事情により一地域［すなわち村の中］の人々は一致協力せざるを得ない必要に迫られて來た」[327]のである。

こうした人々を強く結びつける必然性のもとで、人々は村に住み続けてきた。その結果、村人によって祀られる氏神、村人によって共同して利用される入会地やそれに関する慣行、雨乞いや道切りなどの共同祈願の慣行、村の自治のために必要な村仕事の慣行、村人相互の扶助の慣行、村の平安を脅かすものに対する村八分などの制裁の制度、村入りや株入りなどの新規参入者の受け入れ条件の慣行などが世代を超えて受け継がれ、それぞれの世代を生きる村人たちから独立して存在するものとして認められるようになった。こうした自律的存在、「時代時代の村人等を横にも縦にも貫ぬいて居る」もの、すなわち「生活のあらゆる方面に亘る體系的な行動原理」[328]を、鈴木は村の精神と呼んだのである[329]。

「只暴力や純情にのみ雷同するものではなく利視によつてのみ動くものでもなく、嚴として動かざる道義の規矩」たる村の精神こそが自然村の核となり、更生運動を行うべく人々の協働の基軸となるのであった。

鈴木によれば「村は発展し成長する一箇の精神であり行動原理である[330]」。そうした村と同じように、家もまた発展し成長する一箇の精神であり行動原理なのである。村が精神であるということの背景には、上記のような実

324 鈴木榮太郎「我が國に於ける農村社會の構造」『農業と經濟』一九三八年、八三ページから八四ページ。
325 鈴木榮太郎、同論文、同ページ。
326 鈴木榮太郎「日本に於ける農村協同體に就いて」『国民思想』一九三九年、五七ページ。
327 鈴木榮太郎、同論文、五八ページ。
328 鈴木榮太郎、同論文、五九ページ。
329 鈴木榮太郎、同論文、同ページ。
330 鈴木榮太郎、同論文、六〇ページ。傍点は原文による。

践的な意図が含められていた。

では、鈴木が家に込めた実践的意図はどのようなものなのだろか。また、その実践的意図は鈴木の家の精神性と戸田の家長的家族の持つ一種の精神性との間に、どのような違いをもたらすことになったのであろうか。

三 家の規範

鈴木曰く、「然し日本人の體驗に於ける家族生活に於いて第一義的なものは家の觀念である。而して家は正しく精神である。此精神をはなれて日本人の家族生活は理解できない。日本人の家族の研究は何よりも家の研究でなければならぬ。而して其は精神の研究である[331]」と。

社会関係がただ集まって累積体を作ったからと言って、それが自然村になるわけではないのと同じように、血縁を持つ人が集まっただけでは家ではない。社会関係の集積に、村としての社会意識、道義の規矩（『日本農村社会學原理』では「規範」という言い方になっている）が加わることにより自主性と自律性を持った村となったように、集団としての家に何かが加わることによって、精神としての家が生まれるということになる。

では、精神としての家とは何なのだろうか。それを明らかにするために、鈴木の議論と戸田の議論とを比較してみよう。

鈴木における精神としての家とは、次のような存在様式を持ったものである。

すなわち、「本來家族と云ふ語は個人を中心として見た横の關係であり、一つの集團を意味するものと思はれる。……かくの如き意味での家族は寧ろ近親世帯である。世帯にも歴史は豫想されて居ない。家が家たる所以は其が過去の歴史と未來の發展につながる寧ろ時間的な流れである點である」と。

このように時間的な軸を持ったものを家と捉えるとなると、「家は家族ではない、家は集團ですらもない。家は多くの場合集團をなして居るであらうが、然しそれは家たる事の要件ではない[332]」のである。

このように時間軸を持つ、すなわち歴史を持つものとして、家は一つの精神なのである。「此精神は現在の家族員等の統一的活動の中に認め得ると共に、此統一的活動が過去と未來に於けるかくの如き統一的活動とつながる關係の中に具現されて居る[333]」のだ。

このようにして見てくると、鈴木が家を集団として捉えることを批判するのは、過去から未来へとつながって行く家の連続性、歴史性を集団という断面の発想が捉えきれないことにあるようにも見える。

前章でみたように、戸田の家族理論において家長的家族・親子中心の家族を近代的家族・夫婦中心の家族から区別するのは、前者がそれ自身の継続を——民族・国家の要請によって——目的としているということであった[334]。では、継続される家族の、何が受け継がれて行くのであろうか。

夫婦中心の家族にあっては「世代を通じての家族の連續はない。……併し親子中心の大家族にあつては、成員として親に重要なる家風は成員としての子にも重要な家風であらう。……此様にして家風尊守の傾向は順次親子の間に傳へられ、各家族特有の生活形式は世代を追うて永續的に維持せられるであろう[335]」。すなわち、戸田の家長的家族・親子中心の家族において受け継がれて行くのは、それぞれの家族の家風であり生活形式なのである。

戸田はこうして受け継がれて行く家風を家族精神と呼んでいる。すなわち、「我國の大家族に於て觀る様な家

331 鈴木榮太郎「日本に於ける農村協同體に就いて」『国民思想』一九三九年、六三ページ。傍点は原文による。
332 鈴木榮太郎『日本農村社會學原理』一九四〇年、一四八ページ。
333 鈴木榮太郎、同書、同ページ。傍点は原文による。
334 戸田貞三「親子中心の家族の特質」『思想』第三四号、一九二四年など。
335 戸田貞三、同論文、六五二ページ。

風の連續とは、親子を中心として成り立つて居る家族團體の團體精神の持續である。それは家族精神が發して家風となり、特定生活形式となつたのである……親子中心の家族に於ては、家族精神が世代を追うて流れて居ると云ひ得るであらう[336]」と。

そうであれば、戸田の捉える家長的家族は、決して歴史性を持たないものではない。戸田の家長的家族において受け継がれて行くものと、鈴木の主張する精神としての家によって受け継がれるものに、存在の様式としての違いはさほどないように思われる。それゆえ、戸田の議論を鈴木が批判するのは、家によって受け継がれて行くものの、受け継がれる内容それ自体による。

戸田によれば、家族精神を伝えるための物質的手段として生まれたのが家産である。家産には二つの意味がある。すなわち、家風そのものを伝えるための財産であり、もう一つは家風、家族を連続するための経済的条件を支えるための財産である[337]。このうち、家長的家族において本来重要なのは前者である。「吾々が祖先傳來のものとして受繼ぐものは單なる經濟的財貨ではありません[338]」。なぜなら、そこで受け継いでいるのは各家族団体の家風であり、その伝統的生活形式なのであるから。それゆえに、「受繼いだ事物の經濟的値打ちが五錢であらうと十錢であらうと左樣なことに關係なく、祖先より傳はる家風を象徴するものとして祖先から傳つたものを尊重するので」あり、それは「祖先の遺風がその受繼ぐべき事物に打込まれてゐると考へて受繼ぐのであ[339]」る[340]。

受け継ぐ家産としても、経済的な価値が重要なのではなく、また他人から見ればただの石を拝むのも、その原点には祖先とのつながりという感情がある。こうした祖先に対する感情について戸田は、「祖先といふものはその子孫に對しては親が子に對する如き愛情をもつて臨んでゐるのだ。自分の子供が自分を祀らないからといつて、これに崇つてやるといふことを祖先が考へるべきものぢやない。……多少でも子供に間違つた處があれば、それをどうして直してやらうか、どうしてそれを立派にしてやらうかといふことを考へることこそ親心なのだ[341]」

と述べる。つまり、「我が國民のなす祖先の祭祀は、親らしい親、子らしい子の至情から出た、祖孫の精神的融合の意味に於て行はれてゐる[342]」のである。

ここで明らかなことは、ここでも又、戸田の家族論の本質をなす精神的融合が核心をなしているということである。過去、現在、未来の家を結びつけるのは時間を超えた家族成員の精神的融合なのである。世代を経て受け継がれるべきものは、過去から未来へ続く超時間的集団の精神的融合のシンボルであり、それを手がかりにして、遠い祖先や子孫に思いを寄せることのできるものなのである。

これに対して、鈴木が考える「精神としての家」とはどういうものか。

鈴木曰く、「家族は……、極めて多くの經驗の分野がある。彼等が共に、而して彼等のみが共に泣く可き或ひ

336 戸田貞三「親子中心の家族の特質」『思想』第三四号、一九二四年、六五三ページ。
337 戸田貞三、同論文、六五四ページ。
338 戸田貞三「家族と外部社會」『學校教育』第二六四号、一九三五年、五六ページ。
339 戸田貞三、同論文、五六ページ。
340 このように、家に伝わるも精神は何か物的なものによって伝わっていくのだという見方は、鈴木の次の叙述も参照のこと。「思ふに家の傳統とか精神は、觀念的に心から心に傳はるものではない。家屋や器物や作業や祭壇や家祭や儀式や田圃や畦道に附着して居るものである」と。(鈴木榮太郎『日本農村社會學原理』一九四〇年、一九三ページ)。あるいは同書、二〇六ページでは次のようにも述べている。すなわち、「柱に殘る一つのキズ痕も庭の一木一草も家族員丈には父祖の尊い面影を止めて居る。彼等には而して彼等のみには其は特別の價値を持つて居る。然り彼等のみが持つて居る價値があり、彼等のみに理解される意味がある。彼等のみが知り感じ實踐して居る意圖があるからである。其意圖が家である」と。
341 戸田貞三「日本の家族問題講話」『公論』第四巻三号、一九四一年、八八ページから八九ページ。
342 戸田貞三「我が國の家族と家族制度」『家庭教育指導叢書』第4輯、一九四二年、六一ページ。同じ表現は戦後の著作にも見ることできる。すなわち、「しかし祖先と子孫との関係は親と子の関係で、祖先のたゝりをおそれるとか、冥福を祈るために行うものではないように思います。つまり祖先を祭るということは親らしい親、子らしい子という、やむにやまれぬ至情から行われているもので、父祖は子孫を愛し、子孫は父祖を養うということが根本となっているように考えます」と(戸田貞三『家族制度』一九五〇年、六〇ページから六一ページ)。

は奮起す可き或ひは誇りを感ず可きところの一家の歴史があり、其歴史を記念する樹木や庭石があり、其他彼等のみに獨特の意味を持つた多くの物があり、態度があり、言葉がある。そしてこの共同體驗の世界に統一と整序を與へるものは、彼等がそして彼等のみが遵奉す可き生活規範であつて、それが此世界に於ける個々の事物に意味と價値を與へて居る。私が家は精神であると云ふ時、その精神とは家族員等の獨特の共同體驗の世界に君臨して居る一個の意志であり規範である[343]」と。

戸田の議論と比べてみると、戸田においては精神的融合であり、愛情であったものが、鈴木においては規範となっている。別のところではこのようにも述べている。すなわち、「家の発展を家の倫理は第一の原則として居る[344]」と。すなわち、家が永続すべきことは、戸田にあっては民族や国家という家族の外部からの要請にもとづく制度としての問題であったが、鈴木においては永続すべきことというのが家そのものに内在する第一原則なのであり、それは家族成員全てを支配する規範として存在するのである。

このことを夫婦中心の家族と対照して、鈴木は次のようにも述べている。

曰く、「家族員が相互に愛着するのは其自體が目的であつて他に目的があつて然るのではないと同様に、家族員が其集團の經營に奉仕するのは其自體が目的である。夫婦家族は主として家族員の個々の關係の全體であるが、家長的家族にはかくの如き個々の關係の外に個人が全體に對する關係がある。家族員の個々の關係も全體への關係に還元されて關係されるのが原則である。親が子に對するも子が親に對するも兄弟の關係も皆全體への關係として理解される。そこに夫婦家族と本質的に異なった關係形式が存して居る[345]」と。

家の成員同士を結びつけ、それを過去や未来の家とつないで行くのは、存続すべき家という全体に対する、個々の成員の奉仕の規範、義務なのである。家のそれぞれの成員、親と子や夫と妻の愛情の関係は、その場その場における現在の結びつきにすぎず、決して家の歴史を築くものではない。

家の成員の家という全体の存在に対する奉仕という観念は次のようにも主張されている。「一家の中においては、家族が占むる各々の位座がある［。］この位座を権利の観念に照らしてみれば男尊く女卑しくみえるであらう。しかしこの位座は全家族成員が各々その力に應じて協力し奉仕し死守して居る生活協同體の秩序の爲に存する禮である。この生活協同體には権利というべきものは有しない。そこには唯献身があるのみである」[346]と。

戸田の家族の精神は精神的合一という、親密圏においてのみ許されるあたたかな愛情豊かなものである。これに対して、鈴木の家の精神は家の成員各自にそれぞれの立場での奉仕をひたすらに要求するリゴリスティックなものなのである。同じく精神と言いながら、内容におけるこの違いこそが、鈴木が戸田の家族論における集団論を批判する根拠になるのだと思われる。

次節ではこの違い、精神的融合と規範の違いの意味をより広い文脈の中で考えてみよう。

② 平等という理想——家・村の規範と構造

一　相続権と家内の平等

前章では、戸田がその学問を第一次大戦後の日本社会の変化の中で育て、「自己実現」という新しい価値観を

343 鈴木榮太郎『日本農村社會学原理』一九四〇年、二三八ページ。傍点は原文による。
344 鈴木榮太郎、同書、二三一ページ。
345 鈴木榮太郎、同書、二三〇ページから二三一ページ。
346 鈴木榮太郎「日本家族の特性」『緑旗』一九四三年四月号、一九四三年、五四四ページ。

理論の基軸としてきたことを述べてきた。その際、戸田は「無理な關係、不自然な結合、人間生活の理想とすべき正義の要求とは相容れない様な不合理な社會生活[347]」に抗した「自己実現」を、近しい血縁の者たちによる「精神的融合」により実現しようとした。こうした「精神的融合」を軸とした集団としての家族論に鈴木が大いに反発したことはすでに述べてきた通りである。

しかし、戸田の新しい社会学の背景となった、社会の新しい在り方に対する理想論が、鈴木に全く影響を与えなかったというわけではなかった。鈴木もまたこの時代を彩った理想である「有形無形の壓迫［や］不公平な取り扱い……掠奪とか云ふ無理な關係……を癈除して出來る限り人間の理想に近い社會的協同生活體を作らんとする要求」に棹さしていたのである。

鈴木が書き溜めていたノートが、著作集の中にいくつか収められている。その中で「農村社会研究ノート」と標題がつけられているものに、戦後しばらくしてから自らの農村社会学研究について振り返る叙述が遺されている。そこで鈴木は、自身が農村社会学において取り上げていた枢要な問題、「日本の農民社会生活の理解のためにはその点を闡明する事がもっとも望ましいと思われたもの、その点の解決の必要が迫られていると思ったもの」の筆頭に、「一、農民は人である。裸で生まれた人間はみな平等である」と書き付けている[348]。

以下本節では、鈴木の「平等」という理想がその理論体系をどのように規定しているのかを具体的記述から明らかにしてみたい。

鈴木の主著である『日本農村社會學原理』においては、明治以降の近代化の趨勢への慨嘆[349]や、あるいは農村における個々の制度や政策についての方向性の示唆[350]を見る事はできるが、当時の法制度について明らかな批判を見ることはほとんどない。その例外の一つが、明治民法による相続規定についての叙述である。

まずは鈴木の議論を見てみよう。

鈴木は『日本農村社會學原理』の第四章「農村に於ける家族及び家族本位制度」において農村の家族のみならず、日本の伝統的な家族の特徴について詳述しているが、その第八節「家族本位制」の第八項「絶家を防止する爲の慣習および法律」において次のような議論を展開している。

鈴木によれば、自らの存続を至上命題とする家は、そのためにまず第一に血統の連続を担保しようとして、様々な慣習や制度を形作っているという。それらの制度の中心となるのが、跡継ぎの確保である。曰く、「既に屢々述べたる如く、家長的家族に於いては繼嗣たる可き子は絶對に必要である」[351]と。

しかし、当時の日本の医療・衛生環境で跡継ぎを無事に育て上げることは容易ではなかったために、子供の數はある程度多くなければならなかった。すなわち、「……特に幼児死亡率の高い我が國に於いては一人の繼嗣を確保する爲には、少くとも三人或は四人の子女は家系の存續の爲には絶對に必要である」[352]のだ。

347 戸田貞三「跋論」建部遯吾『國家社會觀』一九二一年、四ページ。

348 鈴木榮太郎「農村社会研究ノート」『鈴木榮太郎著作集Ⅳ』一九七〇年、三四八ページ。

349 たとえば鈴木は明治維新以後の農村の社会構造の変化を次のように評価している。曰く、「思ふに我が國の農村は明治以後極めて著しい變化の一路を辿つて來た。そして其は今尚ほ續いて居るが、次第に此變化は其激烈さを加へつつある。而して此變化は恐らく日本農村が其長い歴史の中に嘗て見た事のない廣汎な規模のそして其質を一變せしむるが如き性質の變化である。……それは恐らく有史以來常に我が國の農民が其構造の中に社會生活の秩序を保つて來たところの社會的容器の瓦壞して行く過程に外ならぬ」と（鈴木榮太郎『日本農村社會學原理』一九四〇年、二三ページから二四ページ）。

350 鈴木は産業組合の具体的組織が現状のままであるならば、国家の側からの組合員への何らかの恩典の供与があるか、あるいは組合の経営的進歩によって組合員が何等の犠牲や拘束なしに利益配分に与ることができるようになるかしない限り、その発展は望めないと論じた後に次のように述べている。すなわち、「然し産業組合が農村經濟更生計畫に於いて果して來た様な役割を漸次加へて行くならば、又農村の精神生活にも深く立ち入つて來る様になれば事情は自から異なつて來るであらう」と。（鈴木榮太郎、同書、三三六ページから三三七ページ）先にも述べたように、鈴木は産業組合が自然村を基盤として組織すべきであるという見解を持っているのだが、ここでは示唆にとどめている。

351 鈴木榮太郎『日本農村社會學原理』一九四〇年、二九〇ページ。

352 鈴木榮太郎、同書、同ページ。

ここに家督相続の問題が生ずる。無事、複数の子女が成長した暁に、誰に家の存続をまかせ、残りの子女に対してはどのような取り扱いをするかという問題である。

鈴木は砂川寛栄の『日本家族制度史研究』の次の箇所を引用する[353]。すなわち、「封建時代には家職家祿が世襲なる所から相續人は如何しても一人でなければならなかったのである[354]」と。

なるほど江戸時代においてはそうだったろう。だが、明治維新を経て状況がかわってまでもこうした「惣領法」を用いるべきかどうかには疑問が生ずる。すなわち、「思ふに惣領法は封建時代の武士家族又は同族家族に於ける適法であるが、分家する事が當然と思はれて居る直系家族に於いては其儘に適用す可きではなく、長子は當然祖先の祭祀の爲にも其取分が多少多かる可きは認められるが、分家する二三男にも分家を認める以上財産の分與は必要である[355]」と。

にもかかわらず、明治民法においては、嫡子の単独相続が規定された。これは江戸時代にさえ農村では直系家族が主であり、そのため事実上惣領法が適用されていなかったために存在していた二三男の分家とそれに伴う財産分與を否定するものであり、同族家族すなわち嫡子を不当に優遇することになるという[356]。

鈴木にとっては、家族全員の共同の銭箱を相続しながら、それを自身一身のものとする嫡子は、他の兄弟姉妹のことを考慮しない我利にとりつかれているのであり、家族という没我献身によって成立つべき共同社会に矛盾するものであるという。

鈴木は、実際には家の基礎を掘り崩すようなことをしながら、外見だけで家族制度を保持しようとする規定を持つ民法典は、その矛盾を糺されなければならないという。

曰く、「要之現行の民法は家長を排して直接に家族を擁護せんとする個人主義的基礎の上に立ちながら、他方には同族家族の擁護を企図する矛盾を含んでいる。直系家族に於ける家に現に存する家族員の没我献身の態度をそのままに認めると共に、二三男の分家を原則的に認め、其の事實を無理なく可能ならしむるが如き法律的規定が最も現實に即應した規定と思われる。現行の法律は直系家族を内部より解消せしむる事に導きつつ而かも外形を擁護する事に力むるが如き過誤を犯して居る様に思はれる[357]」と。

ここで鈴木が明らかにした民法の相続規定批判は、決して鈴木独自のものではなかった。当時広く議論されていた民法改正をめぐる議論の中の有力な見解をふまえたものと言える。[358]長男と二三男の不公平を是正しようというこうした流れに棹さしながらも、ここで注目したいことは、鈴木が同族家族に対して直系家族をより重視するという論点を強調しており、民法の規定改正という議論を、直系家族を守るためにこそ活かそうとしていることである。

鈴木も述べているように、実際の相続は二三男にも財産を分与して分家を出すことが行われていたのである。それに加えて民法の規定に公平な取り扱いを求めるのはなぜなのだろうか。家族の中の不公平の是正という土台の上に、鈴木が築こうとしていたのは何だったのだろうか。

353　鈴木榮太郎『日本農村社會學原理』一九四〇年、二九二ページ。
354　砂川寛栄『日本家族制度史研究』一九二五年、二四九ページ。
355　鈴木榮太郎『日本農村社會學原理』一九四〇年、二九二ページ。
356　鈴木榮太郎、同書、二九二ページから二九三ページにはつぎのようにある。すなわち、「我が國の農村の家族制度は少くとも過去久しい間直系家族であつた。その意味に於いて事實上物領法を其儘に適用して來た譯ではない。稀な例外として末子相續も存しては居るが一般には長子相續ではあつたが、然し所謂物領法ではなかつた。江戸時代に耕地十町高十石以内の者は二三男に分家を許さなかつたのは、家産の分讓が當時盛んに行はれて居た證據である」と。
357　鈴木榮太郎、同書、二九四ページから二九五ページ。

二　直系家族と家内の平等

鈴木にとっては民法が長男単独相続を原則としているのは、同族家族の存続をはかるものであった。本来守るべきなのは直系家族であるはずなのに、そこに保護すべき家族形態との矛盾があるというのである。この評価には、鈴木が日本の家の特長、その利点をどこに見るのかという価値判断が密接に関係している。鈴木による家族形態の分類の議論を詳しく見てみよう。

鈴木は日本に見られる家族の形態を「一、同族家族。二、直系家族。三、夫婦家族」の三つに分類している。鈴木は家族をまず夫婦家族とそれ以外、家長的家族あるいは大家族に分けている。家長的家族とは戸田の言うように家族の永久の存続を目的としているのに対して、夫婦家族は夫婦の結合を中心としていて、原則として夫婦とその子供からなっている[359]。次に家長的家族を、「戸主及び其婦と直系尊屬及び直系卑屬と其内將來戸主たる可き者の配偶者及び未婚の傍系親丈からなつて居るもの」と「……其上に將來戸主たらざる直系卑屬の配偶者と傍系親の配偶者を含むもの[360]」とに分け、前者を直系家族、後者を同族家族としている。

同族家族と直系家族の違いは、跡継ぎ以外の子女が分家または婚稼して家を出るのが直系家族であり、分家せずにそのまま家に残るのが同族家族というであり、経済的事情により分家することが困難であるなどの特殊な場合を除き、日本の伝統は直系家族であるという。

すなわち、「同族的家族は、其あらゆる意味に於ける規模に於いて家長權の確立の顯著なる點に於いて直系家族より遙に整備しては居るが、さればとて吾人は日本の家の典型をそこに覓む可きではない。それは明らかに異例的存在として見る可きである[361]」と。

鈴木はこの直系家族こそが日本の家族の本来の在り方であるということを事実の面からだけでなく、当為としても主張する。すなわち、「今この三つの家族型の長短を比較して見ると、三者の中直系家族があらゆる角度から見て最も理想に近いもののやうに考へられる」[362]と。

まず夫婦家族の短所は孝という東洋的倫理にそぐわないことが挙げられる。鈴木は「歐米には養老院の制度が進歩して居る理由もそこに存すると思はれるが、老父母を養老院に送つたり雇人の世話にまかしたりする事は、東洋的體驗においては全く忍びがたい事である」[363]と、まるで戸田を思わせる筆運びで述べる。

358　当時の民法改正についての議論の詳細に及ぶことは控えておくが、鈴木の議論との比較のために、臨時法制審議会で作成された改正要綱から、相続規定の部分と審議会委員であった松本烝治の意見についてだけ引用をしておく。改正要綱では次のように規定されている。すなわち「一、戸主ノ死亡ニ因ル家督相續ニ於テハ、家督相續人ハ被相續人ノ直系尊屬・配偶者及ビ直系卑屬ニ對シ、相續財産中家ヲ維持スルニ必要ナル部分ヲ控除シタル剩餘ノ一部ヲ分配スルコトヲ要スルモノトスルコト」と。ここで必要なる部分とはどれくらいの割合であるのかなどの具体的な分配方法についての規定がなされていないことについては次のような説明がなされている。すなわち、「確ニ何等カノ標準ヲ定メ得ルカドウカ、ト云フコトニ付テ、余程研究ヲ重ネタ……併シナガラ、其結果ハ個々ノ場合ニ於テ必ズシモ事情ニ適合スルコトヲ得ナイ」上に、「相續財産ノ分配と云フヤウナコトニ付キマシテ、何等カ强イ權利ヲ以テ主張スルト云フ、權利義務ノ争ノ生ズルコトハ、甚ダ面白クナイ」ので、分配の不当性が著しい場合には家事審判を求めることができるようにしたというのである。（穂積重遠「民法改正要綱解説」『家族制度全集 法律篇Ⅴ相續』一九三八年 三五四ページ）こうした規定を形成するにあたっては、次のような判断が基礎をなしていた。曰く、「単独相續ノ制度ハ必ズシモ社會上の正義觀念ニ適應シテ居ルモノトハ言ヒ難イ」が他方で、「均分ノ制度ハ、之ハ我家族制度ト相容レナイ」というのである。（臨時法制審議会三二回総会、松本烝治委員の発言。引用は堀内節編著『家事審判制度の研究』一九七〇年、八三四ページ）改正要綱の規定は奇しくも鈴木の議論と軌を一にしている。なお、臨時法制審議会の民法改正については、以下を参照のこと。磯野誠一「民法改正」『日本近代法発達史講座（2）』一九五八年、岡利郎「大正期における法体系の再編と新しい法学の登場」『日本近代法史講義』一九七二年、一九四ページ以下、利谷信義『家族と国家』一九八六年、白石玲子「日本近世・近代国家の法構造と家長権 近代の部　その二」『法制史研究 四二号』一九九二年、蓑輪明子「一九二〇年代の「家」制度改正論――臨時法制審議会の民法改正構想を素材に」『一橋社会科学』第五号、二〇〇八年、山本起世子「民法改正にみる家族制度の変化」『園田学園女子大学論文集』第四七号、二〇一三年。とりわけ岡の記述はこの改正の背景にある時代思潮について詳しい。

359　それゆえ、その家族はその代限りで消滅することになる。ここも戸田の議論と軌を一つにしている。鈴木榮太郎「家族生活の三つの型に就いて」『緑旗』第七巻六号、一九四二年、一〇八ページには「この家族は一代で消滅してしまふのである」とある。

360　鈴木榮太郎『日本農村社會學原理』一九四〇年、一四九ページ。

361　鈴木榮太郎、同書、一五〇ページ。

362　鈴木榮太郎「家族生活の三つの型に就いて」『緑旗』第七巻六号、一九四二年、一一五ページ。

363　鈴木榮太郎、同論文、一一六ページ。

また、夫婦家族は一代限りでなくなってしまうので、「過去の経験と過去の力の蓄積を十分に活用されない[364]」という欠点をも持っていると述べる。

家長的家族は家の永続をその目的として、世代を超えて連続して行くのであり、そこでは親子の関係が主となっているので、上記の欠点は存在しない。では、家長的家族の中で直系家族が同族家族に勝っているというのは、どういう点によるのだろうか。

鈴木が挙げるのは、同族家族は原理的には無限に増殖して成員数を増やすものであるという点である。同族家族は原理的には裾広がりに無限に家族成員の数を増やして行くことになる。しかし、現実には家族成員がむやみに増えて行くということはあり得ない。「凡そ一家族が同居して生活する事が出來る人員数には自から限度が存して居ると思はれる[365]」からである。それゆえ「無限に擴大して行く同族家族は理論上その制度そのものの内に不可能を含んで居るといふ事が出來る[366]」。そのため、こうした制度はその矛盾を避けるために家族成員個々人に無理を強いることとなる。

例えば白川村の家族のように、二三男以降は正式に妻帯することはできないなどの彌縫的な解決が与えられることになる[367]。そうした対策を取らない場合には、家族内の集団組織を整備せざるを得ない。だが、そうした対策は「結果として大家族の内部に多数の小家族集團の獨立を認める事になり、それはその大家族が軈て多数の小家族に分裂して行く事に導く[368]」ことにならざるを得ないからである。

そうした小家族の事実上の独立を認めた上でその全体を一つの家族として統合していたものとして、古代の氏族社会の家族を考えることができる。しかし、それは生業が甚だしく単純な時代には可能であっても、現在では著しい不利不便を忍ぶか、あるいは小家族をまとめる統制機能は甚だしく単純なものにならざるを得ない。

「今日でも日本内地にも稀に見られる同族組織の一つであると解すべく、その統制の内容は主として祖先の祭祀と冠婚葬祭の場合の儀禮及び好意の標示形式である。かくの如き同族組織はそれを家族といふ名によつて呼ぶ事は無理なやうに考へられる[369]」と。

同族家族のもう一つ別の短所は、家族内部の人間関係、とりわけ同じ同族家族の中にいる妻同士の人間関係が複雑になりすぎて日常生活において大きな困難をもたらすことである[370]。

そうした大きな同族家族の中には「幾組もの夫婦の組がある譯であるが、婦相互の位座の關係は特に厄介になるものであらう。直系家族において直系親の夫婦の組のみがある場合においてすら、嫁姑の關係は、この家族生活における唯一の暗雲である場合が多い。まして同年輩で家屋内における位座の上下も餘り距りない婦同士の關係は想像に餘りある[371]」と。

多人数を含む同族家族は、その内部に複雑な組織慣行を必要とするが、その組織慣行を維持することにも非常に大きな努力が必要であることも欠点になる[372]。

だが同族家族の最大の欠点は、その所属成員の多さによる内部組織の複雑化が、成員の扱いの不公平を招く

364 鈴木榮太郎「家族生活の三つの型に就いて」『緑旗』第七巻六号、一九四二年、一一七ページ。
365 鈴木榮太郎、同論文、一一五ページ。
366 鈴木榮太郎、同論文、同ページ。
367 鈴木榮太郎、同論文、同ページ。
368 鈴木榮太郎、同論文、同ページ。
369 鈴木榮太郎、同論文、同ページ。後に述べるように、鈴木は当時の日本社会における同族の役割を有賀や喜多野のようには重視していない。
370 鈴木榮太郎、同論文、同ページ。鈴木は、単純な嫁と姑との関係でさえも大変なのに、それ以上に複雑になったらどうするのかと、問題の深刻さを語っている。
371 鈴木榮太郎、同論文、一一五ページ。家族内における嫁姑の関係は、現在見られる直系家族から夫婦家族への移行の趨勢にも大きく寄与しているという（同論文、一一六ページ）。
372 鈴木榮太郎、同論文、一一六ページ。

ことにある。

「同族家族においては、人員數多くその内部組織が複雑である爲に、人の人倫的感情はそこではや、硬直して居る……そこに生まれるどの一人の子もどの一人の老人も一家をあげての看護のもとにあるといふやうな事は出來ない。家長よりいつて遠い傍系親の子や老人は、直系家族におけるやうな恵まれた生活は出來ないかも知れぬ」[373]のである。

鈴木は家の中での家長との遠近、すなわち長男なのか二三男なのかという違いによる不公平こそが同族家族の問題であると言う。

これに対して直系家族においては、「そこでは老人といつても一家の中心になつて居る者の父か母があるのみであり、子等といつても中心になつている夫婦の子等だけである」。つまり、世帯主と戸主と父が同一人物である。そういう家であれば、「そこではどの一人も大切な家族である[374]」。

ここには同族家族の中にあるような、家長から遠いものが軽んじられることはない。鈴木が家族の三類型の中で直系家族を日本の主たる家族類型とするだけでなく、それに規範的な価値をも見いだすのは、直系家族にあっては家族の一人一人が「大切にされる」からであり、同族家族は家族内に「大切にされない」人を生むがゆえに、鈴木に回避されるのである。

三　村を担う家——公民としての平等

さて、ここまで、鈴木が家族内の一人一人を大切にすることを重視していたことを見てきた。一言で「大切にする」と言ってもその内容は様々であり得る。次に、こうした鈴木の理想が具体的にどのような姿を取るのかを、鈴木の村についての議論から明らかにしてみよう。

鈴木は、そもそも不公平に対して不平を感じるということに、一つの大きな変化を見出している。すなわち、「大地主の庇護のもとに生活して居た小作人は、其立場に對する不平はなかつたであらう。不平を感ずるに至つたのは人が平等である可きであると云ふ理想を信ずるに至つた時から始まるのである[375]」と。

こうした変化をもたらしたのは、明治以後に西洋から輸入された文化である。「人が平等である可きであると云ふ理想は明治以後の文化の基調に含まれて居り、明治以後のあらゆる新制度は其基調の上に進められた[376]」と。

では、そもそもこの大きな変化の前はどのような姿であり、また、それが「平等」という理想によってどのように変化したのであろうか。

鈴木は現時にも残っている厳しい「上下的關係の舊慣」の往時の姿と現在の変化との例を有賀喜左衞門のモノグラフ[377]から採って来て検討している。鈴木は有賀の記述からまずは石神村の社会的中心である大屋斉藤家と、それに対する名子の関係の概要を説明する。

圧倒的な勢力を持つ大屋にいわば隷属している名子という呼称について、そこに「輕蔑擯斥の感情は含まれていない[378]」と有賀が述べていることについて、鈴木は「……封建的秩序が固定しそれを當然の事として是認して居る社會意識は極めて懸絶せる上下の關係に全くゲマインシャフト的な性格を與へ得るのである。現に存する事實に反し社會的平等と云ふ事を意識的に問題とした時はじめて、不平や對立が生ずる[379]」と述べる。

373 鈴木榮太郎「家族生活の三つの型に就いて」『緑旗』第七巻六号、一九四二年、一一七ページ。
374 鈴木榮太郎、同論文、同ページ。
375 鈴木榮太郎『日本農村社會學原理』一九四〇年、五九二ページ。
376 鈴木榮太郎、同書、五九二ページから五九三ページ。
377 有賀喜左衞門『南部二戸郡石神村に於ける第家族制度と名子制度』一九三九年。
378 有賀喜左衞門『南部二戸郡石神村に於ける第家族制度と名子制度』一九三九年、五四ページ。

続いて大屋と名子が交婚しないこともって、「大屋と名子は全く地位の世襲をも伴つているもので、越ゆ可からざる成層の區分が存して居る[380]」ことを確認している。

大屋の特別な権威とそれに伴う名子との差別についての具体的な記述を、鈴木は村における制裁、すなわち大屋による勘当から始めている。

①[381]往時、大屋による勘当は村八分と同じ意味を持っており、②また旧幕時代には名子に一旦与えた家屋敷であっても、名子に「不埒」な行動があれば大屋はそれを取り戻すこともできたのだという[382]。続いて③名子から大屋をどう呼ぶのかという呼称の問題を取り扱い、そこに他の村人に対するのとは別の特別な尊重の態度が見られることを述べる。また、こうした大屋の強い力が明治以後に新たに導入された制度に影響を与えた例として、④選挙において名子は大屋の推す候補に投票していたことにも言及されている[383]。

さらに名子は大屋から屋敷を無料で借りているがために、⑤「スケ」と呼ばれる労力提供をしていること、⑥生活の細々としたところ（衣服や薬、はては鍋までを借りることなど）への大屋の援助が存在すること、⑦冠婚葬祭において大屋に依存することが非常に多いことを順に述べていく[384]。最後に⑧村の祭祀において大屋が村の中心であり、大屋の氏神が村の氏神となっていること、そのため祭祀の準備と費用そのほかはすべて大屋の負担であり、祭祀の主宰者は常に大屋だったこと[385]が述べられている。

このような厳しい上下関係は、明治以後に西洋から伝わった平等という理想によってどのように変化していったのだろうか。鈴木は第一に祭祀について次のように述べている（⑧）[386]。

曰く、［往時は］「大屋の氏神が石神部落の氏神となり、大屋のみがトウコとなり大屋のみがヤドをつとめ費用を負擔し大屋の主人のみが拝殿に入るを許されて居たのが、明治以後トウコは順番に各戸平等に勤めるに至り大屋が神社に對して持つて居た特權榮譽は其丈減退したのである[387]」と。このように上下関係が対等の関係に推移することは社会生活のあらゆる方面で見られることになった。

鈴木曰く、「舊幕時代には大屋の勘當が當然村ハチブとなり、かくて村人の不徳義を村で自治制裁して居たのであるが、新らしい法律が一人一人の國民を平等に直接保護するに至り、當然又大屋の特權威信はそれ丈無くなつた譯である。一度貸與した土地をとりあげると云ふ様な事も今の法律では自由でない[388]」（①、②）と。

生活全体の大きな変化は大屋の權威を貶めるような機会を作り出すことにもなった。すなわち、「大屋の長男も名子の末子も義務として學校に入り、席を同じくし對等に教育を受け、權利義務の主體として個人を至上とする道徳を學び、徴兵に召されては或ひは名子の子が大屋の子の上席にも座し、總て村の内丈での生活であつたものが村の外にとび出す事を强要されるに至り、村の秩序や生活原理は外部よりの影響によつて攪亂され、村人自身も人の對等の理想を無意識的に信ずるに至り、それが言葉づかひにも挨拶にも現はれ、以前より親しみ深くはなつたであらうが、權威の影は淡くならざるを得ない[389]」（③）と。

鈴木が往時の厳しい上下関係の様子を次々に挙げながらも、明治以後の変化について述べた部分では触れて

379 鈴木榮太郎『日本農村社會學原理』一九四〇年、五八七ページ。
380 鈴木榮太郎、同書、同ページ。
381 丸数字は、後の議論の際の便宜のために筆者が勝手につけたものである。
382 鈴木の叙述は鈴木榮太郎、同書、五八七ページから五八八ページ。
383 鈴木榮太郎、同書、五八九ページ。
384 鈴木榮太郎、同書、五八九ページから五九一ページ。
385 鈴木榮太郎、同書、五九一ページから五九二ページ。
386 先に挙げた往時の上下関係の具体例のうち、対応するものの番号（丸数字）を（　）内に記載した。
387 鈴木榮太郎『日本農村社會學原理』一九四〇年、五九三ページ。
388 鈴木榮太郎、同書、同ページ。
389 鈴木榮太郎、同書、同ページ。

いないものがある。具体的に言うと、④、⑤、⑥、⑦である。④の選挙はそれ自体が明治以後にあたるものなので、鈴木が明治以後の変化の叙述に含めていないことを問題にし得るのは、親方と子方の支配と保護の中で行われる全体的給付関係にかかわる事例にあたる⑤、⑥、⑦である。

いわば、経済的な庇護とも言うべき関係については、鈴木はそれを平等にするということにあまり関心を抱いていないように見える。鈴木の主張する平等の意味をより明らかにするために、鈴木による平等の叙述をさらに探してみよう。

『日本農村社會學原理』の中で鈴木が「平等」という言葉を使っているところがもう一箇所ある。おなじく第七章の「自然村の統一性と其社會意識」の「第三節 村の統一性に關する再吟味」の「第四項 株入りの慣行[390]」である。曰く、「思ふに共有林野に關しては舊幕時代迄は村人は多くの場合皆平等の立場にあつたであらう[391]」と。

詳しく見てみよう。

「生活上重要なる資源又は場所が山野に於いて得られる様な場合、而かもかくの如き山野が部落の共有である様な場合に」は、部落共有の山野の利用権を持つことが生活していく上に不可欠となる。そのため、新たに入村する者は、山野の共同利用権を獲得する必要があった。そうした利用権が村の「株」として捉えられていたため、「株入り」の慣行が存在するのである[392]。多くの村においては共有山野の経済的価値に相応する金額を支払う必要がある。それゆえ金額の多寡による株獲得の困難の度合いは別としても「問題はあくまで金錢の問題である」。しかし、村によっては新たに村に移住して来たものには決して株入りを認めないところもあるという[393]。

ここで注目したいのは、株入りをして、部落の共有山野への立ち入りとそこにおける活動を認められる家のことを鈴木が「一戸前」と呼んでいることである。曰く、「然し、又、新來者を絶對に一戸前にせぬところもある[394]」と。

一戸前とは一軒前などの別称もあるが、「近世の村落で、祭りへの参加や村入用の負担など、一人前の権利および義務を有する家[395]」のことを言った。そのような一戸前・一軒前の家を村の他の一戸前の家々がどのように捉えていたのかを鈴木は次のように述べる。

「然し、如何なる村に於いても、眞に一戸前の村人である爲には、氏子仲間であると共に、村の財産に對しても同じ仲間であることを豫想するであらう[396]」と。

村を構成する同じ仲間であることが、一戸前ということなのである。すなわち、「古くは村入りの時に株入りをはつきりと分けて考へる様になつたのは比較的近いことであらう。古くは村入りの時に株入りの事も考慮して居たに違いない。……又氏子入りをすれば當然共有林野の權利も得たであらう。一戸前の村人は皆平等にかくの如き權利を持つて居た、その一戸前が株である[397]」と。

鈴木の理想とする平等とは、大屋とか名子とかの区別なく、村を構成する一員として一人一人の村人が仲間として村を形成することなのであり、であればこそ「大屋に並ぶ」とか「大屋の上に立つ」ということではなく、「親しみ深い」対等な関係が目指されていたのである。名子がどうしてそういう平等を求めるかと言えば、

390 鈴木榮太郎『日本農村社會學原理』一九四〇年、四三六ページ以下。
391 鈴木榮太郎、同書、四三八ページ。
392 鈴木榮太郎、同書、四三六ページから四三七ページ。
393 鈴木榮太郎、同書、四三八ページ。
394 鈴木榮太郎、同書、同ページ。
395 『大辭泉』より。本来、一軒前とは役屋のことを言うので、このように「本百姓」と同じものとすべきではないのであるが、明治以降にはこのような使われ方をすることが多い。なお、有賀喜左衛門もまた一軒前という語を本百姓と同じように使っている。例えば、有賀喜左衛門「捨子の話（三）」『法律新聞』第三千五百十號、一九三三年、四ページ。
396 鈴木榮太郎『日本農村社會學原理』一九四〇年、四三八ページ。
397 鈴木榮太郎、同書、同ページ。

名子はそもそも一戸前の村の構成員としては認められていなかったからなのである[398]。すなわち、鈴木の求める「平等」という理想は、村の活動に参加する資格を持つことなのであり、いわば一種の「公民権」としての性格を持っている。そのためある種の平等概念とは乖離したものとなっている[399]。それは先程問題にした往時に存在したとして鈴木が挙げる厳しい上下関係には含まれながら、明治以後に大きく変貌したとされている事項には含まれていない、全体的給付関係に関係する事柄に伺うことができる。

往時の全体的給付関係においては、隷属民たる名子は大屋の支配に服するとともにその庇護にもあずかっている。そこでこの関係を平等なものに変化させるということは、それまで大屋の保護のもとに生きていた弱者を世間の荒波にそのままさらすということに他ならない。

こうした問題に対して鈴木は冷淡である[400]。村の人々の財産的浮沈に関して鈴木の考えによれば、真面目に農業をやっていれば簡単には失敗はしない。財産を失うのは知人の保証人になったり、株や商売に手を出すからだという。それゆえ「……純農業の間には著しい進出もなくまた同時に没落もないと云ふ事が分る[401]」と。

また、一九二〇年代、一九三〇年代を通じて世を騒がせた小作問題についても、鈴木はそもそも社会的平等の問題とは捉えていない[402]。鈴木にとって小作関係とは往時の温情的な庇護関係と近代的な権利義務関係という両極のどちらでもない、独自の存在意義を持たない中間的なものなのであった。

曰く、「私等は我が國に於ける地主小作關係を考へる場合には既に述べたるが如く、一方の極端に分家名子に於けるが如き封建的道義的上下關係を考へると共に、他方の極端には争闘的小作組合員に於けるが如き全く打算的對立關係を考へなければならぬ。そして此二つの極端の間に様々の中間的存在が見出される。而して大部分の自然村に見られるのは中間的存在である[403]」と。

小作関係を、この両極とは異なる独自の存在として認め、国家なり社会なりが介入して自作農を創出するとか、あるいは近代的な所有権に制限をつけてまで小作権を保護しようというようなあり方は鈴木の平等の理想には存在しないのである。

③ 参加と包摂——鈴木榮太郎の社会像と政治観

一 中間集団の排除と地主支配の否定

鈴木が理想とする平等は、村の公的な業務について、村の家々が参加をする権利と義務とを持つことであった。それゆえに、こうした公的な業務においていわゆる中間権力を持った存在が介在することは、鈴木にとって

398 鈴木榮太郎『日本農村社會學原理』一九四〇年、五八二ページには次のようにある。すなわち、「又多くの村には少し大きな地主には被官、名子、家抱、譜代、庭子の類が隷屬して居たであらう。山本大膳「五人組帳」中に脇百姓家抱前地店之者とあるもかくのごとき隷属的農民を云ったのである」と［傍点は原文による］。

399 坂野潤治は、政治的平等としての自由権と社会的平等としての社会権の対立を基軸に一九三〇年代日本の政治と社会を描いている。その中で政治的な平等が普通選挙の実現によって自由権の主張へと転換すると主張する（坂野潤治「はじめに」坂野潤治編著『自由と平等の昭和史』二〇〇九年、一三ページ）が、当時の政治的な平等を求めた議論のすべてに妥当するかという点についてはは疑問なしとしない。一九三〇年代の平等論についても「第三の道」があるのではなかろうか。（坂野潤治編著『自由と平等の昭和史』、坂野潤治『〈階級〉の日本近代史』二〇一四年を参照のこと。）

400 ほぼ同じ時期に、喜多野は旧来の支配関係から脱することが、小作人を厳しい経済的世界に裸のまま放り出すことになるのだと問題視していたのと対照的である（喜多野清一「甲州山村の同族組織と親方子方慣行」『民族學年報』第二巻、一九四〇年、八一ページから八二ページ）。

401 鈴木榮太郎『日本農村社會學原理』一九四〇年、六二四ページ。

402 鈴木は日本農村には上下の階層は存在しても、独自の集団と見做し得る階級は存在しないと言う。すなわち、「かくして吾人は自然村には上下的成層は明らかに存するが、明確に區分される若干の階級集團が存するとは云ひ得ない」と（鈴木榮太郎、同書、五六五ページ）。

403 鈴木榮太郎、同書、六五〇ページから六五一ページ。

許すことのできないものだった。

例えばそれは、江戸時代における名主・庄屋の支配に対しての叙述の仕方にも現れている。鈴木は江戸時代における家柄による上下の成層の成立について、村方三役とその他の小前百姓との間に明らかな身分的な上下関係が存在しているとしている。さらに「庄屋が如何に横暴であつたかの物語りは今日も色々に殘つて居る[404]」と述べている。これに対して横暴と言われるような支配の行き過ぎに対して歯止めをかけたものこそ、村の規範であることを鈴木は次のように述べる。

曰く、「然し庄屋が來り者の官吏ではなく主として草分百姓の中より出で村の社會意識の中に充分に拘束されて居た事が、庄屋の苛政をにぶらしたであらう[405]」と。

では前代における上の身分の者による下の身分の者への支配を糺すものとしての村の規範意識とはどのような内容のものだったのだろうか。これについては、鈴木による独自の「ユイ」の理解が参考になる。

鈴木はユイの中に徹底した合理性が存在していることを強調する。すわなち、交換される労力を計り、等しくしようという合理性である。曰く、「ユヒは其何れの種類のものに於いても一定の勞力の給付に對して等量の勞力の反對給付を豫想して居る[406]」と。

旧時の社会のように身分による上下関係の存在していたところ、すなわち「個人の行為や勞務が平氣で默殺される様な場合の多い上下關係の存して居た場合に」、労力交換の場に於いて両者が提供した「一定量の勞務に對して同等の權利を保證される事は決して當然ではなかつた」のであり、それゆえにユヒの場合に提供されたある労働に対して等量の労働をもつて報いるとの規範は、支配関係による暗黙の強制、等量を超えた労働を強いることあるいは労働を受けていながらそれを返さないことから、弱いものを守ることになったのである。

鈴木は問いかける。このようにある労働を提供したことについて、厳密に量を計測して等量を返すなどという言わば冷徹な計算に基づく制度は、共同社会的な農村の性質に矛盾しないのか[407]と。

しかし、このような合理的な制度は、農村が共同社会的であればこそ必要だったのであるという。なぜなら、「近所隣に近い親類が多く、一部落全部が血でつながり相互に無制限に援助せんとする感情や義理が充ちてゐる農村の生活に、その援助の限度を示し、家の經濟の獨立と尊嚴を維持するためには是非かくの如き冷徹な制限が必要であつたろう。……親しさの餘りに無遠慮を適當に防止するのがユイである[408]」と。

ここで思い出しておきたい。鈴木が先に挙げていた二戸郡石神村の大屋斉藤家を中心とする身分制とも言えるような「厳しい上下關係」の構造は、まさに「一部落全部が血でつながり相互に無制限に援助せんとする感情や義理が充ちてゐる農村[409]」のあり方そのものであった。鈴木は、そうした場合において相互扶助と言いながら弱い者に取りっぱぐれを押し付けるような支配構造、いわば庄屋の横暴に対する防御手段としての、労働の等量の計測、交換的正義としての平等に重きを置いていたのである。

ユイは労働の提供の場面における不平等への備えとして存在していたが、財物の提供を対象として不平等に

404 鈴木榮太郎『日本農村社會學原理』一九四〇年、五八二ページ。
405 鈴木榮太郎、同書、五八四ページ。
406 鈴木榮太郎「部落組織と共同作業」『帝國農會報』第二九巻第八号、一九三九年、七五ページ。
407 鈴木榮太郎「農村における勞力交換の慣習（承前）」『富民』十一巻二号、一九三九年、三五ページ。
408 鈴木榮太郎、同論文、三五ページ。
409 鈴木榮太郎『日本農村社會學原理』一九四〇年、五八五ページから五八六ページには次のようにある。すなわち、「石神部落は三十七戸で、此部落の社會的中心は大屋齋藤家で寛永年間に南部藩の士格から歸農した庄屋跡の一家である。大屋は昭和九年に血縁家族十三人召使十八人合計三十一人で宏大なる家屋に住んで居る。（大家族と云はれる所以は召使が多數同居して居る點で血縁家族としては戸主の姉が一人居る丈である）。三十七戸の部落内の全戸は、悉く此大屋に何かの意味で上下的關係にある。大屋の別家《ママ》が五戸、別家格名子が三戸、分家名子が九戸、屋數《ママ》名子が四戸、作子が四戸、孫別家が二戸、名子でも別家でもない家が七戸あるが、それは皆大家の別家の名子であるか、其家の本家が大屋の作子たる關係にある」と。

陥ることを防止するためのものが講である[410]。鈴木はこのような講については、ユイと同じく無制限の要求から成員を守るための限度を合理的に明らかにしておくという働きを認めている。

曰く、「ここに唯一言云ひたい事は、講の組織には冷徹な合理性が存する事である。これは農村の無制限な隣保共助に向はんとする道義や感情に加へた正しい制限であつて、我が國の村に於ける家の權威と獨立はこれによつて無統制無秩序から救はれて來たと思はれる。農村の結社が皆最も多く講の形式をとつたのも其爲である。勞働力の相互扶助に加へた制限にユヒの制度がある。講と全く性格を同じくするもので、等しく其冷徹な合理性が此制度を今日迄存續せしめ又農村を秩序あらしめて來たものである[411]」と。

鈴木は平等の原理によって構成される講に対して、農村には上下の支配関係にもとづく親分子分の関係が存在し、それが重要なものであることにも言及している。鈴木は親分子分の関係を、我が国に多く見られる人間関係を家族の関係に擬制することの一つの例だとしている。

曰く、「日本に於ける殆どあらゆる集團は其が家族の如き生活協同體を其理想として、又人々の社會關係は其が血緣者間の關係の如く共同社會的である事を理想として居る樣に思はれる。……個人間の問題に於いては上下の關係に於いては親子の關係が模擬され、對等の關係に於いては兄弟の關係が模擬されて居る[412]」と。

鈴木は現代の用語にも残っている様々な名称を上げた後に、最上孝敬の研究に基づいて六種類の親子関係、（1）取上げ親、（2）名付親、（3）契約親、（4）ヘコ親、（5）カネ親、（6）寄り親をを概観して行く[413]。

このような関係は「……日本人の基本的な社會構造を明らかにする上に必要な問題である[414]」し、「……終生存續する親分子分の關係は今日と雖其社會的意義は認め得るので、その慣行の存するところでは相當に大きな社會的機能を演じて居る[415]」という。

だが、時代の変化はこうした関係を農村においてもその重要性を減少させており、「今日農村に於ける新らしい社會事情や俗信に對する村人の態度等は此等の擬制を必要としなくなつて居る場合が多い[416]」として、鈴木はその理論において親分子分関係による上下の支配関係を重要視していないのである。

それに対して、平等な関係から成る講が農村の組織・秩序の基礎をなしていたと鈴木は述べる。すなわち、「……講があつて御神體もあつて神社の建物が無い場合すらある。かくて講は直接には神社維持の爲の集團であるが、實質上地域社會そのものとも云ひ得る様な内容を有して居る。故にかくの如き地域社會卽ち小字又は組と云ふ可きのを講組とか講中と呼ぶところさへある。……かくの如き講が不任意加入の講である事は勿論である。講員である事は同時に其地域社會の成員を意味するのである[417]」と。

後に述べるように、有賀喜左衛門が日本農村の伝統的な組織を同族組織による親分子分の不平等な関係に求めていたのに対して、鈴木は講的な組織を日本農村の基本的秩序形成原理として認識し、平等な家々がそれぞれに直接村の精神に連なるものとして村の社会構造を認識していたのである。

そのように認識された農村においては、リーダーのあり方もまた変わらざるを得ない。同族における親分子分の支配が農村の社会構造の中核をなしている場合に、その農村のリーダーシップをとるのは当然、同族の本家

410 鈴木榮太郎『日本農村社會學原理』一九四〇年、三八三ページには次のようにある。すなわち、「講は財物の提供に對して一定の權利を相互に認める制度であり、ユイは勞働の提供に對して一定の權利を相互に認める制度である」と。
411 鈴木榮太郎、同書、三二四ページ。
412 鈴木榮太郎、同書、三八五ページから三八六ページ。
413 鈴木榮太郎、同書、三八七ページから三九一ページ。
414 鈴木榮太郎、同書、三八六ページ。
415 鈴木榮太郎、同書、三九一ページ。
416 鈴木榮太郎、同書、同ページ。
417 鈴木榮太郎、同書、三〇七ページから三〇八ページ。

ということになる。

では、鈴木の描く講的組織による農村においてリーダーシップを取るのはどういう人間なのであろうか。従来は自然村内の様々な利害調整を行ってきたのは草分けであり同族の本家であり、あるいは親方として村の中で強い支配力を持っていた者たちであった。だが、鈴木によれば、この時代、すでに村の中の世論を形成している者たちは、従来のように家柄によるのではなく、何らかの公の機関に属する者たちであった。曰く、「而して農村に於いて今日輿論の指導的地位を持つて居るものは全く此等の官設的集團〔小學校、青年學校、女子青年団、在郷軍人會分會、警防團、婦人會、等〕に於ける支配的立場にある人々である[418]」と。「……今日よくも悪しくも自然村を率ひて行くものは此等の官設的集團である[419]」のだ。

そしてこうした人々が指導的立場にあるのは、新しい教養、学歴と能力によるのであった。また曰く、「……自然村内に於ける官制的各種團體の指導者が、家の格式や家の財力も多少は考慮に入れられるが主として當人の個人としての教養及び人物によつて選出される[420]」と。

ここに新しい平等の意義が存在する。「又今日では區長は草分け其他上位の家柄に限る事なく區民より選出されるのであつて、公正で才能ある者が選ばれるが、今日では家柄は殆ど問題でなく財力も中以上のものであれば候補とされる。……これ等の公職〔村会議員および学務委員〕も今日では家柄や草分け等に關係なく、當人の才幹や閲歴によつて選ばれる[421]」とも述べるように、まさしく公民権としての「平等」の理想は農村に存在した在来の地主的支配に対抗した新しい支配の形を実現するものだったのである。[422]

こうした平等な家々が村の精神という規範を以って作り上げているのが「村」なのであった。次に、当時の具体的な問題を通して、鈴木の平等の理想がどのような政治的意味を持っていたのかを見て行くことにしよう。

二　参加と奉仕――翼賛体制下の農村と家

鈴木は著作集に収められた「農村社会研究ノート」の中で、農村社会学を研究する動機について、科学的意義に対照される実践的意義について次のように述べている。

すなわち、「……おぼれんとする人に対しては何はともあれ救助する事こそ同じ人間の義務と思う事には何の無理もないであろう。農村には、何れの国の農村においても、おぼれんとする事態が余りに多く見えるのではないであろうか。その事情が農村社会学を学ぶ人にも先ず訴えるのであろう。私の場合、私はつとめて科学的価値多い研究たらしめんとした。けれども少し立ち入って農村生活をみるうちに農民の生活向上のために少しでも役に立つ研究を行ないたいとつとめて来た[423]」と。

そしてそのような立場から選ばれた研究の課題として挙げられているのが、農民の生活窮乏の事情の解消方策、農民の社会的地位の向上、農村を支配している古い慣行や制度、迷信などの改善、古来の農民搾取の政策などであった[424]という。

このような実践的要請を心の中に秘めながら鈴木は農村の研究に打ち込んで行くことになる。だが実際に

418　鈴木榮太郎『日本農村社會學原理』一九四〇年、三三七ページ。
419　鈴木榮太郎、同書、三三八ページ。
420　鈴木榮太郎、同書、五九六ページ。
421　鈴木榮太郎、同書、六三一ページから六三二ページ。
422　こうした農村の支配層の交代は、一九三〇年代に進行した地主階層の後退と自小作等中農層の進出に呼応するものであった。そしてこの新しいリーダー達こそが「農村中心人物」として更生運動の担い手として位置付けられるのであった（大門正克『近代日本と農村社会』一九九四年、森武麿『戦時日本農村社会の研究』一九九九年、同『戦間期の日本農村社会』二〇〇五年 などを参照のこと）。
423　鈴木榮太郎「農村社会研究ノート」『鈴木榮太郎著作集 第四巻』一九七〇年、三五三ページ。
424　鈴木榮太郎、同論文、同ページ。

は、鈴木の学問的な営為が現実の社会について何らかの実践的な活動と切り結ぶ場面において行われた場合、当初の自身の意図とは裏腹に農村に無理を強いるような意味を持つことなってしまった。それは観方によれば、農村を裏切るような議論を行っていると言えなくもないのである。

以下に具体的に鈴木の議論と現実の農村や家族との関わりを見て行くことにしよう。

鈴木榮太郎著作集においては、戦前のいくつかの論文について、断りも無く改変や削除が行われている。特にそれが甚だしいものについては「(抄)」という冠がついているが[425]、そうでないものについても、用語その他において改変がある。例えば著作集に収められている「農村協同体の国家性(抄)」においては元々発表された論文の最初の一つの節(二つのパラグラフからなる)が削除されている。

初出の原文によれば、論文の一番初めは次のように始まっている。「興亞の聖戰に從事して居る現下の我が國は、國内のあらゆる力を總動員して此聖業の達成を計る可き必要に迫られて居る[426]」と。

そして以下本文に述べられる農村の役割についても、「然し國家が危急に際會して居る現在に於いては、國内のあらゆる機能は其國家的意義に於いて第一義的存在理由が決定さる可きである[427]」とされているのだが、引用した箇所を含めて一節まるまるが削除されているのである。

また、用語の改変について言えば、初出では「皇國農家の特性」という論文が「わが国農家の特性」と題名が変更され、本文中のいくつかの表記が修正されている。[428]いずれも戦時下における翼賛的・天皇制的用語が、はばかられたためと思われるが、ここにこそ、鈴木の理論を理解する上での重要な部分が存在する。

鈴木が翼賛的・天皇制的用語で述べていることは多岐にわたるが、その中でも注目すべきことは、農村に対する生産増大の過大な要求である。増産された食料は農村のためにあるのではなく、農村の取り分を少なくしても、より多くの生産物を国家に供給しなければならない。端的に言えば、農村が飢えても国家のために食料を供給せよというのである。

例えばさきほど引用した「農村協同體の國家性」の削除された部分においては次のように述べている。曰く、「人も、物も、文化も、皆國家への歸屬の關係に其第一戰的存在の意義を示して居る。軍事作物の一定量が聖戰遂行上是非必要であれば、農村は何としても其に應ず可きである。農民自體の直接の自主的利害から云へば、其は望ましくない場合があつても、其に應ず可きは國民的義務として是非必要である[429]」と。

鈴木によれば、農閑期という国家的な余剰生産力は利用し尽くさねばならない。かたや銃後の備えとして農村における物的・人的資源の生産と再生産が必須とされる状況下で、「農村人口が、國民社會の人的物的給源として少くとも現在程度の數が必要であるとして固定されるならば[430]」、農業につきものの「農閑期に對する對策は愈々積極的に考慮されなければならない[431]」というのである[432]。一見農村の利益になるような政策も、実際には農村の利益のためではなく国家の利益のために行われるべきであることが徹底されている。

425 『鈴木榮太郎著作集第4巻 農村社会の研究』（一九七〇年）に収められた「農村協同体の国家性（抄）」および「農村社会の国家的使命と農村工業（抄）」。
426 鈴木榮太郎「農村協同體の國家性」『北海道農会報』昭和十五年一月号、一九四〇年、八ページ。
427 鈴木榮太郎、同論文、九ページ。
428 鈴木榮太郎「わが国農家の特性」『鈴木榮太郎著作集第四巻 農村社会の研究』一九七〇年では、「皇国」が「わが国」と修正されるほか、「皇民」が「国民」とされるなどさらにいくつかの修正が行われている。
429 鈴木榮太郎「農村協同體の國家性」『北海道農会報』昭和十五年一月号、一九四〇年、九ページ。
430 鈴木榮太郎、同論文、十一ページ。
431 鈴木榮太郎、同論文、同ページ。
432 鈴木榮太郎、同論文、同ページには次のようにある。「假令適正規模の耕地が得られても、農民が農業を專業とする以上當然に農閑期は存する。而して農閑期に農民が從事し得る農業以外の產業としては、何等かの形に於ける工業以外には考へる事は出來ない」と。

農村に対するこうした過大な要求は、実際のところ農村の如何なる組織を軸にして展開されるべきだというのだろうか。

鈴木曰く、「……然らば農村の社會指導や色々の統制は、既に述ぶるが如き部落の社會構造の認識のもとに、部落を其對策の單位と或ひは足場とする事が今日に於いては特に必要である[433]」と。

ここで言う「既に述ぶるが如き部落の社會構造の認識」とは、自然村が農村における精神の担い手の単位となっていること、そしてその自然村が多くの場合はいわゆる部落であることを指している。なぜ、部落あるいは自然村を農村指導の単位あるいは足場とすることが望ましいのであろうか。その理由は「我が國の農村協同體は古くより生活協同體として、良き性格を多分に持つて居る[434]」からである。

だが、部落と国家との結びつきは現在でもなお充分ではない。その理由としては、「……維新以前には、國民が擧國一致の態勢をもつて國難に當ると云ふ様な機會が餘り無かつたので、國民の一人々々が國民としての自覺を特に問題とする必要もなかった[435]」からであるという。だが「……農村に於ける色々の社會形象は、特に今日に於いて國家性を加へて行く事を必要として居る[436]」。

そこで、部落すなわち國家の「最基部構造をなす農村協同體」が「……協力の爲に用意された社會的機關」であることを活用することによって「……國家がいつまでも其全能力を發揮する」ことができるからである[437]。

更生運動における農村協働の場としての自然村は、農村の国家に対する絶対的な奉仕の場でもあったのである。

さらに鈴木にとって農村は、形のある物（農産物）や人（兵士）の供給地としてばかりでなく、精神の供給地としても国家にとって大変意義の深いものだった。

曰く、「農村は國民社會に於いて物的人的給源として大きな役割を持つて居る事は、一般に認められて居るし、特に戰時下の今日國民は皆その事を切實に感じて居る。然し國民の心の給源としての農村の使命はそれ程認められて居ない様に思へる[438]」と。

なぜなら、「没我獻身とか滅私奉公と云ふが如き、凡そ個人主義的自由主義的態度に、全く對蹠的な生活態度を最も忠實に錬成して居るのは明らかに農村である[439]」からだという。こうした精神こそが、「そこに累積する總ての集團を除去しても尚ほ殘る自然村の……本質をなすもので、…それはその村人のみが意味を共同して居る生活原理である[440]」のだ。

すなわち模範となる精神をはぐくむ農村は、「農業生産の活動のみを展開してゐるところでは斷じてない。皇民としての生活が營まれて居るところである[441]」。農村は国家に最大限奉仕させられるばかりか、その奉仕の精神を日本国のその他の場に拡大するという役割までをも負わせられたのである。

それゆえに農村の家族は特別な意義を持っている。欧米の家族と異なり、日本では「……家は無限に存續發展して行く可きものであると云ふ信仰は、どの家の人々も信じて居る。そしての此信仰の爲に常に甘んじて自己と現在を犠牲にして大いなる家の發展に奉仕して居[442]」て、それがゆえに欧米においては失われてしまった「全體に對する没我獻身と云ふ様なもの[443]」が残っているからである。

433 鈴木榮太郎「農村協同體の國家性」『北海道農会報』昭和十五年一月号、一九四〇年、一二ページ。
434 鈴木榮太郎、同論文、同ページ。
435 鈴木榮太郎、同論文、九ページ。
436 鈴木榮太郎、同論文、一二ページ。
437 鈴木榮太郎、同論文、同ページ。
438 鈴木榮太郎「農村社會の國家的使命と農村工業」『農村工業』昭和十七年六月号、一九四二年、五ページ。
439 鈴木榮太郎、同論文、同ページ。
440 鈴木榮太郎、同論文、九ページ。
441 鈴木榮太郎「皇國農家の特性」『農業と經濟』十一巻一号、一九四四年、三一ページ。
442 鈴木榮太郎、同論文、三六ページ。

しかし、こうした日本の精神は維新後の様々な変化、産業の進展や都市の発達によって脅かされている。比較的変化の少ない農村においても、欧米型の夫婦家族への移行の傾向が見いだされるようになった[444]。しかし、「直系家族が崩壊して居る農村に村の精神が維持されるとは思はれない。而して村の精神が維持されて居ない農村に國民の精神的源泉を期待する事は出來ない[445]」のであるから。

そもそも自然村という概念を生み出した鈴木の問題意識は、農山漁村の経済更生運動という辛抱と忍耐を必要とする実践にあった。だが現実には、鈴木が求めていたものは、その自然村を単位とした農村の滅私奉公による翼賛体制の実現ということに結実してしまった。また、家の精神あるいは規範というものも、己を殺して国家の為に没我献身させるためのものであったということになる。

すると、鈴木の議論は当初から翼賛体制のような国家主義のもとに農村の力を結集することを目的としていて、家というものも、その永続の願いを国家のために利用することに価値があると主張していたようさえ見える。それはそれで一面の真実ではある[446]。だが、それはすでになされた経験からする評価である。鈴木の理論を評価するというなら、鈴木が理論を形成したその時に遡って、理論の背景となっている鈴木の考えを明らかにすべきだろう。そのためには、鈴木理論を規定しているその社会像と政治観を捉えることが必要である[447]。

三　平等と翼賛――政治参加による包摂

自身の言によれば、鈴木の研究の原点は農民の立場に立って、農民の生活をより良くすることにあった。そして農山漁村経済更生運動の目的もまた農村の生活窮乏をなんとかしようということであった。それゆえに、鈴木の述べていることに何等欺瞞や撞着は存在しないし、それは決して何かへの屈服ではない。

確かに更生運動はその後の翼賛活動の地ならしをしたと言えなくもないだろうが、最初から翼賛体制の奉仕の前線部隊を作ることを意図したものではなかっただろう。そしてしまいには翼賛体制の建設のために農民の奉仕を求め、農村の利益を度外視してまで国家のために奉仕するということを主張した鈴木もまた、最初からそうした農民の犠牲による国家の維持・発展を意図していたわけではなかったろう。

鈴木の当初の意図をこのような結果に結びつけることになるためには、どのような事情（Verhältnisse）が作用したのであろうか。

鈴木理論と国家との関係について考える上で注目すべきなのは、家の精神、村の精神に体する国家の精神の関係である。すでに述べてきたように、家の精神が過去から未来へ続く家という存在の中心にあるように、村の精神もまた、自然村を自然村たらしめる、村の自律性の基盤であった。だが、その村の精神のあり方は時局の深まりとともに、自律性を失って行った。鈴木はそのことを、氏神のあり方から論じている。

鈴木によれば、氏神は歴史的社会的性格からして、三つの異なった性格を持っているという。家の守護神としての氏神、村の守護神としての氏神、そして国家の守護神としての氏神の三つである[448]というのだ。

443　鈴木榮太郎「皇國農家の特性」『農業と經濟』十一巻一号、一九四四年、三四ページ。
444　鈴木榮太郎、同論文、三九ページ。
445　鈴木榮太郎、同論文、四〇ページ。
446　これまで鈴木の議論が積極的に翼賛体制にコミットしたものであったことについての本格的な批判は行われていないようである。多くの社会学者に手厳しいイデオロギー的批判を寄せている河村望も『日本社会学史研究　下』において鈴木の議論が国家主義イデオロギーに「屈服」したとは述べても（河村望『本社会学史研究　下』一九七五年、一七四ページ）、翼賛体制への鈴木の積極的なコミットについては言及しておらず、鈴木の皇国中心主義を批判するに止まっている（そもそも河村が依拠している鈴木の論述は『鈴木榮太郎著作集』なので、これまで扱ってきたような鈴木の著述自体が河村の批判の対象となっていないせいなのかもしれない）。
447　戦前の農村における参加民主主義の問題を扱ったものとして、栗原るみ『一九三〇年代の「日本型民主主義」』二〇〇〇年を挙げておく。また、民主政における参加がはらむ問題については、Robert A Dahl. *POLYARCHY Participation and Opposition*, 1971. p.6.
448　鈴木榮太郎「氏神の國家性に就いて」『共栄』昭和十三年七月号、一九三八年、一ページ。

その中でも近年、村の守護神としての氏神のあり方に変化が見られるという。その背景となっているのは、それぞれの村のあり方の変化である。すなわち、「……今日血縁の關係は漸次其社會的意義を減じつゝある事、人口の移動の多くなると共に郷土の觀念は漸次脆弱となりつゝある事」を見なければならないという。村の結束が、こうして弛緩した状況の下で、村の精神を補うものこそが国家の精神であるという。

こうした変化をもたらしたものの一つとして、鈴木は更正運動の成果を挙げている。曰く、「農村に於いては近時の更生運動に氏神に新らしい生氣が加はつて來た事は看過し難い。更生の誓約を村人が地方官と共に氏神の神前で行ふ場合が多いが、其場合氏神はそれの個性的な郷土神には考へられず全く國團守護の日本の神の一つのエゼントとして考へられて居る様に思ふ[450]」と。

鈴木曰く、「氏神の此後の發展は明らかに国家神としての性格によるものであると云ふ事が出來るであらう[449]」と。

弛緩した村の精神が国家の精神に吸収される一方で、家の精神のあり方はどのように捉えられていたのであろうか。鈴木が家族の三類型で直系家族を一番高く評価したのは既に述べたが、鈴木は直系家族の内部における家族成員の平等を高く評価したばかりでない。家の精神の中核を成す滅私と奉公についてもまた、直系家族は他の家族類型よりも優れているというのである。

すなわち、「そこ〔直系家族〕に男女老若のあらゆる階級の者が含まれて居る。最も小さい人類世界の縮圖である。人倫組織の一組がそこに備はつて居る。そこには權利や義務といふやうな打算的な主義的な關係ではなく、……集團に對する個人の關係について見れば、全體に奉仕する没我獻身の精神である[451]」と。

直系的家族においてこそ、家の精神である滅私奉公、没我獻身が十全に開化するというのだ[452]。家族の中の各成員の平等ということを重視した鈴木であるが、その平等は全体への奉仕という、当該個人が含まれる団体の秩序の在り方と密接に関連させて捉えられていたのである。

誤解を恐れずに言えば、鈴木にとって平等とは何かの利益を享受するという場面での問題ではなく、自らが構成する団体、こう言ってよければ、共同体において求められるものにどのように応えて行くのかという問題であり、その共同体とはつきつめれば国家そのものに他ならなかった。鈴木は、農村の新しい指導者層として、「官設的集團に於ける支配的立場にある人々」[453]を挙げていたが、彼らは学歴と能力によって国家の政治に積極的に参加することによって、旧来の同族・地主支配を打ち破って平等を勝ち得たとも言えるのである[454]。

鈴木は一九四〇年の『北海道農会報』に掲載した「農村協同體の國家性」という論文の結論部分で、「私が結論として述べたい事は、農村に對する國家的指導や統制上の對策は總て單小《ママ》の單位として部落を對象とせよと云ふ事である」と述べている。

すでに述べてきたように、経済更生運動を効果あらしめるための単位を探し出す中から、自然村概念を得た鈴木にとって、おなじみの議論である。だが、鈴木はこう述べた後に、はたと気づいている。相手は北海道の農会なのである。本土の農村のように、江戸時代から営々と続いて来た村落があるわけではない。自然のままでは

449 鈴木榮太郎「氏神の國家性に就いて」『共栄』昭和十三年七月号、一九三八年、七ページ。

450 鈴木榮太郎、同論文、六ページ。

451 鈴木榮太郎、同論文、同ページ。

452 こうした側面から直系家族と夫婦家族を対比して鈴木は次のように欧米を揶揄している。すなわち、「夫婦家族の中に生活態度の基礎を養つて居る歐米の人々が國家に對しても、私等と全く別な體驗を持つて居ると思はれるのは、それは當然の事であらう」と（鈴木榮太郎「家族生活の三つの型に就て」『緑旗』第七巻第六号、一九四二年、三一八ページ）。

453 鈴木榮太郎『日本農村社會學原理』一九四〇年、三三七ページ。

454 第一次大戦後の小作争議を背景に、旧来の地主支配が崩され、農村の新たな中心人物たちが更生運動の担い手として村を率いていくようになる際に、彼らの平等への願いが運動の動因となったことについては、大門正克『近代日本と農村社会』一九九四年、森武麿『戦間期の日本農村社会』二〇〇五年を参照。鈴木が在職し、フィールドワークを開始した地である岐阜県におけるこうした運動については、森武麿編『近代農民運動と支配体制』一九八五年を参照。

村の無い米国よりもなお一層歴史のないのが北海道である。そこに、単位として部落を対象とするとは、どうやって可能になるのだろうか。

鈴木は江戸時代の農村でも、村法や五人組制度などの国家の側からする人為的な補強がなかったなら、自然村の統一もそれほどうまくは出来上がらなかっただろう。だから部落における「此統一體は人爲によつて即ち行政的技術によつてどうにもならぬものではないであろう[455]」と言うのである。村の精神が規範として人々を動かし、支配するのは、それが過去から営々として築かれた村の、そして未来にも繋がって行くべき村の精神だからであり、そうした伝統が作為を超えたものであるからこそ、「自然」村と名付けたはずである。

だが、自然村の統一を人為的に作り出すということによって、滅私奉公と没我献身はその意義を一八〇度変えることになる。自然に従うための滅私奉公や没我献身ではなく、自然を作り出すためにそうするというのだ。あるがままで不足なら、作り出すことが必要なのである。ここに明らかになったのは、滅私奉公を強いるためなら、自己撞着も自己欺瞞もやむなしとする判断である。

鈴木は、村の精神は現在の村に、過去や未来のために犠牲を強いることがあると述べていたが、未来の村というのは、ここでは国家そのものである。自然村、部落の秩序を基盤として、自立的に行う更生の理想は、あるがままを超えた積極的参加によって実現される。村の自律性の基軸であった村の精神は、結局は国家によって供給されることにより、村の自律性は奪われることになってしまうのである。

鈴木の主張する家や村の精神とは、一体となって役＝課題（国家的な課題）を担って行く意識を指している。そうした自発的な意識を規準にするならば、家族は集団であるという戸田の議論は、愛情によって結び付いたというだけで、何等課題の解決に積極的な貢献をすることの保証もない烏合の衆を家族と呼んでいるにすぎない。より高度な課題に対応するためには、より高い意識を持たなければならない。平等とは、課題の解決に高い意識をもった人々を参加させることによって、従来の支配関係が清算された結果なのである。

鈴木が民法における同族家族を前提とした規定を批判したのは、こうした支配関係を無くし、より積極的に国策にコミットして行こうという意図だったと捉えることもできよう。

鈴木にとっての平等とは共同体の成員が、共同体から下される課題を各人で直接に解決することであった。それゆえに、課題＝役を担うための務めに自己を捧げる滅私奉公こそが共同体である家や村の精神となるのである。そこで、役目への直接的参与を邪魔するものを排除することこそが平等の実現となるのであり、それゆえに同族関係やそれにまつわる親分子分の支配が忌避されるのである。

つまり鈴木にとって重要なのは、国家に直接結び付くこととなった人間が、その平等性をもってそれぞれが自発性をもって政治の一翼を担って行くということなのである。だが彼らは自らのなすべきことを自ら決めることはできない。できるのは決まったことを全力で達成することだけである。それゆえ鈴木がどれくらい農民や農村のためを思っていたとしても、農民や農村を国家から守ることはできない。鈴木の目指していたのは国家の政治に参加することであって、人々を政治から守ることではなかった。

農山漁村経済更生運動とは、農山漁村にあらかじめ存在する共同体の結びつきを利用して、経済構造を変えて行こうというものであった。だからこそ、「自力更生運動」と呼ばれたわけである。だが、こうした運動を遂行するための共同体的結合・村を統合する社会意識は、結局は政治的に作り上げられるほかはなかった[456]。鈴木の議論は結果的に、停滞する更生運動を無理やりに活性化させ、半ば強制的に農村を国家に従わせることを後押

455 鈴木榮太郎「農村協同體の國家性」『北海道農会報』昭和十五年一月号、一九四〇年、一三ページ。
456 当時の現状としては、鈴木の意図に反して、多くの農村では農村内部での様々な思惑や、利害の対立などからして、更生はうまくは行かず、国策のための農産物の供出もあれこれの理由をつけてのサボタージュが行われていたのである。

しする役割を果たすことになってしまった。鈴木の「参加」への期待を追い越して[457]、国家は農村を「包摂」することを目指し、農村諸団体を統合する翼賛体制という経験が作られることになったのである[458]。

457　Reinhard Koselleck, '>Erfahrungsraum< und >Erwartungshorizont< —zwei historische Kategorien' in "Vergangene Zukunft" 1979, S.357. は次のように期待と経験の在り方について述べている。すなわち、「懐かれた期待は追い越され、なされた経験は蓄積される」と。

458　一九四三年、産業組合や農会、農家小組合など、それまで農村に存在した多種の団体は解散して農業会に一本化されて、翼賛体制の農業部門を担うこととなった。

第四章

家の没歴史化

—喜多野清一の家理論—

敗戦により、日本は大きな変貌をとげることとなった。家についても、大きな変化があった。民法の親族編・相続編が改正され、家はその法的基礎を失った。さらには日本国憲法に両性の平等が規定され、家族の内部関係にも大きな変化がもたらされた。そればかりでなく、憲法の規定は政治全体への見直しを迫ったのである。

このような大きな変化は家をめぐる議論の背景を一変させることとなった。戸田貞三の家理論が、国家や民族のあり方に左右されるものであったことを第二章で述べてきたが、戸田の理論はその内容を何ら変化をさせることなく、戦後の政治の変化によって、「リベラル」なものとなった。

第三章で述べた通り、鈴木榮太郎は「平等」を求めてやまなかったが、日本国憲法第十四条の規定には国民の平等が原理原則とされ、政治的な平等についても、選挙権は女性にまで拡大された。それだけでなく、農地改革や労働三法の制定などによって事実上の不平等が排除されることとなった。

このような変化は、一つには戦後に育まれた理論そのものに影響を与えるとともに、戦前の議論を受け止める、受け止め方にも大きく影響した。そしてこの二つの影響そのものが、互いに密接に関係したのである。すなわち、戦後社会の影響を大きく受けた理論家が、自らの理論を作ったのと同じ視角から過去の理論を見ることによって、先行研究の理解についての一種の偏向をもたらしたのである。

この事情を、喜多野清一の議論から詳しく見てみる。

喜多野清一は、戦前には経済史の観点から農村社会の問題を研究していたが、戦後に家族社会学、なかんずく家の研究で著名となった。その喜多野が戦後、どのような問題を戦前から受け継ぎ、それにどのように答えを与えようとしたのか、その過程でどのように家の問題に関わるようになったのかを明らかにすることにより、戦後社会を象徴する喜多野の社会像と政治観の在り方を明らかにして行こう。

① 喜多野清一の戦前と戦後

一　社会経済と国家政治

喜多野清一は現在ではいわゆる「有賀・喜多野論争」によって著名であり、戦後日本を代表する家族社会学者とされている。だが戦前にすでに喜多野はいくつかのモノグラフを書き[459]、また法政大学の講師も務める[460]など して研究者生活をスタートしてさせていた。そして、その当時喜多野は家族社会学というよりは農村社会学の研究者とみなされていたのである[461]。また喜多野は東京大学の社会学研究室出身ではあるが、卒業後の研究関心は社会学というよりも経済史に近いものであったという。

喜多野の言葉を聞いてみよう。曰く、「当時私の学問的関心は歴史に傾斜する癖をもっており、漸次日本社会の変動に興味を持つようになっていました[462]」と[463]。

経済史への傾きは実際の学問的課題へのアプローチや解答の方法にも明らかであった。喜多野は農村の階級構成を明らかにすることを目的として、「昭和五年國勢調査にあらはれたる日本農業[464]」という論文を書いている。その際に社会学研究室時代の恩師でもあった戸田にならうかのように、昭和五年の国勢調査の結果[465]を素材として使っているが、課題に基づいた現状の評価の仕方を次のように設定している。

すなわち、農村における階級の上下を農業賃労働者の雇用割合と、耕地所有の形態（自作・自小作・小作）によって計測しようというのである。一方で農業賃労働者を雇用する割合が高いということは高い階級に属しているということであり、それゆえ相対的に階級が「高度」であることを意味しているとする。他方で、自作、自小作、小作の区別は農村社会における階級の上下を示すものであり、自作が一番高い階級で自小作、小作の順になるという。[466]

だが、実際の集計結果を見てみると農業賃労働者を雇っていない自作がある一方で、農業賃労働者を雇っている小作が存在している。（但し、全体として見た場合には農業賃労働者の雇用割合は、自作・自小作・小作の順に少なくなっている）このことは喜多野の視点からすれば矛盾なのであるが、その原因について次のように説明している。

すなわち、小作人のうちにも賃労働者を雇用できるものがあるのは、「小作争議によつて小作料を可成り輕減せられた小作人は、輕減前の小作料の資本還元額に相當する地價を現實に負擔し、これに相當する利子を抵當債權者に年々支拂はなければならない自作人に比し、他の諸條件にして同一である限り、競争上有利である」と。

459 家理論に関して重要なものを挙げれば、喜多野清一「信州更級村若宮の同族組織」『社会学』第五巻秋季号、一九三八年「甲州山村の同族組織と親方子方慣行——山梨県北都留郡棡原村大垣外を中心として」『民族学年報』二号、一九四〇年の同族や親方子方慣行に関する論文がある。また民族学会の年報では親方子方慣行資料の作成をまかされていた（『民族学年報』第三巻、一九四一年）。

460 宮永孝『社会学伝来考』二〇一一年、二五〇ページに喜多野が昭和八年に講師として農村社会調査の講義を行ったとある。それ以降も社会調査や社会学演習を担当している。

461 喜多野は日本社会学会では年報の農村社会学の文献目録をまかされている（日本社會學會年報『社會學』第四巻、一九三七年）。

462 喜多野清一「日本の村と家」『社会学年誌』第一二号、一九七一年、一ページから二ページ。

463 喜多野は昭和六年の日本社会学会第七回大会では「農村に於ける階級構成について」という題名で、また翌昭和七年には日本社会学会第八回大会で「農民階級構成の史的段階」という題名で発表を行っている。（宮永孝『社会学伝来考』二〇一一年、一〇六ページから一一一ページ）。なお、後者については発表概要が日本社會學會年報『社會學』第一巻第一輯、一九三八年、二四七ページ以下に「農民階級構成の史的段階」という表題で日本社會學會第八回大會研究報告の第三部に概要が掲載されている。

464 昭和八年に国勢調査結果の抽出調査による報告書と東京府および千葉県の確定報告を利用した最初の論文（「昭和五年國勢調査にあらはれたる日本農業」『社會政策時報』第百五十六号、一九三三年）が発表され、翌年にはさらに二十府県の確定報告を加えた續篇（「昭和五年國勢調査にあらはれたる日本農業（續篇）」『社會政策時報』第百六十八号・第百六十九号、一九三四年）が発表されている。

465 戸田のように抽出ではあっても生データを利用するのではなく、公表された集約データを使った研究である。

466 喜多野清一「昭和五年國勢調査にあらはれたる日本農業（續篇）」『社會政策時報』第百六十八号、一九三四年、一五ページ。

そのため、自作人とはいえ、当該耕作地を借金をして購入していた場合には、その金利の支払いと小作料を比べた場合に、小作争議で小作料が下がるなどの事情がある場合には、小作料の方が安く、小作人の方が有利となって裕福になる可能性もあるというのだ。

それに比べて自作人は、「農村に對する貨幣經濟の侵入、農作物商品化の發展は、土地をも商品化せしめ、賣買抵當質入れの對象たらしめ、……現實には抵當債務の負擔者たらしめ、小作人と實實上何等選ぶところなからしめる」[467]のであると。ここではまさに農業者の階級分化は「商品生產の支配下に於ける農業者間の自由競爭」[468]によって生じるのであり、一見矛盾と見える現象の背景には抵当債権の金利という経済問題が控えているのである。

ここでは農村社会における「家格」や「親方子方関係」のような社会関係による説明は一切行われることなく、経済学の概念と思考枠組みが議論を支配している。

では、こうした議論の前提条件のもとで、農民の階級構成について、喜多野はどのような具体的な問題を見出していたのだろうか。日本社会学会大会で報告した「農民階級構成の史的段階」において喜多野は、イギリス農業における資本主義の発達と、その発展段階に応じた階級構成の変化について述べている。その意図するところは、資本主義発達の典型としてのイギリスの在り方からの偏差を捉えることにより、イギリス以外の「各國のこの問題[農民階級の階級構成の問題]に對する考察に一つの基準を與へ」ることであり、日本についてもまた、「日本農民階級の特殊相を把握するための準備[469]」とするためなのであると。こうした「典型」の在り方を明らかにすることが、喜多野にとって具体的に何のためのどのような「準備」となるのかを明らかにするために、別の記述を見てみよう。

喜多野は「農村社會調査における樞軸的視點」と題する論文の中で、最新のアメリカ農村社会学の成果を報告しながら、それにならって、日本の農村についても、何を調査によって調べるべきなのかを語っている。その中に、この時代の喜多野の問題関心の在処がより明確に示されている。喜多野はヨーロッパの経済史を基準とした場合の日本農村に見られる歪んだ要素について次のように述べている。

すなわち、「一方に經營の集中を伴わぬ土地所有の集中が進み、他方に零細經營が益々多數に增大し、この零細經營の上に階層分化は先鋭化して、即ち地主對小作が基本的な對立者であり、その間に自作農が介在するといふ現狀を示してゐる」[470]と。

つまり、本来であれば資本主義時代の農村においてみられるべきはずの、大土地所有者、農業資本家、農業賃労働者という三つの基本的な階級構成[471]を日本農村には見ることができないのである。喜多野はここに自らの学問の対象を見いだそうとした。

こうした点から出発した喜多野は独自の課題にぶつかることになる。すなわち、本来なら土地所有者としての地主に賃労働者としての小作人が対置されるべきであるのに、日本の現状には、「典型」的な姿をはばむ何かが存在しているように見える。それは何なのか、という問題である。喜多野は典型からズレを生み出すものを、日本社会になお存在していた一種の経済外的強制であると理解した[472]。そして「典型」に近いことを「進歩的」であると理解した[473]。

467 喜多野清一「昭和五年國勢調査にあらはれたる日本農業（續篇）」『社會政策時報』第百六十八号、一九三四年、二〇ページから二一ページ。
468 喜多野清一、同論文、一九ページ。
469 喜多野清一「農民階級構成の史的段階」日本社會學會年報『社會學』第一巻第一輯、一九三八年、二四七ページ。
470 喜多野清一「農村社會調査における樞軸的視點」『郷土教育』一九三二年、八二ページ。
471 この三つの階級が、典型としてのイギリスに発展した歴史的展開を概括したものが、喜多野清一「農民階級構成の史的段階」日本社會學會年報『社會學』第一巻第一輯、一九三八年、二四七ページ以下である。

もっとも戦前期には「典型」概念はあくまで学問的な意義の外に出ることはなかった。しかし、戦後になるとそれは実践的な意義を占めるようになる。「典型」とはそれに近づいて行くべき目標となったのである。それゆえ「典型」に近づくために除去しなければならないものは何なのかを探りあてることが、喜多野にとって実践を基礎づける基本的な学問的課題となるのだ。

二 階級と経済外的強制

喜多野理論の成り立ちを考える上で忘れてはいけない先達として、戸田貞三と鈴木榮太郎の名前を挙げることができる。戸田は喜多野の大学時代の指導教官であったが、その影響は主に戸田の主著である『家族構成』が、喜多野の家理論の中核を成していることによる。[474] 鈴木に関してはより直接的な影響がある。喜多野が統計資料のみによる農村の分析に行き詰まりを感じて、農村の調査の必要性を感じていた頃に調査の手ほどきをしてくれたのが鈴木だったからである。[475]

以下には、喜多野が影響を受けた戸田と鈴木との関連をひも解く中で、戦前における喜多野の学問と社会像がどのように戦後のそれと接続していたのかを見て行くことにしたい。

第二章（四七ページ以下）にも述べたように、第一次大戦後の大きく変わっていく状況の中で、人々は権力的ではない秩序を求めていた。それらの様々な願いに、それぞれの仕方で対応することで、戦前の家理論は構成されてきた。戸田は自己実現のために人々の精神的融合を求めたが、鈴木は人々の平等の希求を基礎として、積極的に国家の政策を担って行くことによって農村社会の再生をはかった。その際、鈴木が当面の敵としたものの一つが同族結合と結び付いた不平等、権力関係であった。財産や教養による実際の差はあるとしても、それは政治的な不平等になってはならなかった。一軒前という点では平等な家が集まって自然村は作られなければならなかったのである。

喜多野にあっても、同族結合が単なる血縁による結合を超えて、親方子方のような権力関係を作ることには批判的であった。たとえば「……子分は祝儀不祝儀の場合や、天災や病者のある場合、農繁期等に當つて勞務を提供するのは當然の義務であるとされ、なほ年末年始の禮、盆彼岸の挨拶等は最も通常缺くことの出來ぬ勤めと考へられてゐる[476]」が、こうした生活上・儀礼上の特別扱いは「主として舊幕時代に於て特に顯著であつた村の公私生活に於ける家格の意義と結びついてゐるところの政治的配慮に出るもの[477]」なのである。

戦前昭和の時期になお農村では見られたこうした不平等を喜多野は「封建的」と呼ぶ。同族関係と親方子方関係が重複する現象をどのように解釈すべきかという問題について喜多野は次のように述べる。

472　喜多野清一「日本の村と家」『社会学年誌』第一二号、一九七一年、四ページから五ページで喜多野は次のように当時を振り返っている。すなわち、「一体日本の農村には農奴とか隷農と考えてよい農民があるのか、あるいはあったのか。……こうした従属農民［名子などのこと］、……彼等と封建的地代とどう関係するか。……それと関連して地主小作の問題がある。……いかに零細な地主が零細な小作者と居村の中に共同生活をしていたかがしられる。そして利潤のための農業経営というのは極めて少数だった。……それでは農業賃労働者と認められるものがどれ位あるだろうか」と。

473　喜多野清一「農民階級構成の史的段階」日本社會學會年報『社會學』第一巻第一輯、一九三八年、二四八ページには、「さて封建地代はそれ自身またその形態發展をもつてゐる。勞働地代、現物地代、貨幣地代、への發展これであり、この順序を追うことが進歩的である」と述べられている。

474　これも代表的なものとして、喜多野清一「日本の家と家族」『大阪大学文学部紀要』第十一号、一九六五年、四二ページ。後述本論を参照のこと。

475　さまざまなところでエピソートでして語られているが、ここでは喜多野清一「日本の村と家」『社会学年誌』第一二号 一九七一年 六ページを挙げておく。鈴木の議論の喜多野への影響を示すものとして、次のような喜多野の叙述を参照。すなわち、「……村はまた村でそれ自身の統一を持ち、それにはそれぞれの特性がある（言ふまでもなく我々はこの場合社會的統一性がなくてたゞの行政的區劃にすぎぬ行政村を問題にしてゐるのではない）」と（「大阪市近郊農村の生活調査報告を讀みて」『社會事業研究』第二五巻九号、一九三七年、四八ページ）。かなり早い段階の鈴木「自然村」概念の受容である。（まだ、「自然村」という言葉では概念化されていない時期にあたる）さらに戦後すぐに喜多野は鈴木と共著で農村調査の本を書いてもいる。鈴木榮太郎・喜多野清一『農村社会調査法』一九四八年。

476　喜多野清一「甲州山村の同族組織と親方子方慣行──山梨県北都留郡桐原村大垣外を中心として」『民族学年報』二号、一九四〇年、八一ページ。

477　喜多野清一、同論文、八七ページ。

曰く、「本家を親とする意識は親方を親とする意識と共同であり得る。同族團はより一層根元的な社會集團形態であるが、それはまたその時代に應じて容易に封建的な構造と性質とを取り得るものである[478]」と。まだ明確ではないものの、喜多野はここで同族関係と親方子方関係とを区別しているのであるから、必ずしも同族関係全般を喜多野が「封建的[479]」であると批判したわけではないが、しかし、現実には親方子方関係と重複して現れるものを批判していることは間違いない。

このような問題意識は、鈴木の影響を色濃く反映している[480]が、同じく同族結合に批判的でありながらも[481]、鈴木と喜多野ではその先になすべきとされることが異なっていた。

鈴木は、人々と国家の間にあった一種の障害物である同族組織や親方による支配関係を除去することで、人々が国家に直結して国策に積極的に参加することを可能にしようとした。言わば村を国家の末端組織として有効に機能させようとしたのである。

喜多野はそれとは異なり、農村の農業経営から政治、文化までを、村に生きる人々の手に取り戻そうと考えた。戦後に喜多野が盛んに発表した時論を見れば、喜多野の理想を具体的に捉えることができる。喜多野は戦後の改革の流れの中で、文字通り、農村を民主化しようとしていたのである[482]。

喜多野の唱える民主化とは、農村から政治的支配関係を除去することにより、純粋な経済社会を実現することだったのであり、経済主義という点においては戦前の議論と軌を一にしていた。戦後における喜多野の経済主義は、農地改革を中心とした農村の改革についての議論によく現れている。

一九四六年の一〇月に第二次農地改革法案が交付されて[483]まだ間もない一九四八年に、喜多野は「農村問題」という一文を田辺編の『社会学大系　都市と農村』に寄せている。喜多野はまだ進行途中であった農地改革の推進のために、地主勢力をどれだけ駆逐できるのかということに注目している。

農地委員会の委員構成は当初の政府案だった第一次改革法にあった地主、自作、小作の比率が平等であったのが、第二次改革では地主が三割、自作が二割、小作が五割と小作人の利害代表を重くしたのを評価しつつ、懸

478　喜多野清一「甲州山村の同族組織と親方子方慣行――山梨県北都留郡棡原村大垣外を中心として」『民族学年報』二号、一九四〇年、九四ページ。

479　このような、「すでに明治維新を過ぎてだいぶたっているのに、いまだに江戸時代の身分制度を引きずっている」という否定的な形容としての「封建的」は、決して学問的に鍛えられた概念ではない。後に喜多野自身がこうした用語法を「……社會關係としての性格が非近代的非合理的であるというような點から、大まかに封建遺制であるというのであるならともかく」と批判している。（喜多野清一「同族組織と封建遺制」日本人文科學會編『封建遺制』一九五一年、一九五ページ。

480　喜多野清一「信州更級村若宮の同族組織」『民族學研究』第三巻第三号、一九三八年、十ページ（なお、『村落構造と親族組織　喜多野清一博士古希記念論文集』一九七三年巻末の「喜多野清一博士著作目録」では出典の記述が間違っている）では、調査地域である若宮の五人組の編成の仕方が地域的ではなく、同族結合によっていることについて「甚だ變則的であ」ると述べるとともに、本来「……五人組組織の地域主義の貫徹は居住各戸に對する社會的公法的資格認定の平等主義と照應すると言ひうる」のであり、「か丶る部落における生活意識は多分に民主的であるだらうとも推される」。しかし、五人組の編成が同族結合による「變則的」形態を取っている「……若宮の社會生活においては各戸に對する傳統的集團的制約がなほ強力であつて、各戸の經濟的獨立力の强弱にか丶はらず特に家格による統制が嚴重に行はれ、か丶る傳統に基く生活意識は同族團の間の優劣感とその封鎖性となつてこの村の生活に顯著な影響を示しているのである」として、若宮における同族結合のもたらす不平等と「差別」感について語っている。

481　ただし、喜多野は農村社会における親方の在り方をすべからく否定しているわけではない。その在り方が「強制」という性格を持つことに対して批判を加えているのである。親方についての喜多野の好意的な評価は次のような場合に行われている。すなわち、「秋山村は……輸送は馬背によるの外はない。途中峻險な峠があり冬季交通殆ど杜絶したのであるが、一古澤の舊名主家原田善左衛門氏が獨力を以つて十年の日子を費しこれに隧道を穿ち、今日地方民に至大の利便を與へてゐることは郡下に著名である。……村落の共同態精神に立脚した指導者が如何に責任感を以つて村民の福祉を尊重したかを知るべき好例であ」ると（喜多野清一「同族組織と親方子方慣行資料」『民族学年報　三』一九四一年、一八一ページから一八二ページ）。

482　喜多野の民主化にかける思いは次のような文章に明らかにされている。すなわち、「敗戰後既に八ヶ月、果してこの瓦壞の中に新しい再建の營みが開始されたと言ひ得るであらうか。再建の目標は高く揭げられてゐる――民主主義平和日本。しかしこの再建を眞に擔ふ者として、この目標を正しく意識し實踐しようとする主體を我々は果してよく指摘し得るであらうか。……憲法改正、選擧法改正、勞働組合法、農地調整法改正、そしてやがて豫想される教育制度の改正、かうした設計圖は主として聯合國側の慫慂と指導に從つて作られ渡されて行く。しかし國民は果してよくこの設計圖の持つ革命的な意義を正しく識別し熱烈に實現しようとしてゐるであらうか。またその能力を持つてゐるだらうか。悲しむべきは舊日本の瓦壞にあるよりも正にこの事態の中にあると言はなければならない」と（喜多野清一「變貌する農村」『評論』第五号　一九四六年、五九ページ）。

483　暉峻衆三編『日本の農業一五〇年』二〇〇三年、一三〇ページ。

念点を挙げる。すなわち、「このことは小作の立場を有利に導き得るのであるが、しかし長い間の地主小作間の力関係はこゝにも影響して、現在においても、なお小作の力は地主勢力に対抗し得ない状態にあるようである[484]」と。

喜多野は「一般農民の改革に対する認識不足や政治意識の低位と、地主層の指導に対する盲従[485]」によって、無投票による農地委員の選出が行われたり、あるいは農地委員会の会長の三八・五％が地主出身となっている[486]ことを厳しく指摘している[487]。喜多野は改革を実りあるものにするために農民自身の意識改革を訴えるが、興味深いのは、改革を進めて農村から地主の勢力を一掃することに対するの捉え方である。

喜多野曰く、「しかし農地改革がこのように強行されることによって、地主小作関係の上に種々な程度で披覆していた傳統的な社会関係は一應剝ぎめくられて、生《なま》の経済関係が露出されることになるだろう。既に現在ではそういう裸の経済関係にまで近代化されている地方も少なくない状態に達しているからこそ、そういう地方では改革に伴う問題は比較的單純に階級間の利害関係として処理され易い。しかしそうでない地方でもそういう形において問題が提起され且つ解決されざるを得ない[488]」と。

つまり、喜多野にとっての農地改革、農村の民主化とは伝統的な古い権力関係、すなわち経済外的な強制を排除することによって、経済の原理に基づかない関係によって覆い隠されていた本来あるべきで階級関係を発現せしめることだった。鈴木においては同族結合・親方子方結合の排除が平等な公民による積極的な国家への参加を保証する政治的意味を持っていたのに対して、喜多野にあってはこうした排除は、すなわち経済社会からの政治的なものの排除を意味したのである。

日本農村社会に存在する同族結合・親方子方結合に見られる権力的・支配的要素は、資本主義の典型からのズレとして、戦前の喜多野にとっては第一に学問上の認識の問題であったが、同時にそれは「典型」に近づくためには排除すべきものであった。この経済外的強制の要素を排除するという実践的課題が、戦後の改革の中で具体的な像を結ぶことになったのであるが、こうした「民主化」が農村に具体的に何をもたらすと喜多野は捉えていたのだろうか。

三　農村と経済成長

喜多野は戦後間もない時期に新聞に農村問題について時事論を語る論説をいくつも寄せている[489]。

例えば終戦の年の十一月には「民主主義と農村」と題して次のように述べている。曰く、「……日本の民主主義化といふ一大轉換に當つて農村が如何に民主主義化されるべきかといふ問題は極めて重要な意義を持つてゐる[490]」と。

だが農村の民主化のための条件はあまりに不利だと言う。すなわち、「一般に村の文化は甚だ狭く且つ低い。これは民主主義化への大きな弱點である」からである。そして農村の文化の向上と蓄積に必要なことは、喜多野によれば「個々の農民と農村全體の生活の安定と向上が確立[491]」されることなのである。

農村の民主化のためには生活の安定と向上が必要であるという議論には、戦前からの経済的な視点の継続が

484 喜多野清一「農村問題」『社会学大系 都市と農村』一九五三年、二三九ページ（初版は一九四八年）。
485 喜多野清一、同論文、二四〇ページ。
486 自作層が三三・九％で小作層は僅かに二四・四％であるという（喜多野清一、同論文、二四一ページ）。
487 喜多野清一、同論文、二四〇ページから二四一ページ。
488 喜多野清一、同論文、二五八ページから二五九ページ。
489 『村落構造と親族組織 喜多野清一博士古希記念論文集』一九七三年巻末の「喜多野清一博士著作目録」を参照。ただし、新聞記事などにつき、日付が異なっているものがいくつか見られた。下記引用に於いては実際に記事が掲載された日時を以て引用元を参照するため、この目録の日付とは異なっている。
490 喜多野清一「民主主義と農村」『東京新聞』昭和二十年十一月廿一日号、一九四五年、二ページ。
491 喜多野清一、同論説、同ページ。

明らかである。喜多野によれば、こうした経済的條件の向上のためには、土地制度の改革の他に合理的で高度化された農業経営の構築、過剰労力を吸収するための農村工業との結合が必要であるという[492]。そして、そのための活動の鍵となるものとして協同組合の設立を挙げているのである[493]。

喜多野は当時の農村になによりも必要なのは民主化の土台となる文化の形成であり、農村文化の改革であることを述べている[494]。そして農村の生産消費文化を合理化するために、農村における農民の生活上の様々な欲求を高度に満足させることが必要であると述べている[495]。鈴木のように村の精神、規範によって自らの欲求をおさえこむのではなく、逆に欲求を満足させることによる合理化に村の発展の基礎を置こうというのである。

ここで注目すべきことは、そうした生活欲求の実現のために「……米國の農村地方で代表的に見られるやうな、農村の生活諸欲求を出來るだけ高度に満足せしめるための機能的中心を中心とした地方計畫を確立することが必要である。言はゞそれは地方の文化的センターを中心とする地方計畫であ[496]」るとしていることである。

喜多野がここで述べている文化的センターとそれを含む農村地方とは、ギャルピンによる田舎町を中心としたラーバン・コミュニティ（都鄙共同社會）のことに他ならない。だが、そうしたアメリカの農村の在り方に対する評価もまた、鈴木と正反対のものとなっている。

鈴木は「私は日本の農村に於ても部落の自足自給經濟がなくなり、交換經濟が増し、交通が愈々發達し、田舎人の生活態度や様式が都市的となるにつれて、部落の鐵壁は漸次除かれ、部落は合衆國の近隣の如くになり、農民は各自其の部落にではなく、より多く町に依存する様になり、かくて都鄙共同社會が農村に於ける重要なる役割を演ずる様になるであらうと思はないでもない[497]」と言うように、理想である自然村が資本主義の侵蝕を受けて崩れて行ったその行き先として、ラーバン・コミュニティをイメージしているのである。

それに対して喜多野は、従来の古い農村を刷新するための核としての田舎町と、それを軸とした農村の構造改革を訴えているのである。

ラーバンコミュニティにおける田舎町に対する評価の違いは、鈴木と喜多野のアメリカ農村社会学に対する態度の違いとも結び付いている。喜多野は戦前・戦後初期にしきりにアメリカ農村社会学を紹介する論文を発表している[498]。その中で喜多野は、先行者である鈴木の『農村社會學史研究』を参照するように注記しているし、論述の対象としている代表的農村社会学者も鈴木が叙述するものと殆ど変わりがない。

そうであるならば、通常は、鈴木の議論のいくばくかに批判を加え、独自の見解を明らかにしそうなものであるが、喜多野はそうはしていない。喜多野は鈴木が論じている同じテーマを論じているのではなく、同じ学者の同じ理論を対象にしても、別のテーマを論じているという自意識があったのではなかろうか。実際に二人の議論を比較してみよう。

鈴木はアメリカ農村社会学の共同関心地区（common interest area）あるいは農村共同社会（rural community）に自らの自然村の概念が深く影響を受けていたことを次のように述べている。

492　先に触れた通り、鈴木にあっては農村工業の必要性は農村の季節的な労働力の余剰が、国家的な観点から見た場合に無駄になっているということが主たる問題であったのと対照的に、喜多野はまず第一に農村それ自体の利害を考えている。

493　喜多野清一「徐々に且確實に――農村の民主化（３）」『東京新聞』昭和二十一年五月十七日、一九四六年、二ページ。

494　先に引用した「民主主義と農村」では「一般に村の分化は甚だしく狭く且つ低い。これは民主主義化への大きな弱點である」とされている。

495　喜多野清一「徐々に且確實に――農村の民主化（３）」『東京新聞』昭和二十一年五月十七日、一九四六年、二ページ。

496　喜多野清一、同論説、同ページ。

497　鈴木榮太郎「社會學より見たる聚落」『地理教育 十周年記念 聚落地理学論文集』一九三八年、六ページ。

498　『村落構造と親族組織 喜多野清一博士古希記念論文集』一九七三年巻末の「喜多野清一博士著作目録」によれば、戦前では「米國農村人口の移動と變質」（『社会學徒』十の一、二、三一、一九三六年）などの翻訳や「農村に於ける共同社會關係と近隣關係――米國農村社會學の基本問題」（『社會學研究』第二、一九三六年）などの紹介論文を合わせて四本、戦後も「アメリカ農村社會學における共同體研究の展開」（『季刊社会学』第三号、一九四九年）を発表している。

すなわち、「私等の日本農村社會構造の分析に於いて、集團累積體としての村の觀念までは、全く合衆國の農村社會學者の農村共同社會の觀念、特にソローキン教授のcumurative communityの觀念を、日本の農村の事實に適應せしめて居るに過ぎない……。……然し自然村の社會意識の認識も集團累積體としての村の認識を經ずしては到底不可能であつただろう[499]」と。

だが、アメリカ農村社会学の議論が重要なのはその方法までであって、「日本の自然村の社會意識と自然村の統一性の認識とは、日本の農村社會學を合衆國のそれと截然と區別づけるもので、そしてそれは元より兩國の農村社會の性格的相異に基づくものではある[500]」。

それゆえに、アメリカ農村社会学を学ぶ意義は次のようなところにあると言う。

曰く、「而して集團累積體としての村の認識の一つの手がかりは合衆國の農村社會學者が共同關心地區の決定に用ひた手法に得たのである。我が國の農村共同關心地區を論ずるに先だち、合衆國に於ける此問題を顧みる事は無用ではない。それは共同關心地區の意味を一層明らかにする意味に於いてのみならず、又私が今まで日本農村社會構造の認識にとつて來た方法に直接の暗示を與へたものを示す意味に於いても、更に又日本農村社會の特性を愈々明らかに示し得る意味に於いても、徒爾ではないであらう[501]」と。

つまり、鈴木にとってアメリカ農村社会学の議論は、日本の農村社会の構造を明らかにする上で、一つには方法をそのまま使わせてもらったという点において、もう一つは日本農村とは違ったアメリカ農村の姿を見ることによって日本農村の独自な在り方を認識できるという、二つの観点から評価しているのである。しかし、そもそも日本の農村とアメリカの農村とは全く異なっているので、アメリカ農村社会学の成果を利用して日本の農村社会の構造を明らかにすることはできないという。

こうした観方をしているために、「近隣（neighborhood）」を「都鄙共同地域（rurban area）」と並んで農村の共同社会と見ることができるのかどうかという問題について、結論として近隣は真の共同社会とは言えないということが強調されるばかりである。その理由付けとして挙げられている「近隣に住む人々の利益は、近隣そのものよりも共同社會の機關[502]［institutions］によつてより多く提供されると云ふ事[503]」については、それ以上触れられることはない。

これに対して喜多野は、戦前の段階からサンダーソンのこの理由付けを重視して、アメリカ農村社会学のその後の展開に位置づけている。

まず最初にサンダーソンの研究について「……その生活が何等かの地方的制度物［institutions］に集中せる近隣を除けば、近隣は既に社會的單位としての機能をやめてゐると言ひうる[504]」と制度物の役割をサンダーソンが高く評価していたことを述べた後に、次のようにこうした制度物への注目が、その後の研究にも受け継がれていることを明らかにしている。

すなわち、「次いでミズーリ州ブーン郡を調査したモルガン及びハウエルズも近隣結合における制度物の意義を高く評価し、三四の制度物の集中してゐる近隣は集團意識も強く、この點においては共同社會と近隣との嚴重な區別は全く人工的と言ふべく、兩者の差は程度の差にすぎないと言ふのである[505]」と。

---

499 鈴木榮太郎『日本農村社會學原理』一九四〇年、四四七ページから四四八ページ。
500 鈴木榮太郎、同書、四四七ページ。
501 鈴木榮太郎、同書、四四八ページ。
502 同じく原文では institutions を鈴木は「機関」と、喜多野は「制度物」と訳している。具体的例としては学校やショッピングセンター、教会やレジャー施設などである。
503 鈴木榮太郎、同書、四五三ページ。
504 喜多野清一「米國に於ける農村社會學の發達」『社會學』第四輯、一九三六年、一二七ページ。
505 喜多野清一、同論文、同ページ。

喜多野による制度物への高い評価は、戦後の論文にも明らかである。近隣が共同社会としての機能を喪失し、共同社会としては田舎町を中心とした都鄙共同地域に重点が移って行くというサンダーソンの議論を紹介する際には、なぜ、制度物が重要なのかの理由まで含めて叙述されるようになっている。

すなわち、「曾つて近隣は何等かのかゝる單純な制度物を中心として結成された言わば農民のマイクロコスモスであつた。しかし今日の農村生活では近隣という狭隘な限界は農民の欲求関心を満足せしめえない。これはより良き制度物となり高度のサービスを求めて都市的中心にその関心を結びつけることを愈々強くつなりつゝある。このようにして多くの関心を滿しうる多くのより良き制度物は、より廣汎な地域からの支持が得られ且つその地域住民の関心が集中し得るような地点、卽ち事実において中心となる田舎町に集中される。[506]」と。

もちろん、喜多野は農民の求める財やサービスなど、消費欲求を満たすことを直接の目的としていたわけではない。それを通じて「農家の文化水準を高め、さらに都市との新しい文化的結合方式を求めよう[507]」というのである。それゆえに喜多野の構想は物質的基盤を整備した上での文化的向上を目指すものであった。

だが、最終的目的はより高いものを目指していたとはいえ、その手段として選ばれたのは、いわゆる「箱もの」による欲求の実現と利便性の追求であった。それは戦前から維持されてきた喜多野の経済主義的視点の貫徹であり、精神や規範を強調した鈴木とは正反対に、礼節のための衣食の充実を求めるものだったのである。

皮肉なことに、歴史の展開は喜多野の構想を半分だけを実現して終えてしまうことになる。もたらされたのは衣食の充実、物質的基盤の整備だけであった。先に同族結合への批判について見てきたように、農村における小作関係を伝来の権力関係から解放して小作人にしかるべき権利を与えるという狙いに加えて、農家の経済的地盤を強化し、様々な欲求実現に答えて行くという政策とその実現は、新しい農村文化を作り民主主義の基礎を築くよりも前に高度経済成長をもたらすことになったのである。

ここまでの検討を通して、独自の実践的意図を持った喜多野の農村への関心が、鈴木榮太郎の影響を受けつつも、戦前における研究の当初から戦後まで一貫し経済的な観点を重視したものであったことが明らかになった。だが、戦後すぐには遠い目標であった物質的基礎を満たすことが、次第に実現され、あるいは当たり前の前提となるにつれて、喜多野の議論にも重点の変化が見られるようになる。

次節で戸田からの喜多野に対する影響を検討した後、この問題については、第三節で検討することにしよう。

② 家と家父長制

一　戸田理論の理解と解釈

前節で見て来た、喜多野の農村社会学における経済中心主義とそれがもたらす政治的要素の排除は、彼の家理論にも顕著なものであった。家の内部においては、独自の家父長制理論により、家成員同士は家長に対する精神的な結合としての恭順によって結びつけられ、また家の外部においては、何等支配関係を意味しない系譜の相互承認によって家同志が結びつけられることになったのである。こうした喜多野の理論の中核にあって、家の内部関係と外部関係をまとめる軸となったのが、戸田から受け継いだ小集団としての家族理論であった。

本節では喜多野が戸田の理論をどのように受け継ぎ、それをどのように展開して行ったのかを見て行こう。

506 喜多野清一「アメリカ農村社会学における共同体研究の展開」『季刊社會學』第三巻、一九四九年、七ページ。
507 喜多野清一「徐々に且確實に――農村の民主化（三）」『東京新聞』昭和二十一年五月十七日、一九四六年、二ページ。

戸田貞三の家族論についての喜多野による言及は、戦前には見られない。恐らく初めて喜多野が戸田の家族論を用いるのは「同族組織と封建遺制」[508]であると思われる。そしてこの「同族組織と封建遺制」を有賀が「家族と家」[509]で批判したところから著名な有賀・喜多野論争が始まるが、その論点の一つとして大きな役割を果たしたのが、戸田理論をどのように理解するのかということであった。

いわゆる有賀・喜多野論争は、戦後の家理論において一つのエポックを作ったとも言える[510]。だが、その始まりは直接に有賀と喜多野のそれぞれの理論をめぐっての論争ではなかった。むしろ、先人戸田の理論をどう理解するかということから論争は始まったのである。経緯を簡単に説明しておく。

最初に有賀が喜多野の「同族組織と封建遺制」[511]に関する批判を「家族と家」[512]において行った。そこで有賀は喜多野の議論ではなく、戸田の家族論の批判を行ったのであるが、それに対して、喜多野が「日本の家と家族」[513]で反批判を加えたのである。

ところが問題を複雑にしたのは、そもそも有賀が戸田批判を行うにあたって、中野卓による戸田家族理論の要約[514]を用いたことである。そのため、論争自体の中に、喜多野が戸田に代わって有賀あるいは中野と議論しているようになっている部分もあれば、喜多野が有賀を批判しているつもりでも、その部分は有賀がそのように主張しているわけではなく、中野がそのように戸田理論を要約しているだけであるという部分もあり、そもそも問題になっている部分について、誰が何について言ったものかの把握が難しくなっているのである[515]。

元々有賀が戸田の家族論をひとまず要約してから批判を加えたように、喜多野もまた戸田の家族論の要約を行うことから始める。曰く、「……有賀氏の要約[516]が誤っているというのではないが、問題の解明にはあまり簡短で不十分であるし、私の理解とはやや力点のおきどころが異っているように思うからである[517]」と。

続けて喜多野は、戸田の『家族構成』の第一章の内容を丁寧にまとめている。家族の特質として著名な六つの要素[518]をあげ、最後の二つを除く四つの性質をまとめるものとして、「感情的融合」を挙げる。戸田は「……要するに家族を成員相互の感情的融合・人格的合一を基礎とする結合と見る考へ方を一貫させた[519]」のであると。

喜多野にとっては、戸田が明らかにした家族的結合の本質論である「感情的融合」こそが重要なのであり[520]、『家

508 喜多野清一「同族組織と封建遺制」日本人文科學會編『封建遺制』一九五一年、一七九ページから一八〇ページには幼い孤児が一人でも家をなすということについて、次のように述べられている。すなわち、「……核としての家族の本來の集團的性格から出る要求ではありません。いわゆる歐米のファミリーに見られるところの、そして現在ではわが國においても支配的になろうとしているところの小家族形態の家族は、夫婦結合を中核としてその直系親――特にその未婚子女――を結合した小さい生活共同體として縮約しようとする性格を集團結合自體の本質として持っている」と。

509 有賀喜左衛門「家族と家」慶應大学文学部紀要『哲学』第三八集、一九六〇年。

510 住谷一彦「ミネルバの梟」『思想』五二七号、一九六八年（喜多野との対談「日本の家と家族」の前文である）。

511 喜多野清一「同族組織と封建遺制」日本人文科學會編『封建遺制』一九五一年。

512 有賀喜左衛門「家族と家」慶應大学文学部紀要『哲学』第三八集、一九六〇年。

513 喜多野清一「日本の家と家族」大阪大学文学部紀要』第十一号、一九六五年。

514 松島静雄・中野卓『日本社會要論』一九五八年、十ページ以下。もちろん、ここで中野は戸田の理論を要約するだけなく、自身の立場から批判を加えている。

515 有賀・喜多野論争における戸田理論理解という問題について言及しているものとして、森田政裕「有賀喜左衛門の「家」理論とその論理構造――戸田貞三との対比で」『社会学評論』第二八巻第三号、一九七八年。

516 くどいようだが、中野が戸田の議論を要約したものを、さらに有賀が自身でまとめ直している。

517 喜多野清一「日本の家と家族」『大阪大学文学部紀要』第十一巻、一九六五年、八ページ。

518 （一）家族は夫婦親子およびそれらの近親者よりなる集団である。（二）家族はこれらの成員の感情的融合に基く共同社会である。（三）家族的共同をなす人々の間には自然的に存する従属関係がある。（四）家族は、その成員の精神的ならびに物質的要求に応じて、それらの人々の生活の安定を保障し、経済的には共産的関係をなしている。（五）家族は種族保存の機能を実現する人的結合である。（六）家族はこの世の子孫があの世の祖先と融合することにおいて成立する宗教的共同社会である（喜多野清一「日本の家と家族」『大阪大学文学部紀要』第十一巻、一九六五年、八ページ）。

519 喜多野清一、同論文、同ページ。

520 喜多野清一、同論文、十ページには次のようにある。すなわち、「……博士〔戸田〕の家族規定は家族結合の本質を追求して、それに即して家族の固有の性質を論理的に規定したものである」と。

族構成』第二章での国勢調査の結果を利用した具体的な構成論は、戸田が第一章で明らかにした本質論を証明したものとして位置づけられている。

喜多野曰く、「……博士〔戸田〕の努力はこのような構成形態――つまり夫婦とその直接の子女を中枢成員とする少数成員の構成を支配的とする――をもたらす所以の基礎に、本書前半の家族結合の本質論を据えて論及しているところにあるのであって、……結果においてはそれ〔第二章の国勢調査の結果の分析〕を通じて自己の家族結合理論を検証するという態度をとっている」[521]と。

ところが有賀は、この第一章と第二章の論文構成上の関係を見誤る。「ここ〔第二章における国勢調査結果の分析〕での戸田博士の論述をむしろ戸田家族理論の眼目を示すものと考えて、これを批判の対象とするというやり方をとっているように」思われるというのである[522]。

喜多野からすれば、第二章は国勢調査のデータという制約のある資料を使う実証作業なのであるから、使用するデータによる限界は当然存在するものである。有賀はそのデータ上の制約という条件を見ることなく、あたかも戸田が制約あるデータで全てを語ろうとしているような批判をしているが、それは当を得ないと言うのである[523]。喜多野からすれば有賀は、データの制約の中で言い得ることを述べるという戸田の前提を理解しない上に、そうした誤解の上で戸田理論の意図を推し量るという誤りを犯している。

たしかに有賀は「……戸田の規定した家族を統計的にとりあげるだけなら問題はないとしても、もっと複雑な家族生活を、同居世帯をなす親族員に限ってとらえたことは問題を残すことになった[524]」と述べており、この部分に関しては喜多野の批判も、的を射ている。

こうしたすれ違いが存在することによって、この議論を平行線で不毛なものと見るか、それとも「日本の家族論のなんらかの進展のために、共通の理解に到達[525]」したと見るかは、一概に論ずることはできない。しかし、両者の観点が異なっていることが明らかになったこと、および論争のおかげで、両者の立論の特徴――以下では喜多野の理論の特徴――が明確にわかることは間違いない。

喜多野によれば、有賀が言わんとしているのは、「世帯が家に規制されて成立していること[526]」なのだと言う。確かに有賀は次のように述べている。

有賀曰く、「……世帯は日常家計の共同として見られているが、これによるとしても家計といえば家の消費経済を主として示しているから、この言葉にすでに家の規制が現れている。……日本において世帯はただ出現したのでなく、日本の家族のあり方――性格――にしたがって種々の形で現れなければならなかった。もっと正確にいえば、それは家に規制されたというべきである[527]」と。

こうした有賀の見方は有賀が家や家族を論じる際の基本的な見方によっており、そこが戸田や喜多野の見方と違うのだという。では、どのような違いがあるのか。

---

521 喜多野清一「日本の家と家族」『大阪大学文学部紀要』第十一巻、一九六五年、七ページ。戸田の『家族構成』について、第一章を重視する見方は喜多野のすぐれた着眼であると思われる（喜多野清一「解説――日本における家族社会学の定礎者戸田貞三博士」戸田貞三『新版 家族構成』一九七〇年、三八九ページ以下をも参照）。

522 だが、実際に第二章の叙述から家族の本質としての「感情的融合」を導き出したというのは、中野の解釈である（松島静雄・中野卓『日本社會要論』一九五三年、一六ページ以下）。有賀本人は次のように、この一章と二章との関係については、「正しい」理解をしている。有賀曰く、「戸田のこの理論［感情的融合を基軸とする集団としての家族］は日本の家族構成の統計的研究によって実証されて表れた」と（有賀喜左衛門「家族と家」『有賀喜左衛門著作集Ⅸ』一九七〇年（初出は一九六〇年）、一九ページ）。

523 喜多野清一「日本の家と家族」『大阪大学文学部紀要』第十一巻、一九六五年、一七ページ以下。

524 有賀喜左衛門「家族と家」『有賀喜左衛門著作集Ⅸ』一九七〇年（初出は一九六〇年）、一九ページ。

525 喜多野清一「日本の家と家族」『大阪大学文学部紀要』第十一巻、一九六五年、七ページ。

526 喜多野清一、同論文、二〇ページ。

527 有賀喜左衛門「家族と家」『有賀喜左衛門著作集Ⅸ』一九七〇年（初出は一九六〇年）、二一ページ。

有賀によれば、家の成員はそれぞれの立場で家の生活に参与するので、家の中心たる夫婦に対してそれぞれの家の成員が持っている社会関係は、立場ごとに異なり得ると言う[528]。

すなわち、「家は夫婦生活が中心となるので、血縁者が含まれても含まれなくても、成立するばかりでなく、非血縁者が含まれても成立する。家の生活を維持する爲に必要なら、外部から人をとり入れて家の成員として包攝しなくてはならぬ。……彼らは近親血縁の家族の如く夫婦と親族關係を持たぬが、主従關係または契約による雇傭關係を結んで、その家生活に參加した[529]」と。

異なる社会関係によって家および家の中心たる夫婦と結び付いているそれぞれの家成員はそれゆえに、家に対する意識もそれぞれで異なっている。すなわち、「……家族意識とは同じ家生活に屬するという共屬意識を指すのであって、これに對する個々の人々の主觀的心情が全然同じだというのではないから、この意味では家の成員の各人が全然同じ意識を持つ事はない[530]」と。

このような有賀の立論に対して、喜多野は戸田の議論との大きな違いを見いだしている。喜多野によれば、有賀は家の中心を夫婦とすることにより、家族結合の核となる夫婦とその子供からなる小結合の事実を認めながらも、その結合自体を家族結合の特質とするのではなく、「その上に拡がって営まれている生活諸関係の重積あるいは複合の事実のほうを重視して、この関係において機能的に協力する者を家族員と考え、その画く範囲を家族の範囲と考えるのである。……いわば戸田博士が内に求めたものを、有賀氏は逆に外に置こうとするようである[531]」と。

こうした有賀の立論に喜多野は驚きを隠さない。曰く、「有賀氏のいわゆる生活集団が、氏の言うごとく機能の集積・複合の中で成員間に一体感を生み出すとしても、これが日本の家族結合の特質であるというのならば、事業団体ならともかく、一体日本の家とは何なのだろうか疑いたくなる。これは戸田学説における家族結合の本質規定と異質である……私は家の生活機能を軽視するつもりはないが、家族結合の本質は、小家族理論の示すように、かの核的小結合の内部に求めるべきだと考える[532]」と。

本論で重要なのは、喜多野が感じる違和感、有賀に対する批判の在り方から、逆に喜多野の家や家族に対する考え方を理解できることである。喜多野にとっては、そもそも学問の対象としている何ものか――この場合は家族や家――を、その外部との関係によって理解しようとする有賀のアプローチそのものが、学問として受け入れがたい。

というのも喜多野にとって、家族の本質は、戸田が先鞭をつけたように、家族の内部に、「かの核的小結合の内部にもとめるべき」なのである。喜多野は有賀の議論に対して、次のような非難を二度もあびせる。すなわち、有賀の家や家族の本質論は「……おそらく一般に家族社会学が家族結合の本質を追求してきた方向とは逆である[533]」あるいは、「……家族社会学が家族結合の本質を追求してきた方向とは逆の方向である[534]」と[535]。

喜多野によれば、学問の対象となるものは、それに内在する性質によって捉えられるべきであり、その外部

528 喜多野清一「日本の家と家族」『大阪大学文学部紀要』第十一巻、一九六五年、三八ページ以下。
529 有賀喜左衛門「日本の家」『日本民族』一九五二年、一五五ページ。
530 有賀喜左衛門、同論文、同ページ。
531 喜多野清一「日本の家と家族」『大阪大学文学部紀要』第十一巻、一九六五年、三九ページ。
532 喜多野清一、同論文、四二ページ。
533 喜多野清一日本の家と家族」『大阪大学文学部紀要』第十一巻、一九六五年、四二ページ。
534 喜多野清一、同論文、四〇ページ。
535 このように外部の条件との関係で集団の特性を考えるのは有賀にとっても譲れないものであった。なぜなら、有賀にとっては、あらゆる外的条件を取り除いた、あるいはあらゆる外的条件に共通な集団などと言うものは、そもそも存在しないのであり、いかなる集団もそれを取り囲む外的条件のもとでその構造を明らかにされなければならないのであるから（有賀喜左衛門「社會關係の基礎構造と類型の意味」『社會學研究』第一巻第一輯、一九四七年）。

との関係によってはならないのである。喜多野が戸田から受け継いだ家族の本質論としての小家族論は、ある種の分離思考、まさに「家族を社会の文脈から切り離して観察し、そこに傾向性を見出そうとする研究態度[536]」を決定づけることになったのである。

二　同族組織と農地改革

以上みてきたように、喜多野は戸田の家族理論を高く評価した。それは単に家族の捉え方に関する理論の内実だけでなく、そもそも自身の従事する社会学という学問において集団をどう捉えるべきなのかという、より根本的な問題でもあった。

では、喜多野はこの戸田の家族理論を自らの家理論にどのように活かして行ったのだろうか。

喜多野が戸田家族理論をはじめて正面から扱ったのは、「同族組織と封建遺制」である。そしてそれは、家父長制やピエテートについて喜多野が初めて言及する機会でもあった。喜多野が戸田の家族論に深くコミットしたこと、また家父長制論とピエテートという理論を採用したこと、そしてこの二つがこの時期に同じテーマを扱う中で出現したのは、単なる偶然ではなく、喜多野の家理論の基本的構造によるものであると筆者には思われる。戸田から受け継いだ小家族論、家族成員同士の親密な精神的つながりという核を中心に、それらがどのような構造を成しているのかを、解き明かして行こう。

「同族組織と封建遺制」において喜多野が何を主張したかったのか。それは同書冒頭に次のように記されている。

すなわち、「ところでこの同族團の結合の本質は果してどこに求められるべきでしょうか。私見では上下の身分關係または主従關係という點にそれを求むべきでなく、やはり系譜關係とすべきであると考えるのであります」と。

戦前の段階から喜多野自身が批判してきた、親方・子方関係という権力関係、あるいは地主と小作人の間にみられる経済外的強制と同族関係とを区別して考えようというのである。もちろん、喜多野は実際の場面においてはこの両者が深く結び付いている場合があることを否定はしない。

すなわち、「系譜は家の出自に關するものであり、自然そこには系譜の本源とそれからの分岐という事實に従うところの上下の關係が生じ、この本分間に營まれる生活慣行に一種の主従關係を附與することは看過さるべきではありません」[537]と。

しかし、同族関係と主従関係の原則的な区別は可能だし、また区別しなければいけないのだという。曰く、「これも〔前述の主従関係のこと〕系譜關係を基礎としているものであつて、この基礎に根據をおく上下・主従の關係と、然らざるものとを區別して考えることは、同族結合の本質を理解する上に大切なことであると思うのでありますそうでないと單に形態的に近似した上下・主從の關係の存在することをもつて同族團の成立を速斷したり、類似の集團との本質的區別を見誤つたりする惧れがあるように思うのであります[538]」と。

先にも喜多野が鈴木理論を継承した側面として、同族結合への批判的態度について述べてきた。ここでは、批判されるべき「封建的」な上下や主従の関係、経済外的強制である親方・子方の権力関係などと、同族結合そのものとの区別が強く主張されている。

このような主張は、戦後のとりわけ農村社会でどのような意味を持ったのだろうか。

536 森岡清美「一九二〇年代の家族変動論」『現代家族変動論』一九九三年、七六ページ。
537 喜多野清一「同族組織と封建遺制」日本人文科學會編『封建遺制』一九五一年、一七六ページから一七七ページ。
538 喜多野清一、同論文、一七七ページ。

喜多野が、戦後早い段階で新聞にいくつもの小論を寄せて農村の改革について語っていたことはすでに述べた。そうした喜多野の考えをより詳細に展開したのが一九四六年に発表された「變貌する農村[539]」である。この論説で喜多野は、進行しつつある農地改革の前途が必ずしも明るいものではなく、数々の困難が待ち受けているだろうと述べている。中でも伝統的な農村の在り方を考慮して改革を行う必要があることを力説しているが、そこで述べられている改革の大きな妨げとなる伝統的存在が同族組織とそれを基礎とする農民の意識なのだと言う。

喜多野によれば、農地改革による農村の民主化のためには二つの条件が必要であると言う。

一つは、小農の経済的自立すなわち先にも述べた経済的條件である。

喜多野曰く、「日本農業の資本家的編成が進捗し、その線に沿つた階級文化が生じ得」て、農村社会が経済関係として純化されるようになるためには、「各戸の經營の合理化と殊に小作農の生活權確立が必要である[540]」とする。だがこのことはそう容易には実現され得ない。現在のような零細な経営を前提とするならば、農地改革による独立の獲得は同時に厳しい貨幣経済の荒波に直接もまれるようになる[541]ということであり[542]、結果として「農村の階層關係は依然たる零細土地所有と經營の上に構成せられて、地主自作小作の甚しく複雑未分化な形貌を持つたまゝ存置せられるであらう[543]」と。

改革を困難にしているもう一つの原因は、農村社会の構成にある。喜多野は日本農村の基本的な関係として、同族関係、擬制的な同族関係として構成される親方子方関係、そしてこれらの関係が弛緩した場合に力を発揮する親族関係の三つを挙げている。

同族関係あるいは親方子方関係において「……分家の生活は常に本家に依存しなければならなかつた。この事は奉公人の分家や外來移住者の子方に於て特に甚しかつたので、彼等の從屬的立場は村に於ける社會的地位にも影響して、彼等を呼ぶに特別な稱呼を以てするに至つてゐるのであ」り、「……小作といふのは決して單純な土地貸借の經濟的關係ではないのであつて、それは寧ろ分家や子方の本家又は主家に對する社會的從屬關係の一面の表現でもあつたのである」と。

こうした伝統的な日本農村の社会構成、その基軸となる同族関係や親方子方関係が「地主小作の階級意識」に覆いかぶさっているのであり、「小作關係に附帯してゐる所謂封建制と言はれるものゝ根據がこゝにあり、小作の卑屈な對地主態度、その階級意識の低さと稱されるものゝ由來がこゝにあると言へる[544]」のだという[545]。

こうした伝統の残る農村で、農地改革があう抵抗の実例を、喜多野は挙げる。

すなわち、「廣島縣比婆郡T村では地主側の土地返還要求に對し小作人は寧ろ長期間の恩誼に報ひる態度としてこれに應じてゐる……これらは極めて僅かな引例にすぎないけれども、土地が同族又は家と如何に不可分離的

539 喜多野清一「變貌する農村」『評論』第五号、一九四六年。
540 喜多野清一、同論文、六二ページ。
541 喜多野は、親方子方的関係が、こうした外部の経済社会の転変から小作人を守る作用を一定程度持っていたことは認めている（喜多野清一、同論文、六一ページ）。
542 喜多野清一、同論文、六一ページ。
543 喜多野清一、同論文、六二ページ。
544 喜多野清一、同論文、六四ページ。
545 ここまでの農村社会の構成、とりわけ同族組織と親方子方関係と小作関係については、有賀の影響が強いことは一目瞭然であろう。同じ時期に書かれた『日本農村社會調査法』一九四八年（鈴木榮太郎との共著。『鈴木榮太郎著作集Ⅶ 社会調査』一九七七年の編者注によれば、第三段から第七段までは喜多野の著述になるという。（同書、六ページ））その喜多野執筆部分である「第七段 同族・家族・親族・婚姻」では、同族についてほぼ同じ記述が見られる。本書の改訂版が一九五二年に『農村社會調査』として刊行されるが、喜多野の叙述内容に変更はない。ただし、改定版においては各章末に参考文献が挙げられるようになっているのだが、「第七章 同族・家族・親族・婚姻」の参考文献には鈴木の『日本農村社會學原理』のほかに有賀の『日本家族制度と小作制度』および『南部二戸郡石神村に於ける大家族制度と名子制度』が挙げられている。有賀と喜多野が違うのは現実の捉え方ではなく、評価なのである。
546 喜多野清一「變貌する農村」『評論』第五号、一九四六年、六四ページ。

な歴史的結合をなしてゐるか、従つてこれを單に經濟的物件として處理し難いかを示すものである[546]」と。

　喜多野は最後に、農地改革の課題を次のようにまとめている。すなわち、「農地調整法改正を契機とする農村社會關係の合理化は、既に見たやうに經濟過程そのものからも必ずしも所期するやうな結果を得難いが、さらには社會機構と生活意識の遲れてゐる村がこれを如何に受容し得るかといふ點にも大きな問題があると見ざるを得ないのである[547]」と。


　一方で零細な農業経営其れ自体を如何に自立させるかという課題があり、他方で農村の伝統的秩序の改革という課題がある。この二方面作戦を喜多野はどのように遂行しようとしたのだろうか。

　まず喜多野は本来の階級関係の上にかぶさった経済外的強制をひきはがし、ありのままの階級関係をあらわにしようとする。そうすることにより、親方子方関係などの権力関係のもたらす不平等をなくそうというのである。だが、それは他方でこれまで親方子方関係が持っていた保護機能を失わしめるということでもある。親方の保護を失った小作人や小農を資本主義経済から守るためにどうしようとするのか。

　喜多野は、早い時期に伝統的社会構成を克服し、純粋な階級関係が「裸の經濟關係」として現れている地域を取り上げて次のように述べている。すなわち、「そこでは小農の團結が民主化の槓杆である。農村民主化はさういふ地點を先導として進展するであらう」と。そして、「村政機構の完全な民主化を遂げ」た地域の名前を挙げて、「進歩的な民主化の可能性を示すもの」としている。そこでの民主化の基軸は「農民組合の組織[548]」なのである。

　喜多野の二方面作戦は、まず日本農村社会の伝来の権力関係を除去して、典型的な農民階級を露出せしめ、その上で、農民組合を基礎とした農民の団結による解決を目指すものである。つまり、経済外的な外皮を取り払った農村に露になる階級関係において、農民が階級として団結することによって困難を乗り越えようというのである。

伝来の支配関係を清算することによる平等な農民たちが、村の精神を通じて国家につながるという鈴木の構想と比べるなら、ここでも喜多野の「経済」主義は明らかである。言わば、喜多野が考える典型的な経済史の時計の針を進める方向で[549]問題解決を計っているのだ。

しかし、そうした企図の中に置いたとき、同族結合と親方子方関係などの権力関係を分離して考えることは、歴史の歯車の進行のもたらす破壊作用から同族組織を守る働きを意味する。「封建的」要素を農村から除去する際にも、親方子方関係などの権力関係とは別ものであるからこそ、同族関係は除去作業の対象とされることから免れ得るのである。

このような同族関係の保護という喜多野の議論は、彼の家と同族の理論によってどのように正当化されるのだろうか。

三　封建制・家産制・家制度

ところで「同族組織と封建遺制」にはもう一つの目的があった。先ほど述べたように、喜多野自身の目的が、同族組織と親方子方関係などの権力関係を区別することにあるとすれば、こちらはそもそも『封建遺制』という

547 喜多野清一「變貌する農村」『評論』第五号、一九四六年、六五ページ。
548 以上「　」内の引用は喜多野清一「變貌する農村」『評論』第五号、一九四六年、六六ページ。
549 喜多野が進歩的な農村として挙げているのは、「その多くは社會黨又は共産黨の指導下に運營されている村である」（喜多野清一「變貌する農村」『評論』第五号、一九四六年、六六ページ）。

共同研究テーマを設定した人文科学委員会の目的のことである。

『封建遺制』の序に耳を傾けてみよう。曰く、「……法制度の上では近代化した日本社會の中に、封建的な要素や意識が永く殘存していたこと、また、現に殘存していることは、……重要な人文科學の研究對象である。この、日本人の社會に見られる封建主義の殘滓は、昭和時代になつて日本を極端な國家主義や軍國主義に逆轉させる有力な地盤となつた。のみならず、敗戰後、新たに民主化もしくは近代化の方向に再出發した日本が、はたして所期の方向にむかつてすこやかに歩みをつづけ得るかどうかも、私ども日本人がこの同じ殘滓をどう處理して行くかによつて、大きく左右されるものと思われる[550]」と。

すなわち、この『封建遺制』に集められた論考は、日本社会に残っている封建遺制を見いだして、日本の近代化のために何を除去しなければならないかを決めることを目的としている。それゆえに、喜多野の「同族組織と封建遺制」は、そもそも同族組織が、こうした除去すべき「封建主義の殘滓」であるのかどうかを明らかにすることをもう一つの目的としているのであった。

この答えは既に述べてきたことから明らかだろう。同族組織は、決してそれ自体として近代化・民主化のために除去されるべき封建遺制ではない。だが、それを論証する喜多野のやり方、語り口は独特である。そして、その論証の中で中心的な役割を果たすのが戸田の家族論なのである。

なぜそういえるのかを、喜多野の議論を通して読み解いて行こう。

喜多野は同族関係を親方子方関係などの何らかの支配・権力関係として捉えることに反対して、同族関係は本家と分家との系譜のつながりであることを力説する。曰く、「同族團の結合の本質は、上下の身分關係または主従關係という點にそれを求むべきでなく、やはり系譜關係とすべきである[551]」と。

系譜関係の存在は、ある時点の断面を取ってみればこの本家と分家とが互いに系譜のつながりを認知するということになるが[552]、事態を時間的推移のもとで捉えた場合には正確ではない。そもそも本家から分家が分出されることが必要だからである。より正確には本家の中での生活の独立があり、それが家として独立することを認められて初めて分家が生まれるのである。

すなわち、「……系譜に繋がつて家が成立するということは、單に一個の生活共同體としての家族生活が分岐・獨立したというだけの事實によるのではなく、家という單位が新らしく分岐・獨立し、それが系譜の系列の中に一定の位置を占めたということを意味するのであります。さらに申しますと、家族生活の分岐・獨立が家の分岐・獨立として承認されたことを意味するのであります[553]」と。

喜多野にとって、この家族生活の基盤をなしているものが、戸田が『家族構成』で明らかにしたいわゆる「小家族」である[554]。それゆえ、時間的推移としても「家族の本來の集團的性格」を明らかにしている「家族生活」が先行し、それに家の基本的性格である「自らの永續」という要求が加わって、系譜につながる家が形成されることになる。すなわち、「このように家として成立することが同族團の構成單位となる資格であ[555]」るのだ。

元々存在する家族という本質に家の要求が加わって同族関係が生じたように、家族という本質に様々な他の

550 日本人文科學會編『封建遺制』一九五一年、一ページ。
551 喜多野清一「同族組織と封建遺制」日本人文科學會編『封建遺制』一九五一年、一七六ページから一七七ページ。傍点は原文による。
552 喜多野清一、同論文、一七七ページ。
553 喜多野清一、同論文、一七八ページ。傍点は原文による。
554 喜多野清一、同論文、一八〇ページには次のようにある。すなわち、「ところが同族組織の單位の家はこのような家ではありますが、しかし現實にはここに述べました核としての小家族によつて、あるいはその複數の結合によつて、荷擔されて存立しているものであります」と。
555 喜多野清一「同族組織と封建遺制」日本人文科學會編『封建遺制』一九五一年、一七九ページ。

要素が加わって別の生活関係が形成されることがある。そのため同族と並んで姻戚や親類などの諸関係が見られるのだが、同族においても血縁関係を持つ場合が多いために、その他の関係としばしば混同されてしまう。[556]そこで、それぞれの関係に「……同じ種類の庇護・奉仕とか相互協力が行われていても、それが同族關係に規制されてなされているものかどうかを見なければな[557]」らないのである。

こうした区別は、喜多野の議論の意図からすれば、親方子方関係との区別のためにこそ必要なのである。では具体的にどのような違いに注目すべきなのか。

喜多野はまず、同族組織の系譜の設定行為とも言うべき分家の際に、本家から分家に財産分与が行われることに注目する。[558]これは近代法的な枠組みにおける所有権の相続ではなく、新しく同族のメンバーとなる分家に対する本家の家長権力の発動としての扶養給付である。[559]だが、こうした財産分与による庇護関係は、親方子方関係にも見られるものだし、それが発展すれば、血縁がなくても系譜につながって、同族組織に加わることにもなる。[560]

同族組織における庇護・支配関係と、それ以外の庇護・支配関係の違いについて、喜多野は次のような場合を例に挙げて考察を進める。すなわち、頼るべき本家の力が弱まった場合など、分家の中には他に親方を求めるものも出て来る可能性がある。そうした場合にでも、新たな親方と系譜関係の設定にまで至って従来の同族組織から抜けて新たな同族組織に加わるような場合から、経済的政治的には新たな親方に依存してはいても、系譜関係だけは従来の同族組織につながっているという場合も見られるという。

喜多野はここで、本家の権威への服属と系譜関係に固有な生活連関、すなわち「先祖祭りとか同族共祭の氏神祭りというような[561]」ものの存在をメルクマールとして挙げる。こうした生活連関（行事）を通じて、本家は本家として、また分家は分家として互いに認知し合うことが重要なのである。まさに同族とは「……本家と分家との間に相互にその出自關係を認知しあうことによつて設定される關係」[562]なのである。

このような相互の認知の中での本家の權威こそが、同族組織の結合の本質であるという。曰く、「……分家が本家に服屬することを妥當とする根據、Legitimitätsgeltungなるものは、何と言つても系譜の本源の持つ傳統的權威に對する承服であ」[563]ると。

こうした例からすると、喜多野においては、別の親方との親方子方関係に入ることによって、支配と庇護の社会関係を作っていて本家との間には経済的・政治的な依存関係が一切みられなくとも、祖先祭祀などが本家と共同して行われていれば、そこに同族関係があることになる。その祭祀などの共同事業において本家が本家としての立場において、そして本家に対する何等の依存関係をも持たない分家もまた、そこで分家としての立場による共同行為が存在すれば、その限りでの本家の権威による統合が行われていることになるのである[564]。

こうした権威への服従を、喜多野はウェーバーの議論を借りて、家父長制におけるピエテート（Pietät）とす

556 喜多野清一「同族組織と封建遺制」日本人文科學會編『封建遺制』一九五一年、一八一ページから一八二ページ。
557 喜多野清一、同論文、一八三ページ。
558 喜多野清一、同論文、一八四ページから一八五ページには次のようにある。「……家を分つといふことは系譜關係の設定でありますし同族組織の制度的な單位の新しい成立でありますが、……分家に當つてはその生活に對する保證責任として、家産の分與を伴なうのが普通であります。家を分立せしめて、これを自らの系譜につながらせる、すなわちそれを分家として成立させるということは、それを荷擔してゆくところの家族の生活の保證を伴なう」のであると。
559 喜多野清一、同論文、一八五ページ。
560 喜多野清一、同論文、一八一ページでは、奉公人分家や身寄人分家などの例を挙げている。
561 喜多野清一、同論文、一八三ページ。
562 喜多野清一、同論文、一七七ページ。
563 喜多野清一「同族組織と封建遺制」日本人文科學會編『封建遺制』一九五一年、一七七ページ。
564 同族の内部における祖先祭祀などの事業と、そこにおける本家と分家の役割については、喜多野清一「同族の相互扶助」中川善之助・青山道夫・玉城肇・福島正夫・兼子一・川島武宜編『家族問題と家族法Ⅴ 扶養』一九五八年、三三五ページから三三七ページ参照。

るのである。

喜多野曰く、「……家産制は家父長制の分解方向の一つとして現われ……家父長權力の分割――弱化を招來するが、それにもかかわらずなお家父長權力がこれらの分立した家に對してその傳統的支配力を及ぼしている状態が家産制であつて、……この支配服屬の關係は……主に對する從者の恭順關係 Pietätbeziehung であることを特色としているというのであります。わが國の同族團の形態はまさにそのようでありますのみか、社會關係としての結合の性格が、……またこのようであると思われます[565]」と。

ここで一つ確認しておきたいことは、ウェーバーの議論を借りていながら、家父長制やピエテートという概念で説明される当の対象は、「経済的・政治的な依存関係が一切みられなくとも」と言われているように、支配の要素を極限まで削ぎ落とされているということである。喜多野はひとまず、このように理解された家父長制の概念をもって同族組織を描いてみせる。

他方で喜多野は、同じくウェーバーによる封建制の規定を対置する。すなわち、「ウェーバーによれば、封建制においては封主と封臣とは互に自由な人格として對等の立場になり、しかも封臣の封主に對する從屬乃至奉仕は全人格的無制限的なものでなく、レーエンと軍事に關する事項に限定されたしかも双務契約的なもので、相互の忠誠關係 Treuebeziehung を特色とするのである[566]」と。

ここからして、喜多野は、同族組織が封建遺制であるかどうかという問に対して「從つて今日ある同族團を指して封建遺制ということも當らないと思います[567]」という結論を導き出す。なぜなら、同族関係は権威による従属関係であり、封建関係における封主・封臣の対等な関係とは全く異なっているのだから[568]。

ウェーバーの議論を借用したこうした根拠づけに、何らかの問題があるということは、喜多野自身も認識していたと思われる。たとえば、封建制を構成している各封臣が自身で支配している領邦内部は家産制と言えるような場合もあり、喜多野もまたそうした事例について次のように言及しているからである。

すなわち、「もちろんかく言えばとて家産制が封建制と共在することを妨げるものではない。封建制統治下に下部構造として家産制の廣汎に存在していたことは、既にドイツの史家やマックス・ウェーバーの指摘するがごとくであります[569]」と。逆に江戸時代には「わが國の同族團もまた武家支配の封建社會に、封建的政治的機構と結合してさえ存在していた[570]」のであると。

しかし、喜多野は自らの議論をゆるがせにすることはない。曰く、「……こうした影響によつて同族團に封建關係的潤色が加えられることがあるとしても、同族團そのものの結合の性格を封建的ということは出來ないと思うのであります[571]」と。

こうしたやや強引とも見える[572]議論の運びは、喜多野の家理論の全体を見ると、より整合的に理解することができる。喜多野曰く、「しかるに家はこのような核となる家族の單數または複數を含みながら、家父長制的な家長權の統宰する家權力の下に成立するところの歴史的社會的制度として、右のごとき家族［いわゆる近代的家族］とは異つたものと考えられます[573]」と。

すなわち、同族組織の構成単位の個々の家もまた家父長制原理によって組織されていて、その結合の本質は

565 喜多野清一「同族組織と封建遺制」日本人文科學會編『封建遺制』一九五一年、一九三ページ。
566 喜多野清一、同論文、一九二ページから一九三ページ。
567 喜多野清一、同論文、一九三ページ。
568 喜多野清一、同論文、一九四ページから一九五ページ。
569 喜多野清一、同論文、一九四ページ。
570 喜多野清一、同論文、同ページ。
571 喜多野清一、同論文、同ページ。

家長に対するピエテートであるのだというのである。

時期的には少し後になるが、喜多野はこの点について「日本の家と家族」で詳述している。喜多野は非血縁の召使いをも含めて家共産主義がなぜ成立し得るのかを自問した後に、次のようにその理由を説明する。曰く、「それはここでも家族成員をして非打算的に人格的に結合せしめ、共同せしめ、家族の全体に自己同一化せしめうる内的契機があるからである。すなわちウエーバーの言葉によれば、家の伝統的権威に対するピエテートPietätにおける服属があるからである[574]」と。

喜多野はこうした家父長制的な家族の範囲を、譜代下人（Diener）にも拡大して次のように述べる。すなわち、「ここには、夫婦と親子のほかに、家成員となっているDiener（譜代下人はこれに当たるだろう）を含んで、家の伝統に服属し、また相互に権威とピエテートの関係において統合されている家結合の様態が示されている。家父長制家族での家共産主義はこのような人間関係の基礎の上に形成されている。……私は日本の家も家父長制家族の類型に属するものと思うが、——そして本稿で家というばあいは、日本におけるかかる伝統的家族を指しているのであるが——日本の家においても、「召使」または「譜代下人」を家の成員として容認する根拠は、このような家の権威へのピエテートにおける服従の関係におくことができると考えるものである[575]」と。

このように家父長制とピエテートの概念を活用することにより、同族組織という家結合の単位である家そのものも同族組織と統合的に理解できるようになる。また、喜多野が家父長制とピエテートを理解する際には、こうした結合は「人格的」であることが強調される。なぜなら、そうすることにより、戸田の家族論の中核である「精神的融合」に適合するものと考えることができるからである。

というのもウェーバーの議論においては、家父長制が人格的（persöhnlich）であるというのは、官僚制がsachlichであることに対置するという意味を持っているのであって、戸田が述べるような精神的・心理的な意

572　ウェーバーがそもそもピエテートおよび家父長制という概念を持ち出してきたのは、支配が被支配者の服従とは無関係に持続し得るものではなく、支配があるところにはそれに服従すべき何らかの根拠があること、その正統性の根拠を類別してそれぞれの特色を述べるという文脈の中でのことである。（さらにそれが、西欧にのみ生まれた近代資本主義とそれを支える行政や近代法の基盤となる合法的支配の特徴を明らかにするという意図に貫かれているということは、ひとまず度外視しておく）だとすると、「……原理的には、自分の奴隷を遺言によって相続人に指定し（liber et heres esto）、自分の子を奴隷として売却することができた」（Max Weber "Max Weber Gesamt Ausgabe I Band 24-4 Herrschaft" 2005, S. 249. マックス・ウェーバー著 世良晃志郎訳『支配の社会学 上』一四五ページ。なお訳文は喜多野が引用に使用しているので、特に断りの無い限り世良訳を使用した。）というほどに強力なヘル（Herr）の支配に服従する根拠として挙げられるピエテートを、支配そのものとは無関係なものとして扱い、場合によっては支配がほぼ見られないような弛緩した関係において系譜というピエテートの存在のみを云々するというのは、「正統性」というピエテートの本来の役割を全く無視するものであり、そもそもそういう議論をすることの意味が不明となってしまうだろう。そもそも支配の実態がないところに、正統性を求める意味がないからである。

さらに言えば、ウェーバーが家父長制的支配について述べる際に第一に重視するのは、それが人格による支配であり、また、その人格に対するピエテートや権威だということである。その意味で、非人格的なものに対する服従が軸となる官僚制と対比されるのである。それは喜多野も引用するように「（支配の）家父長制的構造は、その本質上、没主観的 sachlich 非人格的 unpersönlich な「目的」zweck への奉仕義務や、抽象的規範への服従にもとづくものではなく、これとは正に反対に、厳格に人格的なピエテート関係にもとづくものである」。（世良訳『支配の社会学 I』一九六〇年、一四三ページ。喜多野は「日本の家と家族」『大阪大学文学部紀要』第十一巻、一九六五年の 三三ページで引用している）だが、喜多野はこの人格的支配と非人格的支配の違いに鈍感である。例えば、「それは［家共産主義が成立つのは］実に伝統的な家に対し、またその伝統的権威に対する没我的な帰順があるからである。すなはちウェーバーの言葉によれば、家の伝統的権威に対するピエテート Pietät における服属があるからである」（「日本の家と家族」『大阪大学文学部紀要』第十一巻、一九六五年の 三三ページ）という一文を見ても明らかである。家父長制におけるピエテートは家長という人格に対してなら存在し得るが、非人格的、制度的な「家」に対するピエテートというのは、そもそも概念上、考えることができないのであるから。中野卓は日本の家を家父長制とは捉えられないとしているが、その根拠として正当にも、ウェーバーの説く家父長制が人格に対するものであることを挙げている（中野卓「あとがき」『家と同族団の理論』『商家同族団の研究』より』一九六八年、一九八ページ）。ウェーバーの家父長制と人格的支配については、石井紫郎「「いえ」と「家父長制概念」」『社会科学の方法』第四巻一二号、一九七一年をも参照のこと。

喜多野流のピエテート理解は、その後も社会学内部に大きな影響を与え続けている。例えば、長谷川は次のように述べている。曰く、「……一般に日本の家父長制と呼ばれるものが、家父長の人格にたいするピエテート（恭順）よりも、むしろ家にたいするピエテートであり、それゆえに家父長も家にたいする奉仕者としての側面が重視されてきた」と（長谷川善計・竹内隆夫・藤井勝・野崎敏郎『日本社会の基層構造――家・同族・村落の研究』一九九一年、一六ページ）。

573　喜多野清一「同族組織と封建遺制」日本人文科學會編『封建遺制』一九五一年、一八一ページ。

574　喜多野清一「日本の家と家族」『大阪大学文学部紀要』第十一巻、一九六五年、三三ページ。

575　喜多野清一、同論文、三四ページ。

味、すなわち「親密な」意味を持っているのではない。だが、こうした違いを乗り越える、というよりは、あえて「誤読」することによって、喜多野は堅固な理論体系を築くことになる。

すなわち、家族結合そのものの本質は、家族成員相互の精神的融合にあり、そうした基礎の上に、日本の家は家長に対する精神的結合であるピエテートがその本質として存在し、家は永続を願うものであるがゆえに家の精神的結合は同世代の家長を超えて、歴史的な連続としての家そのものへのピエテートへと拡大されるのである。

こう理解することにより、家結合は、内部における成員相互の精神的結合により、また、歴史的な連続に対するピエテートという精神的結合によって実現されることになり、現実的（レアル）な支配や権力を排除した、精神的結合によって統一的に理解することが可能となる。[576] この理論内在的な統一は、確かに戸田の家族論の不足分を補い発展させたもの[577]と言えよう。

喜多野の家父長制論は、理論的な整合性・統一感という点において優れていたばかりでない。同族組織に附着した支配や権力の要素を拭いさることによって農村を民主化する一方で、同族結合そのものを親方子方などの支配・権力関係と区別することによって同族組織を戦後改革の荒波から守るというアクロバットを完遂したのである。

③ 政治なき継続——喜多野清一の社会像と政治観

一　非歴史的歴史意識——家と同族の非政治化

すでに見てきたように、喜多野の同族組織に関する議論においては、同族結合の基軸が家父長制であるとされてはいるものの、その内容においては、支配の実質はほぼなくても構わないということであった。こうした同族結合が実際の社会関係としてどのような内容を持っていたのかについて、喜多野は相互扶助という観点から詳しく論じている。

喜多野は本家の権威の源泉を、そもそこに本分の相互承認を発生させる原点となる分家成立の時点における財産分与に求めている。すなわち、分家を新たに創設する際に、新しい家が成り立って行くようにと本家が生産活動のための土地、農具や種籾、肥料などに加え居住家屋や生活道具などを分家に分与することから、本家の権威は生じるのであると[578]。「……本家による分家取立てという行為を本家の扶養給付行為として理解し、さらにその特質を本家分家間の庇護奉仕の行為にまで貫連せしめて理解することが必要である[579]」のだ。

576 家長や本家の権威についての説明では、しばしば、事実上の支配や権力関係の存在が述べられるが、それらは決して家や同族の本質ではない。喜多野によれば、家や同族の本質はあくまで、系譜の相互承認とその基礎にあるピエテートという精神的なつながりなのである。例えば次のように述べている。すなわち、「……この関係［同族団の関係］は、分家の系譜的従属的立場が示しているように、本家分家間の一種の主従関係の態様をとっている。一種のというのは、系譜上の立場に基づく上下・支配の関係の存在を指称するからである。だから他種類の主従関係と区別して考えてゆくことが肝要である。本家は本家なるが故にその分家に対して上位にあり支配の立場に立つ。だからまたその上位といい支配というのも、このような家の関係に即して上位に立つのであり、家の関係から生じる支配を行いうるのである」と（喜多野清一「同族の相互扶助」中川善之助・青山道夫・玉城肇・福島正夫・兼子一・川島武宜編『家族問題と家族法Ⅴ 扶養』「日本の家と家族」『大阪大学文学部紀要』第十一巻、一九五八年、三〇八ページ）。

577 喜多野清一「『新版 家族構成』解説」戸田貞三『新版 家族構成』一九七〇年、四〇〇ページ。米村千代『「家」を読む』二〇一四年、八二ページ以下は、戸田の精神的融合に見られる「親和的關係」を受け継いだ及川と、喜多野の家父長制の「権威」との対比を重視している。

578 喜多野清一「同族の相互扶助」中川善之助・青山道夫・玉城肇・福島正夫・兼子一・川島武宜編『家族問題と家族法Ⅴ 扶養』一九五八年、三一七ページ以下。本家の権威の源泉としての分家取り立ておよび財産分与については、喜多野清一「同族組織と封建遺制」日本人文科學會編『封建遺制』一九五一年、一八四ページから一八五ページにもすでに記述が見られる。すなわち、「そこで分家に當つてはその生活に對する保證責任として、家産の分與を伴なうのが普通であります。家を分立せしめて、これを自らの系譜につながらせる、すなわちそれを分家として成立させるということは、それを荷擔してゆくところの家族の生活の保證を伴なうのであり、これが本家の本家としての責任であり、また面目であり、そしてその権威の表現であるという形をとるのであります」と。

他方で扶養行為は家内部における家長の第一の勤めである。家長は家成員の各自を扶養する義務を負っているのである。それゆえ、家の成員は家長へのピエテートによって結合されているし、また、家同士もまた本家家長へのピエテートによって同族結合を成すのであるが、実際の機能の面でも扶養行為によって本家家長を中心として家内部と同族が結びつけられることになるのである。すなわち、「家父長制的家族においては家父長はその家権力の下に家成員を強く統制しているが、同時にまた家成員の扶養に関する責任を負うていた[580]」と。

そうした家長が家の中から新しい家族集団を家として分立させることは、「……みずからの扶養生活の基盤を分割することであり、またみずからの家長権の分割である[581]」。そしてこのようにして成立した分家は多くの場合、すぐには独り立ちできないので、様々な側面で本家に依存せざるを得ない。そこで、「……この新立の家はやはり本家の家権力の中にあってそれに下族して本家の生活統制を受けるし、本家との間に各種の生活連関をもつわけである。それはしばしば本家の庇護、分家の奉仕といわれている生活面があるのであるが、それを通じて本家の扶養行為は持続されている[582]」のだ。

それゆえ原則として、分家の際には財産（家産）の分与が行われる。家を取り囲む村の意識としても、財産分与があってこその分家であるとされることが多いと言う[583]。それゆえ、財産分与のない家の独立は本家に対する分家とは呼ばれないのである。

だが、喜多野はこうした一般論を前提としながら、遠藤浩の調査研究[584]を使って奇妙な事例を紹介している。すなわち、実際には財産分与を受けていないにもかかわらず、村人から分家と言われている家が少数存在しているのである。実際の調査を行った遠藤の分類によれば、調査対象になった村には明治以降の分家が二八戸あり、それをA群からD群までの四つのグループに分けて捉えることができるという。そのうちA群：実際に分家の際に財産分与があったもの（一四戸）とD群：引揚者の自力による家（二戸）とは分家であるかどうかが自他共に明確になっている。[585] B群（五戸）とC群（七戸）とは実際には財産分与が行われていない。しかし、村の人々がこれらの家をどう捉えているのかに違いがあるという。B群の家については、本家から何かと援助を受けているので、村の人は実際とは異なり、漠然と財産分与があったと考えていると言う。これに対してC群については村の人も財産分与がないと考えているのだと言う。

その結果、D群の家は村の誰からも分家とは言われない。ところがB群とC群については世代によって捉え方に違いがあるのだと言う。B群については中年以上の者も若い世代も分家と考えている。C群については中年以上の世代は分家とは認めていないが、若い世代はこれを分家と見做している。このB群とC群についての違いについて喜多野は次のように述べている。

すなわち、「……事実財産分与がなかったにもかかわらず、長期間にわたって本家分家間の密接な生活連繋があり、殊に分家が常に本家から何かと援助を受けているという事実は、年月の経過も手伝って、村人をして漠然と財産分与があったと考えしめるにいたり、これらを分家として極めて自然に認容する意識を醸成せしめるにい

579 喜多野清一「同族の相互扶助」中川善之助・青山道夫・玉城肇・福島正夫・兼子一・川島武宜編『家族問題と家族法V 扶養』一九五八年、三一〇ページ。
580 喜多野清一、同論文、三一二ページ。
581 喜多野清一、同論文、同ページ。
582 喜多野清一、同論文、三一〇ページ。
583 喜多野は遠藤浩の調査研究を引いて、耕作できる土地の分与を受けた場合には分家とみなされるが、土地分与を受けていない家については、多くの場合、分家とはみなされていないということを強調している。曰く、「……ともかくも家産を分つという行為が重要であり、また家産分与をもって分家の標識とする通念が成立していることを見たのである」と（喜多野清一、同論文、三一三ページ）。
584 遠藤浩「分家についての諸問題」『学習院大学政経学部研究年報』一巻、一九五三年、一一三ページから一五二ページ。
585 喜多野清一「同族の相互扶助」中川善之助・青山道夫・玉城肇・福島正夫・兼子一・川島武宜編『家族問題と家族法V 扶養』一九五八年、三一三ページから三一四ページ。もともとの調査研究は遠藤浩「分家についての諸問題」『学習院大学政経学部研究年報』一巻、一九五三年を参照。

たっている」[586]と。

ここから喜多野は次のような議論を展開する。すなわち、「この観察は、実は本家分家の相互の態度が一番問題であることを示している」[587]と。もちろん「……こういったからとて私はなにも分家創立に際しての家産分与の意義を貶価しようとするものではない」が、「ただ問題は行為の形態にあるのではなくて、それに含まれている意識である」[588]というのだ。ここに同族結合からの権力・支配的要素の排除が完成する。

多くの場合に同族関係には本家分家の間の何らかの現実の（レアルな）支配・庇護関係が併存していた。だが、そうした関係は事実上のものなのであって、同族関係を本質的に規定するのは、本家分家が相互にどう思っているのかなのである。どのような事実上の支配・庇護関係があろうとなかろうと、互いに本家であり分家であると思ってさえいれば、それは同族結合なのであることになる。

そして、このように事実上の関係と完全に切り離されることにより、何が同族結合であるかは、可変なものとなる。なぜなら、分家についての理解が世代によって異なるのは、それぞれの世代で「何をもって分家とするのか」という意識の基準が異なっているからに他ならない。こうした世代間での違いについて喜多野は次のように述べている。

すなわち、「こういう老若二つの世代間に分家観念のズレの生じているのは単にこの村のみではあるまい。そして家産分与――それも特に土地の形での――をともなわない分家形式が近来いっそう多くなっており、分家の生活基盤が必ずしも土地（耕地）を最も重要なる要素としなくなった（あるいはできなくなった）ということとそれは対応しているから、自然本家による扶養給付をこの形において要請するという一般通念が弱められているのである」[589]と。

ここで意味されていることは、ある時代に分家の条件とされていた本家による何らかの支配・庇護の関係も、後の時代には必ずしも必要とされなくなるということである。それを敷衍するならば、時代が進むにつれて、分家の条件としての支配・庇護の関係はどんどん稀薄化し得ることになる。

ここにはとても興味深い意識が成立している。すなわち、本家を通じての永続する家につながっているという意識は、その具体的つながり（支配・庇護の関係の在り方）は歴史的条件によって様々に変化しながらも、永遠の存在につながっているという主観的な意識、あえて言えば思い込みによって成立っているというわけである。すなわち、歴史性を削ぎ落とされた歴史意識の成立である。

それゆえ、この家意識はその原初的形態には随伴していた権力や支配の要素をどんどん失って行っても、なお家長と家の持つ権威を失うことはなく、永続する家につながっているという意味を持ち続け、それによる家成員および同族をなす家同士の結合機能を維持し続けることになる。それは歴史的に継続していたということそのものに対する恭順という意味では歴史意識であり、その内容は問わないという意味で非歴史的なのである。

本論は序章で、森岡の指摘する現代の社会学的な家族研究の特徴である社会の文脈からの切り離し、なかんずく支配や権力などの政治的視点の欠落について論じた。喜多野においては、その事態は、その経済主義と非歴史的な歴史意識の結合によってもたらされていたといえるのではなかろうか。

586 喜多野清一「同族の相互扶助」中川善之助・青山道夫・玉城肇・福島正夫・兼子一・川島武宜編『家族問題と家族法Ⅴ 扶養』一九五八年、三一五ページ。
587 喜多野清一、同論文、同ページ。
588 喜多野清一、同論文、三一六ページ。
589 喜多野清一、同論文、三一五ページ。

二　家の存続と国民統合

二–一　新日本の出発と伝統

喜多野理論の経済主義と非歴史的な歴史意識を端的に見て取ることができるのは、農村の民主化に対する叱咤激励の小文である。

昭和二十一年の七月刊の『新青年文化』と題する小冊子に「村への愛に立脚して」という標題で記された一〇〇〇字にも満たないものであるが、喜多野は戦後の食料不足によって農村が相対的に豊かになったが、それに甘んじてはならないと農村の若者たちの気を引き締める。曰く、「こんな好景氣は全く一時に過ぎない。農村不況はそんなに遠いことでなく始まると思つてゐなくてはならない。脆弱な日本農業の基礎の上に立つて、諸君は世界の農業とどうして競争して行けるか。充分に考へて貰ひたい[590]」と。

また、当時盛んであった農地改革を背景とした旧勢力への攻撃を次のように諌めている。すなわち、「村を民主化するといふことは何も舊い役員を叩き出してい丶氣になつて氣炎をあげることのみでは斷じてない[591]」と。

喜多野にとって何よりもまず必要なことは経済的条件の整備であった。曰く、「國土が狭くなつて人口の増へた日本を諸君の農業はどうして支へて行くことが出來るか。世界が一應の安定に入るとアジアは勿論米大陸の農産物がどつと許りに押寄せると覺悟しなければならぬだらう。その時には國家が保護してくれるだらうなどといふ虫のよい考はもう駄目だ[592]」と。

既に述べたことであるが、喜多野にとってはまずは「衣食足る」ことが重要なのである。

こうした課題の解決に向けて青年たちは何をなすべきか。喜多野の激は次のように続く。

すなわち、「だから諸君は今のうちによく自分の周囲を見廻して、どこにどんな不合理があるか充分に検討して、村の人々と一致して、諸君が先頭に立つてそれを除去し改革することをもうすぐ着手しなければ遅いと思ふ[593]」と。喜多野は農村の若者たちに、村の農業経営の見直しを行い、安定した経営の範型を作り出してそれを村全体に伝え実行していくべきであると述べる。曰く、「村が農業で立つて行く以上は、長年暮して來た農家同志が、強い者も弱い者も相互に助け合つて、一番合理的に安定した生活設計を樹て得るやうにすることから始めるべきである。[594]」と。

喜多野はさらに、若者たちに村の経済的再生のための活動のリーダーとなることを要求する。すなわち、「これを青年諸君の創意ある相互研究によつて着々實現して行くことがとりも直さず村の民主化の一番確實な途であると思ふ。民主化は内部から諸君青年自身の手で行はなければ長く生きて行くものでない[595]」と。

ここで注目すべきは、こうした新たな農村のリーダー達のモチベーションの源を喜多野がどう捉えているのかということである。喜多野曰く、「何と言つても村は諸君の家が代々暮して來たそして今後も暮して行く大切な共同生活體である。それを愛することなしには民主化などと言つても空念佛である。この全體への愛と正義感が諸君に責任を負はせてゐるのである。この責任感が諸君を指導者にするのである[596]」と。

590 喜多野清一「村への愛に立脚して」『新青年文化』第二号、一九四六年、二ページ。
591 喜多野清一、同論説、同ページ。ただし、ここで喜多野は「のみではない」という表現を使っていることから、決してこうした攻勢を一概に否定しているわけではなかったのだと思われる。
592 喜多野清一、同論説、同ページ。
593 喜多野清一、同論説、同ページ。
594 喜多野清一、同論説、同ページ。
595 喜多野清一、同論説、同ページ。

喜多野はここで民主化の理念や、平等の実現や、将来の生活の豊かさなどをもって若者達のやる気を起こさせようとしているのではない。彼等のエネルギーをまとめあげて方向付けるための軸となるのは、「代々暮らして來た」ことと、「今後も暮らして行く」ということなのである。すなわち、具体的な内容を欠いた、事実としての連続性そのものが、統合の核となっているのである。[597]

これこそまさに非歴史的な歴史意識というべきものである。そしてそれが喜多野にとっては、統合の核となっているのであり、そうやってまとまったリーダー達によって目指されるのは経済的発展ということになるのである。

このような社会像は、当時の日本社会の中でどのような意味を持ち得たのであろうか。

二-二　戦後改革と家の存続

戦前の臨時法制審議会において民法改正のための議論に大きな影響を与えた民法学者の一人である我妻栄は、戦後の早い時期に新聞の論説において次のように論じている。

すなわち、「……憲法の右の條文［日本国憲法草案第二二條、婚姻は、両性の合意に基いてのみ成立し、夫婦が同等の權利を有することを基本として、相互の協力により、維持されなければならない。配偶者の選擇、財産權、相續、住居の選定、離婚並びに婚姻及び家族に關するその他の事項に關しては、法律は、個人の權威と両性の本質的平等に立脚して、制定されなければならない］は、單に夫婦の「同等の權利」と「相互の協力」とか、身分關係における「個人の權威と両性の本質的平等」ということだけをいつているのではなく、國家構成の基礎を、そうした夫婦・親子を中心とした結合團體におくべきであつて、その他に——すでに總ての國で時代おくれとなつた、從つてわが國でも絶えず問題にされて來た——「家」というような關係を排斥する、大理想に立脚していると考えなければならないものなのである[598]」と。

憲法改正や家族法改正、農地改革などの戦後改革の中で、家は存亡の危機を迎えたと言ってよいだろう。

有賀は、戦後改革によって社会が大きく代わって行くなかで、自らのもとに、多くの人々から「これから家はどうなってしまうのか」という問が寄せられたことを語っている。曰く、「私は当時「もし家がなくなったらどうなるか」という素朴な問いを無数に経験した。しかもそれは農地改革に際して農民運動に参加した側の人たちからさえも受けたのであるから、内容のいかんにかかわらず、このことははげしい影響力をもったものであることがわかる[599]」と。

同じ頃に戸田は家の将来について次のように述べている。すなわち、「私たちは祖先が時代に適應する家族制度を發展させてきた歴史を学び、民族としてのよい傳統はこれを生かし、制度に欠陥があればこれを補って、りっぱな家族制度にすることを忘れてはならないと思います。……私たちはこれまでの傳統を生かしながら親子中心の家族制度と夫婦中心の家族制度のよいところをとりいれて、これまでの短所を補い、堅実な家庭生活をきずくことに努めたいものです[600]」と。

---

596 喜多野清一「村への愛に立脚して」『新青年文化』第二号、一九四六年、二ページ。

597 終戦後、多くの文化人達が思いを寄せたフィヒテの『ドイツ国民に告ぐ』(*Reden an die deutsche Nation*)において、ナポレオン戦争に敗北したドイツの新しい未来を築いて行くことを訴える際に、伝統的理念を超える新しい理念が主張されているのに比べると、その懸隔は甚だしい。(Johan Gottlieb Fichte, 'Reden an die deutsche Nation' in "Fichtes Werke, Bd. Ⅶ" 1971)。戦後すぐのフィヒテへの言及として丸山眞男の終戦後すぐの講義を挙げておく。「付録一 草稿断簡(一九四五年十一月一日付)」『丸山眞男講義録』第二冊、一九九九年、一八一ページ以下。

598 我妻栄「「家」の制約からの解放──身分法・全面改正の要」『毎日新聞』昭和二一年四月二二日、一九四六年。(引用は我妻榮『家の制度──その倫理と法理』一九四八年、三二ページから三四ページ。

599 有賀喜左衞門「家制度と社会福祉」『社会事業』一九五五年、四ページ。

600 戸田貞三『家族制度』一九五〇年、一六九ページから一七一ページ。

改革に対するこのような微温的な観方に対して、次のように痛烈に批判を加える議論も存在した。川島武宜は次のように述べている。

すなわち、「……日本の社會は、家族および家族的結合から成たつており、そこで支配する家族的原理は民主主義の原理とは對立的のものである。家族的原理は、民主主義の原理とはカテゴリーをことにするのであり、「長をとり短をすてる」というような生やさしいことで、われわれの家族生活および社會生活の民主化をなしとげうるものでは決してないのである。まさにこの家族的生活原理こそ、われわれの社會生活の民主化を今なほ強力にはばんでいるものであり、これの「否定」なくしては、われわれの民主化はなしとげえない[601]」と。

ここで川島が挙げる家族的原理においては、「親子や夫婦の關係は、一方的な支配と一方的な服從の關係、一方が權力のみを有し、他方は義務のみを負う關係であ[602]」る。こうした上下の支配の関係、家の中に存在する権力関係を民主化のために清算しなければならず、そのためには、良いところも悪いところもなく、旧来の家制度全体を廃止しなければならないというのである。

川島の厳しい攻撃は家だけでなく、家を構成単位とする同族組織にも及んでいく。なぜなら、家族的原理は単に家の内部、家族生活だけの問題にとどまらず、社会生活全体の問題であるからである。

曰く、「家族制度の生活原理は、家族の内部においてだけでなく、その外部においても、自らを反射する。そうしてこのことによつて、家族生活の外部における非近代的＝非民主的社會關係を必然ならしめる[603]」と。

そして家族原理が家族の外の社会生活に反映したものとして川島が挙げるのが、親方子方関係である。すなわち、「第二の親子關係、すなわち「親分子分」關係はかようにして必然性をもつて作りだされる。……かようにして、家族のほかに、つぎのような多くの家族的關係がつくり出されるのである。ほんとうの親子關係とほとんどことなるところのない庇護＝奉公關係たるもろもろの擬制的親子關係（名付け親、かね親、ひろい親等々。

……）。地主・小作人はしばしば「親方子方」とよばれ、實際その内容は封建的家父長制親子關係の再版である」[604]と。

川島による、家制度の全否定というべき議論に対置してみると、喜多野の議論は「長を取り短を捨てる」ものと映る。つまり家制度の延命をはかるものと言うこともできるのである。それを「長」所と言うかどうかは別として、喜多野の議論に従えば少なくとも村落社会の中で同族組織には支配とは異なった意義が存在することになるのである。そして、それは永遠に続いて行くものにつながっているという意識であり、戦後の農村改革に赴くべき青年を鼓舞する理念としてはたらいたのである。

こうした意識を支配から救い出すという試みは、戦後の日本社会にとって独自の意義を持っているように思われる。丸山眞男は一九六一年に戦前の日本を規定していた国体概念を支えるものとして、同族団を家とならべるだけでなく、伊藤博文の「郷党社会」と同列視している。すなわち、「権威と規範、主体的決断と非人格的「伝統」の拘束が未分化に結合し、二者択一を問われないところにまさに「家」・同族団あるいは「郷党社会」（伊藤博文）とリンクした天皇制イデオロギーの「包容性」と「無限定性」の秘密があった」[605]と。

601 川島武宜「日本社會の家族的構成」『日本社會の家族的構成』一九五〇年（初出は一九四七年）、二二ページ。
602 川島武宜、同論文、十ページ。
603 川島武宜、同論文、同ページ。
604 川島武宜、同論文、一七ページから一八ページ。
605 丸山眞男『日本の思想』一九六一年、三五ページ。確かに戦前の日本社会では同族組織は「天皇制イデオロギー」としての国体の観念と密接に結び付いたものであった。戸田貞三は昭和七年発行の中学生用公民教科書で次のように述べていた。すなわち、「……我が國に於ては、各家の系統を次第に上方に辿つて行くと、遂には全體が全く祖先を同くして、皇室に綜合せられるといふ信念を、國民がもつて居る。畏くも我が皇室は、斯く國家の大宗家にわたらせられ、我等國民の家は、すべて其の支流・末流の繁榮である。……此の如く、我が家族制度は、實に國家組織の根幹であつて、此の特質を發揮することは、卽ち國家永遠の隆昌を培ふ大きな動因に外ならぬ」と。

喜多野は、直近の過去までこうした意味を持っていた同族組織を支配関係から救い出し、その時々の具体的な政治を喪失した、単なる連続としての伝統への恭順という理解を生み出したのである。

こうした考え方の微温性、非徹底性は川島らの強い批判と熱心な啓蒙活動にもかかわらず生き延びた。それは、農村改革に赴く青年たちを鼓舞し、一体感を生み出すべき過去から未来へと続く伝統なのであり、戦後の経済発展の時代を生き抜くまさに「国民統合の象徴」としての働きをしたのである。高度経済成長をとげ、さらにはGDP世界第二位を誇り、海外から"Japan as No.1"と言われるようになった後も、家の残滓は日本社会に残り続けた。二十一世紀を迎えた今もなお、彼岸を迎えれば先祖の墓にお供えものをし、盆には迎え火、送り火を行う人々は少なくない。[606] 家族の崩壊[607]が問題にされる一方で、なお「家を継ぐ」という意識は決してなくなりはしなかった。

経済的発展と家の存続という取り合わせは、一見すると矛盾する、あるいはそうまで言わなくとも腑に落ちないものであったが、そのように受け取る我々の考えよりもこの組み合わせの持つ合理性の方が現実的だったとも言えよう。高度経済成長の期間を通じて、家の伝統を非歴史的に捉える、その歴史の無化はより徹底されて行った。

喜多野の議論がより洗練されていくことの中に、伝統が非歴史化され、歴史が無化されるプロセスをみいだすことができるだろう。

三　経済発展と戦後政治

こうした非歴史的な傾向は、喜多野が家父長制による家理論を明らかにし始めた戦後間も無くの時期には、まだ可能性として存在するにとどまった。時代が進み、家からますます権力的・支配的要素が少なくなるにつれて、非歴史的傾向はより一層強まって行くこととなった。

　さきほど、時代が進むことによって、分家意識を規定する要素から権力・支配の要素が少なくなって行くことを見て来た。家から権力的・支配的要素が減少しつつあること、いわば一種の家の平等化という現象は戦前からすでに、家の近代化であるとかあるいは都市化の影響などとして様々に論じられてきたことでもあった[608]が、戦後の諸改革の後押しでその傾向はより鮮明になってきていた。

　だが、現実的な（レアルな）支配・権力要素のこうした希薄化の進行は、家の捉え方、すなわち喜多野の理論自体にも大きな影響をもたらすことになった。

606　年に一、二回墓参りをする」人の割合は、一九七三年以降、多少の上下をしながらも六割から七割にも上っている（NHK放送文化研究所編『日本人の意識構造 第五版』二〇〇〇年、一三八ページ）。

607　富永健一『戦後日本の社会学』二〇〇四年、一〇八ページから一〇九ページには次のようにある。すなわち、「……一九七〇年代以降になると、少子化と高齢化によって、核家族さえ揺らぐようになった。山根常男が主張したように、一九六〇年代は家族研究にとっての重大な転機をなした（山根常男『家族と人格』家政教育社、一九六〇年）。この時期を境にして、「家」の観念はもはや過去のものになり、「家」を問題にするのが家族社会学であるという考え方は消滅した。家族社会学の研究課題はもはや、「家は存続し得るか」ではなく、「家族は存続し得るか」を問うことであると考えられるようになった。」と。家族を何らかの実体によって捉えようとすることの難しい現代において家族がどのように現出するのかについては、木戸功『概念としての家族』二〇一〇年を参照。

608　このような趨勢が大きく影響したのが臨時法制審議会による民法改正案の作成である。これまで触れて来た論者について言えば、戸田貞三は『家族構成』一九三八年、三五〇ページから三五一ページで次のように述べている。すなわち、「此等現代我國の大都市にあらはれて居る家族構成員の種類と員數とは、将来我國民が構成するであらうと考へられる家族のそれに近いものであらう。今後我國に於て家族外に存する諸社會關係が一層増加し、家業として經營せられ得る業務が一層少くなるとしても、國民が各自の家系を連續せしめんとする態度を失はない限り、其家族構成員としてあらはれるものは恐らく現代の大都市に見出されて居るものと大差ないであらう。……但し此事は我國民が家族を構成する場合に持つ態度に變りがない限りに於てのみ云はれ得ることである。此態度に著しい變化が起るならば、その家族員が右に述べた所のものより著しく變ったものとなるであらうことは云ふ迄もない。」と。鈴木は「社会學より見たる聚落」『地理教育 十周年記念 聚落地理学論文集』一九三八年、五ページに次のように述べている。曰く、「今日我が國の農村に於ても住民の移動、經營方法の分化、教養程度の相違、個人主義的自由主義的思想、傳統に對する批判的態度の爲に、部落の共同社會的性質は漸次微弱となり、所謂都市化の傾向を充分に現はして居る。そして居住の接近と云ふ事は漸次彼等の意識より遠ざかり彼等の行動を拘束し得なくなりつゝ、ある。それは農村の聚落が或る程度迄アパート化しつゝあると云ふ事である」と。

本章でみたように、喜多野は、戸田の家族論の体系から、大きな影響を受けている。改めて確認すると、戸田の理論体系においては、家族は精神的融合によってその成員が互いに結びついている集団であった。家長的家族はそうした家族の本質に従いながらも、家族という集団の上位に位置する国家や民族という集団の要請に基づいて生み出された制度であった[609]。家長的家族に対置される近代的家族もまた、同じくそれを生み出した欧米の国家や民族の要請に基づく制度である。それゆえに、いわゆる家族の本質としての小集団というのは集団のレベルのことであり、家長的家族や近代的家族のように制度として捉えられるものとは議論のレベルが異なっているのである。

喜多野もその家父長制的家族論の展開の最初の時点では、戸田の体系に従って次のように述べている。すなわち、「……家はこのような核となる家族の單數または複數を含みながら、家父長制的な家長權の統宰する家権力の下に成立するところの歴史的社會的制度として、右のごとき家族〔戸田の述べる家族の本質としての小家族集団〕とは異なつたものと考えられます[610]」と。あくまでこの時点では家父長制的家族＝家は、制度として捉えられていたのである。

だがそれ以降の叙述において、そもそも家父長制的家族＝家をどのレベルで捉えるのか、歴史的社会的な条件との関係のもとで考えるかどうかに関して、当初の議論と比べて少しずつ変化してきているように思われる。「同族組織と封建遺制」（一九五一）の発表から一〇年後の「同族における系譜関係の意味」では、家の結合原理の位置づけが変わっている。

喜多野は近代家族と家を対比しながら、「近代家族のような家としての結合原理を内包していないものは、家としての超世代的存続を要請しない[611]」と述べている。

「同族組織と封建遺制」においては、「家」を規定する家父長制的原理は「歴史的社会的制度」として「家」

という形を取るのだとされていた。当然、近代的家族もまた、「歴史的社会的制度」として存在する。そして、家族の本質である精神的融合による小集団を「家」という制度に具体化するのは、「家父長制的な家長権の統宰する家権力」として、集団としての家族の外部にあるものとしてイメージされている。そしてそれは、戸田の家族論の体系における、国家や民族などの家族の外にある集団の要請によって、家長的家族という制度が生み出されるという議論と整合的であった。

ところが一〇年後の「家としての結合原理を内包していない」という表現は、喜多野がこの時点で家を家たらしめているものを家族という集団の中に存在するものとして捉えているということを示している。事実、この論文では家を制度として捉えるという表現は一切見ることができなくなっているのである。

続いて一九六五年に発表された「日本の家と家族」においては、その冒頭近くで家や家族、Family という用語の使い方について次のように述べられている。すなわち、「これらの事情をも考へて、私は家を日本の家父長制的伝統の家族を指称する用語に限定することにしたい。そしてこの家から脱却して近代化された夫婦結合中心の生活原則を持つ家族を近代家族と指称することにする。日本にもそういう家族は形成されつつある。そして家族という名辞は、The Family と同じように、これら各種の家族の包括概念として、また集団としての家族結合の普遍的性格を示す抽象概念として用いることにしたい[612]」と。

ここでは一九六一年の記述の延長上に、より鮮明に制度からの離反を見て取ることができる。家父長制的伝

609 本書第二章（六二ページ以下）参照。
610 喜多野清一「同族組織と封建遺制」日本人文科學會編『封建遺制』一九五一年、一八一ページ。
611 喜多野清一「同族における系譜関係の意味」『九州大学九州文化史研究所創立二十五周年記念論文集』一九六一年、二七六ページ。
612 喜多野清一「日本の家と家族」『大阪大学文學部紀要』第十一巻、一九六五年、六ページ。

統と近代化された夫婦中心を対置しながらも、それは制度ではなく「生活原則」なのであり、家族という集団の「性格」として捉えられて「家族」という包括概念の下位に属するものとされている。ここでは、集団とはレベルの異なる「制度」に対する言及はなく、また、制度に対する要請の根拠となる家族という集団の外部の集団である国家や民族あるいは歴史的社会的条件もまた考慮に入れられることはないのである。

社会学という学問が目指すべき、集団の性質を集団内部の要素のみによって説明するという方法は、戦後社会の展開と並行した喜多野自身の学問の発展によって獲得されたものであり、そこで排除されるべき集団の外部の要素とは、なかんづく支配のような政治的な要素だったのである。政治の排除は時代が進むとともに、より純化されて行く。

同じ論文の中で、家族の本質としての戸田の小集団論について、喜多野は次のように述べている。すなわち、「私が家は核としての小結合を含んでいるということを言うのは、この事実が家族構造として重要な意味を持つからである。……核的結合は小家族理論が示すように独自の人格的結合をしてゆく。……ところが家は家父長制的な統合をなして存立している。……すなわち家族結合の本質を体現していると考える核結合を家族と呼んで——これを歴史的家族形態としての家に対置して、家は現実にはこの二つのものの分ちがたい結合——統合——として成立していることを述べたのである[613]」と。

この表現においては、集団としての家族の本質論としての小家族理論、すなわち精神的結合による集団ということと家における家父長制的な統合とには、「本質」と「歴史的形態」という違いがあることが述べられながら、現実の姿としては両者が「分かちがたい結合」をなしているとされている。

さらに時を経て一九七〇年、喜多野は戸田の代表的著作である『家族構成』を改版して出版するにあたり、巻末に解説を書いている。その中で戸田が日本の家族を家長的家族であるとしていながら、実際には「……概括的には近親者の包容されている範囲は予想されるほどに広くないこと、近親者の種類の多い複雑な構成の家族があるとしてもその数は案外に少数である」理由を求めて、喜多野は次のように論じている。

「……それは家族結合の一般的特質の規制が基本的には働いているからである。この特質は家族結合に固有な特質である。……だから家長的家族にも具有されいて、これを規制する。……だから右の近親者包容程度の問題も、家長的家族の特性による規制と家族の一般的特質による規制との競合関係の結果としてみなければならない[614]」と。

先に述べた「分かちがたい結合」における二つの要素の競合の在り方を問題にしているが、ここではすでに「本質」と「歴史的形態」という区別は失われ、家族結合における規制の二つの異なったあり方として並行して論じられている。

では、この二つの要素はどのように同じ土俵で評価され得るのだろうか。

先に引用した部分に続けて喜多野は、戸田が『家族構成』の中で日本の家族が家長的家族の傾向を多分に持っていたと述べていながらも、その著作の性質上、家長的家族の特徴を充分に明らかにはしていないと言う[615]。その限界内で明らかにされた家長的家族の姿と、第一章において詳細に語られた家族結合一般の特質の違いについて喜多野は次のように述べる。

すなわち、「この二重構造は家族構造分析のあちこちの場面で――博士の方法論がそうさせるのだが――たび

613 喜多野清一「日本の家と家族」『大阪大学文學部紀要』第十一巻、一九六五年、四七ページ。
614 喜多野清一「解説――日本における家族社会学の定礎者戸田貞三博士」戸田貞三『新版 家族構成』一九七〇年、三九七ページ。
615 すなわち、「『家族構成』の研究の目標とアプローチの性質が日本の家長的家族論をこの場で展開することを要せず、むしろ量的な構成論の限界で問題とされるに止まらしめたのである」と（喜多野清一、同論文、三九九ページ）。

たび問題として出てくる。博士のように夫婦とその子たちの緊密な感情的融合と人格的合一に家族結合の基体をおく以上、それを超えたどういう内的態度の統合として家長的家族は成立するのか、これはわれわれのもっとも聞きたいところであって、従ってまた不満を感じるところである[616]」と。

すなわち、ここで家父長制的家族の在り方は、集団におけるその成員の内的態度としてとらえられ、そのため精神的融合という家族の本質的規定と同じように評価することが可能となったのである。それと同時に、そもその戸田の家族論および喜多野の家父長制論の出発点の中にあった、国家や民族、あるいは歴史的社会的条件のような家族という集団の外にある要素は、家父長制的家族＝家を捉える視点から全く失われてしまったのである。

すでに述べたように、ヴェーバーの家父長制論を取ることによる戸田の集団としての家族の本質論との接合および家と近代的家族を統合的にとらえる理論的一貫性は、現実的な（レアルな）権力的・支配的な要素を理論の外にくくりだすことによって、歴史的要素を消滅させる可能性がある。戦前からの都市化・近代化に加えての戦後の諸改革を受けて、急速に権力的・支配的要素を失って行った家の姿に応じるように、高度経済成長のほぼ終わりのこの時期に、喜多野の理論はその可能性の限界点に近づいて、具体的な政治的事象の連なりとしての歴史の全き忘却をもたらすものとなったのである。

喜多野は、鈴木と同じように、日本の社会に残存していた同族結合に併存する親方子方関係のような権力的・支配的要素を除去することを目指した。しかし、その実現の方法は鈴木とは異っていた。喜多野は、経済的な条件の整備によって作り上げられた社会の内部から歴史的・政治的な要素をできるだけ取り除くことを目指したのであり、そうした社会の統合は――戦後の農村の青年たちを鼓舞したように――過去から現在へとつながり未来へも継続して行くということに対する恭順にのみ依拠していたのである。

戦前期にすでに学者としての経歴をスタートさせていた喜多野清一は、その当時から経済的条件の充実によって、農村に見られた経済外的強制による不平等を解決しようとしていた。戦後、研究の重点を家と同族にフォーカスした喜多野は、家や同族から外的要素、とりわけ支配関係に関わる要素を排除することにより、単に連続しているという事実への恭順に基づく社会の統合という、非政治的な理論をもたらすことになった。

　このような理論の軸となったのが、戸田の小家族論であった。喜多野が、戸田の議論のうち、自らの理論形成に適合的であった部分のみを取り上げて評価したために、戸田理論は喜多野のそれと同じように「非政治的」なものとして捉えられるようになった。

　戦後社会は経済的発展を旨として、支配の要素を次第に失い、統治に関わる政治が直接的には見えづらくなって来た。そうした社会のあり方に対応するように形成された喜多野の議論を通じて、家理論は「非政治的」であるという観方が作られ、継承されるようになったのである。

616　喜多野清一「解説——日本における家族社会学の定礎者戸田貞三博士」戸田貞三『新版 家族構成』一九七〇年、三九九ページから四〇〇ページ。

第五章

親方による支配と庇護

—有賀喜左衛門の家理論—

序論でも述べたように、有賀喜左衛門にとっての政治は、同時代のそのほかの論者の捉える政治とは非常に異なっていた。人々を守るということを考える場合に、戦後の議論の場では、一方では自由と人権の保護・確立が問題とされ、他方では階級や歴史の法則が議論された。だが、有賀は第三の道を行った。有賀は人々を守るということを、こうした議論とは全く異なったところ、すなわち支配と庇護の関係として捉えていたのである。家とは有賀にとって、このような支配と庇護、人々を守る場だったのであり、家を統べる親方の働き、リーダーシップこそ、有賀が最も重要なものとして認識していたものなのである。

しかし、このような政治観と有賀の目指すヒューマニズムはほとんど理解されることなく、後の世代にも受け継がれることがなかった。

① 支配と平等

一　捨子の話——親子関係と支配関係

晩年、有賀喜左衛門は戸田貞三を非常に高く評価していることを講話の中で述べているが、同時に、かなり早い時期から戸田の理論を批判してもいたとも語っている。[617]

実際に有賀は『農村社會の研究——名子の賦役』で次のように述べている。曰く、「それ故家族制度を論ずる場合に血族以外の同居人を除外する方法論を以てする事はそれは傍系血族を包含する家族を対象とする事は出來

617　有賀喜左衛門「有賀喜左衛門先生最後の講話」北川隆吉編『有賀喜左衛門研究』二〇〇〇年、二五ページから二六ページ。

るが、それ以外の家族に關しては全く妥當しない事は明かである。戸田貞三博士の大著「家族構成」はこの點に於て基本的な誤謬を包蔵してゐるものと思はれる。[618]」と。

ここに表わされた有賀の議論は、戸田と有賀の理論的差異を明らかにしているという点では特徴的なものである。それは現象的に見れば、非血縁の者を家族成員に含むのかどうかという問題である。[619]だがその奥にはそもそもの家族という集団の結合の本質をどのように考えるのかという重要な問題が潜んでいた。

すでに述べてきたように、戸田はそれを精神的融合と考えるのであるが、有賀はそのような「心の問題」ではなく、家族（より正確に言えば、家）という集団の結合の本質を「支配」に見るのである。こうした有賀の考え方の基本はその初期から一貫している。以下に、有賀の議論が彫琢されていく以前の、原点とも言える議論を見ることにより、有賀の理論の特徴を明らかにしてみたい。

有賀は「捨子の話」として『法律新聞』に都合九回に渉って連載された論説を発表しているが、そこにはその後の「名子の賦役」以降に展開されることになる有賀の議論のエッセンスをいくつも見ることができる。[620]

有賀によれば、捨て子をする人の多くは「必ず拾はれるのを豫期してゐたに違ひないのである[621]」。捨てる側にも様々な理由があったろうが、いずれにせよ、捨て子を捨てるというのは「不用なものを捨て去るといふ程の意味ではないと見るのが至當であつて、即ち捨子といふは自分に代わつて子供を養ふ親を見付ける一つの手段に外ならなかつたのである[622]」と。

捨て子をこのように考えると、養子に出すということは一種の捨て子であると言える。曰く、「此の點から見ると養子も一種の捨子と見て良いであらう。之を裏から云へば、捨子も養子の一種と云ひ得る。即ち之は一種の押付け養子であつた[623]」と。

有賀によれば、養子というと後取りのためのものという捉え方が多いかもしれないし、民法［明治民法］上も後取り養子か分家をする聟養子しか認められていないが、現実にはそれ以外の「もらひ子」という養子の形態が存在しているという。「兎に角この種の養子は凡て勞働力の受容から必要とせられるので、……實際には奉公人に變りないものがいくらもあつたのである」[624]。

これに続いて有賀は年季奉公や遊女の身売りなどの例を引きながら、新たな労働力としてこれらのものが捨子、すなわち子として労働組織に迎え入れられ、労働組織の指導者の方は親方として、親方子方関係が生じることを述べて行く。

曰く、「……奉公に出したら捨てたも同然だったのである。それは農家としても商家としても、奉公人は先づ主人の子分として取容れられたから、奉公人の生殺與奪の權利は實の親から主人に移るので、主人は奉公人の身柄を自由にすることが出來、即ち親權の移轉が行はれた譯である。年季明け後禮奉公が濟んでも大方は主人の下に居附いたのは、……親としても次三男の歸ることを望まず、本人としても新しい親方の下に安穩に活するこ

---

618 有賀喜左衛門『農村社會の研究』一九三八年、一三九ページ。

619 従来の学説史の叙述は残念ながら現象面にとどまり、戸田や有賀の家族観を支える社会像にまで議論の射程を広げたものは少ない。そういう意味でも喜多野の有賀理解は秀逸である。喜多野が有賀の家族論の軸が支配や、それに基づく経営にあることを早くから指摘していたことについては、前章の記述を参照。逆に中野は経営という側面を重視しながらも、支配についての理解が深いとは言い難い（後述第六章参照）。

620 例えば、以下にも取り上げる養子の他、年季奉公や大家族制度、親方子方関係、小作関係、村入りや村の組織などの在り方が親方百姓の生産組織の在り方との関係の中で論じられており、さながら『日本家族制度と小作制度』のアイデア帳のような観を呈している。

621 有賀喜左衛門、同論文、同ページ。

622 有賀喜左衛門、同論文、同ページ。

623 有賀喜左衛門、同論文、同ページ。後には養子の一つの形態である奉公人養子について次のように述べている。曰く、「……奉公人養子は一人前の百姓たるべき養育を行ふために、實親が實力を有せぬために地主に子供の親權を移轉して將來を保證して貰ふ事にある。卽ち、躾の依頼により成立するものである」と（有賀喜左衛門『日本家族制度と小作制度』一九四三年、三七六ページ）。

624 有賀喜左衛門「捨子の話（四）」『法律新聞』第三千五百十三號、一九三三年、一九ページ。

とを欲したのであるから、例外はあつたらうが、普通には表面親子の縁を切らぬといふ許りで、捨てたも同然だつたと云へるのである」[625]と。

こうした親子関係（親方・子方関係）につき、一般にはそれを「擬制的親子関係」と呼び、実際の親子の関係を、血縁のない親分と子分の関係に敷衍したと理解されることが多い[626]。親子というのはあくまで血縁がつながっている者の間の関係を言うのだとする。しかし、有賀においては関係が逆転することになる。

有賀は名付け親や元服親の風習を取り上げて、そこに見られる名前をつけるという習俗の持つ意味を次のように説明している。すなわち、「……名付はその名付けらる、子の生命に對する支配である[627]」と。それゆえ、実の親による子供の名付けも親による子の支配であるなら、他人によって名付けられることによって、その子は新たな親の支配下に属することになるのである。

名付けによる支配関係の生成は、様々な形態で行われていて、その範囲は全く血縁がない者同士にも適用される。たとえば有賀は次のように述べている。曰く、「更に大切な事は子供の名付けに親を取立てる風習である。之を名付け親といふのであるが、名付けて呉れた人の子方となることを意味し、終世此の人を親方として仕へるのである」[628]と。

名前を付けるということは、名付けられる子を親方の支配下に置く行為なのである。ここにあるのは生物学的なつながりではなく、名前をつけられることによって、その者は名前をつけた者を親とし、その親の子になるという社会的な関係なのである[629]。

有賀にとって第一義的なのは親方・子方の社会関係なのであり、親方による子方の支配こそが親子関係の基礎を作っている。それゆえ、親子関係にとってそもそも血縁があるかどうかは決定的でなく、貰い子や養子と血縁のある子とは、親子関係における区別はないことになる。重要なことは、親とされる者が子とされる者を支配

625　有賀喜左衛門「捨子の話（五）」『法律新聞』第三千五百十五號、一九三三年、四ページ。ここで有賀が「生殺與奪の權利」と述べていることにも注目すべきであろう。

626　例えば、鈴木榮太郎は「我が國の古より存する集團形式及び社會關係形式の中には集團としての家族の特性及び血縁者間の關係形式を模擬して居るものが少なくない。それは集團としての家族の共同社會的性格や血縁者間の共同社會的關係を、事實然らざる集團及び社會關係に複寫せんとするものである。」と述べている（鈴木榮太郎『日本農村社會學原理』一九四〇年　三八五ページ）。及川宏は次のように「擬制」という表現を用いている。すなわち、「出自の共通は勿論單なる血縁と云ふ生理的事實の確認ではなく社會的制度である。……社會制度たる限り、同族組織は擬制に基く成員の參加を拒むものではないが、その擬制は必要な手續である」と。（及川宏「同族組織と婚姻及び葬送の儀禮」『民族學年報』第二巻、一九四〇年、三二ページ）。

627　有賀喜左衛門「捨子の話（八）」『法律新聞』第三千五百十九號、一九三三年、六ページ。なお、有賀は次のようにも述べている。すなわち、「元來一家に於ける親子關係といふものは血の關係があるから非常に密接であるのは勿論であるが、我が國の習俗としてはそれが一定の生活意識を以て表現されてゐる。即ち先づ命名は子の出生にとつては一大行事であつて、名は生命と同じものとする觀念から、名に於て生れた者の生命が表象されるので、子供の命名を親が行ふことは、子供の生命が親によつて與へられるとの意識を生じるのであつて、それは親の生命を分與するといふ形に於て行はれるので、子供の呼び名に親の通稱を加へるといふ習俗も起るのであるが、これは子に對する親の全的支配を表象するものであるから、その半面に於て又子に對する全的保護にも任ず可き筈のものであつた」と（有賀喜左衛門「名子の賦役――小作料の原義（上）」『社會經濟史學』三巻七号、一九三三年、四八ページ）。さらに戦後は名前を与えることと支配の関係がより広範に捉えられ、天皇による賜姓から武士によるそれにまで論述が及ぶことになる。曰く、「江戸時代に百姓が姓を稱し得なかつたのは領主から許されなかつたからであり、名字帯刀を許されたというのは、すべて領主からの賜姓の意味を持つものであつて、それと共に領主家との密接な關係が生じた事を示す。これらは武家時代以前からの長い傳統を持つ事を知らねばならない。武家社會に於いて臣下が領主の一字を賜つた事は武家社會に特殊な風習であつたと思うが、それは古代以來の主從關係に於ける賜姓の地盤の上に生まれた時代的な特殊性である事を考えないと、その正しい意味は理解できない」と（有賀喜左衛門・長島福太郎「對馬封建制度の諸問題――木庭と間高、地方知行、加冠」九学会連合対馬共同調査委員会編『對馬の自然と文化一九五四年、一七四ページ』。

628　有賀喜左衛門「捨子の話（六）」『法律新聞』第三千五百十七號、一九三三年、一二ページ。

629　後に有賀はいわゆる「擬制的親子関係」という考え方を正面から批判するようになる。曰く、「これは祖先若くは氏神をミオヤとして尊崇する宗教的關係と切り放して考へることは出來ないから本來はオヤコは生理的關係を示す言葉ではなくして社會的關係を示す言葉である事は明かである」と（有賀喜左衛門『農村社会の研究――名子の賦役』一九三八年、二四五ページから二四六ページ）。さらに主著『日本家族制度と小作制度』（一九四三年）になると次のように述べている。すなわち、「この場合［族長が傍系の者に名を付けて子方とすること］に親子といふ言葉は生理的關係によるものでなく系譜的關係であるから、父母と息子娘といふ言葉と區別されねばならぬ」と（同書、三七八ページ）。また、柳田國男によりながら言葉の面からも次のように述べている。曰く、「柳田國男先生はオヤコを以て族長族人の縦の關係を示し、これに對してイトコを以て族人間の横の關係とせられた（農業經濟研究五ノ二）。オヤコは明かに大家族制に於ける家長夫婦と他の成員との社會關係を規定するものであ」ると（同書、三七八ページから三七九ページ）。

するという、特定の社会関係に入ることなのである。

有賀の話が長くなったが、戸田との比較に戻ろう。戸田貞三の捉える家族は血縁を軸とした少数のメンバーによる密接な精神的な結合によって成り立っていることは、第二章で述べてきた通りである。それは養子などの擬制的家族関係の評価にもよく見てとることができる。

戸田は夫婦にできた子供を含む自然的な小家族を家族の原則としながらも、例外的に子供以外の者を家族に加える場合が家長的家族にはあることを述べている[630]。すなわち、「……家長的家族にあつては親夫婦に子供のない場合には、他家（多くの場合此親と族的關係にある人々の家族）から子供が迎へられ、又子供があつてもそれが女子のみである場合には、他家から男子が迎へられて、それが此親夫婦の子と認められ、その養子となる[631]」と。

だが、こうした養子と親との関係は血縁のある子との関係と比べた場合、その結合は弱まらざるを得ない。なぜなら、「……［養子にも］家族内に於て如何に子供と同様なる資格が認められるとしても、養親子の間には實親子の間に於けるが如き愛著的接近が起り難」く、「實親子の間には隔てなき感情融和が自然的に發露するが、養親子の間にはかゝる感情融和の自然的發露が求め難い[632]」からである。

養子とは家を途絶えさせないための例外的処置なのであり、本来備えるべき精神的結合という家族集団の軸が弱まることも、家長的家族の目的である家の永続のためには、止むを得ず受け入れるというのである。しかしあくまで例外であるので、その適用範囲は有賀の議論と比べると著しく狭い。

これに対して有賀において養子を受け入れる＝捨て子を拾うのはあくまでも親の生産組織の労働力を確保するためである。そのため、親と子を結ぶのは支配の関係であり、それを象徴するのが親による名付けである。そして名付けが子の生命の支配を意味するのは、血のつながった実の親子であろうと、血のつながらない捨て子であろうと同じなのであった。

二 家と村――同族関係と支配関係

有賀が捉える人と人との基本的な関係において「支配」の要素が重要であったことを、家の中の親と子の関係から見てきた。有賀にとっての「支配」の重視は、家を超えたより大きな集団においても顕著であった。戦前昭和期に家をめぐる議論の軸の一つを形成した同族について、戸田の述べていたことと比較することで、有賀の議論の特徴を捕まえてみる。

戸田もまた家と村との間に存在する種々の小集團に注目していた[633]。こうした小集団の結合の仕方について、戸田は「村の人々相互の親睦が強まり、打ち解けて相互扶助をなす爲には、面接的接觸が必要である[634]」と述べている。第二章で述べたように、戸田にとっての社会とは家族におけるような精神的な融合をなし得るような関係であり、ここでも相互の親睦が規定的である。だが、村全体（戸田によれば、だいたい八十戸前後になるという）が一堂に会することのできるような場所は村内にはなく、集まる場所としては民家が用いられるので、そこに集まることのできる人数によって、こうした「相互の親睦が強まる」集団が決定されるという。

まきとはこうした小集団のうちで、「同じ家から分れた家々よりなる血緣的の集團であり、これらの分家が本家と同じ村落内にある場合に、相互に精神的にも、物質的にも協力し合うところの集團である[635]」。

630 戸田はここで、夫婦と子供からなる小家族という家族構成の例外として養子のほかにもう一つ、「勘当」についても述べて、本来家族でないのに家族になる場合と本来家族であるのに家族とはならない場合を対比している（戸田貞三『家族構成』一九三七年、八五ページ以下）。

631 戸田貞三『家族構成』一九三七年、八一ページ。

632 戸田貞三、同書、八二ページ。

633 戸田貞三「村に於ける「まき」の機能」教学局編『日本諸學振興委員會研究報告 第二篇（哲学）』一九三八年、一九五ページ。

634 戸田貞三、同論文、一九六ページ。

この「まき」という集団は「……それが同一地域内にある時は、血縁と地縁とが二面的に作用することに依つて、可なり集團的集中性の強いものとなる」[636]。

それゆえ、戸田によれば、後に「同族」として概念化される「まき」もまた、精神的融合を軸として人々が結びついた集団なのである。

これに対して、有賀が捉える家と家との結びつきの軸は、やはり「支配」なのである。再び、「捨て子の話」より有賀の語るところに耳を傾けてみよう。

親方子方関係は子方の婚姻について大きな影響を与えることから、家と家との関係に及ぶと有賀は論ずる。すなわち、元服親と別に婚姻において新たに親方を取る場合もあるが、「元服親と婚姻に關して立てる親方とは元同一人であつた事」は想像に難くないのであり、元服親は「婚姻に於て重大な役割を演ずる」と。それゆえ、親方子方の関係は「最早個人的のものでなく、家としての社會的位置を決定するものであ」り、「……この場合の親方子方は直ちに家と家との關係であるといふことが注意されなければならない」[637]のである。

有賀はこうした親子關係が村における社会関係の基軸を形成していたこと、またそうした関係は明治以後もなお、村のあり方を大きく規定したことを述べる。すなわち、「村々に於ては實際に親方と子方とは多くの場合、古くより或る家と他の家との間にその關係が結ばれてゐて、親方たる家は村内では大抵決まつており、良い家柄に限られていた」[638]と。

続いて有賀はこのような親子関係がまさに小作関係の源であることを述べる[639]。捨て子の話はいわゆる擬制的親子関係から親方子方関係に転じ、農村における小作関係が親方の手作経営における労働組織に基づくことにまで及んだが、最後にそうした労働力を確保する手段として、復び捨て子の話に戻ることになる。有賀は新たに宿市驛場などを開く場合の労働力の確保について次のように述べている。

すなわち、「何れにしろ之等の村にあつては外部から多く勞力を補充せねばならなかつたが、かうした場合に猶ほ古い強い統制を維持するには、どうしても外來者を子方として入れて、その上に親方の權威を立てる事が是非とも必要であつた。かうするより外に外來の勞働者を有効に働かす手段はなかつたのである」[640]と。

すなわち、有賀の親子関係とは生産組織におけるリーダーとしての親方とそれに従う者としての子方の関係なのであり、血縁とは関係がない。肉親と「絶縁」して長居してくれることが望まれるような関係なのである。

このような親方子方関係こそが、後年、「同族」として概念化されて行くのであるが、有賀の捉える同族は親による子の支配を基軸としていたのである。同族の本質論ともいうべき面における有賀と戸田との違いは、同族の現状をどう把握するのかという面でも大きく作用している。

戸田によれば「まき」は明治維新以後の大きな変動によって、その集中性を弱めてその機能を縮小している。その原因は大きく四つ挙げられている。第一は村内耕地面積に対する人口が過剰となり、職業分化の程度が進むことによって本家と分家との扶助が行われ難くなったことである。[641]第二は「地主の強い支配と保護」とが行われることにより、「まき」による相互扶助があまり意味を持たなくなったこと。[642]第三が耕地に対する人口が多いため本家の近くに分家を出すことができずに、地縁的結びつきが弱まったこと。[643]第四に労働力の移動がたやす

635 戸田貞三「村に於ける「まき」の機能」教学局編『日本諸學振興委員會研究報告 第二篇（哲学）』一九三八年、一九七ページ。
636 戸田貞三、同論文、同ページ。
637 有賀喜左衞門「捨子の話 六」『法律新聞』第三千五百十七號、一九三三年、一二ページ。
638 有賀喜左衞門、同論文、同ページ。
639 有賀喜左衞門「捨子の話 七」『法律新聞』第三千五百十八號、一九三三年、一九ページ。
640 有賀喜左衞門「捨子の話 八」『法律新聞』第三千五百十九號、一九三三年、六ページ。
641 戸田貞三「村に於ける「まき」の機能」教学局編『日本諸學振興委員會研究報告 第二篇（哲学）』一九三八年、二〇四ページから二〇五ページ。
642 戸田貞三、同論文、二〇五ページ。

くなることにより、「まき」による相互扶助よりも賃労働を利用する方が簡便となったことである。[644]

とりわけ第二の理由として戸田が挙げる「地主の強い支配と保護」は、戸田の理論と有賀の理論との違いを際立たせている。有賀の理解によれば、不足する労働力を補うために親方は外から人をいれるのであり、それが家と家との関係にまで発展して親方本家と子方分家との関係を形成し、いわゆる同族関係と呼ばれるような関係が生まれる。こうした親方本家こそは旧時における地主に他ならないのである。すなわち、旧時の本来的なあり方によれば、地主の支配・保護の関係が強まるということは、順接的に「まき」という小集団の集中性を高め、その機能を拡大することになるはずなのである。

有賀によれば、「まき」には、必ずしも血縁によるつながりは必要ない。ここで本家と分家とをつなぐものは、親方による支配なのであって、決して「打ち解けた相互扶助の関係」などではない。

これに対して戸田は、「まき」の結合もまた、近しい人々の間の精神的融合に基づくと考えているがゆえに、当時、支配関係の代名詞のように捉えられていた地主・小作関係とが強まることによって、「まき」の結合は弱まると考えられたのだ。

「まき」と地主関係をめぐる両者の議論の相違はそもそも家族の内部の結合の原理をどう捉えるのかという点における決定的な違いを反映しているのである。

戸田が家族の範囲を狭く限定するのは、家族成員を結び付けている根幹が、夫婦・親子などの近しい間でしか成立しえない相互の愛情であるからであった。[645] これに対して、有賀は家の中に愛情を探したりはしない。[646] 有賀が家の中に見出すのは「支配」なのである。[647]

三　ヒューマニズムと子方の保護──親方のリーダーシップ

有賀が家を見る目は、ある意味で非情なものである。ある家が分家を出すのは、分家自身のためではない。本家の都合に良いから分家を出すのである。[648] 多くの場合、分家となる者は、それだけで自立して行けるほどの財産分与を受けるわけではない。それゆえ分家と言って形の上で独立しているように見えても、本家の支配を受け続けざるを得ない。本家の内部にいても分家として外に出ても、本家に依存しないと生活できないことには変わりはないのであり、本家（親方）による支配を受け続けることになるのである。[649]

この考え方は、親はあくまで子のためを思って行動する、さらには死んで後、祖先となっても子孫のためを

643 戸田貞三「村に於ける「まき」の機能」教学局編『日本諸學振興委員會研究報告 第二篇（哲学）』一九三八年、二〇五ページ。

644 戸田貞三、同論文、二〇五ページから二〇六ページ。

645 戸田貞三『家族構成』一九三七年、二〇九ページ以下。『家族制度』一九五〇年、一〇八ページ以下。

646 有賀も家の中の愛情に言及しないわけではないが、決してそれを重要視することはない。愛情の関係そのものが問題なのではなく、そうした関係を生み出す社会的、歴史的な条件こそが問題なのである。例えば有賀は次のように述べている。「それ故主從なる身分關係や家族制度がすべての時代に於いて封建的であると規定する事は誤りである。從つて封建的と規定せんがためには、主從關係や家族制度が武家社會では如何なる特質を持つかを検討するのでなくてはならぬ。この場合特定の形態に於いてその特質を見出すとしても、その形態そのものが人間の内面的感情では有り得ない。かくの如き形態に心情の冷酷があり態度の強制があるのではなく、親愛でも憎悪でも、冷酷でも溫情でも、かかる形態を通して發現する所に武家社會の特質を見出すのでなければならぬ」と。（有賀喜左衛門『日本家族制度と小作制度』一九四三年、二七九ページから二八〇ページ）

647 例えば有賀による家の中での子方の保護は同時に支配をも意味することについて、早くから次のように述べている。すなわち、「併し右に就て注意す可き事は小作關係に入るに際し地主から生活用品が支給されるといふ事であつて、これは新たに親方子方の身分關係に入る場合に必然の條件である故であつて、之を單なる賃貸借の觀念を以て律する事は出來ないのである。從つて其後に於ける地主の小作人に對する保護はその支配と全く平行するものであつて、一方に於て恩惠的意味を有するが、他方に於て賦役又は物納小作料が存するのであるから、この場合に於ける恩惠も身分關係の結果であるから地主の支配と離すことの出來ぬ條件であることを特に注意す可きである」と。（有賀喜左衛門「名子の賦役」『社會經濟史學』四巻十号、一九三四年、三〇ページから三一ページ。

648 有賀喜左衛門『農村社会の研究――名子の賦役』一九三八年、八五ページには次のように述べられている。すなわち、「それは本家の經營に分家の賦役を取る點に大なる重點を置くのであるから、分家をして獨立の生計に充分なる財產を分與する事には重きを置かれてゐない」と。そもそも分家をするということ自体、大家の大規模手作では厳しい税の取り立てに対応できないから、分家を独立させることにより、税を負担させるという、それこそ本家の側の一方的都合によるというのが有賀の理解であった。（有賀喜左衛門「捨子の話 八」『法律新聞』第三千五百十九號、一九三三年、六ページ）。

思うのであるという戸田の考え方とは対照的である。有賀にとっては、子はあくまでも親のために存在するのである。

では、有賀は戸田の理論の基礎を形作った「自己実現」や鈴木の理論の基軸となった平等のような理念、「有形無形の壓迫［や］不公平な取り扱い……掠奪とか云ふ無理な關係……を癈除して出來る限り人間の理想に近い社會的協同生活體を作らんとする要求[650]」とは無縁なのだろうか。

戦後、有賀は人間には本来的に指導される者と指導する者の区別があり、この点において平等はあり得ないと述べている[651]。

曰く、「上下関係は封建的で、平等関係のみが民主的だとみる傾向もあるが、デモクラシイでも指導者が必要である。この意味で人間の能力に差異のあるかぎり、上下関係はデモクラシイにもあらわれる。上下関係でもヒューマニズムの上に築かれたものはデモクラシイであり、平等関係でもヒューマニズムの基礎づけがないものは封建的だといってよい。……上下関係は、能力の差によって、いろいろの形で生じても、ヒューマニズムの基礎づけがあると、お互いに人格を尊重し合う。……むしろ能力のあるものを上として素直に認めて、融合協力していく[652]」と。

すなわち、リーダーとして人を率い、支配して行く人間と、リーダーに従い支配される人間との区別は有賀の社会認識にとって基底的なものだったのである。と同時に、信州白樺で活躍した若い時代の理想主義は「ヒューマニズム」として有賀の理論にその姿を残したのであった。

家の内外における支配の要素を強調する有賀の議論は、前後の世代の家理論と対照すると、その独自性は際立っている。

有賀に先行する世代について。戸田はすでに述べたように、家族の中の成員の結合は精神的融合によるものだとして、親子や夫婦の間のように「自然的支配関係」はあるものの、支配は家族結合の本質とは縁遠いものとして捉えられていた。鈴木については、家の内部においては成員各自の「位座」ということで、家の精神に対する役割の違いを認めてはいたものの、それを明確に支配とすることはなかったし、村の中の個々の家の関係は原則的に平等なものであった。

有賀に後続する世代については、戸田の家族論を受け継いだ喜多野が家成員相互の愛情にもとづく結びつきを強調する[653]のはまだしも、有賀の一番弟子と目されていた中野さえもが、家（「うち」）における成員の結びつきは、血縁を超えた親密な関係であって[654]、支配からは縁遠いものと考えていた。

支配という言葉には、被支配者を搾取するものだというイメージがつきまとう。しかし戸田の表現を借りれば、被支配者の利益を考えずに支配者の利益だけのための支配もあれば、被支配者の利益をも合わせて考える支

649　有賀喜左衛門『農村社会の研究——名子の賦役』一九三八年、九四ページには次のようにある。すなわち、「……是等の場合は血族分家が本家と對等に獨自の經營を行ふ可き目的に於て分家が行はれたのでないから、如何なる分家と雖も本家に對して從屬的な關係なしには存立せず、生活上各種の密接なる交渉を持つて來た」と。

650　戸田貞三「跋論」建部遯吾『國家社會觀』一九二一年、四ページ。

651　平等という価値をそのままでは受け入れないことは戦前にも明らかである。例えば次のように述べている。有賀曰く、「この心持ちが変ってきて、誰もが平等である同じ人間だというようになってきました。考えはそれでよいのであります。けれども古い昔の関係、組織のよさをも見たいものであります。後になってふたたびかようなものが作れはしないのであるが、古い関係をそのままよいと思わず、古いものを新しい時代にふたたび見直そうとすることが、はなはだ必要なことと思うのであります」と。（有賀喜左衛門「村の見方」一九三二年、講演録。引用は『有賀喜左衛門著作第Ⅸ巻』一九七〇年、三七四ページ）。

652　有賀喜左衛門「農業の発達と家制度」『地上』一巻一二号（一九四七年）（引用は『有賀喜左衛門著作集Ⅹ　同族と村落』一九七一年より）一一四ページ。

653　喜多野の家父長制論においても、成員相互を結びつけるのは「ピエテート」という感情的なものであって、支配ではない。喜多野清一「日本の家と家族」『大阪大学文学部紀要』第一一集、一九六五年、一三一ページ以下。

654　中野卓『商家同族団の研究』一九六四年、八二ページ以下。また、同書、四五三ページ以下の「第六章　大和屋暖簾内とこれをめぐる家連合」という中野の生家の歴史の記述においては、血縁のない奉公人と主人一家との親密な結びつきが詳細に語られている。

配も存在する。支配が端的に搾取を意味するわけではない[655]。

また、ウェーバーの支配の定義[656]にも見られるように、支配には被支配者の服従という要素がつきものである。服従を得るためには支配者側に都合のよいことばかりではなく、被支配者側にも何らかの利点が不可欠である。有賀は端的に「ヒューマニズムとは人間性の尊重であり、したがって合理性を基調とする個性の尊重である」[657]とする。

では、有賀の支配とはどのようなもので、それがどのように人間性や個性を尊重して、ヒューマニズムを形成していたのだろうか。具体的には、親方の支配と子方の服従を考えるために、支配の始まりを有賀がどう描いたのかを見てみよう。

旧来の村落では、新しく村に入る者は直接に村の住民となるのではなく、村の有力者の子方となることによって間接的に村の成員となることができた。そうした場合に親方は新たな新入者に対して、住む家と生活をして行くに必要なものを与えるのであった。それに対して新入者は親方の経営に参加し、親方の支配に服するのである[658]。

また、親による子への名付けについて見て来たように、名付親や鉄漿親の風習は、親方取りとも言われるように、新たに村の有力者である親方の支配に服するようになることを意味している。その代わりに村内での生活の後ろ盾＝保障を行ってもらうということなのである。これらの例から見て取れることは、有賀の捉える親方の支配は、その不可欠の側面として子方の保護を意味しているということである。

有賀は端的に次のように述べている。すなわち、「……子供の命名を親が行ふことは、子供の生命が親によつて與へられるとの意識を生じるのであつて、それは親の生命を分與するといふ形に於て行はれるので、子供の呼び名に親の通稱を加へるといふ習俗も起るのであるが、これは子に對する親の全的支配を表象するものであるから、その半面に於て又子に對する全的保護にも任ず可き筈のものであつた」[659]と。

655　戸田貞三『社會學・下』一九三二年、八八ページから八九ページには次のようにある。すなわち、「支配被支配の關係は此如く相手方から優れたと認められる者の要求に應じて相手方が動くことによつて成立するのであるが、……支配者の利益のみを主として此關係が形作られる場合は所謂搾取關係の場合であつて、歴史上可なり多く其例を觀ることが出來る。併し搾取關係のみが支配被支配の關係の全部ではない。支配的地位にある者は自他共同の利益の爲に相手方の服從を求めることもある。……更に進んで此關係は被支配者の利益を主として形作られる場合もある」と。

656　Max Weber, “Max Weber Gesamt Asugabe 23: Wirtschaft und Gesellschaft Soziologie”, 2013, S.449. あるいは、そこで引かれるS.210。前者は邦訳では世良晃志郎訳『支配の諸類型』一九七〇年が著名であるが、後者は清水幾太郎訳『社会学の基礎概念』一九七二年でよく知られている。世良訳によれば、「「支配」とは、その定義（第一章一六）からして、特定の（またはすべての）命令に対して、挙示しうる一群のひとびとのもとで、服従を見出しうるチャンスをいう」（世良晃志郎訳『支配の諸類型』一九七〇年、三ページ）とされる。ここで言う「第一章一六」にあたる箇所を清水は次のように訳している。すなわち、「「支配」とは、或る内容の命令を下した場合、特定の人々の服従が得られる可能性を指す」（清水幾太郎訳『社会学の基礎概念』一九七二年、八六ページ）と。邦文だけを読むとほぼ同じ意味のように読めるが原文と対照すると清水の訳はかなり荒っぽい。「特定の人々」というのは世良訳の「挙示し得る一群の人々」と同じく原文は‘angebbar’であるが、この語に「特定」のという訳語を与えるのは無理だし、対象となる人々のうちの一部の特別な条件のある人々にのみ妥当するという誤解をまねきかねない。「特定の」というなら、それはむしろ清水訳の原文にはなく、世良訳の原文にある‘spezifische’である。また、この箇所を含むパラグラフではMachtとHerrschaftの違いを論じているのだが、清水はMachtを「権力」と訳している。権力という邦語が通常あてられるドイツ語は‘Gewalt’であろうが、Gewaltは法的に規定されたMachtを意味するので、ここで何の形容もないMachtの訳語に「権力」という語をあてるのはふさわしくない。「権力」という訳語の選択はこの文についての誤解をまねくだけでなく、裸の暴力とそれが制度化された場合とを対照しようというWeberの意図の理解を不可能にしてしまう。清水のようにMachtを権力と訳してしまうのは、角材を「ゲバ棒」と呼ぶ際にGewaltという語を用いるのと表裏の誤りであろう。

657　有賀喜左衛門「農業の発達と家制度」『地上』一巻一二号（一九四七年）（引用は『有賀喜左衛門著作集X　同族と村落』一九七一年より）一一四ページ。

658　有賀喜左衛門『日本家族制度と小作制度』一九四三年、三九四ページから三九五ページには次のようにある。すなわち、「……他村から來て土着して從屬小農となる社會關係には、共通の性格のある事を注意しなければならない。卽ち從屬農となるには、それ自身に於ける生活條件が劣惡であるから居村を離れるのであるが、土着するに就いては地主の世話にて土地の娘を妻とする場合が考へられる。……改めて妻帯しなくてもその土着には家屋敷、耕地、農具、家財、家畜若くは種籾、肥料等の分與又は貸與、又は刈敷山、山林の使用等が許される。これは奉公人分家のそれに準じたものであり、これらの物の分與若くは貸與を行ふ事は、親方子方たる身分關係の設定に外ならない」と。

659　有賀喜左衛門「名子の賦役」『社會經濟史學』第三巻第七号、一九三三年、四八ページ。

子方の保護という側面がもっとも顕著に現れるのは飢饉における子方の保護である。天保の飢饉などの重大な危機においても、優れた親方に従っていた子方百姓は生き延びることができたといい、また、親方百姓にも、そうした非常時に子方を守ることを誇りにしていた者も多いという。

例えば「二戸郡小鳥谷村では旧時地頭と名子との間は純然たる主従関係若くは近親関係で情誼は濃かであり、極めて親密であったから、地頭は名子の生活を保証し、凶作等には食料を給与する等の保護を与へたものである（中略）九戸郡葛巻村の地頭は旧時にあっては名子が生活に窮した場合自己の経済状態を度外視して之を救済し、名子は地頭に依ってその生活を保証せられたので、安定したる地位として喜び、地頭に対して感謝の念が強かった[660]」と。

後に「家の自治」との関係で詳しく述べるが、戦後になると、親方による子方の保護は家の生活保障機能として議論されるようになった。有賀は近代以前の家について次のように述べている。

曰く、「封建社会の武士の家を見ると、……その社会で生活の単位として考えられたことが重要である。その意味は家が家族の生活を保障するという要求の上に成立していたことである。このためには経済的には家産を持ち（知行）、宗教的には家の神（守護神）を持ち、家長がそれらを管理しつつ家族を強力に統制し、かつそれを保護する役割を持ったのである。庶民の家では知行の代りに家業の経営と家産とがあり、他のことがらは性格的に武士の家とほとんど同様のものであった[661]」と。

家はその成員の生活保障という重要な役割を担っていたのであるが、狭小な農地における脆弱な農業を営む個々の家は、それだけで家成員を守るだけの力を持っていなかった。[662]それゆえ、単独の家では実現できない成員の生活保障をいくつかの家が集まることによって実現することになったし、その中におけるリーダーシップによって親方と子方の、言い換えれば支配するものと支配されるものとの関係が生まれたのである。

すなわち、「家は家族の生活保障をその大きな目標としながら、その十分な能力を持たなかったので、何らかの家の連合体にたよらなければならなかった。そしてそのことはその家の連合体の中心となる有力家によって統率されることを意味した[663]」と。

明治維新後に個人主義的所有権概念が家産制度を放逐し、産業の発展が離村と都会への人口流出を生み出す中で、「同族や親類間の経済的な相互依存関係は弱められた」が、「……家は古い家の連合体から多分につきはなされても、それに代るほどの堅実な個人主義経済が成立したのではなかった。したがって家は中途半端な経済組織の中におかれたので、或る意味ではその生活を前より一層裸にしたともいえる。すなわちそれ自身のみでその生活を計らねばならぬ条件がふえ[664]」ることとなった。

それは分家にあたっての分与される財産が少くなり、場合によっては全くなくなることを意味した。すなわち、「……これが日本の資本制経済の影響であった。……その結果は卑近な所に表れていた。例えば家計の不足を個々の家族の収入によって補うことは依然として一般的に見られた。一家の経済を支持するために家族の誰かを奉公または身売せしめることも少くなかった[665]」のである。

戦後改革にもかかわらず、このような条件は変わることがなかった。有賀は「戦後の社会福祉事業は家制度

660 有賀喜左衛門『農村社会の研究——名子の賦役』一九三八年、三六〇ページ。
661 有賀喜左衛門「家制度と社会福祉」『社會事業』三八巻十号、一九五五年、五ページ。
662 有賀喜左衛門「農業の発達と家制度」『地上』一巻一一号（一九四七年）（引用は『有賀喜左衛門著作集X 同族と村落』一九七一年より）一一一ページには次のようにある。すなわち、「……日本農村の欠陥の根本的条件の一つとしてあげなければならぬものは、過少農的地盤であるということができる。いいかえるなら、これが日本農村に封建制を存続させた重要な条件の一つである」と。
663 有賀喜左衛門「家制度と社会福祉」『社會事業』三八巻十号、一九五五年、七ページ。
664 有賀喜左衛門、同論文、九ページ。
665 有賀喜左衛門、同論文、同ページ。

を変革し得るか[666]」と問う。曰く、「……生活が多くたよりがたい家に深くたよらねばならぬ矛盾に家制度温存の根拠があるが、それらは家の小さなエゴイズムをあらゆる社会組織の中にまき散らす温床ともなり、集団における派閥のエゴイズムに成長し、政治をも毒している。そして社会連帯の思想から人を遠ざけ、福祉事業の成長を妨げる。しかしこの責任の大半は［十分な生活保障を提供し得ない］今日の政治が負わねばならない[667]」と。

有賀にとって、家を形作る親と子との関係は、あくまで親のために子を支配すると同時に、でき得る限り親が子を守って行くというものだったのであり、子を守るということに有賀のヒューマニズムが存在していた。そこには親と子の愛情に基づく結合や、成員同士の平等の関係の代わりに、親による子の支配と庇護が存在していたのである[668]。

親と子の関係を有賀は支配関係として捉えるのであるが、それは他方で親による子の庇護という側面を持っていた。では、人々を支配する政治という領域について、あるいはその政治の行う支配について、有賀はどのように考えていたのだろうか。

② 家と政治

一　政治という災い

有賀は生涯で一編だけ、戯曲を書いている。有賀の白樺派時代の作品「吹雪[669]」である。これは二幕一場の簡潔な戯曲で、農家を舞台としている。出演者は農家の家長である父太兵衛、母たか、長男の晃、次男の牧夫、娘の志津に郵便配達人の六名である。その詳細は省くが、戯曲の題名にもなっている「吹雪」が家の外で荒れ狂っている。家の中では、登場人物たちがさまざまな困難に対して、怒り、怒鳴り、時には静かに話をしながら、解決を模索する。舞台にしつらえられた書割りの壁は、通常とは異なり、舞台の奥が外で、手前が家の中という作りになっている。そのため、観客は家の一番奥、ご先祖様を祀ってあるあたりから、舞台で繰り広げられるやり取りを見ることになる。建物としての家は外で荒れ狂う吹雪から家の中の人々を守っているが、観客が視線を同じくする「家」は何を守っているのだろうか。

親方は家の中心にいて、子方を支配し自家の経営を取り仕切って居るが、家内に在る全ての成員、子方を保護するという役目を負っていることを述べてきた。親方が場合によっては大規模な飢饉などの天災からも子方を守るということを見たが、実際に、親方として子方を守るべき災厄として、何が予想されていたのだろうか。

有賀によれば、家族制度は労働組織や、それに影響を与える社会事情に大きく規定されているという。曰く、「併し家族制度にしても、勞働組織にしても夫々の單位がそれよりも大きな組織的社會集團に包含されてゐる場合には、この社會集團に依って共に規定される關係にある。それ故勞働組織が一般社會事情により影響を被れば家族制度も同時にその影響から免れるものではなく、両者は相關的にこの影響下に置かれるのである」[670]と。

家族制度そのものや、労働組織に大きな影響を与える一般社会事情を有賀は二つに分けて考えている。すな

666 有賀喜左衛門「家制度と社会福祉」『社會事業』三八巻十号、一九五五年、九ページ。
667 有賀喜左衛門、同論文、十ページ。
668 このリーダーシップという点で有賀と中野は決定的に異なっている。中野が語る大和屋の歴史においては、リーダーシップを感じることができるのは、わずかに初代の言行についてのみであり、それ以降については非血縁の者同士の親密な関係についての叙述ばかりである。後述第六章参照。
669 有賀喜左衛門「吹雪」中野卓編『文明・文化・文学』（一九八〇年、御茶ノ水書房版）一九九ページから二四一ページ。（初出は『創作』（一九二三年））この戯曲については武笠俊一の研究「有賀喜左衛門の『白樺派』時代」（『社会学評論』一四七号、一九八六年）がある。
670 有賀喜左衛門「家族制度と労働組織」『日本社会学会年報　社会学（第八輯）』一九四〇年、三三一ページ。

わち、自然的条件と社会的条件である。曰く、「それら〔家族制度や労働組織〕は自然的條件や社會的條件に適應せんとして村落の當事者が創案したものであることは明らかであるし、その故に村落開發の當初から歴史的に展開して來てそれぞれの形態に到達したものである」[671]と。

それぞれの條件の下で生きて行く具体的な家は、その形態を、それぞれが包含する自然的條件および社会的條件に規定されるというのである。つまり、子方を守るべき災厄は飢饉のような自然の災厄に限ったものではなかった。有賀が自然災害に並んでとりわけ大きな災厄として数えたのは、年貢の厳しい取り立てなどの社会的條件であった。

著名な五箇山の白川村の特色ある大家族も、白川村を取り囲む独自の自然的条件と社会的条件によっている。自然的条件とは「耕地狹小であり、生產率が低く、急峻な山域にあつて他との交通が隔絶してゐる」ということである。そのため、「商業は殆ど發達せず、自給經濟が支配し、從つて他所稼ぎは成立せず、子方の生活が向上す可き餘地は全くない」[672]。

他方で、似たような自然条件の下であっても、白川村とは異なった家族形態を取るところもある。その違いは何がもたらしたかと言うと、それぞれの家を取り囲む社会的條件の違いである。すなわち、慶長検地によって成立した石高制に基づいて年貢の徴集が精密化したことや年貢金納制がそれであるという。こうした条件も、生産条件が発達した場合には、他所のように大家の大規模経営を解体して、分家を出して租税負担をさせることにつながったのであるが、白川村では自然的条件と社会的条件の組み合わせが、歴史の流れに逆行するかのような同居大家族を生み出したのだ[673]という。

同じ租税の厳しい取り立てという社会的條件が一方で同居大家族を生み出し、他方では一軒前としての独立を生み出すことになった。しかし、後者もまた手放しで喜べるわけではなかった。なぜなら「この事は一面公法的に一軒前の百姓たる體面を持つ事になるが、それ丈けで獨立の實態を持つとは限らぬ」[674]からなのである。親方は、厳しい税の取り立てに堪え兼ねて子方を分家させるのであるが、決してそれは分家が独立してやって行けるだけの準備を伴っているわけではなく、分家以後も子方は親方に依存し続けざるを得なかったのである。

有賀は子を守るということを親の使命と考えていたため、税の取り立てに代表される統治としての政治は、風水害や地味の乏しい立地などの自然的条件とならぶ、家をおびやかす社会的な条件として捉えられた。有賀の捉える政治は、一つにはこうした外側から押し寄せてくるものとして捉えられているのだが、それに対する家、政治と家との関係はどのように捉えられていたのだろうか。

二　公法と私法――政治的単位と家

第一章でみたように、森岡清美が主張するような、戸田貞三以来の日本社会学の家族研究の「非政治的」性格は一九八〇年代後半から変わり始める。中でも長谷川善計らが提出した「政治的単位としての家」という視点は、家理論の展開にとって非常に刺激的なものであった。[675] 長谷川は次のように述べている。曰く、「……近世社会は、あらゆる身分社会が家を単位として構成されたが、家は、私的生活や家族をその内部に包み込みながら「公的」性格をもっていた。そして、家は、上位権力や上位集団の下位単位として離れがたく緊密に組織化され

671　有賀喜左衛門「家族制度と労働組織」『日本社会学会年報　社会学（第八輯）』一九四〇年、三二二ページ。
672　有賀喜左衛門「タウト氏のみた白川村」飛騨考古土俗学会編『ひだびと』一九三六年、五八七ページ。
673　有賀喜左衛門、同論文、五八六ページ以下。
674　有賀喜左衛門『農村社会の研究――名子の賦役』一九三八年、九六ページから九七ページ。『日本家族制度と小作制度――「農村社会の研究」改訂版』一九四三年、一二九ページ。
675　長谷川善計・竹内隆夫・藤井勝・野崎敏郎『日本社会の基層構造――家・同族・村落の研究』一九八一年。

ていた」[676]と。

こうした新たな「政治的な」観点からは、有賀の議論はどのように映るのであろうか。代表的な見解として藤井勝の議論を見てみよう。藤井は有賀の「村の家」[677]を題材にして、初期の有賀は「村落レベルの家は村落における「公民としての資格」あるいは「村の人として本当に一人前の扱いをうけること」とかかわっていると論じている」[678]とする。

ところが、有賀は及川宏の大家族概念に対する批判を受け入れることにより自らの理論を深化させた。その際に、及川が公的単位よりも広く家を捉え、事実上の家を家の単位とすることをも受け入れたのだという。すなわち、「有賀の家理論はこのように転換した（中略）……有賀の家理論の出発点にあった村落の「公民」としての家という理解、つまり村落と家との統一的把握は、新たに再生されることはなかった」[679]と。

だが、藤井が述べる「公民としての資格」として家を捉えるということを、統治としての政治と家の関係を捉えることであると読みかえるならば、それ自体は、「捨子の話」[680]以来、有賀の議論には一貫して存在している。及川の批判を受け入れた後の主著『日本家族制度と小作制度』においても、統治としての政治に関わる家の側面についての言及が決して失われたわけではない。だが、確かにそれは長谷川や藤井が論じているような意味での「政治的単位」としての家ではない。有賀の重視する政治的な観点が、長谷川や藤井らのそれとどのように異なっているがゆえに、さきほどのような藤井の評価をもたらしたのかを考えてみる。

子方を守る家に対置される外部的条件、言葉を変えれば災厄としての政治を、有賀は「公法」と呼んだり「公法的」と形容した。たとえば租税徴収の精密化に対応する分家の問題についてさら見てみよう。子方を分家させ一軒前にさせることは、新たに租税負担者を作り出すという意味で、全く公法的な行為である。と同時に、それがもし本当の意味で親方から独立するということなのであれば、いわゆる「名子抜け」を意味している。だが先程も述べたように、分家はかならずしも親方の支配・保護から完全に独立するものではなかった。公法的には新しい関係の創立であるものが、親方との関係では何等新しい関係を作っているわけではないという、ズレが生ずる可能性がある。この事情に関して有賀の言うことに耳を傾けてみよう。

名子が屋敷を買得した場合も、それがそのまま「名子抜け」とはならない例について有賀は、形式上は屋敷地の買得という条件を満たしているが、それだけで名子が大屋から独立して生計を成り立たしめ得るようになったわけではなく、依然として大屋に依存し続けなければならないから、役地は小作料を免除された役地のままなのであるという。

すなわち「それ〔役地が小作料を収める小作地とはならずに、役地のままであること〕は屋敷を自己所有に移すといふ事に依り、名子ぬけといふ形式的變化は生ずるが、生活全體に於ける實質的變化が伴はぬ場合も生ずるからであり、舊來の關係がそれを黙認するからである。この場合公法上名請百姓となると雖も、彼は屋敷地を所有するだけで、多くは他に耕地の名請高を持たないから、親方から眞に獨立するとは限らぬ」[681]と。

676 長谷川善計・竹内隆夫・藤井勝・野崎敏郎、『日本社会の基層構造――家・同族・村落の研究』一九八一年、二一一ページ。
677 有賀喜左衛門「村の家」『有賀喜左衛門著作集Ⅸ』一九七〇年（初出は一九三五年頃）。
678 藤井勝『家と同族の歴史社会学』一九九七年、六八ページ。
679 藤井勝、同書、同ページ。
680 有賀喜左衛門「捨子の話（三）」『法律新聞』第三千五百十號、一九三三年、四ページには次のようにある。すなわち、「舊時代に於ては普通裕福な家でない限り次男三男の分家獨立するものは比較的稀れであつたから、次三男は大抵養子か年季奉公に依りその運命を定めたのであつた。當時公民の資格としては一軒前の家を持ち本百姓となることが必須の條件であつた……」と。この翌年、有賀は「獨立の百姓は家屋敷を持つ事は缺く可からざる條件であつて、一軒前と稱し、屋敷株等と稱する公民權の表示が即ちそれである。だから家屋敷を持たずに之を借りる場合、若くは之を與へられても主家の支配を受ける場合に、主家に對して隷屬關係に立つといふ事は必然であるが、平百姓たる爲めには更に相當の耕地が必要であつて、領主に年貢を上納す可き義務を負うものでなければならない」と述べている（有賀喜左衛門「名子の賦役」『社會經濟史學』第四巻十号、一九三四年、三九ページ）。

また、名子が耕作地を買った場合については「……又名子は土地を買求めるに、……彼の名請高として検地帳の上に記されるが、それだけでは名子たることを止める事は出來ない。從つて名子たる事は公法と直接に關係しない全く村の同族團體の内部關係であるに過ぎない。[682]」と。

家を構成する親方百姓と隷属農民たる名子との関係は、あくまで家の内部関係であって、そこで起こる様々な問題はいったん家に吸収された上で、家の内部で何らかの処理をされることにより、外部の公法的な、統治としての政治との関係とは遮断されているのである。これらの例においては、いずれも公法や統治としての政治が家の外部に存在する一つの条件であり、それを家が吸収した上で何らかの対応をする、その限りで政治的なものは家を直接的には規定しないという記述になっている。

公法あるいは政治に対置される家を、有賀がどのように積極的に規定していたのかを探るために、『日本家族制度と小作制度——「農村社会の研究」改訂版』の記述をみる。この書は及川宏の批判に応じて大家族制や同族に関する理論的な観点からの大幅な改訂が行なわれたが、他方で、そのページ数の増大[683]はそうした理論的な改訂とは別のところでも行なわれていた。そのうちの非常に大きなものの一つが名田論の改訂である。[684]この改訂は一つには「家のかかる性格は上代から奈良時代へかけての家に於いても推測出來るやうに思はれる」というような、有賀の家理論の日本史全体への拡大[685]への一つの準備という性格をも持っていたが、その内容を見ていくと、公法に対置される家として有賀がどのような性格を持ったものを考えていたのかがわかるのである。

『農村社会の研究——名子の賦役』（一九三八年）では、名田小作の対象となる名田の成立を、新見新吉の「武家政治の研究」に依って、墾田に求めていた。すなわち、「鎌倉若くは室町時代に於ては名主は名田の主で、名田は名主が開墾して私田としたるもの、又はその買得所有するに至った私田を指すものであり、名主も亦百姓として自ら農地を耕作し又別に小作人を以て耕作を行はしめた。[686]」と。

これに対して改訂された主著においては、その後の歴史学における新見理論批判を採用し、前説を改めている[687]。開墾が名田の根拠になるのだとすれば、開墾はあらゆる耕地の発生に共通する現象であるから、ある開墾された土地が名田と呼ばれるには「特殊な性質乃至はかく條件づける社會的事情」が存在しなければならない。そこでその事情を明らかにするために、有賀は国衙領において名が発生した場合を挙げる。

新見の議論を批判する際に、有賀が注目するのは、国衙領における名田の成立に決定的であった「荘園の發達」である[688]。

この荘園の発達において最も重要な要素とは、不輸不入権の獲得である。「荘園は律令制下に於いて合法的に成立したにも拘らず、結局不輸不入の特権を獲得し、公領に対し私領たる性質をかち得た[689]」のである。なぜな

681 有賀喜左衛門『日本家族制度と小作制度――「農村社会の研究」改訂版』一九四三年、四二六ページ。

682 有賀喜左衛門、同書、四二六ページから四二七ページ。

683 『農村社会の研究――名子の賦役』（一九三八年）は本文が五四七ページ分あるが、『日本家族制度と小作制度――「農村社会の研究」改訂版』（一九四三年）では七三二ページに増えている。

684 『農村社会の研究――名子の賦役』（一九三八年）では名田については一一四ページから一二五ページまでのわずか十ページ余りにすぎない。それが『日本家族制度と小作制度――「農村社会の研究」改訂版』（一九四三年）では一四七ページから二三六ページまでと百ページ近くにまで増えているのである。

685 『農村社会の研究――名子の賦役』（一九三八年）では中世の名田に遡るだけで、それ以前の時代については語られていないのに対して、『日本家族制度と小作制度――「農村社会の研究」改訂版』では奈良時代にまで叙述は及んでいる。（なお、それが上代にまで展開されるのは、同じ年に書かれた「上代の家と村」東亜社会研究会編『東亜社会研究』第一巻（一九四三年）である。）

686 有賀喜左衛門『農村社会の研究――名子の賦役』（一九三八年）一一四ページ。

687 有賀喜左衛門『日本家族制度と小作制度――「農村社会の研究」改訂版』一九四三年、一五〇ページには次のようにある。「……最近清水三男氏はその勞作「初期の名田」に於いて示した名田の開墾起源説否定の見解を更に發展させてゐるのは傾聴に値する。今私は清水氏の所説に啓發されて、以下少し述べてみたい。」と。

688 有賀喜左衛門『日本家族制度と小作制度――「農村社会の研究」改訂版』一九四三年、一五二ページ。

689 有賀喜左衛門、同書、一六三ページ。

ら「不輸不入權が確立した事は既にそれが異なる政治體制の下に存る事を示すものであり、百姓の政治的法律的經濟的意味はその制約を受ける[690]」からなのである。

では、その制約とはどのようなものであり、それは有賀の家理論にとってはどのような意味を持つのだろうか。

私領の内部の関係について、有賀は田堵の例を引く。「田堵は名主の先行形態」であり、「莊園領主と田堵との關係は、領主に對する田堵の力役奉仕關係が中心であること……、田堵の領主に對する朝夕召使なるものは、名主が領主直營地たる佃の耕作をなす事に依り、名田を保有せる事と似てゐる[691]」からである。

莊園の現地では莊司は自ら大規模な農業経営を行なっていて、田堵の労力奉仕が大規模に要求されていた。すると、田堵は自らの名の耕作には十分に労力を注ぎこむことはできないから、田堵の名はその自用をまかなうための利用に限られ、莊司としてもそこから何らかの年貢を得ることを期待してはいなかった。その土地は「莊司に名簿を捧げて主從なる身分關係を結んだ表象としてその土地（恩給として）が許されるので、莊司に勞力を奉仕せしめたるのが主たる目的であつた。[692]」

すなわち、莊司＝大地主の手作経営において、田堵＝子方百姓はわずかな自用地しか持たず、その生活の多くは大地主への労力提供に捧げられていた。これは明らかに後世における親方百姓と子方百姓との関係の原点である。こうした関係をもって有賀は「名田の形態上の確立をこれに置きたい[693]」と述べるが、これは同時に親方・子方関係の確立でもある[694]。

ところが、改訂前の旧稿では、記述の重点は近世における検地以降の名請け制度にあり、名田は名請の前史として簡単に触れられていて、それがより時代を遡り、名請と名田とに密接な関係があるということには論が及んでいないのである。

すなわち、後世の親方百姓と子方百姓との関係の原点となる、統治としての政治（当時で言えば律令制）に無縁な領域（これは後年の有賀の成熟した議論によれば「わたくし」の領域と言えよう[695]）における身分的主従関係としての親方・子方関係の成立を画するものであるからこそ、名田の成立に関する記述は重要なのであり、この改訂がなされるべき理由ともなるのである。[696]

有賀は、公法的関係、すなわち統治としての政治を、外部から家を襲う一種の災厄として捉えていた。それに対して、名田の成立に関する議論で強調されるのは、家とは公法的関係の内側で営まれる私法的関係なので

---

690 有賀喜左衛門『日本家族制度と小作制度――「農村社会の研究」改訂版』一九四三年、一六二ページ。

691 有賀喜左衛門、同書、一七七ページ。

692 有賀喜左衛門、同書、一七八ページ。

693 有賀喜左衛門、同書、同ページ。

694 有賀喜左衛門、同書、同ページには次のようにある。「從つて名主と莊司との間にも最初は主從關係を以て結合する事が極めて多いといふ事も考へることが出來る。むしろ主從關係を以て結ばれたといふのが眞相ではあるまいか。」と。

695 有賀の「わたくし」については後述一五八ページ以下参照。日本語の「おほやけ」「わたくし」と、中国の「公」「私」、西欧の「public」と「private」の違いについては、渡辺浩「『おほやけ』『わたくし』の語義：『公』『私』"Public" "Private"との比較において」佐々木毅ほか編『公と私の思想史（公共哲学 一）』二〇〇一年を参照のこと。渡辺によれば、「public」とは、「広く人民全体、国民全体、住民全体に関わる」ことを指し（同論文 一四六ページ）、「公」とは、「……民の地平から皇帝の高みまで、「天下」におけるどの広がりにおいても、共通の、共同の、協同の、そして協働のもの」のことであり、「私」はそれを妨げるものを指す（同論文、一四九ページ）。そして「おほやけ」と「わたくし」は「権力的な大小強弱に関わる」事柄であり、より「上」のものを「おほやけ」と呼ぶのであると（同論文 一五六ページ）。

696 有賀喜左衛門、同書、一九四ページから一九五ページでは上代の部曲や品部と名主を比べて次のように述べる。「それ故武家社會に於いて或る領主に專屬する名主、百姓若くは更にそれに從屬する下人の如きものは、身分的に專屬する點に於いては異なるものではないと言ひ得るが、武家時代の身分關係には必ず恩給を伴つた事が上代の身分的隷屬と異なる。……それ故名田はこの如き身分關係の表象たる意味に於いてその特質を理解する事が正しいのであつて、それは律令時代に於ける田地の政治的法律的意味と異なるといふばかりでなく、一般に社會的意味が異なるのであり、名主は名田の所有者たる事にその特殊な社會的地位即ち下級領主としての身分關係が示されたのである。」と。ここで、名主の下級領主としての身分関係の基礎にある名田の所有者ということは、公地公民制の公的領域では、決して実現せず、それを実現すべき私的領域は、公的な領域から押領によって切り取られたものであることは後述。

ある。そしてこのような私法的な内部関係こそが、日本民族の民族的特質[697]となるのだという。

では、こうした私法的な内部関係として捉えられている家が、どのような性格を持つものなのか、有賀は家の性質として何を重視しているのかを次に見て行こう。

三　鉢植えの武士と開発領主

親方は外部の政治に立ち向かい、家に属する人々を、それが血縁の者だろうが血縁がなかろうが、守っていかなければならなかった。彼は村の中から潰れ百姓を出さないために、様々な形での融通をきかせるなど、村の成員を保護する者でもあった。有賀が統治としての政治を、外部のいわば災厄として見ていたことは既に述べたが、こうした観方は、家の外部に対する対抗関係を強調することになった。家の外部、とりわけ統治としての政治に対する対抗は、戦後、政治をより意識するようになってから[698]、一層明確に議論されるようになるが、戦前の段階でも一定程度は明らかにされていた。

『日本家族制度と小作制度』で有賀が強調していたのは、名田の起源として新たに公分田を荘園として私領化する際に獲得される不輸不入の権であり、荘園が私領として公法的なものに対抗することであった。そして、この名田における手作に提供される被支配民の徭役こそが小作の起源だというのである。

だが、有賀にとっての現代の問題としての小作制度を明らかにするためであれば、名請地の内部の、統治としての政治と無縁であるという意味での非政治的関係としての請作こそが小作の原義であるから、近世にまで遡れば十分なはずである。確かに統治としての政治に対抗する領域における身分的主従関係という原点は中世にあるにしろ、近世社会では親方は子方に対して庇護者として臨むという関係のほかに領主に対してその統治＝支配の末端に位置して奉仕するという関係をも持っていた。有賀が中世を親方・子方関係の原点とすることに含まれる、「非政治的」な関係の意義とはどのようなものだったのであろうか。

荘園の発達による私領の統治としての政治への対抗は具体的にはどのように進展したのだろうか。有賀によれば、「荘園は律令制下に於いて合法的に成立したにも拘らず、結局不輸不入の特権を獲得し、公領に對し私領たる性質をかち得た。不輸不入權の成長の過程に於いては公領と私領とを區別して、私領の存在を是認するに傾いて行つた法制の順應變遷が見られるとしても、それは律令への不合法的行爲が次第に強く働きかけた結果であつ[699]」たと。

つまり、親分子分関係の原点にある「非政治的」な関係の形成は「不合法的」行為として行われたというのである。すなわち、「律令に從ふ限り、これらの土地の領有權は國家に存つて、土豪自身にはなかつたのであるから、これを私領化する事は何らかの意味に於いて國權に對する干犯がなければ可能でなかつた。即ち押領といふ言葉の生ずる所以である[700]」と。

こうした押領を行なう土豪、古代末期から中世にかけての武士こそが有賀の親方百姓のイメージの原点を成している。有賀にとっての武士とは、決して蔵米知行を受けている江戸時代の城住の武士ではない。たとえば有賀は次のように述べる。

「家の連合体というのは大きいものは武士の一族一党であり、小さいものは本家末家の同族団や、姻戚関係

697 有賀喜左衛門『日本家族制度と小作制度――「農村社会の研究」改訂版』一九四三年、一九七ページには次のようにある。「その場合の主從關係に於いて上級領主を何故に本家とせねばならぬかといふ事は社會關係に於ける日本の民族的性格に條件づけられるものである」と。
698 有賀喜左衛門「序」『有賀喜左衛門著作集 Ⅸ』一九七〇年、二ページ。
699 有賀喜左衛門『日本家族制度と小作制度――「農村社会の研究」改訂版』一九四三年、一六三ページ。
700 有賀喜左衛門、同書、同ページ。

や、各種の講、近隣諸団体等の農村や町場に見られる庶民の集団に及んでいた。武士団における一族一党の骨格をなすものは主従関係であったから、個人的関係ではあったが、これは同時に主君の家族と家臣の家族とを主従関係とする家の関係を伴った。[701]」と。

親方・子方関係と密接な関係を持つ同族関係についても、有賀は次のように述べて中世の武士のあり方の重要性を強調している。すなわち、「我々はこの關係〔同族関係〕を最も複雑に、最も適切に理解する事の出來るのを中世に見出す。……この時代に於ける村落の名主はすべて同族團體を結成してゐた筈である事は、それが血縁分家や下人分家を持ち、下級武士として村落を支配してゐた事で十分に推測出來る。名主は又土豪に結び付きその土豪は又御家人や守護の家來となつた。主從なる身分關係の性格は前に説明した如くであり、それは莊園の本権に結合する性格と脈絡してゐる。……地方豪族は又その大きな同族團體を率ひて中央貴族や武士の棟梁に同族結合の性格に於いて結合し、所領の安堵を受け、又は恩給として受けたのである。[702]」と。

我々が封建制というと思い浮かべるような御恩と奉公の関係における御恩とは、そもそもはこうして安堵された地方知行なのであって、蔵米知行ではない。だが時代の進展とともに、中世の開発領主の跡を継いだ在地の領主たちもより大きな大名に吸収されてその家臣となり、それぞれの地方を知行するのではなく、城下町に住んで蔵米を拝領するようになって行く。それはそれぞれの保有していた、統治としての政治に対抗すべきいくばくかの領域を奪われて行く過程でもあった。[703]

有賀は失われてしまった地方知行に含まれる在地の親方たちの上位権力への対抗関係について「……中世には領主は近世程に臣下の知行地の細部まで悉知しなければならぬ事情になかつた〔中略〕そしてその理由は、近世には領主の統治が精密でなければならなかつたという財政上の理由が、中世にはまだなかつたというだけでなしに、統治の形態が地方知行によつたので、その自主性を多少許していた事にあつたと思うのである[704]」と述べている。

すなわち、有賀にとっての親方とは、官僚として蔵米を受け取る者ではなく、一族一党を率いて、地方知行によって自律している者を言うのである。

有賀にとって政治は、災害などの自然的な条件と並んで社会的な条件による「災厄」であり、それに対抗する「非政治的領域」としての家は統治に関わる政治的領域に対抗し、ある場合には「不法」とされる手段によって実現された。それぞれの家が上位の権力に対して対抗すべき領域がどんなに小さくなり、親方が政治の末端として位置付けられるようになろうとも、家は外部からの支配としての政治と一体化することなく、それとは相容れないものとして存在していた。それが有賀にとっての家だったのである。

「私領」はあくまで「公領」に対抗するものとして生まれたのであり、決して合法的にのみ獲得され得たのではない。非政治的領域としての家はその発生の原点において、上からの支配としての政治、外部に存在する災厄としての政治に対して、積極的に対抗するものとして捉えられている。こうした議論を読み解くならば、押領によって獲得された家の領域をある種の自律性を持ったものとして捉えてもよいとも思われる。

701　有賀喜左衛門「家制度と社会福祉」全国社会福祉協議会編『社会事業』三八巻九号、一九五五年、六ページ。庶民の家はこうした一族一党のミニチュアとして捉えられている。有賀は、「封建社会においては庶民の本家末家の同族団は武士団の一族一党をもっと縮小したような形を持っていた」と述べている（有賀喜左衛門、同論文、七ページ）。

702　有賀喜左衛門「日本農村の性格に就いて」産業組合中央会編『新農村建設の基本問題――第六回産業組合問題研究会報告書』（一九四三年）二九ページから三〇ページ。

703　有賀は『日本の家族』において伊予国宇麻郡上山村の日野豊田家の代々の家伝を追いながら、こうした歴史の過程を描いている（有賀喜左衛門『日本の家族』一九六五年、二一五ページ以下）。

704　有賀喜左衛門・長島福太郎「對馬封建制度の諸問題――木庭と間高、地方知行、加冠」九学会連合対馬共同調査委員会編『對馬の自然と文化』一九五四年、一四九ページ。

だが、有賀の議論はそう単純ではない。後にも詳しく述べるように、有賀は非政治的領域としての家の統治としての政治への対抗関係を、自律性の表れとは決して見ないのである。それはなぜなのか。

3 支配と抵抗——闘う親方百姓

一 支配と自律

これまで述べてきたように、有賀の家は、外部の権力に対抗するという意味合いを色濃く持っていた。それは場合によっては、国家権力に対しても一定の抵抗の意味を示す。

有賀は戦時体制による社会の翼賛化が厳しさを増す一九四三年に開かれた産業組合中央会の講演会で、当時の産業組合のあり方、またその産業組合を解散させて新たに作られる農業会に対して、自身の家と同族の理論から根本的な批判を投げかけている。この講演が行われたのはちょうど農山漁村経済更生運動が皇国農村確立運動へと引き継がれ、農業各団体が統合される時期であり、産業組合は解散することになっていた。

更生運動の不十分さに上から活を入れて統制を強めようという矢先に、有賀は待ったをかけたのである。[705]

更生運動に引き続き、農政の柱の一つとなっていた自作農創設に関して、有賀は次のように述べている。曰く、「自作農の創設を考へる人々がその歴史的、社會的地盤を考へず、自作のもの、みを見て直ちに村落全部の自作農化が可能である如き考へに陥入り易い事は戒心を要する」[706]と。

なぜなら、日本農村の歴史的・社会的地盤である同族団体の役割を考慮していないからである。同族団体はその中から発生した小作という農業組織の在り方に大きな影響を与えるばかりでなく、同族団体とは一見関係ないように見える自作農の在り方をも制約する。自作小農は自作といっても、誰にも依存しないでやっていけるわけではなく、「自己の同族團體に依存するのみならず、他の地主への小作關係をも結んでその存立を補」っているからである[707]。

有賀は言う。「移植された文化はその民族性の上に根據を持たなければ成長することは出來ない[708]」と。協同組合という輸入された文化と日本の民族性との関係について有賀は次のように述べている。日本の農村においては同族団体こそがあらゆる活動の基本単位となるのに対して、「明治以後の政策は西洋の近世の文化の成果を極めて多く取容れてゐるので、政策そのものは村落の同族團體を殆ど顧慮してゐないものが多かつた。町村制や産業組合などもそれである[709]」と。

すなわち、西欧起源の産業組合はそのままでは、同族団体によって運営されることの多い農村の実態には適合しないのであり[710]、逆に農村の実態に適合するためには、「村落の同族團體の上に根據を持たなければ成長することは出來[711]」ないのであると。

705 鈴木がこうした上からの農村統率体制にコミットしていたことは前述した通りである。
706 有賀喜左衛門「日本農村の性格に就いて」産業組合中央会編『新農村建設の基本問題——第六回産業組合問題研究会報告書』一九四三年、三五ページ。
707 有賀喜左衛門、同論文、三四ページ。
708 有賀喜左衛門、同論文、三九ページ。
709 有賀喜左衛門、同論文、三八ページ。
710 有賀喜左衛門、同論文、三八ページから三九ページにかけて次のようにある。「産業組合は元來西歐の資本主義經濟組織の發達の地盤の上に、一面これに反撥しつつ、一面これに順應しつつ生まれたものである。即ち順應する面とは嚴蜜な意味に於ける個人主義經濟を基調として立つ協同組合といふ意味であり、反撥する面とは資本家階級に對立して、小市民、又は勞働者や農民の階級がその内部で協同組合を結成し、自己の階級の利益を擁護した事を言ふのである。そこでは各自の階級に於ける横の聯合を結成する事が基調となつてゐた。然るに日本の村落（單に村落許りではないが）にはかくの如き意味の個人主義經濟が成長する地盤は殆どなかつた。それは同族團體がその基調を成してゐるからであつた。」と。

有賀の批判は、産業組合を通り超して統合された農業諸団体全体に向けられる。「今日農業團體の統合が法制的に既に決定された。この目的がどこに存るか判らぬ事はないが、これに大きな期待を持つ事は出來ない」[712]。なぜなら、「産業組合に言ひ得る事は明治以後の農村政策によつて生じた各種機關の成長にすべて當てはまる」[713]のであり、日本の農村の基盤である同族団体の役割を考慮しなくては何もできないからである。これら諸団体の運営はそれと意識されたわけではなかったが、実際にはすべて同族団体を骨子として行われてきた。それゆえ、「同族團體乃至部落の結合が上下の型を持つ村では諸團體が統一され、緊密な關係を持つ。同族團體乃至部落の相互關係が對立的である型の村では諸團體に於ける各命令系統の分立と相俟つて、諸團體は村内部に於いても紛亂對立的である。それた《ママ》諸團體の相互關係に止まらず、各團體内部に於いても紛亂對立の状態が見られる」と。

もちろん、こうした紛乱対立という欠陥を改善するために農業団体を統合するというのであれば、その意図は正しいが、単に外側を統合しただけではその目的は達成されない。「……同族團體や部落が對立する型の村落に於いては、一つに減少せしめられた農業會の會長の席を廻つて内紛の生ずる可能性が既に現れてゐる」[714]のであるから。

有賀の批判は、さらに拡大して日本社会全般の傾向に対する批判となる。曰く、「かくの如く見れば農村の性格に於ける缺陥は單に農村のみが有するのではなく、官廳にも、他の諸團體諸施設にも見られる所であり、國民の横に聯關する相互關係に共通するのであつて、民族的性格に於ける短所と見なければならない。これが所謂セクショナリズムと呼ばれてゐる現象である」[715]と。

本講演の最後では、有賀は農業団体統合による上からの農村統制に厳しい評価を与える。すなわち、「從つて新政策が雄大に構想される事は望ましいが、それが民族的性格から離れてしまつては、その實現が不可能であるといふのみに止まらず、又多くの犠牲を伴ふ可きは明かである」[716]と。

このようなところに姿を現す有賀の国家への抵抗は、さきほど述べてきた非政治的領域としての家という考えと合わせて考えると、家や、家連合としての同族組織などの自律性を主張しているかのように思われるかもしれない。しかし、有賀はより自由にものが言えるようになった戦後においては、逆に、家や同族組織が外部権力によって規定されることを明確に述べて行くのである。

序論でも触れた、この、一見すると矛盾するような有賀の自律性についての議論を理解するために、鈴木榮太郎における「村の自律性」に対する有賀の批判を見てみよう。

有賀は、鈴木の「村の自律性」に対して明らかに冷淡であり、「私は村落には鈴木が主張するほどに自主性や自律性があるかどうか疑っている[717]」と述べる。

なぜなら、村落の存立やあるいはその統一性を根拠づけているものは、外部の政治的条件だと考えられるからである。曰く、「……それ［鈴木が自然村が自主性・自律性をもつ根拠としてあげているもの］を私は疑うのではないが、これを規定するものはそれらの内部的規範であるとしても、この規範がただ内部的に規定されるのではなく、外部からこれを規定するものを考慮に入れないと、この統一の実体を測定することができないと考えるのである[718]」と。

711 有賀喜左衛門「日本農村の性格に就いて」産業組合中央会編『新農村建設の基本問題——第六回産業組合問題研究会報告書』一九四三年、四〇ページ。
712 有賀喜左衛門、同論文、同ページ。
713 有賀喜左衛門、同論文、同ページ。
714 有賀喜左衛門、同論文、四一ページ。
715 有賀喜左衛門、同論文、四二ページ。
716 有賀喜左衛門、同論文、四三ページ。
717 有賀喜左衛門、同論文、四九ページ。

そこで有賀は実際に村の自律性を担っていると鈴木が論ずる村の氏神祭祀[719]について詳しく議論を展開する。

有賀は、鈴木がそもそも氏神の原初的なものとして血縁神を考えていて、それが時代とともに地縁神になっていくのだという理解[720]を問題視する。古代の氏族制度にまで遡って有賀は次のように述べている。曰く、「古代の氏は血縁集団と見るべきではないという説が今日ほとんど決定的である。私は氏とは古代（大化前代）の主従関係の集団であったと考える。すなわち古代の政治集団でもあって、その氏上は彼の支配する政治的領域を、一円ではなくても、持っていて、彼の被支配者（氏人と部）はその領域内に居住し、氏という集団を組織し、氏上の祀る氏の守護神を共同祭祀した。これが氏神であったが、氏神の神事を直接に管掌するものは氏上であった。それ故氏神は氏の一定の領域の鎮守としての意味を持っていた。であるからこれは最初から産土神としての意味を基本的に持っていたと見る[721]」と。

それゆえに、小さな政治集団の支配者たちが大きな政治集団に征服され取り込まれることにより、そうした小さな集団の祭神は飲み込まれた大きな政治集団たる「氏」の神たる「氏神」に変更させられるのである。すなわち、支配者の崇拝する神をもって被支配者の神とされたということである。氏神は村落の自律性を示すのではなく、その村落の上位の権力者として誰が位置するのかということを示しているのである。それゆえ、時代を経る間の支配者の有為転変は村落の氏神にも変遷をもたらすことになる。すなわち、「……これらの諸社にはもちろん過去における本社末社の関係を持つものがあったが、それらは各時代の政治構造を経過する間に、各政治構造を基本として、本末の関係を何回か再編成したので、祭神から見れば紛糾したように見える[722]」のである。

有賀の氏神に対する認識からもわかるように、村落は決して村落だけで存続してきたわけではなく、外部の政治権力のあり方に大きく左右されてきたのである。それを見ることなく、村落の自主性なり自律性なりを語ることは不十分な議論でしかない。

外部の政治権力のあり方にその存続が左右されるという点では、家もまた村落と変わるところがない。有賀はこのことを、賜姓という制度から明らかにしている。

有賀曰く、「……家の姓が支配者から與えられた事（又は許された事）は大化前時代に氏稱が支配者によつて與えられた事の傳統を繼受したものであり、そこに共通性を見出す事ができる[723]」と。

すなわち、家とはその成立の場面においては、上位の権力者によって「作られ」、「名を与えられる」ものだったのである。そのような家は、村がそうだったように自律性を持ったものとは言えない。だが、そうすると自律性を持たない「自治」とはどういうものなのか。有賀の主張に再度耳を傾けてみよう。

有賀は「自律性」という言葉のそもそもの意義を正して行く。すなわち、「鈴木は自然村が自主性・自律性をもつ根拠として氏神の祭祀・共有林野の存在、村仕事、娘に対する若者の権利、相互扶助、村ハチブ、入村慣行等をあげている。これらはたしかに村落においてある意味の社会的統一体を成立せしめていた根拠であった。そ

718　有賀喜左衛門「日本農村の性格に就いて」産業組合中央会編『新農村建設の基本問題――第六回産業組合問題研究会報告書』一九四三年、四九ページ。

719　鈴木榮太郎『日本農村社會學原理』一九四〇年、三九六ページには次のようにある。すなわち、「吾人は先づ自然村を強固なる統一體たらしめ其自然村の成員の連帯の意識を強化するが如き内容を有する社會意識の作用について考へて見る。……私はかくの如き自然村の獨立性を保證強化して居る社會意識の内容の具體的表現として氏神崇拝に關する制度、……をあげる事が出來る」と。

720　鈴木にとって、この歴史的展開は重要なものであった。なぜなら、血縁、地縁と続いたものが近代になってさらに国家へとつらなって行くというのが鈴木の理解だからである（本書第三章、一五五ページ以下参照）。

721　有賀喜左衛門「日本農村の性格に就いて」産業組合中央会編『新農村建設の基本問題――第六回産業組合問題研究会報告書』一九四三年、四九ページ。

722　有賀喜左衛門「村落の概念について」慶應大学内三田哲学会機関紙『哲学、三五集　慶應義塾創立百年記念論文集』一九五八年、四五四ページ。

723　有賀喜左衛門・長島福太郎「對馬封建制度の諸問題――木庭と間高、地方知行、加冠」九学会連合対馬共同調査委員会編『對馬の自然と文化』一九五四年、一七五ページ。

れを私は疑うのではないが、これを規定するものはそれらの内部的規範であるとしても、この規範がただ内部的に規定されるのではなく、外部からこれを規定するものを考慮に入れないと、この統一の実体を測定することができないと考えるのである」[724]と。

有賀によれば、村落に自主性・自律性があったとすれば、それは鈴木が言うような意味ではなく、村落の内部の規範としてのみそうだったというのである。つまり、村落は外的には上位の政治権力によって左右されていて、そういう意味で自主性なり自律性なりは存在しない。だが、いったん外部からつくられた村落という枠の中には、それなりの独自のあり方としての自主性・自律性が存在するというのである。

有賀はある場面では家が外部の権力、とりわけ国家権力に対抗する側面を描き出し、別の場面では、家が外部の権力によって作られ、規定されて来たことを述べている。こうした一見すると矛盾する、家とその外部の権力との関係をどのように捉えたらよいのだろうか。この問題に正面から向き合い、一つの解釈を与えたのが、有賀の戦後の理論的成果であると言える。

次に、有賀による「おほやけ」と「わたくし」の議論を見ることによって、この問題についての有賀の考えを明らかにして行こう[725]。

二　公《おほやけ》と私《わたくし》の入れ子構造

先に述べてきたように、有賀の家にとって最も重要な課題の一つは、政治の苛斂誅求から子方を守るということであった。このような親方子方関係は戦前の段階ではなお、日本社会の様々な場面に見ることができることが指摘されるのみで、こうした関係が社会全体としてどのように整序されるのか、また子方を守る「非政治的領域」の長としての親方と、上からの政治の末端に位置する者としての親方という矛盾した存在がどのように統一されているのかというような問題は、有賀にあってもいまだ問題として意識されていなかった。

戦後、自らの議論の歩みを振り返って、有賀は次のように述べている。曰く、「私が家についてより一層の理解を深めたと思ったのは戦後のことである。……家は単に家のみを追求するだけでは、その正体を見極めることができないことを私は痛切に感じた。戦前における私の研究でも、ただ家だけを追求していたのではなかったが、家の成立や存続にとって政治がこれほど強い力を持つことを感じてはいなかった[726]」と。

以下、戦後に彫琢された有賀の家と同族組織を基軸とした日本社会論の基本構造をその成立の過程を通じて詳しく見てみよう。

有賀の主著である『日本家族制度と小作制度』は、その副題が「農村社會の研究改訂版」とされているように、有賀の初めての単著である『農村社會の研究』の改訂版という体裁を取っている[727]。この改訂の意義については中野卓が、及川宏による理論的な批判とそれを消化した有賀の基礎概念の彫琢という観点から論じている。中野によれば、それまで日常用語と区別のない「大家族」という用語を使っていた有賀に対して及川がより明確な「同族」という概念を使っての批判を行い、それを有賀は受け入れて自らの同族組織の理論を深めて行ったというのである。

724 有賀喜左衛門「村落の概念について」慶應大学内三田哲学会機関紙『哲学、三五集 慶應義塾創立百年記念論文集』一九五八年、四四九ページ。

725 有賀が問題としていた「公私」の問題は以下に述べるように、まさに渡辺が中国の「公私」や西欧の「public」「private」と区別した「おほやけ」と「わたくし」の問題であるので、原文を引用する場合をのぞいて、「公《おほやけ》」「私《わたくし》」と記述して、「公私」や「public」「private」との区別を明確にしておく。

726 有賀喜左衛門「序」『有賀喜左衛門著作集 IX』一九七〇年、二ページ。

727 この『農村社會の研究』自体が、「名子の賦役」という副題を持っていて、論文として発表された「名子の賦役――小作料の原義」の叙述を拡大した言わば改訂版であるので、有賀は小作料について戦前二度にわたる改訂を経た議論を行っていたことになる。

もっとも有賀自身は、著作集に『日本家族制度と小作制度』を収めるにあたって書かれた新序において次のように述べている。曰く、「この場合の改訂の理由は、ほぼ二つ位あった。一は『農村社会の研究』において、私は本家分家の互助集団を大家族形態と規定したのに対して、及川宏氏が批判し、この集団を家単位の互助組織としての同族団と規定すべきだと指摘したので、この考えの正しさをうけ入れて、農村社会の構造を考え直すことが、私にとって必要となったことである。二は、もちろん、一の結果にもよるのであったが、単に農村に限らず、日本の社会構造の性格を明らかにするためには、同族団は最も重要な集団の一つとして見るべきであり、これと関連させて、日本の社会構造の歴史的展開を捉えなければならぬと考えたことである[728]」と。

後者の論点こそ、有賀にとっては重要であり、実際に『日本家族制度と小作制度』には『農村社會の研究』には存在しない次のような叙述が盛り込まれていた。すなわち、「かくして村落の生活形態を究明するに家の問題が以下に重要であるかを知るのであり、家と家とのあらゆる結合が諸種の文化的契機に據つて發生するとしても、その結合の性格に作用するものは從つて又家の持つ性格に外ならない。……從つて一つの民族社會の社會結合に働く家若くは家の聯合なる同族團體の性格は重要な意味を以て我々に迫つて來るのであつて、社會學がこれらを社會關係として捉へて、その存在形態の上からこの問題に迫る事は社會學に於いて最も基本的な問題であると私は考えるのである[729]」と。

このように家の構造を範型として、同様の構造が日本社会の様々な場面や様々なレベルにおいて観察されることは、有賀の民族社会論を特徴づけるものとなっていった。だが中野は『農村社會の研究』から『日本家族制度と小作制度』に至る改訂についてこの二つ目の問題、いわゆる「日本文化論」の問題としては捉えてはいない[730]。

他方で、この改訂に日本文化論上での意義を見出すのは武笠俊一である。武笠は『日本家族制度と小作制度』の改訂によって進められた有賀の理論的発展を六点挙げている。（1）大家族解体論の放棄、（2）古代、中世における同族団の発見、（３）家の類型の提示、（４）社会関係における相互転換論の提出、（５）民族的特質の理論の形成、（６）特殊科学としての社会学的立場の表明である。

武笠は「（５）民族的特質の理論の形成の理論は、（２）を実証的根拠とし、（４）を理論的前提として形成された」[731]としている。武笠もまた及川による改訂への強い影響の存在を強調するが、具体的に「同族団」概念の獲得がいかにして有賀の「日本文化論」を可能にしたのかについては何ら語るところがない。

だが、及川による家連合としての同族という概念は、有賀の用いる概念の精緻化に寄与したばかりでなく、有賀の日本社会論の基礎を作ったと言っても過言ではないのである。

図式化して説明してみよう。Aという親方がBという子方（血縁分家あるいは非血縁分家）を取った場合、Bを含むAという家を大家族と観念するか、あるいはAとBという別々の家の家連合＝同族と観念するかは、それだけで考えて見た場合に、観方の違いではあっても、どちらかが決定的に優位であるとは言い難い。しかし、ここに、Cという新たな子方を登場させると様相が異なってくる。このCを子方として持っているBがAに臣従してAの子方となった場合を考えてみよう。その場合、家連合としての同族の観念を利用すれば、これは同族関係が

728　有賀喜左衛門「新版の序」『有賀喜左衛門著作集Ｉ』一九六六年、二ページから三三ページ。
729　有賀喜左衛門『日本家族制度と小作制度』一九四三年、一八ページから一九ページ。
730　中野は有賀の日本文化論の展開を主として戦後の業績に見出しているように思われる（中野卓「有賀先生の生涯と社会学」北川隆吉編『有賀喜左衛門研究』二〇〇〇年、一〇〇ページ）。
731　武笠俊一「有賀社会学の成立と展開」『社会学評論』二九巻四号、一九七九年、七一ページ。武笠は「実証研究における理論的飛躍について――有賀喜左衛門『農村社会の研究』改訂の意義」『村落社会研究』第十一巻第一号、二〇〇四年においても、「改訂の意義」として「大家族制度と同族団の関連」とならんで「家・同族団の分析から抽出された民族的性格の理論化を前提に、同族団体が上位の政治組織と結合して日本の政治構造を結成していることが指摘されている」ことを挙げながら（同論文五五ページ）も、民族的性格の理論化のためになぜ「大家族」概念ではなくて「同族団」概念が必要だったのかは語られることがない。

入れ子となって二重化していると観ることができる。ところが、Cという子方とCの親方であるBとの関係をBの大家族と観念した場合、Aをも含んだ全体をどう考えることになるかというと、それはこれまた大家族と捉える他はない。

　このようにして観てみた場合に、大家族のつながりは、日本全体を覆う一つの「大家族」というフィクションに至らざるを得ない。そこには何の構造の契機も存在せず、大「家族」であることを以って、それぞれが勝手にイメージする「家族」の像を投影することしかできないのである[732]。

　これに対して、同族団概念を用いると、A、B、Cの関係はBとCとの関係をAとBとの関係が含んでいるという「入れ子」の関係であることが明らかになる。そのため、BとCとの関係もAとBとの関係である、同じ本家末家の関係として見ることができる。入れ子の構造を取ることはさらに、CからD、E、と子方がさらに子方を取ることによって親子関係のネットワークが拡大しても、基本の関係である本家による末家の支配と保護という二者の構造を維持することを可能とするのである。それゆえに、大きく広がったネットワークを、それを構成する個々の親方・子方の同族組織として見ることもできるし、それぞれの位置するレベルの違いがそれぞれの親方や子方にどのような影響を及ぼすのかなど、支配の様々な様相を統一的にかつ、個々のレベルに応じて具体的に捉えることが可能となるのである。

　しかし、戦前期の有賀は、こうした同形の構造の存在を指摘するのみで、どうしてそのような同形の構造が現れるのかについて、それ以上深い洞察に至ることはなかった。

　この問題に明確な解答を与えたのが有賀の公《おほやけ》と私《わたくし》論である。家（家族）と公《おほやけ》の問題は戸田がいち早く気がついてはいたが[733]、公と私を個人の精神の中で同じレベルで競わせるのみで、社会と国家など、個人を超える集団同士の関係がどうなるかという、重層的な構造にかかわる問題については、解決どころかそもそも問題にもしていなかったのである。
有賀は公《おほやけ》による私《わたくし》の支配の関係が、重層的に(入れ子のように)構造化され、あるレベルの私《わたくし》がその下のレベルの公《おほやけ》となって私《わたくし》に対置し、その私《わたくし》がさらに下のレベルの公《おほやけ》となるということに着目することによって、一人の親方がかたや子方の保護者として非政治的領域を代表するとともに、上位の公《おほやけ》に仕える者としてその統治の一端を担うという二重性の構造を明らかにしたのである。有賀はまず義理と人情という切り口から公《おほやけ》と私《わたくし》をめぐる独自の理論を形成した。

「……すべての家族は彼等の私《わたくし》(人情)を家の公《おほやけ》(義理)のために捧げることを最高の道徳とした。しかし家長は家を代表する意味で、家長に対する家族の関係が家の秩序の根幹となったから、家長に対する奉仕は家の公となり、家族自身のことは私と考えられ、公に奉仕する義理を重要のものとした。[734]」と。

だが、この家長も家を一歩出れば、何らかの主従関係の中に取り込まれていた。ある場合には彼は誰かの主人にあたることもあったろうが、その主人にもさらに上級の主人が存在した。こうした重層的な主従関係の基礎となるのはある特定の主従関係における主人と従者の関係である。「したがって個々の主従関係はいかなるものでも、それには公が存在したから、それに奉仕する人はこれに対して私であったといわねばならない。すなわち従者にとって彼自身のことは主人(公)に対して私(情・人情)であった[735]」と。

732 戸田の「家族国家観」はまさにそのようなものであった。家族とは精神的に結びついた親密な集団であり、日本国は皇室をいただく大きな家族なのであった。皇室は被支配者たる臣民のためを思って、親が子にするような支配を行うのであった(第二章参照)。そこで生ずるかもしれない臣民の政治的災いは、そもそも生ずるべきものとしては捉えられていないので、そうした災厄から人々を誰が守るのかということは問題にもされないのである。
733 戸田貞三『社會學概論』一九五二年、九五ページ以下。一四一ページ以下。とりわけ一五七ページ以下。
734 有賀喜左衞門「義理と人情——公と私」『現代道徳講座Ⅲ 日本人の道徳的心性』一九五五年、一一六ページ。
735 有賀喜左衞門、同論文、一一七ページ。

こうした基本的な主従関係から生じる公《おほやけ》と私《わたくし》の関係は、主従関係の重層化にともなって、公《おほやけ》と私《わたくし》の入れ子状態の重層化を伴う。その様子は次のようになる。「まず最下層の主従関係において、従者は主人に奉公の誠をつくすことが要求されたが、この主人（下層の）は中層の主従関係においては従者であり、その主人（中層の）に奉公の誠をつくすことが要求された。さらにこの主人（中層の）は上層の主従関係において従者であったから、その主人（上層の）に奉公の誠をつくすことが要求された。それ故、下層の主従関係において公であった主人（下層の）は中層の主従関係においては私となり、中層の主従関係において公であった主人（中層の）は上層の主従関係においては私となる関係を示していた。そこで最も重要な公は最上層の公であったから、これらの主従関係における公には上位優先の原則が支配していた。公は義理であり、私は人情であったのであるから、上位の義理が優先した関係であった」[736]。

このような公《おほやけ》と私《わたくし》の入れ子の構造の基本、範型となったのが家における親方・子方関係なのであり、こうした構造の展開形態が家連合の同族的結合なのである。支配の末端において家の中で親方が統治としての政治から独立に子方を守り、政治の支配に対峙する。その公《おほやけ》による支配も一つ上のレベルでは元の親方を守る私《わたくし》の家の構造を示す。こうした公《おほやけ》と私《わたくし》、家の入れ子が連続して上昇し、最後には天皇に行き着くのが日本社会なのだ[737]。

藤井が評価する有賀理論の政治的な視点というのは、有賀の見ていた公《おほやけ》と私《わたくし》の重層構造のうちの公《おほやけ》に面する側面であり、逆に、藤井が批判するのは有賀の捉えている私《わたくし》の側面なのである。

このような重層的な公《おほやけ》と私《わたくし》の入れ子の構造は、子方を守るという家の存立基盤とどのように関わるのであろうか。

三　家の自治と生活保障

有賀にとっての家の自律に関する二つの矛盾するような観方は、公《おほやけ》と私《わたくし》の入れ子の構造における結節点の持つ性格、上位に対しては私《わたくし》となり、下位に対しては公《おほやけ》になるという二重の性格に起因するということが明らかになったと思う。同じ結節点、親方あるいは本家である者が、より上位の者に対しては子方や従者になるということにつき、前者の側面に着目すれば、それが家の統率者として外部に対抗するということになるし、後者の面に着目すれば、外部の権力による被規定性ということになる。

このような精緻な政治認識を育む一方で、戦後の有賀は家そのものについて、戦前の議論を深めて「家の自治」という議論を展開するようになった。戦前期においては、オヤコ関係における子方の保護という家の基本的な役割に注目し、また、家が公法に対して私法的領域として対抗していることが明らかにされていたが、この両者の結びつきが明確には理論化されていなかった。子方の保護を軸に、家がいかにして外部の政治から異なる領域を形作っているのかを有賀が理論化する過程を追ってみることにしよう。

私《わたくし》の領域の公《おほやけ》に対する対抗性は、戦後しばらくの間はいまだに、公《おほやけ》の支配に厳しく拘束されることなく勝手ができるという消極的意味での「自主性」という概念で捉えられていた[738]。だが、戦後の有賀の理論はより深まって「家の自治」という概念を形成して行くことになった。この過程を具体的に追うために「家について」と題された論文に注目してみたい。

---

736 有賀喜左衛門「義理と人情——公と私」『現代道徳講座Ⅲ 日本人の道徳的心性』一九五五年、一一八ページ。

737 有賀喜左衛門「日本農村の性格に就いて」『新農村建設の基本問題』一九四三年、三一ページで次のように述べられている。曰く、「かくの如き結合の性格は非血縁者にも同族的に結合して行くのであるから、それは階層的に上向し遂に　至上に至らねば止まない」と。

738 前掲の『對馬調査』では、「……近世には領主の統治が精密でなければならなかつたという財政上の理由が、中世にはまだなかつたというだけでなしに、統治の形態が地方知行によつたので、その自主性を多少許していた事にあつたと思うのである」とある（有賀喜左衛門・長島福太郎「對馬封建制度の諸問題——木庭と間高、地方知行、加冠」九学会連合対馬共同調査委員会編『對馬の自然と文化』一九五四年）一四九ページ。

この論文は最初に一九四九年に発表された後、一九五九年に社会学研究のアンソロジーに収録される際に「原文の表現を少しく訂正した」として、改訂されている。叙述の大枠は維持されているため、「訂正」であって新たに書き直したものではないとも言えようが、内容においてはこの間の有賀自身の理論の展開を受けて、重大な変化が見られるのである。そこで、戦後の有賀の理論の深化を跡付けるためにこの論文の訂正の内容を追って行くことにする。

叙述の便宜上、一九四九年に八学会連合編の『人文科学の諸問題』に発表されたものを第一稿、一九五九年に日高六郎編の『社会学論集 理論篇』に採録されたものを第二稿と呼ぶ。

この家の自治という概念は第一稿では、家の成員とそれ以外を区別するために使用されるだけのものであった。第一稿の内容を概観してみよう。有賀は論文の目的を「家の定義を立てるに問題となる二三の事項を指摘したい」[739]と記す。短い本論において有賀が述べることは三点あり、第一に家が血縁集団ではないという主張である。ここで有賀は、家は婚姻（夫婦）を根拠とする生活共同体であるという定義を明らかにする。[740]続いて家を学問的に捉える際に、個別科学それぞれの捉え方があり、どれかが正しいというものではないが、人文学的立場からする場合に、生物学的立場を混在させるのは間違いであると述べられる。[741]最後に社会学の観点から家を捉えるということがテーマとされるが、要は社会関係として家の存在形態を捉えるならば、家とは夫婦を中心とした生活共同体であり、そこには血縁関係の有無による存立條件は存在しないとして最初の主張に返っている。[742]

家の自治とは三点目の家を社会関係として捉える際に自他の区別の拠り所として議論されている。すなわち、「すべて社會關係は夫々その自治的機能を持つ事により存立し、それが故に他の社會關係と混同しないのであるが、家にとつてもさうである。家の自治的機能は前述の諸機能〔経済的機能や法律的機能など〕と結合するが、家自治にその内部で共同するものが家の成員である事は明かである。家はすでに見た如く、血縁によつて規定されるのではないから、血縁者でも、非血縁者でも、その内部に於て家自治に参加するものはすべて家の成員であると見なければならぬ[743]」と。

そして、他の集団と区別された自治的集団としての家にもその主宰者としての家長がいて、家長という中心者を軸として、家長と他の成員および他の成員同士の身分関係が生ずるのであるとされる[744]。この段階では家の自治はまだ、家をその外部と分けるメルクマールとされているだけで、具体的に自治の内容に踏み込んだ議論はなされていない。

第一稿と第二稿の違いが表明化するのは、家を規定する社会的条件について触れた箇所である。第一稿では家を内部的に規定するものとして信仰上、経済上、法律上および道徳上の条件があることを述べて、最後に社会関係上の条件としての「自治」を持ち出しているが、第二稿では「自治」に先んじて家を内部的に規定する条件を包括して「家の成員の生活保障」であるとしている。有賀曰く、「内部的条件とは家が内部に持つ諸機能であって、包括的に表現すれば家の成員の生活保障である[745]」と。

続けてこの「成員の生活保障」という包括的機能に密接に結びつくものとして第一稿と同じ信仰上、経済上、法律上および道徳上の条件が挙げられる。そしてこれらの諸機能は家の根本的機能としての「生活保障」と結びついて自治的機能として包括される。有賀曰く、「家の存在はその成員の生活保障と深く結びつくので、前述の

739 有賀喜左衛門「家について」八学会連合編『人文科学の諸問題』一九四九年、八五ページから八六ページ。
740 有賀喜左衛門、同論文、八六ページ。
741 有賀喜左衛門、同論文、八七ページ。
742 有賀喜左衛門、同論文、八九ページから九〇ページ。
743 有賀喜左衛門、同論文、八八ページ。
744 有賀喜左衛門、同論文、同ページ。
745 有賀喜左衛門「家について」日高六郎編『社会学論集 理論篇』一九五九年、八八ページ。

諸機能は家生活を運営する自治的機能として包括される」[746]と。

第一稿では、家という社会関係をその他の社会関係と区別するメルクマールとしてのみ語られていた「家の自治」が、第二稿ではそもそも家を成り立たしめる根本的要因としての「家の成員の生活保障」という機能を実現するために、信仰上、経済上、法律上および道徳上などの様々な機能が統合されていることをもって「家の自治」とされているのである。

それゆえ、第一稿で家の自治の中心たる家長を軸とした身分関係は、第二稿では「生活保障」という機能によって編成されることになる。曰く、「こういう政治、経済構造［個人の生活保障の政策を欠いていたり、極めて不完全な場合］の内部では家の強固な存続により成員の極度の統制が要求されて、家の内部における成員の関係をそれに応じて形成した」[747]のであると。

旧来の家における家長権力の強さや、家内部の厳しい規範などは、このように「生活保障」という目的にもとづく家自治の結果として理解されるのである。曰く、「家の内部における成員の関係」の具体例として次のように述べる。曰く、「例えば、相続は遺産相続と家督相続の緊密な結びつきの形で家の永年に亘る存続が企図された。これが男系の家長に集中表現された」[748]のであると。

以上みてきたように、家の自治とは、家の成員の生活保障を行うための家内部の統制やリーダーシップをたばねる中軸的な概念となっている。家連合の基礎単位としての家の内部における家長の求心力の強さや、家を束ねて家連合を作る際の親方や主君の支配と統制が、さらにはそうした家そのものが存続し続けること、すなわち家の永続性への要求が、家の自治のもたらす結果として説明されることとなったのである。

第一稿と第二稿とのこうした違いをもたらした有賀の新たな認識である、家成員の生活保障という考え方は、一九四九年の第一稿と一九五九年の第二稿にはさまれた一九五五年に書かれた「家制度と社会福祉」[749]によって初めて明らかにされたものである。「家について」ではごく簡単にしか触れられていない、「全体社会における政治、経済等の構造」と「成員の生活保障」との関係について「家制度と社会福祉」によって詳しく見てみよう。

有賀は家の存在の主たる意義が成員の生活保障にあるというのは、そもそも家以外に頼るべきものがなかった、言葉を換えて言えば社会制度が人々を守ってくれなかったからであると言う。曰く、「……家は家族の生活保障をする生活単位であった……が、それを保護する社会政策の極度に貧弱な政治的条件がこれをとりまいていたことにあると思う。それ故家はそれ自身で全力をあげてその家族を守らねばならなかった。家以外に家族の生存のより処はなかったことが家に彼等を強くたよらせたと見てよい[750]」と。

しかし、頼られた家の方もまた、それ自身で十分に成員の生活を保障できるほどの実力を持っているわけではなかった。すなわち、「しかし生産力の低い生活条件が支配したので、無力な多くの家はそれ自身を守ることすら困難であったから、他からの何らかの助力や保障を必要としたが、それは代償なしにはあり得なかった。この代償はいろいろの形で行われたから、家は全然孤立していたのではなく、各種の家の連合体を結んだのである[751]」と。

このような家連合は、大きいもので言えば、武士の一族一党であり、そこにおいては「家臣が隷属を代償として主君の家の利害に共同したのであり、これによって彼自身の家や家族は主君の庇護をうけたのであっ[752]」た。

746 有賀喜左衛門「家について」日高六郎編『社会学論集 理論篇』一九五九年、八八ページ。
747 有賀喜左衛門、同論文、同ページ。
748 有賀喜左衛門、同論文、同ページ。
749 有賀喜左衛門「家制度と社会福祉」『社会事業』一九五五年。
750 有賀喜左衛門、同論文、六ページ。
751 有賀喜左衛門、同論文、同ページ。
752 有賀喜左衛門、同論文、同ページ。

このようにして成立する家の連合である同族組織は、その発生のあり方からして、組織内に次のような秩序をもたらすこととなった。

すなわち、「家は家族の生活保障をその大きな目標としながら、その充分な能力を持たなかったので、何らかの家の連合体にたよらなければならなかった。そしてそのことはその家の連合体の中心となる有力家によって統率されることを意味したので、家の連合体における各家の社会的地位が決定されたし、……直系に対する傍系の奉仕、家長に対する他の家族の奉仕を規定した。そしてこれにより家産や家の神をになう直系は傍系から区別され、傍系は分家の場合にも僅少な家産をゆずられるにすぎず、また分家の社会的地位も低かった。このことは直系の婚姻を傍系のそれより重要視せしめたし、それは階級的内婚（家格婚）の風習を生んだから、当然傍系の婚姻をも制約した」[753]と。

こうして、家と同族という民族を通じる二つの社会関係が、いずれも天災や政治をも含む外的条件へ対抗して、家成員の生活を保障することから発生したという、そもそもの存立理由から具体的に解明されることとなったのである。

その際に、「家の自治」とは人々を外的条件から守る最小の単位として様々な機能を統合したものであり、同族とはそうした家が単独では成員を守ることができないので、互いに連合したものであって、その本質的な機能は成員の生活を保障することなのである。

このように捉えることにより、親方による子方の保護という、いわば個人的な支配保護・主従関係が、家の内部および外部関係を貫く基本的な機能として捉えられ、個人を超えた家と家の関係として公と私の入れ子の構造にも導き入れられ、日本社会全体の特色として理解され得ることとなったのである。

他方で、家の自治の本質を生活保障とすることは、家内部の支配庇護関係にも新しい観点をもたらすこととなった。すなわち、家長の権限の内在的制約という観方である。家の存在意義が成員の生活保障にあり、非力な家がその機能を実現していくためには、そもそも家自体が存続していくことが重要である。そうなると家の成員は家の存続を第一としなければならないから、家長といえども、決して家の存続に害となるようなことをしてはならないというわけである。家に対する不徳をなす召使や傍系成員は、権利を剝奪されることがあるが、それは嫡系成員にも当てはまることであった[754]。何よりも重要なのは「成員の生活保障」の基盤となる家を守ることだったからである。そうであるならば、この嫡系成員にもあてはまることは家長それ自身にもあてはまることとなる。

すなわち、「家長を中心として成員各個人はそのために全心身を奉仕することを最高の道徳とした。婚姻もその方便となったというのみでなく、家長自身ですら家の存続のために奉仕せねばならなかったから、家制度から自由ではなかった[755]」のである。

たしかに家長やそれに続く家督相続人は家の中で特別の地位を持っていたし、それに応じて嫡系と傍系の違いは重要視されていた。しかしそれは、家の永い連続に非常に大きな意義を持たせていたことからして、家の連続を担って行くものを重視した結果に他ならないのである[756]。

753　有賀喜左衛門「家制度と社会福祉」『社会事業』一九五五年、七ページ。

754　有賀喜左衛門「家族と家」三田哲学会機関誌『哲学』三八集、一九六一年、九七ページ。

755　有賀喜左衛門「家について」日高六郎編『社会学論集 理論篇』一九五九年、八九ページ。こうした見方はすでに一九五四年の段階で見る事ができる。有賀曰く、「日本の家に於ける家長の意味は家長が家を代表していたが、家長自身もまた家から獨立した自由な個人ではなかつた。一般に封建社會の家を家父長制と稱して、それが家父長的專制であつた事は强調されて來たが、私はそれを別に否定しようとは思つてはおらぬとしても、それは家長の純粋なる個人的恣意と見るべきではない。彼の恣意と見られたものがすでに一定の内容を含む家系、家名、家産によつて制約された思想であり、行爲であつた」と（有賀喜左衛門・長島福太郎「對馬封建制度の諸問題——木庭と間高、地方知行、加冠」九学会連合対馬共同調査委員会編『對馬の自然と文化』一九五四年、一七五ページ）。

756　有賀喜左衛門「家制度と社会福祉」『社会事業』一九五五年、五ページから六ページ。

すなわち、この生活保障の原理を「家の自治」として、家の内部における構成原理とすることによって、家はある時は家長権に制限を加えて家成員を家長の恣意から守り、別の時には家成員に様々な犠牲を強いてきたのである。他方で家はその外部の関係とは区別されていることにより、外部の社会関係においてさらに上位の権力に仕えることと内部における子方の保護という役割との間に原理的な矛盾は存在しないのである。

だが、そうだとしても現実においては、下位のレベルに対する公《おおやけ》と、上位のレベルに対する私《わたくし》という異なった役割を兼ねることになる家長は、矛盾した立場に追い込まれることがあった。いわゆる義理（上位の公への立場）と人情（下位の私としての立場）の板挟みである。子方を守るという、家の根本的課題の解決を、有賀は具体的な場面においてどのように理解していたのであろうか。それは有賀のどのような政治観を構成することになったのであろうか。

四　親方のリーダーシップと家の形成

有賀は「日本の封建社会における道徳的責務——荻生徂徠の赤穂浪士観にみられる公私の義理」[757]と題された論文の中で、赤穂義士事件に対する荻生徂徠の評価を論じて、自身の公《おおやけ》と私《わたくし》の議論を展開している。徂徠の議論を有賀は以下のように現代語訳している[758]。

「四七士が吉良に対して主君の仇を報じたのは、その行為が、彼らの名誉を重んずる気持を示しており、彼らが自己を純粋化したことを立証しているがゆえに正しい。しかしながら、彼らが正しかったのはただ特定の一藩の内部においてのみ通用する正しさにすぎない。このような正しさというものは私的《プライヴェイト》なそれであって、ワタクシのギリに〔合致しているという正しさ〕[759]にほかならない。殿中で刀を用いることは許されていないから、浅野の行為は公的な法律（国の法律あるいは公的な義理《パブリック・オブリゲイション》）の侵犯を意味した。四七士は、それゆえ、公的《パブリック》な法律を犯した罪をまぬがれえなかった。しかし、彼らは、彼ら自身の藩に関する範囲内で正しかったのであるから、切腹による死という名誉が与えられるべきである。公的な義理《パブリック・オブリゲイション》を無視することは許されえない。たとえそれが私的《プライヴェイト》な規範《ロウ》、あるいは私的な義理《オブリゲイション》からみて正しくあろうとも、そうである。[760]」と。

有賀は、徂徠が別のところで[761]義理を「公ノ義理」と「私ノ義理」に分けて論じていることに注目して、徂徠の「公ノ義理」は幕府の法律に対する服従であり、「私ノ義理」は藩の組織としての法規の遵守であるとした[762]。こうした二分法から先の「徂徠擬律書」を読むと、「徂徠はその書の中で、私的な集団、あるいは藩の内部で、自分の主人に仕えること、すなわち私的な義理に服従することもまた忠誠であると容認した。[763]」とする。

そうした上で、幕府と主君浅野候とその家臣という重層的な主従関係において、一方で主君浅野候は家臣にとっては公であり、その当事者関係限りの義理が、より上位の主従関係である幕府と主君浅野候との関係においては、浅野候は私であるがゆえに、「二つの忠誠のいずれかを選ばなければならなくなったときにはいつでも、より高い忠義（将軍家へのそれ）が第一におかれることになっていた。[764]」として、この事件を彼の理論をよく説

757　有賀喜左衛門「日本の封建社会における道徳的責務――荻生徂徠の赤穂浪士観にみられる公私の義理」『有賀喜左衛門著作集Ⅳ　封建遺制と近代化』一九六七年。この論文は原文が英語で書かれていて、それを著作集の編者である中野卓と柿崎京一が翻訳したものである。

758　先に注で触れたように、これは有賀が徂徠の原文を英語に訳したものを、著作集の編者が日本語に翻訳したものである。

759　この〔　〕は有賀による挿入。

760　有賀喜左衛門「日本儒教における義理の観念」『有賀喜左衛門著作集Ⅳ　封建遺制と近代化』一九六七年、二八八ページから二八九ページ。

761　荻生徂徠「政談」巻之四『日本思想体系三六　荻生徂徠』一九七三年、四一九ページに、密告する者を低く評価することを批判して次のように述べている。「総ジテ訴人ヲ臆病ト云ハ私ノ義理也。……総ジテ私ノ義理ト公ノ義理・忠節トハ食違者也。国ノ治ニハ私ノ義理ヲ立ル筋有ドモ、公ノ筋ニ大ニ違テ有害事ニ至テハ、私ノ義理ヲ不立事也。」と。

762　有賀喜左衛門「日本儒教における義理の観念」『有賀喜左衛門著作集Ⅳ　封建遺制と近代化』一九六七年、二九〇ページ。

763　有賀喜左衛門、同論文、同ページ。

764　有賀喜左衛門、同論文、二九一ページ。

明する実例として捉えている。
ここで義士達が名誉ある切腹という処分を受けることができた理由を考えてみよう。彼らの主張する仇討ちとしての正当性は、徂徠も述べるように、私《わたくし》の集団のうちだけで通用する私《わたくし》の義である。それゆえ、より上位の公《おおやけ》の義に反するとして処罰されることになる。だが、私《わたくし》の義であることによって、私《わたくし》の集団内の名誉が守られているのである。

有賀曰く、「各藩の政治組織は、幕府の、より大きな組織の内部へと組み込まれていて、各藩主は将軍家の直接的な従者《フォロワー》であった。しかし、各藩主の家来たちは、将軍家の直接的な従者ではなかった。彼らは幕府の法律に従う義務《デューティー》あるいは義理《オブリゲイション》をもっていたが、しかし、彼らが将軍家に対して直接的に忠義をつくす義務をもってはいなかった[765]」と。

もし彼らが将軍家に直接仕える者であって将軍の治める天下の法を犯したなら、あるいは単に赤穂藩士として赤穂藩の法を犯したのであれば、単に犯罪者として処断されただけであったろう。彼らは赤穂藩士として天下の法を犯したからこそ、赤穂藩士としての名誉を尊重されながら、天下の法に反した者として死んだのである。

有賀曰く、「彼ら〔各藩主の家来たち〕の主君は、将軍家の直接の従者として、将軍家への忠誠の義務をもっていたから、日本の封建社会の忠義には少なくとも二重の構造があったということができる[766]」と。

もちろん、有賀は公《おおやけ》が私《わたくし》に対して優先することをわきまえているから、これら二つの忠義の上下関係を違えることはない[767]。曰く、「これら二つの忠義のあいだには、両者の性質に関するかぎり何らの相違はないけれども、それらの序列《オーダー》において明確な相違があった。すなわち、二つの忠誠のいずれかを選ばなければならなくなったときにはいつでも、より高い忠義（将軍家へのそれ）が第一におかれることになっていた[768]」と。

だが、この二重構造があればこそ、第一の忠義たる公《おおやけ》の規範を優先しながらも、なお、私《わたくし》の内部で第二の忠義をはたすことが認められていたのである。すなわち、「私的な集団、あるいは藩の内部で、自分の主人に仕えること、すなわち私的な義理に服従することもまた忠誠である[769]」のだ。もちろん第一の忠義を優先することにより、第二の忠義に残された許容範囲は必ずしも広くはない。

だが、少なくともこの「狭き」範囲こそが家の自治の領域として成員のために――赤穂浪士の場合は彼らの名誉を守るために、また多くの庶民の場合はその生活保障のために――確保されるのである。そしてそれがどこまで広いものとなるのかは、赤穂義士の例が示唆するように、親方が上位の権力に対してどのように行動するのかにかかっている。言い換えれば、家の「自律」の範囲（大きさ）は親方のリーダーシップ次第なのである。その事情（Verhältniß）を詳しく見てみよう。

有賀は家というものを日本民族の特質であるとして、古代から現代までを貫く家のあり方を描いている[770]。その基本的考え方は戦前から一貫しているが[771]、とりわけ問題になるのは現代であった。新憲法制定とそれに基づく民法の改正を軸とする戦後の諸改革は、家の存在そのものを脅かすものと捉えられたからである。そうした激しい変化の中でなお、そこに家というものが存在していたのか、存在しているとすればどのように家が変貌した

765 有賀喜左衛門「日本儒教における義理の観念」『有賀喜左衛門著作集Ⅳ 封建遺制と近代化』一九六七年、二九一ページ。
766 有賀喜左衛門、同論文、同ページ。
767 このような忠義の二重性を見失って、どちらかだけを重視することにより、農村や家は自律的であるかないかについての不毛な論争が繰り広げられることになる。
768 有賀喜左衛門「日本儒教における義理の観念」『有賀喜左衛門著作集Ⅳ 封建遺制と近代化』一九六七年、二九一ページ。
769 有賀喜左衛門、同論文、二九六ページ。
770 たとえば、有賀喜左衛門『日本の家族』一九六五年。
771 『日本家族制度と小作制度』一九四三年にも古代の荘園制の発達に遡る叙述があるが、より明確なのは「上代の家と村」東亜社会研究会編『東亜社會研究』第一巻（一九四三年）である。

と有賀が捉えているのかを問うことによって、有賀の考える家というものの姿がより一層明確なものとなるだろう。[772]

このように、現代における家を考えることは有賀の家理論を捉える上でとりわけ重要なのであるが、この問題に関してもまた、石神の斉藤家が重要な役割を果たしている。戦後、有賀は自らの戦前の議論を振り返って次のように述べている。

すなわち、「大屋が名子の生活に関与した心持や態度を「温情的」なものとして私自身も前には単純に解釈していたが、永年に亘って結ばれた関係を「温情」などという簡単な、一方的な恩恵として片付けることは今の私にはできない。むしろそこには日本の過去の厳しい生活条件に当面して、彼らの生活を守らねばならないという共同連帯感が、実力のある親方百姓の統率を通して現れていたと見なければならない」[773]と。

こうした発言の背景にはすでに戦前から始まっていた旧家斎藤家の衰退と、それに輪をかけるような戦後の農地改革等の社会状況の変化に応ぜざるをえなかった苦難の日々を有賀が見てきたことがある。有賀が注目するのは、こうした厳しい状況を打開し、新たに「生活保障」を実現することのできる、親方百姓の実力と統率、すなわち親方のリーダーシップだったのである。

有賀曰く、「……昭和一四年から一五年にかけては、シナ事変は解決のできない泥沼に入り、米の統制などのため、農村の地主の生活は一般に困難に直面していた。斎藤家もこの間に漆器業は振わず、家計は下降線を辿っていた。同家の名子やその他の農家も主幹労働力を戦場やその他に取られていたので、生活は困難であった。……オオヤ斎藤家の主人は、こういう状況の中では名子の生活の面倒はもう見きれなくなって来たが、名子をすぐにやめることもできないと苦しい事情を私に訴えるのであった」[774]と。

オオヤ斎藤家は、昭和一四年にそれまで賃料を取らずに名子に使わせていた役地を名子自身に買い取らせることにした。そうしなければオオヤ自体の家計が立ち行かないからである。だが、名子の方でも買い取るに十分の資力があったわけではなかったから、当時の相場の半分程度の金額での買い取りとなった。このことは、オオヤの親方百姓としての永年の権威を下落させることになった。同じ年に、最後の名子を分家させることにより、斎藤家には住込み奉公人はいなくなった。戦時の労働力不足で満足な量のスケを取ることもできずに、斎藤家は自作農地の耕作を家内労働でまかなわなければならなくなったのである。こうした背景のもとに戦後の農地改革が始まった。

戦後の農地改革のうち、農地解放に斎藤家は協力的でおよそ五町歩の土地、二十二人の小作者を解放した一方で、田畑あわせて三町二反歩の保有地を農業委員会から認められることとなった。[775] 大きな問題となったのは斎藤家が持っていた広大な山林であった。農地委員会を舞台に農業組合の幹部が企図した、山林を開梱適一として開梱申請者のために買収解放を行うという計画に多くの農民が参加をしたのである。その計画の主な標的がオオヤ斎藤家所有の山林だったため、農業組合に属していなかった一部の旧名子層をのぞくほとんどの住民がオオヤとの従来の関係を絶ってしまったのだという。[776] そのため、戦前期にはそれでもなお存在したスケも、ほとんどなくなり、斎藤家では「……まったく労働に不馴れの自家労力にたよるほかはなかった[777]」のである。そのよ

772 たとえば、有賀は『日本の家族』一九六五年、二ページでは、次のように述べている。曰く、「……この書は単に戦後の新しい家族のみを見ようとするのではないが、家が崩壊したといわれる戦後の状況の中で、果たして家はすでに壊滅して、ここでは全く新しい家族が誕生したのであるかという問題を考えて見たいからである」と。
773 有賀喜左衛門「大家族制度崩壊以後」『大家族制度と名子制度　有賀喜左衛門著作集 Ⅲ』一九六七年、三七六ページ。
774 有賀喜左衛門「家と奉公人」喜多野清一博士古希記念論文集『村落構造と親族組織』一九七三年、一三ページ。
775 有賀喜左衛門「大家族崩壊以後」『有賀喜左衛門著作集 Ⅲ』一九六七年 三八九ページ以下。
776 それは、「かつての親しかった名子らの多くは、道で出逢っても大屋の人々にはソッポを向いて行く」という有様だったという（有賀喜左衛門「大家族崩壊以後」『有賀喜左衛門著作集 Ⅲ』一九六七年、三九一ページ）。

うな困難な時期に、大屋善助の次男である方男[778]が樺太から帰還した。

当時、石神の農家の人心は混乱し、大屋は従来のように名子のスケを当てにした農業経営を行うことができなかったため、帰国した方男は盛岡工業学校出身の知識を活かして、新しい機械化された農業を始めた。大屋による新農業は早くから目覚ましい成果を上げた[779]。帰国の数年後には反当たり三石を超える収穫を得るようになり、石神の人々の羨望を集めるようになったという[780]。

大屋の農業機械の性能に驚いた人々は、戦後すぐの困難な時期にも大屋との関係を絶つことのなかった者たちから、次第に、大屋に耕運機による賃耕を依頼するようになった。大屋は耕運機で作業をしてやったが、別家からはその料金を取らなかった。そこで、別家の方では大屋の田植にスケで返礼したのだという。別家以外の者からは代金を徴収したが、それは実際に使用した石油代の八割をもらうだけだったという[781]。こうした大屋による機械の貸借は拡大し、石神には大屋とその新農業方式を中心とする新しい家のつながりが生まれてくるのであった。その結果、昭和三十三年に有賀が石神を再訪する頃には、大屋斎藤方男は地域の押しも押されぬ中心人物となっていたのである[782]。

これは一見すると、従来の大屋と別家の全体的相互給付の関係が復活したようにみえる。確かにある意味ではそうなのだが、従来の関係がそのままに復活したわけではなかった。新たに行われるようになったスケは、戦後の新しい関係が深い者によって行われたのであり、戦前と連続性を持つ者もあったが、戦前には全く大屋とはそうした関係のなかった者で戦後の関係においてスケを出すようになった者もあるからである。

有賀が考えるこうした関係の復活の理由は次のようなものである。すなわち、農地改革による自作農の創設は、その実、大屋の庇護を受けられなくなるということに他ならなかった。形だけ自作農となっても実際には完全に自立した生活を営むだけの力を持ってはいなかったし、大屋の庇護に変わる何らかの制度が新たに作り出されたわけでもなかった。山林を開発する権利を得たところで、それで生活を安定させることができるわけではなかった。

「だから、石神においては、農地改革によって大屋のマキが決定的に崩壊すると、別の組合せで、新しい家単位の互助組織をたちまち作り出した。……ところが大屋の再興が目にみえて来ると、戦後成立したこれらの互助組織は、また変りはじめた。それはもはや大屋のマキの復活ではなかったが、……大屋の耕耘機や脱穀・精米機を媒介としての結びつき新しい互助組織の一つであった」[783]のだ。

すなわち、日本の歴史の中で延々と生き続けてきた家の存立条件たる、家単位の互助組織による相互扶助は、人々の生活を守る制度を他に求めることができない限りは何度でも生き返るのである。[784]

ここで重要なのは、旧家の斎藤家の現当主が部落のリーダーたり得たのは、彼が代々の当主を受け継ぐものだったからではないことである。戦後の農地改革によって、個々の農民は自作農として自立したはずであった。しかし、一人だけで立ち行く状況にはなかったので、家どうしの互助組織が復活してきたのだが、そこで改めて

777 有賀喜左衛門「大家族崩壊以後」『有賀喜左衛門著作集 Ⅲ』一九六七年、三九九ページ。
778 斎藤家十七代善助は老齢のため、戦前にすでに長男の文一に家督を譲っていたが、文一が昭和一九年に病死したため、善助が妻と文一の未亡人とともに家を守っていた（有賀喜左衛門、同論文、三六二ページ）。文一を十八代と数えるため、次男の方男は十九代となる。
779 方男は機械のほか、酪牛の導入も行い、牛乳をホテルに卸すなど、経営面でも優れた才覚を発揮したという（有賀喜左衛門、同論文、四〇一ページから四〇二ページ）。
780 有賀喜左衛門、同論文、四〇〇ページ以下。
781 有賀喜左衛門、同論文、四〇二ページから四〇三ページ。なお、大屋は別の部落の者からの依頼の場合には実費の他に作業費も取ったという（有賀喜左衛門、同論文、四〇三ページ）。
782 有賀喜左衛門、同論文、四二〇ページ。
783 有賀喜左衛門、同論文、四一五ページから四一六ページ。
784 有賀喜左衛門、同論文、四一六ページから四一八ページ。

人々が斎藤家当主と結びついたのは、十九代目という過去の伝統を継承によるのではなく、方男の新しい農業が示した力によったのである。

有賀が戦後、憲法や家族制度が大きく変わった中でもなお存続していると見た家とは、親方によって作り出される、外部の災厄から守られる領域のことであり、その重点は外部の条件に対して一種の防波堤を作り出すというところにあったのである。有賀が家として重視したのは、親方のリーダーシップによって作られる、吹雪の荒れ狂う外の世界から中に居る人々を守ってくれる建物だったのだ。[785] そうした建物の機能すなわち成員の生活を守る領域を外部の権力に抗して作り出す親方のリーダーシップこそが家を支える原動力だと有賀は捉えていたのである。

785 有賀喜左衛門「吹雪」『文明・文化・文学』一九八〇年、一九九ページ以下。

第六章

家の家庭化と社会の自律

—中野卓と「うち」の家理論—

中野卓は有賀喜左衛門の第一の理解者であり、その理論の継承者とみなされてきた。しかし、中野は有賀の議論を受け継いでいるようでいて、実のところ有賀の議論の重大な側面である政治との関わりについて、捉えそこなっている。そのため、有賀にならって具体的・歴史的な条件を重視するとしながらも、中野は家庭に見られる家成員間の心のつながりを以て家の本質としてしまう。この結果、中野の家理論は近代以降に非政治化し、戦後さらに非政治化が昂進して単なる消費の場となってしまった家に対応する理論となった。その結果、家の中身から歴史を排除することによって家を非政治化した喜多野の議論と奇しくも平仄を合わせることになってしまったのである。

喜多野のように、家を親族として捉える理論は、その後、早稲田大学における弟子たちに受け継がれ[786]、さらにその次の世代にも大きな影響を与え[787]、社会学における家理論の通説となった。これに対して有賀の議論を受けて、中野は、家や家族を取り囲む具体的な歴史的・社会的条件のもとに家を捉えるべきだとして、喜多野らの親族論に反論を加えたのであるが、こうした議論そのものが、有賀の持っていた可能性を見失わせ、また、過去の家理論の政治性をも存在しなかったことにしてしまったのである。

786 その代表的なものとして、喜多野清一・正岡寛司編著『「家」と親族組織』一九七五年を挙げておく。なお、この世代の代表的な親族論者としての光吉利之の議論については、第二節において「『商家同族団の研究』の評価をめぐって」で再度触れることになる。

787 代表的なものとして、伊藤幹治『家族国家観の人類学』一九八二年を挙げておく。伊藤は次のように述べているが、そこに喜多野への言及はないものの、その影響は明らかである。すなわち、「系譜とは、「家」の出自にかんする概念、系譜関係とは「家」の創出や分枝にあたって、本家が分家をみずからの分枝として認め、また、分家が本家をみずからの出自の本宗として認めるというように、本家と分家とが、こうして相互の出自関係を認知しあうことによって認定された関係のことである」と。(伊藤幹治『家族国家観の人類学』一九八二年、九一ページから九二ページ)。

1 社会と歴史

一 イデオロギーとしての「家」

喜多野清一が、家と同族を打ち寄せる戦後改革の荒波から守ろうとしていた[788]、その同じ時期に、中野卓もまた、戦後の諸改革の波に乗って家を攻撃する議論に対して反論を加えていた。

中野曰く、「……家は、……やはり存続してくれなければ困る事情があったのである。これを「封建遺制」と呼び「残存」「残滓」と呼んで批判する人びとも、さて自分の生活においてはこれに依存してでなければ暮らしていきにくかった。依存から抜け出すためには、知的な自覚が必要であっただけでなく、それとともにそれを生活の上に実現するのに必要な政治的・経済的条件をもたなければならなかった。そういうものを持ちあわさない限りは、食うためと論ずるための二つの口をもつか、そのどちらか一方の口でがまんするかのほかない[789]」と。

そういう意味では中野の議論[790]は、いわゆる「伝統家族論」の議論一般と平仄を合わせていたと言うこともできる。だが、他方でこうした攻撃に対して、単純に「家を守る」ことを主張することにもまた問題があることは明らかであった。当時の家をめぐる議論の状況は次のようなものだったのである。

すなわち、「……綿密な実証的研究とその結果をまっておれないほどさし迫った要求からか、マス・コミの手段によって広く訴えることのできた発言は、多くは実証的検討もなしに、身近なせまい体験とわずかな資料と借りものの理論やあるいは、はた迷惑な信念とを結びつけて、それだけで多くは「家」制度を賛美あるいは批判してきた[791]」と。

中野が大きな問題だと考えたのは、学問的な議論においてさえも、その議論が対象とする家が、いったいいつの時代のものだったのか、その議論がほかの時代にも適用可能なのかということが、深く考慮されていないということであった。すなわち、「家は制度であり、家族は集団である、というような見解、というより、そういう概念規定の仕方も行なわれている。しかし、日本の家を社会変化の長い歴史的な過程の中でみてゆこうとするならば、家がただちに家族の制度であるといいうるような時代、明治、それも中頃をすぎた頃以降においての、一時代の家の典型を、そのように規定しうるというだけのことであるという限定を伴わなければならない」[792]と。このような限定を行わないで、一般化された議論は、決して学問的な妥当性を主張し得ないのである[793]。ある時代とその時代の家の姿という限定された視点を持たない議論は、単なるイデオロギーにしかならない[794]。その恰好の例の一つが戦後の家族制度批判の議論であると言う。

中野曰く、「希望的な理想化をともなった第二の典型（戦後日本の家族）の設定と、そのような典型を理想とし

---

788 本論第四章（二〇八ページ以下）参照。
789 中野卓『商家同族団の研究』〔以下、副題を省略する〕一九六四年、一八八ページ。
790 たとえば、次のような中野の議論を参照のこと。中野曰く、「近世の村落をヨーロッパの村落共同体にひきつけて見た上で、その薄められたようなものを日本の近代の村落に見出そうとして、これを「前近代的」な「かっこつきのむら」と呼ぶ人もあるようである。どのように呼ぶとしても、実はそれが日本の「近代的」な村落なのであることの方に問題を見出し研究上関心をそそいできた人々の方に私は組みしたい、近代に「的」をつけただけでそれを「理想」化する通念には陥し穴がある」と（中野卓「『むら』の解体の論点をめぐってⅡ」『村落社会研究』第二集、一九六六年、二五七ページ）。
791 中野卓「「家」のイデオロギー」『講座 現代社会心理学』第八巻、一九五九年、一〇〇ページから一〇一ページ。
792 中野卓『商家同族団の研究』一九六四年、一〇八ページ。
793 中野は次のように述べている。曰く、「そういう限定（その理論の妥当する時代と社会の限定）なしに、この種の、歴史的な一時代の家の典型をば、日本文化（社会）における家なるものの通歴史的に一貫して共通な性格をあらわす典型と考えてしまって、これをその時代以前の現実に、逆にそのまま適用し、そのことによって公式的で主観的な解釈を加えることは、科学的な方法とはいえない」と（中野卓『商家同族団の研究』一九六四年、一〇八ページ）。
794 中野卓「「家」のイデオロギー」『講座 現代社会心理学』第八巻、一九五九年、一〇一ページ。

てもつ立場から、第二の典型（明治民法的家族）をその対極としてえがきだし、この両者を結ぶ直線を、さらに過去へ向かってそのままの方向で延長することによって、家の、近代化を論じるための……典型（原型）を、第二の典型の一層極端なカリカチュア（いわゆる前近代的・封建的・家父長的家族）としてえがきだそうとするような、科学的でない方法とは無縁でなければならない」[795]と。

すなわち、戦後に新しい理想として主張されたいわゆる近代的家族を基準にして、家を断罪するにあたり、戦前の明治民法的家族をもって一般的、普遍的に妥当する家の在り方だとしているが、明治民法的な家の在り方は、時代を超越したものではないのに、あたかもそうであるかのようなイデオロギー的主張が行われているというのである。

中野は学問的な外観をとった、その実、イデオロギーにすぎない議論を排して、中野自身が考える、家の在り方を探るために、次のような手順を取ることになる。すなわち、

「……ここには昭和にはいって以後、ようやくこの問題について社会学の実証的研究が集積してきた成果をもとにして、日本の「家」がその本質においていかなるものであったかを明らかにし、それが、明治維新を境とする二つの時代、近世と「近代」において、それぞれのもつ歴史的条件の変化の中で、「家」生活がどのように展開してきたかという事実に即しながら、これに伴なって、またこれを規制すべく、「家」のイデオロギーがどのような変化を示してきたかについて、いくつかの問題に触れてみたい」[796]と。

すなわち、ここではイデオロギー批判を行うために、あらかじめ家の本質がいかなるものであったのか、という姿を明らかにし、それをもとに、家の姿の変化とそれに伴うイデオロギーを見定めようというのである。

こうしたイデオロギー批判の成果は、主著である『商家同族団の研究』においては、中野が議論に用いる家や同族の概念を明確にする上で大いに役立つこととなった。次に触れて行くように、中野は自らの理論を同時

代のそのほかの理論と対峙させながら、述べている。その際に、批判の対象となる理論が前提としている概念の成立が、いかなる時代のいかなる状況に基づいたものなのかを明らかにすることにより、それらの概念の射程範囲を明確にし、その射程範囲を超えた濫用を厳しくいましめるのである。具体的な議論の展開を見てみよう。

二　家と血縁

中野がみずからの議論を展開するために、まず第一に整理しなければならなかったのは、家や家族の範囲にかかわるイデオロギー、当時の先入観であった。以下に中野がその理論の中心的課題とした、家の構成員をどのような範囲のものとするのか、なかんずく家の当主との血縁関係が必要かどうかという問題を取り上げてみよう。

戦後の混乱がいまだに色濃く残る一九五四年、中野は都市における社会調査のやり方を解説する一文を書いている。その中で中野は戦後日本の都市家族に大きな変化が生じていることと、にもかかわらず存続する伝統の影響をも無視することはできないのだと述べている。

すなわち、「敗戦後、日本の家族制度に生じた新しい動きが最も顕著に見られたのは都市の家族においてであろう。それも実は既にかなり進行して来た都市化の過程が、前から少しずつ従来の家族生活を変化させて来ていたからである。それにもかかわらず、一般に一面メトロポリタン的な傾向を持つ都市市民の家族生活も、反面その所属する民族文化の性格を全く抜け出してはいない。まして「大きな村」にすぎないとも言われる日本の都市

795　中野卓『商家同族団の研究』一九六四年、一〇〇ページ。

796　中野卓「「家」のイデオロギー」『講座　現代社会心理学』第八巻、一九五九年、一〇一ページ。そこで中野は自らの議論もまたイデオロギーにすぎない可能性を次のように述べている。すなわち、「また、ここに述べようとしている論述そのものにしてもまた避けがたいであろう存在被拘束（こうそく）性のゆえに将来批判の対象となりうるであろう」と（中野卓、同論文、同ページ）。

においては、なおさらのことである」[797]と。

こうした状況下で調査を行うというのは容易なことではない。世帯ごとに調査を行うにしても、調査をしたい「家族」と世帯とが一致しているとは限らないからである。そこで世帯を通じた家族の調査は以下のようになる。

「……世帯の種類を家族との一致・不一致において分つなら、前記のように、（1）一家族の本拠たる世帯と、（2）一家族のうち別居している一部分が形作つていて、家族の本拠を別に持つている世帯とに二大別できるが、またその中に、（A）夫婦・親子関係を含むものと、（B）含まないものとに大別できる。これらを組み合わせると、（1A）は最も普通のもの、（1B）はまれにある過渡的な欠如態、（2A）は通世代家族の一部たる家族的核の一つが別居しているもの、（2B）は遊学中の学生や実家を離れている独身のサラリーマンなど、となる」[798]のである。

（2A）のように家族であるが世帯が分かれている場合もあれば、家族としては異なっているが同じ世帯とみなした方がよい場合もある。すなわち、「……他に身よりのない親戚の場合など、「同居人」とするか、あるいは甥・姪などと書き入れて家族の一員とするかは微妙な差である。また、まかないつきの下宿人を同じ世帯の同居人と登録し、外食の下宿人が別世帯として登録されるというようなこともある。これらの点は世帯生活の実態についての調査が、もう少し進まなければ明らかにならない」[799]と。

では、同じ世帯の同居人であるとされるためには、どのような要素が必要なのであろうか。

中野曰く、「即ち、居住や食事を主としてこれらに附随するこまごまとした使用・消費の細部まで、いちいち勘定に入れた支払いをすることなく、かといつて大幅にそれを制限することもなく、少くとも一面において打算的でない準家族的な関係がなりたつているのでなければ、同世帯員とは言えない。」[800]と。

このような世帯と家族のズレを生んだのは、そもそも現実に存在する家族生活と「家族」の概念がズレているからなのであるというのが中野の考えである。すなわち、「いったい家族という集団は、日本の場合ことさら強く観念化された「制度体としての家」によって規定されている。そのため、現実に日常的な生活の拠点である「世帯」が幾ヶ所にも分れて営まれていても、それら複数の世帯の成員が同じ「家」に属し、同一の「家族」の構成員であることをやめないという場合を、かなり幅ひろい様々な形で可能にしている[801]」からなのであり、また家族的生活の実態を持つことにより、非家族の者が世帯員として観念されるのも、そうした者を含むのが「制度体としての家」だったからなのである。

後者については、中野による、より詳細な議論を見ることにしよう。

中野によれば、「……家は親族的成員だけでなく非親族的成員をも含みうる、いわば非親族集団である」。非親族的成員とは、主に住込の奉公人、都市の商家であればいわゆる丁稚・手代と称される人々である。かれら「……住込奉公人とりわけ子飼住込奉公人は、……「家」制度体に属し家における役割をになうがゆえに、家の成員とされる[803]」のである。

797 中野卓「都市調査」福武直編『社會調査の方法』一九五四年、九四ページ。
798 中野卓、同論文、九五ページ。
799 中野卓、同論文、九五ページから九六ページ。
800 中野卓、同論文、九六ページ。
801 中野卓、同論文、九四ページ。傍線は引用原文による。
802 中野卓「家族と親族」福武直編『講座 社會學』第八巻、一九五七年、五〇ページ。中野は生家の薬種業の大和屋に関する調査研究を戦前から続けていたが、その成果を発表するのは戦後復員してからのことになる。当初は都市の商家の実証的研究ということで、事実上、家に非親族成員を含ませていたが、この問題を理論的に取り上げるのはしばらく後のことになった。傍点は原文による。
803 中野卓、同論文、四九ページから五〇ページ。

家の成員とは生活共同を行い、家自体の存続と繁栄のために家業経営・家祖祭祀・家政・家計をともに担うべく、それぞれの役割を持っているのであり、そこに役割の違いはあれ、直系と傍系の違いも、また親族か否かの違いは存在しないのである[804]。

すなわち、「……「家族」ということばの一般に承認されている意味に従って、夫婦とその子を中心として、これと近い親族関係にある人々だけの集団をそれがさしているかぎりでは、「家」という概念が、「家族」と同じ集団の制度を本来さしているのではない[805]」のである[806]。

家を近しい親族集団とする一般の観念によりつつ、家を家族と同視する見方によれば、日本の家に見られることのある非親族の成員は、本来の家族を基本とした「擬制」として捉えられることになる。こうした捉え方こそが、「明治以降における「家」のイデオロギーの典型[807]」であると中野は考えるのであるが、中野自身はこうした「擬制」論に対して、有賀の議論を引用することによって批判を加えている。

すなわち、「家長と親族関係をもっている身分だけでなく、家長たる主人に対する雇人の身分、また奴隷の身分も、いずれも家の成員としての身分である。親族身分に属する家成員の中にも身分上種々の差別があり、血縁・非血縁の間にだけ身分差があるわけでない。いわんや前者だけが「家」の正式の成員であって、後者はその擬制として前者に準ずるものにすぎぬとされてきたわけのものなのではない[808]」と。

家長と血縁を持つもののみを家の成員とする観方（イデオロギー）が形成されたのは、家の原型が変質したことによるのであるが、中でも大きな影響を与えたのが明治の法律における「家」のイデオロギーの再編である。中野によれば、姿を変えたイデオロギーがこうして一般化することによって、家を家族として捉えるという見方が生まれたというのである[809]。中野の議論を詳しく追ってみよう。

中野が注目しているのは、一つは家族法（民法）の規定であり、もう一つは財産法、とりわけ近代的な所有権概念の規定である。

明治民法の規定によれば、非親族成員は法律上の「家」から除外されたのであるが、これは画期的なことであった。曰く、「このような法律上の「家」の規定は、西欧の「家族（ファミリイ）」の観念の導入に媒介されて生まれた。住込奉公人の、「家」からの離脱は、他方では雇傭（よう）におけるこれまた西欧的な「契約」とりわけ雇傭契約の観念に媒介された。戸籍・親族・相続などについての法的規定によって、「家」は、「戸主」およびこれと一定範囲の親族的続柄をもって法律上の「家」を構成する者とによって構成されることとなった[810]」のであると。

続けて財産法の規定が検討される。近代的所有権の規定は、所有権の名宛て人を必ず個人としたから、「慣行上の「家」の「家産」の観念との間にも、当然の矛盾があった[811]」。すなわち、「西欧近代的な観念における「所有」

804 中野卓「家族と親族」福武直編『講座 社會學』第八巻、一九五七年、四九ページ。
805 中野卓「「家」のイデオロギー」『講座 現代社会心理学』第八巻、一九五九年、一〇一ページ。
806 中野は別のところで次のようにも述べている。すなわち、「同じ家の成員だといっても、家族と非家族との間には差別があるから、住込奉公人などは家の成員と認められないという考え方がある。しかし、これは、明治に入ってから法律上設定された〈家族制度〉即〈家制度〉という特定時期での考え方であって、家制度の原型と原型における本質を理解するには役に立たない。差別は家族のなかにも非家族的家成員のなかにもある。家制度はその目的遂行のために家の各成員がそれぞれ受けもつ役割に応じて、彼らを差別している。家の内部構造全体がそういう差別の体系なのである。家長と家長以外の人々のすべて、また、親族的家成員のなかでも、嫡系（直系）と庶系（傍系）それぞれにわけるという差別は、家の系譜的連続の中軸をなす代々家長とその妻およびその未成人の子を嫡系とし、これ以外の人々を、たとえ家族員であっても〈傍系〉としているところに、顕著に示されている」と（中野卓『商家同族団の研究』一九六四年、六九ページ）。
807 中野卓「「家」のイデオロギー」『講座 現代社会心理学』第八巻、一九五九年、一〇一ページ。
808 中野卓、同論文、一〇二ページから一〇三ページ。
809 中野卓、同論文、同ページ。
810 中野卓、同論文、一一二ページ。
811 中野卓、同論文、一一三ページ。

の主体は個人であるのが原則であったから、法人でもない「家」にあっては、家産は、家長個人の所有の形で登記されるほかないこととなった」[812]。

これによって、それまでは家長をも拘束する家という制度体がその存続を守ってきたのであるが、「家長個人の権力の恣意化は、慣行におけるそれにはなかったところの合法的基礎を与えられることとなった[813]」のである。

このような変化をもたらした明治民法の規定であるが、後になっては、それそのものが封建的で前近代的なものだと批判されるようになった。しかし、そのような明治民法の規定自体は、あくまで近代的なものだったのである。すなわち、「……「なお依然として封建的であった」と多くの論評をうけるような性質をもちながらも、明治民法的「家」制度は、多分にむしろ「明治以降的」であり、そのかぎりで近代的に変容されたものであった[814]」と。

家制度のイデオロギーとして排撃されたものは、明治維新後の近代化によってもたらされた、それ自体近代的なものだったのである。

中野曰く、「要するに、西欧の「家族《ファミリィ》」の観念が、それと不可分な、親族・所有・財産相続・契約などの諸観念とともに、個人主義的な道徳・哲学・法律・経済思想などの面から受け入れられはじめるにいたった。それらが、広く「家」生活の中へ資本主義的体制の形成とともにしだいに滲透していった。「家族制度」を賛美する教説も、このような新しい体制や観念と妥協しながら説かれた[815]」のであると。

中野が批判する、近代的な家族の観念に規定されることによって、非血縁の者を家の成員とは認めない観方は、同族の捉え方にも強い影響を与えた。すなわち、非親族分家を認めない、あるいは親族分家の「擬制」であると捉える観方を生じさせたのである。

次に、中野が家と同族の原型を明らかにする上で、対決しなければならなかった同族に関するイデオロギー的偏向を明らかにしてみよう。

三　同族と地域

有賀が農村において明らかにしたように、都市においても個々の家々は孤立しては生存していくことができなかった。本家と末家とが力を合わせて生きる姿を中野は次のように述べている。

すなわち、「暖簾内各家の家経営、ないし家業経営のあいだの、本家末家の系譜の線にしたがう経営共同（ないし経営連携）は、あくまでも本家本位の、したがって本家店経営の発展を本位とするものであるが、もとよりそれは本家経営の利害打算一途にこりかたまった自己主張によってなるものではなく、末家の経営がなりたち、栄えてゆくことは、本家の願うところであった。同じ系譜につながる全ての家々が、系譜的秩序を保ったまま栄《は》えることは、本家の側が望むところであっただけでなく、本家に依存する必要がある限り、末家の側でも望むところであった。本家にとっては、同族全体の繁栄のなかにこそ自家の発展が可能であり、逆に自立する力の足りない末家の家々の側でも、本家の繁栄なしには自家の安泰も向上も考え得なかったからである[816]」と。

各家は自らの永続と繁栄を願うと同時に、同族全体の永続と繁栄とを願ったのである。

こうした支え合いのつながりの中では、非親族であっても優れた別家を持つことは本家にとって、ひいては同族団全体にとってとても意味のあることであった。それゆえ、そうした優れた人材を近くにとどめておくため

812 中野卓「「家」のイデオロギー」『講座 現代社会心理学』第八巻、一九五九年、一一三ページ。
813 中野卓、同論文、同ページ。傍点は原文による。
814 中野卓「商家における同族の変化」『社会学評論』第一二巻二号、一九六二年、三一ページ。
815 中野卓「「家」のイデオロギー」『講座 現代社会心理学』第八巻、一九五九年、一一三ページ。
816 中野卓『商家同族団の研究』一九六四年、八三ページ。傍点は原文による。

に、様々な手段をとったのが同族の制度の特徴であるとも言える。

すなわち、「……家のメンバーシップが、あくまで家長の家族を中枢におきながら、それもきわめて弾力性のある境界線を設けているだけで、家族員にあらざる家構成員たる住込奉公人にも、一族（血族を中心に周縁部に姻族を加えるが、本来親族の意味なのではない）に同一化させるに価するとみられる人柄・能力をもつ人びとについては、家のなかでこれを家族員に転化させたり、あるいは分家させるとき親族分家とすることもあり、より一般的には奉公人分家とするなど、住込奉公人に対して家族化、親類化、同族化の途がひらかれていたことは、シナの家制度にはなかったこととして注目しなければならない[817]」と。

だが、家に関する西欧の観念の影響は、同族の捉え方にまで及んできた。すなわち、「明治民法的な「家」制度でいう「家」は、冒頭にわれわれが見たような原型としての「家」とはちがって、家長の家族（戸主とその「家族」員）たちの範囲だけにその成員となる資格を限定したものであった。……この結果、「同族」も本家との間に親族関係で結ばれた親族的同族、本家とその親類分家にかぎって、「本当の」――実は明治民法的な――同族なのであって、奉公人分家をそれに含めることは「擬制的」――たしかに近代法的には擬制としか考えられない――とする見方の根拠がここに成立するのである[818]」と。

このことは明治民法の用語法にも明らかになっている。民法の条文には「分家」の文字はあるが、奉公人分家を示す別家という文字はないのである。だが、それは明治維新による家の原型の変質の結果であるにすぎない。

中野曰く、「分家は明治以来の民法上の用語ともなったが、別家は慣行上の用語だけにとどまった。そのため親族分家だけが「本当の分家」で、奉公人分家である別家をなにか労務管理上の術策であるかのように受取ったり、法制上の分家に対し別家をその「擬制」とみたりするなら、そういう家族や雇用の観念のできる以前の商家同族というものを理解する途は閉ざされてしまう[819]」と。

近代化による社会変動がもたらした家のイデオロギーの変化によって、後の時代から同族の原型が捉えがたくなっていることは、別の側面にも現れていた。中野の同族の定義を改めて見てみよう。

中野曰く、「本家を中心にその系譜の本末を相互に認め合うことによって、上下的、支配従属的な関係で結合している家々の連合体が、同族団である。家の系譜は、これを個々の家それ自身が嫡系（直系）の線に沿って連続することを意味するとともに、また、庶系（傍系）によって分岐した家々と、その本元の家とが連関する関係を意味する。[820]」と。

中野の言う「上下的、支配従属的な関係」をどこまで重く見るのかで、喜多野の同族理解との差異が生じる可能性はあるが、その他の点ではこの定義そのものからは喜多野の同族概念[821]との大きな違いは見られない。だが、同族組織を成り立たしめる生活組織のあり方、喜多野の言葉で言えば「生活連関」の捉え方において両者は大きな違いを見せることになるのである。

中野は同族を構成する家同士の生活組織のありかた、なかんずくそれら家々の近隣性を極めて重要なものと

817 中野卓『商家同族団の研究』一九六四年、七二ページから七三ページ。

818 中野卓「商家における同族の変化」『社会学評論』第一二巻二号、一九六二年、三一ページ。傍点は原文による。

819 中野卓「商家同族団」青山道夫・竹田旦・有地亨・江守五夫・松原治郎編『講座 家族 六 家族・親族・同族』一九七四年、二九四ページ。

820 中野卓『商家同族団の研究』一九六四年、五四ページ。

821 喜多野は次のように同族組織を捉えている。すなわち、「まず同族組織は俗にいわゆる本家分家の關係につながつている家々の連合體として同族團を構成していますが、……、奉公人や身寄人のような非血縁者を取立てた家をも含んでいるものがあり、これらは本家を頂點とするピラミッド型の上下關係をなしていることが見られるのであります。……ところでこの同族團の結合の本質は果してどこに求められるべきでしょうか。私見では上下の身分關係または主從關係という點にそれを求むべきでなく、やはり系譜關係とすべきであると考えるのであります。系譜は家の出自に關するものであり、自然そこには系譜の本源とそれからの分岐という事實に從うところの上下の關係が生じ、この本分間に營まれる生活慣行に一種の主從關係を附與することは看過さるべきではありませんが、これも系譜關係を基礎としている」のであると（喜多野清一「同族組織と封建遺制」日本人文科学会編『封建遺制』一九五一年、一七六ページから一七七ページ）。

考えていた。これに対して喜多野は同族の中における本家の権威を強め、確認するような生活連関を重視していたのであり、本家の権威が保障されれば、必ずしも家々が近隣に居住する必要を認めていなかった。両者の議論を詳しく見てみよう。

　喜多野は同族の生活連関について次のように述べている。曰く、「分家とは、既述のように、家族員が単に原家族から分離して、その外に家族生活単位を独立させるというだけのことではなく、本来は、このように家に伝承する家産をはじめ、家を象徴する各種の伝統を分有して、しかも系譜の本源である本家の家権威に服属する新しい家として成立することである。家の系譜関係の相互認知というのは、本家も分家も家としてのこのような性格と関係にあることを相互に自覚し容認しあうこととなる。従ってまた同族間に営まれる諸種の『生活連関』はか丶る関係によって特質づけられていることを知っていなければならない[822]」と。

　それゆえ、喜多野にとって同族の生活連関は本家の権威がどのように現わされるのかという点から語られることとなる。だが戦後社会の変動の中で弱体化した同族組織は、その「生活連関」をも変容させざるをえないようになってきているという[823]。そのため、何をもって同族関係にあるのかを判断することも難しくなっている。すなわち、「……同族や家の結合の変化している現実においては、現象的には同じ行為であっても、質的には異るもののあることを見究めておかなければならない。……そこで前述のように、同族の生活連関の特質を理論的に規定しておくことは重要である[824]」のだと。

　喜多野は同族の「生活連関」には、経済面での協助や庇護と奉仕、冠婚葬祭や新築屋根葺や出産病気災害などにおける互助、日常の交誼、年中行事の共同などを挙げているが、さらに同族神祭祀や先祖祭、祖霊の法要など同族固有の行事を重視している。なぜなら、これらの行事は「同族成員のみが参与出来て、他の者では代理出来ない性質のものである。そしてこ丶では家の伝統的関係、系譜の権威的秩序がもっとも端的に重んぜられる機会である」[825]のだから。

冠婚葬祭の興行や生業上の協力などその他の行事も、本来は同族神祭祀と同じように、系譜の権威的秩序を示す場だったのであるが、冠婚葬祭などは必ずしも同族だけに参加を限っているわけではなく、新築屋根葺その他の協力関係においては同族関係以外の各種の協力関係が複雑に入り混じっているため、系譜の権威を示すにあたっての純度が低くなり、同族関係の存在を指し示す基準としての生活連関ではなくなってきている。また、生業上の協力も、農家にあっては経営の個別化が強く、本家の指導や同族の協力も見られなくなりつつある一方で、農耕協力の賃労働化が進んで、より一層同族の重要性を低減させているのだという[826]。それゆえに、現在においては、居住地が遠く離れていても、年に数回でも帰郷して本家が主催する同族神祭祀に参加すれば、そこに同族としての生活連関が見られたということになるのである。

これに対して中野は、生業および生活組織上の関係を失い、系譜の確認のみを行う本家末家の集まりについて、喜多野とは正反対の評価を下している。

大正十一年、総本家がすでに廃業転出していた井長糸井筒屋暖簾内の「主だった別家が、本末の系譜的秩序

822　喜多野清一「同族における系譜関係の意味」『九州大学九州文化史研究所創立二十五周年記念論文集』一九六一年、二七七ページ。
823　喜多野清一、同論文、二七八ページでは次のように述べている。「すなわち、「しかしそういう性質［分家に伴う財産付与が本家の家権威に結合した権威主義的な扶養給付であるということ］が変質しているのが現在の強い傾向である。それは本家も分家も家として変質してきていることに照応する。……この種の生活部面での同族相互の生活連関は多様な場面で結ばれているから、ある場面での連関は近代化していても、他の場面ではなお伝統的性質が保たれている……というふうに、複雑な様相を呈しており、しかしともかくも伝統的な権威主義的な性格は失われつゝある。そして近代的な合理主義的な関係がそれに替りつゝあると言わなければならない。そしてそれは家の在り方を変えるように作用するし、本家分家の生活連関の性格を変えてゆく」と。
824　喜多野清一、同論文、二七八ページ。
825　喜多野清一、同論文、二七九ページ。
826　喜多野清一、同論文、同ページ。

を再建しようとし旧総本家を推戴してこの本末会を組織した」のであったが、その「行事一切は旧来の同族儀礼の継承であった」という。こうした組織を新たに作ることになったのは、総本家も転出し、同族諸家も分散して居住するようになったため、同族としての生活共同を緊密に行うことはできなくなってしまっていたため、あらたに会則を定めた結社として共同の行事を再編成する必要が生じたからなのであった。

それゆえ、「……会は、包括的な生活の共同の一契機というよりも、むしろ次第に主として過去の追憶を温め合うための集まりにすぎないものとかわってゆき、贈答も同族的親愛感をこめたものから離れて形式化してゆくきらいを生じた」という[827]。

喜多野にとっては、包括的な生活共同がなくなってもなお存在する系譜関係の確認、本家の権威の承認を得ることのできる儀礼や祭祀さえ残っていればそれは同族なのであるが、中野にとっては、同族の原型を支えていた包括的な生活共同[828]の喪失は、本来の同族の変質、さらに言えば喪失に他ならなかったのである。

このような包括的な生活の共同の一つの重要な条件が居住の近隣性である。すなわち、「以上のような日常的多面的生活共同のなかに、全体的相互給付関係をもつことは、対面的接触、全人格的な直接的な交渉をたもちうる範囲内でのみ可能である。そして、それを可能にするのは近隣性以外のものではない。……近隣の組（五人組、隣組）はもちろん、一町内の範囲でも、その内側に一同族団に属するすべての家々の分布を完結的に内包することはできないが、本家所在町内を中心に、隣接する数町内をとれば、ほぼその範囲内にその分家・別家は分布していて、このような近隣性の上に、暖簾内の多面的生活共同は存立しているのである[829]」と。

明治維新後の近代化は先に述べたように、観念の上で家の捉え方を大きく変化させてきた。他方で近代化・西欧化は街や交通の在り方をも変化させることによって、家や同族に大きな変化をもたらすことになったのである。一つには、街の発展は分家・別家した者たちが本家の近隣に居住することを困難にした。人口が増えすぎて、適当な空き家がないのである。これに加えて交通の発展は多少の遠距離からの通勤をも可能にした。[830] それゆえ、働き場としての家が遠くにあっても大きな問題ではなくなったのである。だがそのことは、生活全体の共同性には大きな影響を与えることになった。

すなわち、「「店」と「奥」(または「本宅」)の人びとの間に、これ〔経営上の「店」と生活共同の場としての「奥」〕が分離し、近隣性が失われてしまうこと」によって人間関係における断層が次第に生じた。場所的な理由による制限からだけでなく、店経理を主家家計から分離させる努力の結果もまた、日常生活における多面的接触の機会を制限した。経営拡大における非親族的家業従事者(住込奉公人および別家)の人数の増加と人事管理の形式における整備にともなって、家業奉公人の衣食住における主家とくに主婦みずからの手よりの分離が生じ、さらには、主人と住込奉公人の間の生活の分離、生活水準の差の拡大などにもとづいた、同じ「家」への共属感の減退

827 中野卓『商家同族団の研究』一九六四年、四〇九ページから四一〇ページ。

828 中野は同族結合における生活共同の大きな意義について次のように述べている。すなわち、「家業は同族結合における重大な要因である。しかし、家業における利害の共同が同族結合のすべてなのではない。またそのすべてをただちに決定する要因なのでもない。暖簾内が、家経営の連合による共同体という意味で、経営の共同組織であるというのは、なにも店経営の面のみにとどまるわけではなく、これと不可分な、というより、これを不可分にその内側に組み入れているところの、日常生活の多面にわたる家々の経営の共同をいうのである」と(中野卓『商家同族団の研究』一九六四年、八六ページ)。また、中野は都市の商家同族団にとってだけでなく、農漁村の村にとっても近隣性に裏打ちされた生活共同が重要であるとしている。すなわち、「私が「部落」をささえてきた基底として生活組織をささえる「近隣関係の錯綜」を重視し、そのかさなりが濃密にたもたれている範囲に「部落」統合の基底があるとしたのも社会学としては当然そうみるべきだと今も考えている。……近隣関係は、たんなる地理的な生活の近接の関係ではなく、近隣という社会関係のことであるから近隣的生活関係をさしていて、集落内における生活にとどまらずそこに住む人々の生産の場である耕地・山林にまで(また漁村では地先沿岸の海面にも)及ぶものである」と(中野卓「『むら』の解体の論点をめぐってⅡ」『村落社会研究』第二集、一九六六年、二七一ページから二七二ページ)。

829 中野卓『商家同族団の研究』一九六四年、八七ページ。

830 中野は次のように述べている。曰く、「そのうえ、一般的な住宅難が、分家・別家の居住が本店から分離する傾向の消極的原因となったうえ、烏丸線をはじめとする市内電車の開通は、もっと積極的に、さらに重大な影響を、同業街の内部構造に与えた。同族諸家の居住の分散は、他の諸条件と共に、同族団崩壊の有力な原因の一つとなった」と(中野卓『商家同族団の研究』一九六四年、三四三ページ)。

も現れはじめた」[831]のである。

中野は、家と同族の原型からのこうした変質が、「……あらためて、彼らの関係、組織を、意識的、意図的に再認識し、再編成する必要を痛感」させたことが、近代の新しい変質した家のイデオロギーを生み出す母体となったのだという[832]。だが、翻って考えるならば、中野が近世後期の都市の商家に見出したとされる家と同族の原型は、中野の社会像や政治観にとって、どのような意味を持っていたのだろうか。喜多野のように、すでに形骸化された段階でなお存続する姿のなかに、家や同族の本質を見ることをせずに、原型としての家と同族、とりわけ非親族成員の取り込みと近隣性にもとづく包括的な生活共同にその本質を求める意味はどこにあるのだろうか。

以下、主著である『商家同族団の研究』の中に、中野の家理論の核心をさぐることにしよう。

２　『商家同族団の研究』の構成――中野卓の家族本質論

一　『商家同族団の研究』の受容と伝承

中野の『商家同族団の研究』は、自身の主著としてばかりでなく、戦後の日本社会学を代表する業績として高く評価されている。しかし、その八〇〇ページにならんとする大著のうち、議論されるのは主にその最初の四分の一にあたる第三章までである。

光吉利之は、『商家同族団の研究』についてあらわされた書評のうちの、最初期に発表されたものの一つを執筆しているが、その中でも主に扱われているのは第三章までである[833]。そこでは、まず最初に全体の内容の紹介をしているが、光吉は第一章から第三章までを「理論篇」とし、第四章から第六章までを「実証篇」、最後の第七章を「総括」としている。内容紹介においては、理論篇には一ページ以上が与えられるのに対して実証篇にはわずか半ページも与えられず、第四章と第五章については次のように紹介するだけで光吉の叙述は足早に通りすぎてしまう。

すなわち、「まず、京都五条町における江戸時代後期の家の構成変化が分析され、ついで、異業混在地域における大和屋暖簾内が、同業密集地域における二条組薬種屋仲間の暖簾内と対照的に検討される[834]」と。

内容紹介に続く批判的検討においてその対象となるのは、①マックス・ウエーバーの家父長制と日本の家の問題、②家と家族〔ファミリー〕の問題、③同族団の本質規定に関する問題、④暖簾内と親類関係の結合の問題の四点である。いずれも「理論篇」にかかわる問題である。それゆえ、「総括」に含まれる叙述を除けば、八〇〇ページにも及ぶ大著の中で光吉が引用するページの最大値は一六〇に満たないのである。

一章から三章までの「理論編」を主な手がかりとして、光吉は次のような批判を加えている。すなわち、「筆者は、同族団の構成要因として、「系譜の連続分岐の相互承認」（六二頁）、それを軸とする「経営共同あるいは

831 中野卓『商家同族団の研究』一九六四年、一四六ページから一四七ページ。中野は別のところで地縁の重要性について次のように述べている。曰く、「暖簾が本質的に伴っていた地縁性を、マスコミによる宣伝の時代に生きる人々には理解しがたいであろうが、顧客圏がかつて伴っていた地縁性のささえの意味の大きさを、また、本家店通いが徒歩で行われ、通勤者の家成員や、店持ちまでふくめての「賦役」的労働の提供や庇護依存の授受についても、サラリーマンの高速度交通機関による通勤の時代には想像もしにくいのであろうが、家経営、同族的な家経営連合が要した地縁性の支えの意味を理解することは、商家同族団を知るための不可欠の手続きである」と。（中野卓、同書、二〇五ページ）。
832 中野卓、同書、一四七ページ。
833 光吉利之「書評 中野卓著『商家同族団の研究』」『社会学評論』第一七巻第一号、一九六六年。そうした状況に配慮してか、中野は本書を一九六四年に刊行した後、第一章から第三章までに、本書刊行後の批判に応える「あとがき」を附して『家と同族団の理論『商家同族団の研究』より』という著作を一九六八年に刊行している。
834 光吉利之「書評 中野卓著『商家同族団の研究』」『社会学評論』第一七巻第一号、一九六六年、一一四ページ。

経営連携」(七七頁)およびこれを可能にする立地上の前提としての「地縁関係」(七七二頁)の三つをあげる。「……本書では、この三つの要因間の関連は、地縁関係、生活関係が系譜関係成立の前提条件として規定されるにとどまり、したがって単なるウエイトの問題に解消されてしまい、系譜関係の相互認知の意味、したがってまた、分別家創設、家産分与の意味が、経営共同ないし生活的共同の機能的性格といかなる内的に必然的な意味連関をもつのか、という同族結合の基本的な問題にたいする、積極的な追求が不十分であるように思われる[835]」と。

だが、こうした光吉の疑問は光吉が検討対象とした中野の叙述が第一章から第三章までに偏っていて、四章以下の本文にあまり深い検討を加えていないからではないかと思われる。後述のように、第四章以下の中野の叙述には、具体的に光吉の疑問に対する回答がなされているのであるから。

では、ひるがえって、この「理論編」は、この著作全体の中でどのような役割を担っているのであろうか。

中野がこの大著を書き上げた目的を確認しておこう。中野は本書において、近世後期に都市の商家に成立した家と同族の原型が、その後、歴史的・社会的条件の変化によって、どのように姿を変えて行ったのかを明らかにすることを目的としていた[836]。このテーマを端的に描いているのは最後の第六章である。京都に存在した薬種問屋を生業とする一つの同族団の誕生から終焉までを描いた、いうならば、一つの同族団の生活史ともいうべき叙述である。それだけで十分に一書になると思われるものは、それだけでは不足して、第一章から第五章までを必要とした。なぜだろうか。一つには社会学的叙述としての客観性を得るためには、一つの同族の歴史を記述するだけでは足りないということがあるだろう。だがもう一方で、第一章から第五章までを必要とした方法的問題が存在したのである。

中野が明らかにしたい家の原像は、近世後期の家の姿に遡るものである。その後の時代の変化に応じて、家は姿を変え、また、それに応じたイデオロギーが何層にも積み重なっている。それゆえ、現代に生きる人間が、原像を捉えることには多くの困難がつきまとうのである。たとえば、近世後期の商家における住み込み奉公人の年季について、『丁稚制度の研究』[837]の著者たちが「年期」と混同してあやまった理解をしていたことを挙げることができる。すなわち、彼らはもともと雇い主である主家が安い賃金でできるだけ長く奉公人を拘束しようとして、その拘束期間を設けたのが年期であると理解している[838]のだが、「この著者のこのような誤った解釈は、実は、年季制度の起源、及びその本質についての誤解と関連がある[839]」という。

すなわち、「……著者は、まず、年季を年期と解し誤った上で、年季の年数すなわち年季の期間をもって、主家の利益ないしは株仲間の利益を一方的に増大もしくは防衛するための一定年期拘束の奉公と解し、それが開始したことが商家子飼奉公、したがってまた別家制度の起源であるとみている[840]」と。

中野は丸山と今村の解釈の誤りを正して曰く、「……そこ〔年季明けまで勤めあげ、別家させてもらう〕まではゆかないで、一〇年、二〇年と居つかないで淘汰されるものが大部分なのである。主家の側の利益のために拘束される可能性をもつに至るほどの有能な手代はそう多くはなく、そのような手代を年頃になっても別家させえないとなれば、主家にとって世間に対して顔の立つことではない。またそういう不面目や強欲の評判はその商家の営業にもただちに不利を来すような、そういう社会であったことを勘定に入れなければならない[841]」と。

835　光吉利之「書評 中野卓著『商家同族団の研究』」『社会学評論』第一七巻第一号、一九六六年、一一六ページ。引用において、一箇所、誤植とおもわれる句点を読点に改めた。
836　中野卓『家と同族団の理論『商家同族団の研究』より』一九六八年、二〇八ページ以下。
837　丸山侃堂・今村南史『丁稚制度の研究』一九一二年。
838　中野卓『商家同族団の研究』一九六四年、一七〇ページから一七一ページ。
839　中野卓、同書、一七一ページ。
840　中野卓、同書、一七二ページ。傍点は原文による。
841　中野卓、同書、一七六ページ。

だが、中野はこうした誤解を批判するにとどまらず、そうした誤った解釈をもたらした歴史的・社会的条件を明らかにして行く。すなわち、『丁稚制度の研究』の著者たちの誤解は、丁稚制度をとりかこむ家業経営が資本主義の進展の中で大きな変化を被っていたこと、とりわけ中小の家業経営がしだいに没落して行った、その段階での現状から奉公人制度について理解しようとしていたことにあるという[842]。

中野曰く、「〔『丁稚制度の研究』の著者が〕年季を年期すなわち奉公契約のさいに予め定められた年数だけ拘束された労働と解する一方で、「丁稚の淘汰」の激しさが明治末年の大阪について語られている。これは何も明治に入ってからはじまったことなのではない。後に第四章第一節七や第六章第三節でも示すとおりである。ただ、明治末年にはそれが淘汰選抜という意味を失なって、安価な労働力の使い捨てのための手段と化していっている傾向のはなはだしく現われた点で、淘汰なる意味の変質を見出すのである[843]」と。

このような方法を取らざるを得ないというところに、中野の研究対象である歴史的な形象としての社会のあり方の特徴が現れている。

中野は何らかの社会的認識はその認識を行う者に影響を与える現時の歴史的・社会的条件に規定されており、その意味で、すべての社会認識は、自らのそれも含めてイデオロギーであると捉えている[844]。それゆえに、過去のなにがしかの事物についての認識は、必ずその認識者の生きた時代と社会の刻印を帯びざるを得ない。しかも、時代が進むとともに、認識者の認識を規定する社会のあり方もが変化せざるを得ない。それゆえ、過去のある事物の姿をできるだけ「あるがままに」、すなわち後代のイデオロギーの影響をできるだけ排除して見るためには、薄皮を一枚一枚剝いでいくように、イデオロギーの外皮を剝がして、一段一段、その下層へと近づいて行くほかはない。

このように歴史と社会のあり方を考える以上、過去の家と同族の原型を明らかにするということは、取りもなおさず、それがどのように現在にまで変化してきたのかという反省を含まざるを得ない。そして、それと同時に家と同族についての、それぞれの時代に規定された認識、家と同族のイデオロギーがそうした変化する各時代にどのように影響されてきたのかということへの反省を必要とするのである。

中野が想定する近世後期の家と同族の原型を明らかにするためには、それ以後の大きな社会変化、とりわけ明治維新によるその影響をまず第一に考える必要がある。一九六〇年代の家や同族の捉え方を規定していた、明治維新後に作られた家のイデオロギーを引き剝がして、それ以前の姿へと迫ることが必要になる。

そこで必要なことは一つには、最近の学説に至るまでの、家と同族の学説史をたどり直すことであり、そこに家のイデオロギーの影響を見出し、学説における家のイデオロギーの姿を明らかにすることである。

二つ目は、そうしたイデオロギーを生み出した歴史的・社会的条件を捉え、同時代における様々なヴァリエーションに目を配ることによって、日常的に使われる概念や思考枠組みへのイデオロギーの影響に目を向け、そうした影響から自由になることである。

では、そのような必要性に照らした場合、第一章から第三章まではどのような構成になっているであろうか。

中野は第一章において、中野が依拠した有賀の家と同族団の理論が誕生するまでの学説史を描いている。後年の有賀・喜多野論争の対象となった論文はほぼ出揃っていたので、この段階で中野から論争を喚起するような叙述を記すこともできたはずであるが、中野のたどる学説史はそこまでは至らない。中野によれば戦後の家のイデオロギー、言葉を変えて言えば、戦後の家の姿が確定できないので、中野による家と同族の変質は昭和二十年

842 中野卓『商家同族団の研究』一九六四年、一七七ページ以下。
843 中野卓、同書、一七七ページ。傍点は原文による。
844 中野卓「「家」のイデオロギー」『講座 現代社会心理学』第八巻、一九五九年、一〇〇ページから一〇一ページ。

の段階で記述を終えている。そのため、学説史も戦前までの家と同族のあり方に対応した段階で終わっているのだと思われる。

ここでは、有賀の家と同族団の誕生が戸田の家族論との対比によって語られている。見方によれば、戸田の家族論からどのように離れて、家の原型にたどり着いたのかを描いたとも言い得る。こうした叙述は第三章に引き継がれ、戸田の家族論を規定した明治末年前後に形成された家のイデオロギーの歴史的・社会的条件が明らかにされることになる。

第二章では、中野が依拠する家と同族団の理論が農村社会の研究の成果として生み出されたものであったので、改めて都市の商家における家と同族団について、その妥当性が確かめられる。とりわけ第六節では喜多野の家と同族団の理論を意識して、第一章における学説史的議論を離れ、家と同族団に対する自らの見解を明らかにしている。そこでも議論の対象となるのは、喜多野の理論を貫き通した先にある戸田の家族理論であり、家の中に含まれるべき非親族成員について多くが語られている。

その議論は一見すると中野の「理論」を確定するためのようでもあるが、この節の最後に位置するのは、非親族の家成員、すなわち奉公人の分類である。これは用語自体は当時使われていた言葉によりながらも、中野自身が批判的に検討して新たに規定し直したものである。また、この章の最後の第十三節では、著名な親類の視的構造が明らかにされ、「明瞭を欠きがちになっている」同族団と親類との区別を行っている。そうすることによって、近世後期以降の原型を語る際に使用する概念の明確化とともに、後代のイデオロギーからの脱色を行っているのである。

第三章では、家と同族の原型から、どのような変質が生じたのかが述べられているが、その際に、原型における家の規範を語っている。その文脈で家長が家の規範に拘束されるということを、家父長制との対比によって述べているのである。また家は必ずしも父系血統的でないことを明らかにしているのであるが、こうした部分が理論として独立に評価されることを生じさせたと思われる。これらの記述はすべて、後代の家族制度イデオロギーを批判する前提として述べられているのだが、中野の叙述における全体とのこうした関連を中野の批判者たちは見失ったままである[845]。

第二節では企業経営上の変化がもたらした家の変化が語られ、第三節では明治維新以後の本格的な家の変容とそれに応ずる家のイデオロギーの変化を規定する法的・経済的要素について述べられ、第四節では具体的に丁稚制度に現れた変化が、第五節では経営のあり方に生じた変化が明らかにされている。こうした歴史的・社会的条件の変化とそれに応ずるイデオロギーの変質こそが、現時における概念に曇りをもたらしているということを述べているのが第三章であり、それに先行して概念の曇りをはらう作業を行っていたのが第二章なのである。中野の議論が光吉の言う単なる「ウエイトの差」であるのかどうか、また、そうではなく何らかの「内的に必然的な意味連関」の所在を指し示しているのだとしたら、それがいかなるものであるのかは、『商家同族団の研究』の全体をもって明らかにされねばならないだろう。

このように捉えてくるならば、第一章から第三章までは、それとして中野が主張したかったことというよりは、第六章において述べる本論を読解するために必要な、脱イデオロギーのための準備作業だったと言えるのではないだろうか。だが、そう考えると、第四章と第五章はどういう準備作業にあたっていたのであろうか。以下に『商家同族団の研究』の全体の構成における第四章と第五章の役割を明らかにし、ついで第六章に明らかになっている中野理論における家と同族の特質を捉えてみたい。

845　この章自体が「家の構造と意識およびその変容」と題されていることを決しておろそかにしてはならないと思われる。

二　『商家同族団の研究』と『家族構成』

『商家同族団の研究』の第四章、「近世商家の構成とその推移」においては何度も家族成員や奉公人の人数の集計が行われ、それが男女別だったり、家持・借家などの区別によって再度繰り返され、執拗に集計とグラフが作成されている。さらに最後の方になると、各家に属する個々の成員がいつからいつまでその家で生活していたのかを明らかにする線表までが作られている。こうした集計とグラフの積み重ね自体、戸田貞三の『家族構成』を彷彿とさせるものがあるが、これらの集計にはそれぞれどのような意味があったのだろうか。

中野はまず最初に五条橋東二丁目東組、二条東大黒町、衣棚南町の三町のそれぞれにつき、弘化四年（一八四七年）の宗門人別改帳を使って、家成員のうちで家族成員と住込奉公人とが平均で何人いて、どのような構成比になっているのかを明らかにしている。続いて同じ三町について、より詳細に、家族員数別の家数と、非親族的家成員数別の家数を集計している。後者を見ると、家族員数にみられる幅（分散）よりも非家族員数のそれの方が大きいことがわかる。そしてその理由は、「開業家と通勤家の別により、また家業経営の規模により、家々の生活水準如何により、さらには家族の構成如何によ[846]」るのだという。

また、非親族成員の数の幅と家族成員の数の幅との違いが町によって大きな差があることについても、その理由を「とりわけ家経営の相異が、一層直接的にあらわれるためにほかならない[847]」としているが、家の構成員の人数と経営のあり方にどのような関係があるのかは明らかではない。中野によるこれらの理由の説明は、何らかの結論と受け止めるべきではなく、後論で具体的に述べるべきことを先回りして述べたにすぎないだろう。

次には奉公人についての用語の確認（広義の「下人」のうちに「小者」「手代」および狭義の「下人」（オトコシ）が含まれ、また、女奉公人はひとくくりに「下女」（オナゴシ）とされたこと）[848]が行われ、それを受けた上で三町別の男女奉公人別の年齢分布の集計が行われる[849]。次に資料の揃っている五条橋東二丁目東組を対象に、家成員の人数の時間的増減と、その中の家族的成員と非家族的成員＝奉公人の構成の増減を詳しく見てゆくことにする。[850]

この町内の家全体の家成員数の推移を見た場合に安定しているように見える場合でも、借家の場合と家持の場合とに分解してみると、借家の推移と家持の推移とが一致しておらず、一方で借家の家成員人数が減った分を家持の家成員人数の増加が補っているような場合もあることが明らかになっている。[851] また、借家、家持それぞれにおける家成員数全体の変化は、ある場合には家族成員の減少を奉公人の増員により補って、家成員全体の数を一定にしているように見える場合もあれば、家族成員の増加の勢いに乗って奉公人の数もまた増えている場合、逆に家族成員の減少とともに、奉公人の数も減少して家成員数が減衰している場合もあり、そこに何らかの規則性を見出すことは難しい。

中野は次に、これまでの集計が平均人数によっていたのを、今度は人数別の家数を調べて見ることにする。しかし、家持層における親族・非親族（奉公人男・女）別の成員別の家数の推移や、家持、借家を合わせた全体の奉公人を含む家と家族員のみからなる家についての家成員数別の家数の推移、借家層のそれ、家持層のそれ、家持・借家層別の家成員数の層別における家数の推移のいずれにおいても、特別な傾向は見いだせていない。[852]

そこで中野は経営のあり方にせまるために、男奉公人のあり方に焦点をあて、一五歳以上の男家族員と男奉

846 中野卓『商家同族団の研究』一九六四年、一九七ページ。
847 中野卓、同書、同ページ。
848 中野卓、同書、二〇三ページ。
849 中野卓、同書、二〇三ページ以下、図表6、7、8、9、10、11。
850 中野卓、同書、二一五ページ以下、図表14、15、16、17、18。
851 中野卓、同書、二一九ページ。
852 中野卓、同書、二二五ページから二三〇ページ。

公人を合わせた「男手」という変数を作成してみる。すると、家成員や家族員、男奉公人の示す凸凹よりも、少し安定した増減をみることができるようになる。また時系列の推移を見てみると、一五歳以上の男家族成員の減少を男奉公人が補う時代と、一五歳以上の男家族成員の増減と合わせて男奉公人が増減するという時代という異なったタイプの時代が存在することを明瞭に見て取ることができる[853]。これは前者は経営の規模を一定に保とうとする意志から生まれたものであり、後者は経営の上昇・下降局面を反映していることを示唆している。

続いて女手について考察がめぐらされることになる。女手はもっぱら家事労働に従事していたため、「これらの人びとのために生ずる家事の負担は、男手となるものどもの存在のほかに、もう一つ、同様に手のかかる存在としての幼少の子供たちのことをも考えなければならない[854]」。そこで女手となりうる家成員の合計とその内訳である十才以上の女子家族と女奉公人の員数と、女手以外の家成員の人数および九才以下の子供（ただし、家族員のみ）の人数とが折れ線グラフによって経時的に比較されている。

ここから明らかなことは、部分的には「手のかかる人」の増減は女奉公人の増減をもたらしているが、全体としては、「……どの時期においても、女手の増減は、手のかかる男どもや子供の増減の程度にちょうど見合うほどには人数をふやしてもらえているとはいえない[855]」。男奉公人の増減も女奉公人のそれも、家成員の面倒を見ることを含めた家の経営・運営状況に左右されていることは示唆されたが、その関係が決定的に明らかにされたわけではない。

続いて上記の家成員の家族・奉公人と男女別の人数が年齢層ごとに集計される。すると、最初に概観した際にも目立っていた奉公人の年齢層の偏りが明らかになる。すなわち、「三五歳以上の家成員は、ほとんど全て親族的家成員（家族員）よりなってい」る[856]。家族成員について見ると、「……男の方は、二五歳前後までの若い悴や弟たちのなかには、他家へ修行奉公に出ているものがある関係上、一五歳以上よりもそれ未満の方の人数が往々にして少ない」[857]。それゆえ、この不足を補う意味でも、「……男奉公人を入れることによって若い男手を増やす必要がある」[858]のだという。

こうした傾向は異なった時代で検証しても一貫していることがわかる。すなわち、「このような傾向は近世を通じてみられ、その構成は、顕著な変化の動向を示すことのない停滞を示しているというほかない。推移の過程における多少の異同は波のように来たり去ったりしながら、構成原則の上に質的変化が出現するまでには至っていないとみてよいようである」[859]と。

こうした傾向、「一五歳から二〇歳を中心として、とりわけ男の側で、住込奉公人により大きく補塡が行なわれている状態」は、弘化四年の二条と衣棚の人口ピラミッド（ヒストグラム）からも直感的に観て取れるところである。と同時に、男奉公人の人口ピラミッドは「一五歳より上は、三〇歳前後まで、階段状に、しかも急速に減少してゆく。選抜に残らなかった人びとが淘汰されて脱落してゆくのである」[860]。

その他にも、女奉公人の特徴や、借家層の特徴などいくつか目立ったことを中野はあげて、家構成員のあり方と経営の状況との関係の深さがより一層明らかにされることとなる。

続いて、中野は奉公人の「選抜」の問題をより深く追求して行く。雇入時年齢別の住込年数別人数を図示し

853 中野卓『商家同族団の研究』一九六四年、二三一ページから二三二ページ、図表24。
854 中野卓、同書、二三三ページ。
855 中野卓、同書、二三七ページ。
856 中野卓、同書、二三九ページ。
857 中野卓、同書、同ページ。
858 中野卓、同書、同ページ。
859 中野卓、同書、二四三ページから二四五ページ。
860 中野卓、同書、二五〇ページ。

てみると、女奉公人においては「……一般には、二〇歳までにしても、二五歳までにしても、奉公して二〜三年のうちには、たいてい片付いてしまい、同じ家に六年以上勤める人はまれである。ということはおそい人の初婚の一応の限界とみられる二五歳まえに、嫁入前の、家事ならびに行儀見習を兼ねた口べらし、また家計補助、婚資かせぎ、そして嫁入先探し、というのが多くの下女奉公の目標」[861]だったのである。

これに対して男奉公人については、その継続と脱落を示す図表から、多くの脱落した人々の存在を見てとることができる。中野曰く、「その大部分が住込奉公の失敗者であるとみることは一向にさしつかえない。いたましい激しい淘汰であるといわなければならない」[862]と。

こうして見てきたように、男女の奉公人の人数は家政をも含む家業経営の状況により、また、雇う側と雇われる側それぞれの事情によって変化をしてきたものであることがかなりはっきりとしてきた。ここで、中野は集計の対象を奉公人＝非親族的家成員から、親族的家成員に振り替える。

中野は宗門人別改帳の記載を他の資料で補完して、丁寧な資料操作をして[863]、「A 家長夫婦とその未婚の子」「B その他の嫡系家族員」「C その他の家族員」というカテゴリー分けを行って、それらの人数・構成比の時間的推移を追っている。ここで重要なのは、Cカテゴリーの傍系成員の人数の変化である。これらも戸田の小家族論からすれば、家族成員とはみなされないのであるが、彼らもまた奉公人と同じように、近世社会では、経営の状況によって、AやBという家族成員の不足を補う役目を果たしているというのである。すなわち、「図表45が示すかたちで、確かに男女の傍系親は家の中における男女住込奉公人と共に、嫡系の家成員による家経営の労働力を補足する役割を果たしている」[864]と。

ここでいったんは、家族成員を軸としながらも、傍系成員や非家族成員である奉公人たちを加えることによって、近世商家の家は経営上の条件に適合して行ったということが明らかにされたのである。

ここで一つ興味深いことには、中野が宗門人別改帳の続柄の記載を精査した上で[865]、戸田が『家族構成』で集計した際に利用したカテゴリー分けを作り出し、そのカテゴリーによって集計していることである。そうすることによって、近世後期の京都の商家の家族構成と、大正九年の日本の様々な地域の家族構成とを比べることができるのである[866]。

だが、さらに興味深いことは、この町内に属する家の家族構成の推移と、戸田のカテゴリー分けによった場合の構成比の推移の比較である。先にも述べたように、中野は「A 家長夫婦とその未婚の子」「Bその他の嫡系家族員」「Cその他の家族員」というカテゴリー分けを行っているが、戸田のカテゴリーは「A' 世帯主夫婦とその子」「B' A'以外の直系親及びその配偶者」「C'傍系親及びその配偶者」である。

折れ線グラフ（図表1）にしてみると、変化の仕方はもちろん似ているが、A'が常にAの上にあり、B'は常にBの下にある（CとC'は重なっている）。これは、戸田分類によれば、「世帯主の子であれば有配偶者の者もA'と分類され、その配偶者の方はB'かC'に分けられている[867]」からである。この若干の構成比の違いこそが、家をどう捉えるかという根本的な視点の違いを表しているのだ。すなわち、「戸田の分類枠は、世帯主との親族関係に

861 中野卓『商家同族団の研究』一九六四年、二五八ページから二五九ページ。

862 中野卓、同書、二五五ページ。

863 たとえば、宗門人別改帳面には「忰」と記載してあっても、それは実子の場合のほかに、娘に縁付かせた婿であったり、あるいは夫婦ともに養子の場合などもあったという（中野卓『商家同族団の研究』一九六四年、二六一ページ）。

864 中野卓、同書、二七五ページから二七六ページ。

865 中野はいったん整理した続柄の忰（未婚）、娘、忰（既婚）、忰妻の四カテゴリーを（一）忰（無配偶）、（二）忰（有配偶）、（三）娘（無配偶）、（四）娘（有配偶）、（五）忰の妻、（六）娘の夫、（七）後嗣夫、（八）後嗣妻の八つに分けた上で、（一）から（四）および、（七）か（八）かの一対のうちの一方を合計して「（世帯主の）子」とし、（五）と（六）を「子の配偶者」とした（中野卓、同書、二七一ページ）。

866 中野によれば、「……この町内の家族構成は一九二〇年（大正九年）の東北五県のそれと前後する数字を示しているといってよい」という。（中野卓、同書、二七四ページ）。

図表 1：家族員の続柄別３区分の百分比の推移[869]

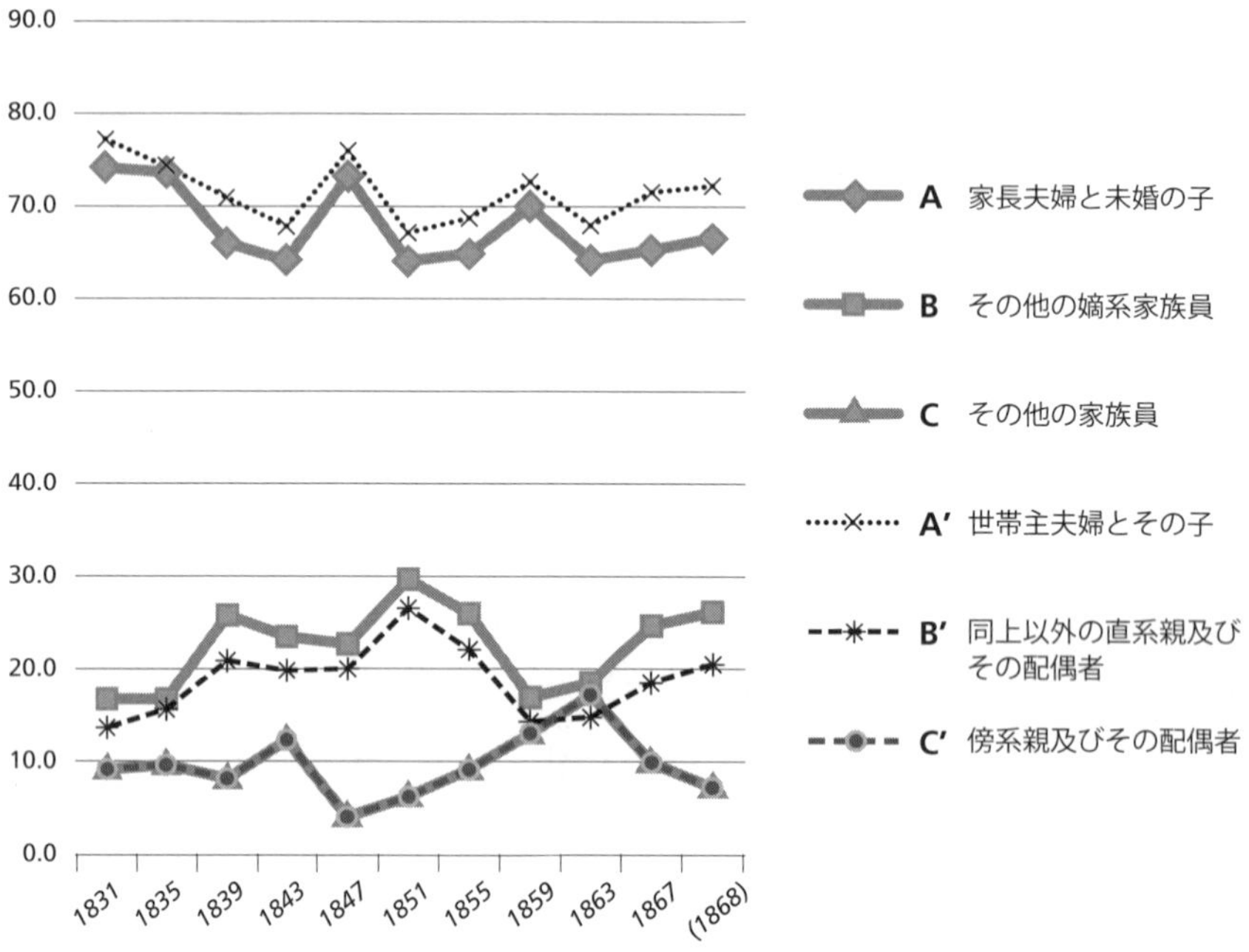

おける続柄を基準としたのに対し、われわれの分類枠は、家における家内部の系譜をささえる役割構造と家族的核の単位の関連がどうであるかが基準となっているのである[868]」と。

と同時に、二六二ページの図表39のグラフに明らかなAとA′およびBとB′のグラフ形の類似は、二つの基準で取られられた家族が、全く異なった存在ではないこと、見方によってはA′はAを拡大したもので、B′はBを縮小したものであること、すなわち、この両者の家族の捉え方には共通したものがあることを示唆しているようにも見えるのである。

第四章の最後に、中野は五条橋東二丁目東組の十八軒の家について、それらが記録に現れた最初から最後までの時期において、家に属したことのある全ての人につき、いつ家に現れ、いつ姿を消したのかを線表で表している。そうすることによって、さきほど明らかにした、家成員の人数や構成と経営の条件との密接な関係を具体的に確認している。

ある時期には経営の規模を維持するために家族成員で足りない分を奉公人でまかなったのか、あるいは経営の拡大とともに、家族成員も奉公人もともに人数を増やしたのか、家族成員に赤ん坊が生まれてその世話のために女奉公人が必要とされたのか、などという実際の事情がわかり、家経営が家成員を規定していたということを、まさに実証することとなっているのである。

以上明らかにしてきたように、第四章では、非家族成員たる住込奉公人や傍系家族成員を含んだ家が、経営状況に応じて、大きくなったり小さくなったりして行くということが示されたが、次に必要なこととして二つの課題をあげることができよう。一つは、こうした経営の条件に家の成員の構成が左右されるということが、光吉の言う単なる「ベトリープの分かれ」[870]や、ウエイトの差に過ぎない[871]という批判に応えるような家族集団としての必然性を持っていることを示すことである。そしてもう一つの課題はもう一歩進んで、戸田の小家族と類似したものであることを示唆された商家の家が、小家族と似た集団として持つ、家の本質的要素とは何なのかを明らかにすることである。

この二つは異なった問題ではなく、一つの大きな問題、中野にとっての家・家族結合の本質とは何なのかという問題に連なっている。次にその課題に迫るために第五章と第六章の記述を詳しく見て行くことにしよう。

867 中野卓『商家同族団の研究』一九六四年、二六二ページ。
868 中野卓、同書、同ページ。
869 中野卓、同書、二六二ページの図表39を、同書二六六ページの図表43および二七三ページの図表44より再現。
870 喜多野清一・住谷一彦「日本の家と家族」『思想』五二七号、一九六八年、七七四ページ。
871 光吉利之「書評 中野卓著『商家同族団の研究』」『社会学評論』第一七巻第一号、一九六六年、一一六ページ。

三　中野卓の家族本質論

第四章では、家の内部における人々の構成が明らかにされた。だが『商家同族団の研究』の研究対象である暖簾内はそうした家々が連合したものである。それゆえ、次には、家と家との関係が明らかにされなければならない。続く第五章と第六章とについて中野は次のように述べている。「同一の業種の、しかも同業街に密集分布する卸商（第五章）と、他方では異なる業種の混在している地域に入り交っている小売商――卸をもかねる――（第六章）とについて、商家同族団がその置かれた異なる条件のなかで検討され、それらに、いかなる共通の本質が示されてきたかを確かめることは、農家同族団との比較により、同族団一般、さらには家連合一般について明らかにするためにも必要な前提となろう[872]」と。

だが、第五章と第六章とには、単に対象とする町の成り立ちが異なっているというだけにとどまらない大きな違いがある。ここで第五章と第六章の概要を簡単に振り返ってみよう。

第五章ではまず第一節で、同族団に分属している同業の家々が、同業者の家連合である「二条組薬種屋仲間」を作っていること、その仲間の由来とそれに属している家々の家業の概略、該当する町の概要、仲間の組織について述べた後に、各同族団と仲間の関係、とりわけ同業の店を開こうとする分家・別家を仲間に加入させることについての本家の役割が語られている[873]。第二節では、慶応二年という断面における薬種仲間に属する家々を資料から抽出し、それらを屋号の系列ごとに三十七に分類している。ただし、これに利用できた資料の性格上、自家開業している家以外、たとえば、通いの別家などは同族団を構成していても、基本的に明らかにはされていない。

続く第三節では、明治初期の二条の薬種屋の構成について、戸籍原簿を使っているため、部分的にではあるが、通勤分家・通勤別家についても知ることができる。これらを本末にまとめた上で、いくつかの同族団を例に、「……一条組なる同業の組をなしつつ密集して同業街を形成し連合しているその構成単位たる同族団の内部構造にわけ入ってゆくこと」[874]になる。そして第四節では井長系の井筒屋暖簾内が、第五節では薬屋暖簾内が具体的な検討の対象となっている。第四節、第五節のいずれもが、同族本家の遡り得る最初の状況から同族団の終焉までを、本家家業の盛衰を軸にしながら、分家・別家の創出とそれらとの関係を描いている。

第六章では中野の生家の大和屋忠八家を本家とする同族団の誕生から終焉までを描いているが、第一節では本家の成立から最後までをたどり、第二節では近世において創出した分家とその推移を述べ、第三節では奉公人の構成と推移から、具体的な名前を特定しての本家への出入りが描かれるほか、奉公人募集のつてとしての旦那寺の重要性について触れている。第四節では、男奉公人の成功としての別家創設と、そこまで至らずに脱落して行った者たちについて、彼らの個人史が語られている。第五節から第七節は叙述が本家における末家諸家との関係が様々な行事のあり方から明らかにされ、第八節では維新前夜のお札降りとええじゃないか踊りについての詳細な記述が行われ、第九節では大和屋の家業経営の危機とそれを乗り越えた様子が、最後の第十節で家業危機を乗り越えて以後、大和屋暖簾内の最後までの時期の、家内の諸関係の大きな変化について語られている。

こうして叙述の概要を改めて振り返ってみると、同じテーマが繰り返し述べられていることに気がつかされる。第五章の第四節と第五節でも触れられた本家経営の盛衰と分家・別家創設は第六章においても描かれているし、また、統計的数値によってすでに第四章まででもすでに語られていることである。だがこれらは、対象は同

872　中野卓『商家同族団の研究』一九六四年、七六五ページ。
873　この最後の点、末家の仲間加入の斡旋が非常に重要だと思われるが、これについては具体的な資料の提示があるわけではないので、同族と仲間の関係の歴史的展開、とりわけある時期を越えてのちの矛盾について中野がどう考えていたのかは不明である。この問題については、渡辺祥子『近世大阪 薬種の取引構造と社会集団』二〇〇六年を参照。
874　中野卓『商家同族団の研究』一九六四年、三八四ページ。

じでも語り口が異なっている。

第四章では、数字によって語らせ、最後の線表によって家経営の状況を前提として家族員数と奉公人数の関係が示されてはいたが、その関係については資料的に何かが語られていたわけではない。だが、第五章になるとその関係が資料の上からも明らかになる。たとえば、第四章の段階では線表から消えていることによって「脱落」とされる者が、どういう失敗をやらかしたのかが明らかになっている。では、第六章では重複したテーマはどのように扱われているのだろうか。

これについては、第五章の叙述のある種の限界について中野が語った言葉から推測することが可能である。すなわち、「本家と分別家とが日常的な生活面において相互に頻繁な面接的接触を不断に持つことはいうまでもないが、日常的な生活については危機的な事態よりも記録になって残されることが少ない。前者に関して暖簾内の交渉のありかたを第一次的な資料によって実証することは日誌等を利用できる第六章の場合にゆずるほかない[875]」というのである。

つまり、中野があの長大な第六章を書いたのは、本家と末家の日常的接触について、日記を利用するのでもなければ描けないような具体的記述を必要としたからなのであるということになる。

では、その具体的記述とはどういうものなのだろうか。これについては、先に引用した部分の続きにヒントが隠されている。すなわち、「ここに示そうとするのは、むしろ逆に、思いがけない危急の事件にまきこまれたなかで、たがいに他人のことなどかまいきれないほどな状況に、本家も末家もともに突然なげこまれて、そのとき、どうしたかという事例なのである[876]」と述べて、蛤御門の変に遭遇した薬屋万助自筆の記録を引用する。

この引用文の内容については後に詳しく述べるので、ここでは重要な点だけを指摘することとしよう。蛤御門の変に巻き込まれて焼け出された万助は、知人から避難の誘いを受けた際も、それを断って住み慣れた家にとどまるが、そのことを本家に伝えに行く。本家方でも、さほど悪くはなるまいと考えているのを聞いて、自らの判断と同じことに安堵する。いざ危険が迫ると万助は本家家族とともに自分の家族を本家の親類へ避難させるが、そこへ長居もできずに結局は最初に避難を誘ってくれた知人の家に厄介になる。その段階でそこまで同道していた丁稚を生家へ帰すが、しばらくは事態の早期解決を期待して「預け置く」ことにしていた。

丁稚に暇をやるのではなく、しばらくの間「預け置く」ことにした理由について中野は次のように忖度する。すなわち、「……丁稚栄吉はこんどの戦災に苦難を共にしてきた者である。以上のような事情［苦難を共にした仲であるとともに、栄吉には何の責めるべきところもないのだから、家長としての万助は、状況が好転したら再び呼び戻す責任があるということ］こそ、万助が栄吉をひとまず宿元へ預け置くという処置は取っても、すぐに暇を出すということにはしなかった理由である[877]」と。

中野は誇らしく語る。「ここに見たような中小商家家長の行動は、少なくとも第二次大戦の終わるまでに育った大多数の庶民を規制してきた行動の型、その規範につながるものがある[878]」と。中野が日記の記述などに頼らざるを得ない、主家と末家のふれあいとは、まさに「苦難を共にする」という、密接な共同体験であり、そこに生まれる心のふれあいなのである。

第五章では、資料の性格から万助と丁稚との関係のみにしか言及できなかった「心のふれあい」を、より一層明らかにすることこそが第六章の目的だったのである。それゆえ、第六章の第五節から第七節までが、各種行

875 中野卓『商家同族団の研究』一九六四年、四四二ページ。
876 中野卓、同書、同ページ。
877 中野卓、同書、四四六ページ。
878 中野卓、同書、四四七ページ。

事における主家と末家の関係を描いているのも、こうした行事を通じた主家と末家の心のふれあいを描くという目的に適合していると思われる。

代表的な例を一つあげておこう。第五節の葬送について述べた部分では、四世未亡人の形見分けについて次のような記述がなされている。形見分けは分家初代妻や姻戚の人々、あるいは分家・別家の者たちのほかもと乳母や女中であった人々にも分与されたという。中野はこうしたところに、主家と末家や奉公人たちと深い結びつきを見出している。

中野曰く、「別家夫婦はもとより、住込み中の男女奉公人と主婦ないし老女主人との間柄が、どのようなものであったかがこれによってもうかがえる。……住込みの手代・丁稚やその出身者である別家も、女中やその出身者と同様、単に男主人との間に雇傭関係で結びついているだけではなく、家の成員として主婦と日常接触し家生活の共同のなかで結びついてきたものである[879]」と。

こうして見てきて明らかになった第五章と第六章の役割分担は、第五章では家と家とのつながり、商家における本末の関係を同業街において明らかにすることであり、第六章は実証の場を異業種混合の町に移すとともに、その結びつきの具体的あり方、心と心の結びつきまでをも明らかにすることにあったのだ。

第六章の基軸ともなる、このような心の結びつきを中野は端的に愛情あるいは人情という言葉で表現している。たとえば、丁稚の時代から育て上げた奉公人が別家を出すまでになったことについて、「ある商家がその庶系親族成員（多くは次三男）や住込子飼奉公人（非親族成員）のために新たに家を分けて、分家や別家を創設させるからには、本家としては少なくとも、当初はもちろんなしうるかぎりゆくすえまで、これらの末家の家経営がなりたつような生活の保障をあたえなければならない。それは一には親または親方としてオヤとしての役割と愛情よりでるものであり、同時に制度慣習が主家たる家に課している責務に従うものである[880]」と。

このような血縁を超えた心と心のつながりは、「店」と「奥」という対置で言えば、もっぱら「奥」において実現されるものであった。それゆえ先ほども述べた通り、心と心のつながりのあり方を実証すべき第六章では、奥における主家家長および家長妻を基軸とする様々な行事における本家と末家のつながりが述べられることになるのである。

そして、こうしたつながりの重視は別の観点からも明らかにされる。第六章のクライマックスとも言うべき第九節の「家政の危機とその打開」では、傾きかけた本家の経営を、昔の住込奉公人が救うという、まるで作り話のような実話が語られている。経営上の本家と末家の相互援助の関係については、中野は別のところで次のように述べている。

すなわち、「……同族中の一軒が取引上破綻に立ち至ると、最後には本家がその責任をとってやることもあってこれは本家自身の信用の保持のためにも必要な処置であった。……こうして末家はその恩義によっていよいよ固く本家に結びつくのである。本家の危機にさいしては、末家は力を合わせてその立てなおしに努力し、もし成功しないときも、本家の清算にさいして、いずれにせよ本家の信用の失墜を、そして、それにともなう暖簾内の信用の失墜を防衛した[881]」と。

明治一七年の末に本家大忠の経営は大きく傾き、収支は赤字で負債も抱えていて家政の大幅な改革が必要となった。五世忠八が改革の中心人物として頼りにしたのが、四世忠八のもとで見習い奉公をした手代清七であった。[882] 翌明治一八年、彼はまず最初に前年度の赤字収支の全体を調べ、借金の利子だけでも六七円余りになるこ

879 中野卓『商家同族団の研究』一九六四年、五六二ページ。
880 中野卓、同書、八二ページ。
881 中野卓、同書、八五ページ。

とを明らかにした。ついで年々の収支を均衡させるために緊縮予算を組み、それを実現すべく家人の行動に制約を設けた。[883]

さらにこの「改正法案」を実現するために、金使いの荒い五世後妻を離縁させ、また、行状に問題のあった六世を引退させ、まだ幼児であった六世の子を七世とするなど、家政の大改革を行ったのである。[884] だが、この清七、現大槻利右衛門はもともと見習い奉公人であったから、大忠から別家したわけではなく、[885] 郷里の丹波亀岡の弓屋を継いだのであった。そういう意味では、大和屋暖簾内とは全く無関係な、五世忠八とのパーソナルな関係から家政改革を依頼され実行したのである。

では、そのパーソナルな関係を作ったものはというと、中野は次のように記している。すなわち、「さらにまた五世は、清七改め利右衛門（あるいは理右衛門）が明治二年九月二日の先考四世忠八の月並忌に久々に姿を見せて以来、時折来京しては本家大忠を訪問し礼をつくしてくれる誠意を、五世は嬉しく思うと共に、彼の人柄や能力について高い評価を固めたもののようである[886]」と。

このいきさつから明らかなことは、家政の大改革という一大事業をなしとげた、そのきっかけは、経営の原理ではなく、行事を通じたおつきあいにおける、心と心のつながり、この場合で言えば元の主家に変わらずに親しんでいる清七と、その気持ちをうれしく思う五世の気持ちとのつながりなのであり、この事業を遂行せしめたのは、本業を持ちながらも元の主家の行く末を案じる利右衛門の気持ちなのである。[887]

地縁性の重視の理由として何度も述べられてきた「面接的接触[888]」ということの具体的なあり方とは、こうした心と心の結びつきなのである。それゆえ時代の進展に伴い、店と奥との分離が進むことは、家と同族団の原型からの乖離であり、終いには同族団の崩壊をもたらすことになったのである。[889] 光吉の中野に対する疑問はここに解消されることになる。「系譜関係の相互認知の意味、したがってまた、分別家創設、家産分与の意味が、経営共同ないし生活的共同の機能的性格といかなる内的に必然的な意味連関をもつのか、という同族結合の基本的な問題」[890]に対する答えは、主家と末家の間の愛情に基づく結びつきなのである。

近世後期の商家の成員数は家業経営の条件によって左右されていた。しかし、それは現在における経営都合による従業員数の増減と同じではない。なぜなら、家の成員同士には血縁の有無にかかわらず、対面的接触による心と心のつながりがあり、そのつながりを基軸として一つの家を形成したのであるから。

さきほど引用した箇所における分家や別家は本家のためではなく、分出した家のためであるという主張は有賀の考えよりも、むしろ喜多野のそれに近いと言えるだろう。これは中野の理論が、有賀や喜多野を超えて、実

882 中野卓『商家同族団の研究』一九六四年、六七六ページ以下。
883 制約とは、『諸入費ニ関候事』を定めて、たとえば「演戯遊參停止の事」とすることなどである（中野卓『商家同族団の研究』一九六四年、六八四ページ）。
884 中野卓、同書、六八五ページ以下。なお、この際に行われた経理の改革が、家政の経理と店の経理とを分離し、店経営の合理化をはかるきっかけとなったことから、本節の副題は「家の本質とその変化」と題されている。
885 利右衛門は、この改革の功績により大和屋暖簾内では別家格として扱いを受けるようになったが、この改革を行った際には、元の見習い奉公人であったにすぎない。（中野卓、同書、五二九ページ）。
886 中野卓、同書、六七六ページ。
887 改革は経営の原理から無縁に始まり、そして無縁に終了した。どういうことかと言うと、大忠家には「困った時には内庭の某々所を掘れという家の伝承があった」ので、掘ってみたところ、二度目に祖先が埋めたと伝えられた壺がでてきて、そこに蓄えられていた金銀によって借財を返済し、経営再建の土台とすることができたというのである。（中野卓、同書、七一八ページ）。
888 中野卓、同書、三四四ページで中野は、同族団の成立のためには「……多数の「家」即「店」が、それらに通勤する「家」をともなって、一地域内に密集居住することを条件として、生活の多面に亘り面接的接触がつくりだす生活共同がなければならない」と述べている。
889 中野曰く、「……交通の至便化によって可能となった地域の拡大は、家業経営における、店本位で同時に業主家族本位な合理化とあいまって、彼らの店のなか、店のあいだ、また店と家々のあいだでの生活における接触を、単純に職業上の一面的なものへかぎってゆくこととなっていった」と（中野卓、同書、三四四ページ）。
890 光吉利之「書評 中野卓著『商家同族団の研究』」『社会学評論』第一七巻第一号、一九六六年、一一六ページ。

は戸田の理論に近しいところを持っているからに他ならない。家には非血縁成員を含めるべきだという中野の議論を合わせて、本末の心の結びつき軸とした家と同族の結合のイメージは次のように描くことができるだろう。

戸田の小家族論においては、家族とは基本的に夫婦とその未婚の子供によるものであって、それ以上にはなかなか拡大しないのは、いくら血縁があるとはいえ、それ以上に成員を増やすと家族結合の基軸となる相互の精神的融合が保てなくなるからであった。他方で、非血縁をも含む中野の同族団体が、地縁と呼べるような一定範囲の地域を超えでることがないのは、そうなると同族に属する人々の心を通わせる面接的接触を伴う生活共同が行えなくなるからなのである。戸田は家族成員を結びつける精神的融合は、夫婦と親子という範囲を超えでることはないと考えていたのに対して、中野は子飼奉公人などの生活を共同にする者には、血縁がなくとも、家や同族を形成する軸となる心のつながりが形成し得ると考えていたのである。このような家と同族の本質論を一方に持ち、他方で家と同族の構成を明らかにした『商家同族団の研究』は、近世商家を対象とした、もう一つの『家族構成』とも言えるのである。

次に我々が考えなければならないのは、このような中野の観方、家と同族の結びつきの中核に人々の心の結びつきを据えてしまうことが、中野の社会像と政治観にどのような刻印を与えているのかということである。

③「社会」の自律と国家への抵抗——中野卓の社会像と政治像

一　平等と支配——リーダーシップをめぐって

中野はその理論の形成において有賀に強い影響を受けていて、有賀理論の継承者と自負していたし、また、そのように認められてきてもいた。だが、有賀のますらをぶりと比べてみると、中野のたおやめぶりが目立つのである。たとえば、『商家同族団の研究』の第六章の第六節と第七節において、年中行事や月行事における本家と末家との交流が述べられることになるが、時折り七世の若妻による日記の叙述が挟まれるなどして、それは主として「奥」からの視点による、生産活動に対するところの消費活動の場面における描写が主たるものとなっている[891]。

中野の当初の目的であった、家と同族の原型を求めるということ、「店」と「奥」とが分離する前のあり方を描くことは、いつの間にか「奥」の視点から家と同族を見ることにすり替わってしまっている。これは一つには中野が利用した資料の性格によるもの[892]だと思われるが、中野の抱く社会像や政治観がそもそも有賀とは大いに異なっていることにもよるのだと思われる。

すでに見てきたように、有賀にとってオヤ・コの関係は基本的に支配・庇護関係である。そこに愛情がないとは言わないが、決定的なのはオヤによるコの支配なのであった。それゆえに、分家や別家の創出は本家の側のために行われるのであって、分家や別家のためではない。ところが中野にあっては、先にも触れたように、分家や別家を出すことは分出される側のためであり[893]、有賀よりはむしろ喜多野の理解に近いのである。

また、中野は本家と末家との関係について、有賀にならって「支配」という言葉を使うこともあるが、自分

891　これに対して、有賀の家の源イメージは中世武士団の棟梁なのである。有賀の理論の性質をますらをぶりとし、中野のそれをたおやめぶりとするのもあながち無理ではないだろう。
892　心と心の結びつきを窺うことのできるような資料は、日記などごく限られたものになるほかはなく、ここで中野が利用できたのは、五世の日記と七世の若妻の日記に限られ、それぞれはそう古い時代に書かれたものではなく、すでに店と奥とが分離し始めた、あるいは分離してしまってからの意識を反映しているからである。
893　中野卓『商家同族団の研究』一九六四年、八二ページ。

の言葉で語る際には「階統的」という言葉を使うことが多い[894]。有賀は人間の平等ということを認めておらず、その限りで支配という用語と親和的である。

他方で「階統的」ということは必ずしも平等とは矛盾しない。現代日本では、人々はみな平等であるということになっているが、他方で「階統的」な多くの集団や組織が存在することは明らかである。中野は別家の成立を境として、奉公人から別家家長となることを次のように述べている。

曰く、「主家の内部に住み込んで生活するあいだ、家長の家族とは厳しく区別されてきた住込奉公人も〈年季が明ける〉と、庶系（傍系）家族員の場合と同様に、暖簾分けされて、暖簾内同族団の一構成員たる家を創始する。もはや、暖簾内の一軒を代表する各家長たちのうちに、別家（別家家長をも単に〈別家〉と呼ぶ）として加わる以上、別家も決して付随的存在などではなく、暖簾内の結合原理――系譜的な経営共同あるいは経営連携――における正常な構成単位たる一個の家を代表する一人立ちの存在となる。のみならず、暖簾内はそもそも、実力ある手代上がりの家長によって代表される同族家を含めることを前提とした集団なのである[895]」と。

ここで描かれている暖簾内は、その中に主家・末家の階統的秩序は存在してはいても、上下の支配というよりは機能的な分担を担う成員による集団であるというイメージが強い。もちろん、それが現代に言う平等と異なっていることは言うまでもないが、鈴木が「大地主の庇護のもとに生活して居た小作人は、其立場に對する不平はなかつたであらう。不平を感ずるに至つたのは人が平等である可きであると云ふ理想を信ずるに至つた時から始まるのである[896]」と書いたような身分的な不平等の存在は感じることができない。それは、別家を出す際の送り出す主家の側の次のような心のあり様にも反映している。

すなわち、「……弟や息子を分家させ娘を嫁入らせるときに少々無理もしたくなると同様の心情や事情は、このときにもある。そして首尾よく別家が創立されるときの喜びは、別家当人やその生家はもとよりであるが、主家のものでもあった。〈ものの役にもたたない鼻たれ〉のときから〈別家できるまでにも育てあげたのだから〉と本家主人やその妻は得意げに顔をほころばせるのである。[897]」と。

平等と支配をめぐる有賀理論との相違は、リーダーの捉え方にも反映している。有賀のリーダのますらをぶり[898]に対して、中野の描くリーダーの姿は、そのたおやめぶりが特徴的である。先にも触れた薬屋万助が蛤御門の変に巻き込まれた記録をもう一度見てみよう。

中野がよっている資料は、安政三年（一八五六年）に本家薬甚より別家した薬屋万助の自筆による「騒動之事」というものである。二条の同業街の全ての家々と同様に、蛤御門の変に逢って、本家ともども「何所も不残兵火に懸り焼失致候」という事態を迎えたが、その前後の様子を書き留めたものである。[899]

だが騒動の話に入る前に、騒動発生直前の万助の状況について中野が語るところを補足しておこう。万助は近くに頼りにすべき親類縁者を持っておらず、主家の同族であることだけが生存の絆であった。その万助は別家

894 『商家同族団の研究』から一例を挙げれば、その一二六ページには次のようにある。すなわち、「……また借金の滞りから経営権を譲り、家屋敷や実際に運営する労力を出資の一部として認められる形において、その家々が従属的な共同経営者となるような、階統的家連合による本家と出店の共同経営もみられた」と。

895 中野卓、同書、七七ページ。傍点は原文による。

896 鈴木榮太郎『日本農村社會學原理』一九四〇年、五九二ページ。

897 中野卓『商家同族団の研究』一九六四年、八〇ページ。

898 すでに述べてきたように、有賀にとってのリーダの原像は一族一党の主人としての開発領主であり、それはあくまでも「支配」する者であった。また、現代におけるリーダーのあり方を比較するならば、有賀によって描かれる斉藤家の当主はあれこれ言うかわりに自ら新しい農業を率先して実行して行くことによって支持者を増やして行き、来るものは拒まず、去る者は追わずという態度を貫いている。これに対して後述するように、中野が描く高橋雄二（『鰤網の村の四〇〇年』）は弁舌の巧みさによって人々を誘導するとともに、策略を巡らせて、味方を増やし敵方を分断するような工作を行っている。こうした違いはもちろん、叙述の対象となった人物像の違いにもとづくのであるが、そうした人物をそれぞれの議論の中に位置付けるそのやり方に、両者の理論のあり方の違いが明らかになっていると思われるのである。

899 中野卓『商家同族団の研究』一九六四年、四四二ページ。

の翌年に妻帯し、それからの八年間をかけてちょうど商売の諸道具や商品をそろえたばかりであったという。[900]

このような条件の下、事件は起こったのである。以下、要点につき、中野が引用する原文と中野による要約と評価を抜き書きしていこう。[901]

まず最初に万助が取引先らしい近江屋佐兵衛から騒動が起こるかもしれないという連絡を受けたところから記録は始まっている。原文には「元治元年甲子七月十八日昼六ツ時過比、川東切通し古門前下ル町近江屋佐兵衛殿方より御使を以ていわく、明十九日朝天より伏見山崎嵯峨三ヶ所ニ屯有之候長州勢ヲことごとく御打払趣、依之洛中も定而騒動有之ニ候も難斗候故（中略）愚妻悴共只今より私宅へ向け御遣し即北山賎原へ立退き可致候由、申被越、（中略）拙者是ヲ聞取甚々驚入候トいへ共、よもや右様之儀有之間敷と存候得共、何分夜分之事故、只今よりは六ツケ敷候間、尚明日之様子依而御願申上候ト礼言ヲ申入、御使ハ戻し申候。速刻本家へ参上致、右之事ヲ申上談合仕候得共、よもや左様はげしき儀あるまじく様ニト存候間、帰宅仕、先其夜ハ相休候。[902]」とある。

これに対して中野はまず、「（本家へ報告、相談、そして本家の判断と一致、一応安心）。[903]」と注記し、「事変の起こるという最初の情報を万助が受けたのは、同業の家からであった。しかもこれは、その家の親類へ万助の妻子をも避難させるようにとの好意ある申し出をさえ伴っている知らせであった。しかし、自分の家――住みなれたその家屋、そして家業の場である店、家財道具と商品、また本家と共にある同業仲間の町、そこにある自分の家への執着と、こういう状況のなかでも何とはなしにそこが他所よりも安心な大丈夫な場所ででもあるような気持もあって、そのため、はじめて危急を予告されたときにも、ありえないことのようにしか彼には思えなかった。仲間からの友情ある誘いを謝絶したのはそのせいでもあった。しかし、その情報を彼は即刻本家へ知らせにゆく。とりあえず、本家と相談せずにはおられない。本家も自分と同様の判断なので一応心をしずめることができた[904]」と評価している。

だが万助らの予想を裏切って翌朝から戦いが始まってしまう。戦火は二条の町にまで及んで来たので、万助は妻と悴、丁稚の栄吉とを東寺西之方吉祥院村にある本家の親類のところに避難させ、自ら一人残ってみたものの、何ができるわけでもない。「……後ニ我壱人残り居、種々心配致し候得共、如何ニも仕方なくうろうろ。火ハ追々焼広り、我内ながら物すごく大砲鉄砲の音ハ益々ひびき渡り、其恐ろしきこといわん方なし[905]」と。

そのうちに砲火が近くなってきたので、衣類を七割ほど本家の土蔵へおさめると、本家へ行って、主人の共をして妻子の待つ吉祥院へ向かう。「我家を出る時は昼八半時比、私宅の焼失は七ツ時比にて、（中略）先此所（吉祥院にある本家の親類）ニ其夜ト弐夜ト御世話に相成、廿一日ハ山科ニ一宿致し、廿三日より夜切通し古門前町下ル近江屋佐兵衛殿方へ引取、親子三人御世話に相成、小者栄吉ハ伏見宿元へ預け置、其後暇遣し申候[906]」と。

中野はこの一連の動きについて次のように述べている。すなわち、「……いよいよ危険が迫ると万助は本家の土蔵へ衣類を預け入れ、支度をすませると、本家主人と共に、さきに両家家族を避難させてある本家の親類へ自分たち二人も避難した。しかし、本家の親類のその家には、そう長く厄介になってもおれない。そこを辞して薬万一家が向かった山科は、……そこでは一泊しただけである。野宿か、金を払って路傍の農家に宿を借りたので

900 中野卓『商家同族団の研究』一九六四年、四四五ページ。
901 ところどころ挿入されている中野の注記は、省略することもあるので、詳しくは原文をあたられたい。また一部変態仮名の表記を読みやすく改めた。
902 中野卓、同書、四四三ページ。
903 中野卓、同書、同ページ。
904 中野卓、同書、四四五ページ。
905 中野卓、同書、四四四ページ。
906 中野卓、同書、同ページ。

もあろうか。そのあとは、最初の知らせと誘いをくれた鴨東の非戦災地域にある同業者の家へ最後に厄介になる。おそらくは、二条に仮屋を建てるまでそこにいたのであろう[907]」と。

そこで、これまで連れて来ていた丁稚の栄吉を生家へ帰すことになり、さきほど引用した「苦難を共にしてきた」という一節に至るのである。冗長にはなるが、中野の考え方がよくわかるので、中野の解釈を引用しよう。「丁稚を「預け置く」ことにしたのは、「まだ万助はその丁稚を、家長として自分が責任をもつべきこの家の成員として考えていた。……まして丁稚栄吉はこんどの戦災に苦難を共にしてきた者である。以上のような事情こそ、万助が栄吉をひとまず宿元に預け置くという処置は取っても、すぐに暇を出すということにはしなかった理由である[908]」と。

だが、この記録は別の視点から見れば、せっかく同業者から情報をもらい、家族ともども避難してくるようにという誘いを受けたにもかかわらず、事態を甘く見てその誘いを断り、それを報告に行った本家でも、双方で甘い見方に安心してその晩は寝入ってしまって、不測の事態への対応を何も準備せず、事がおこってからは右往左往するほかなく、優柔不断のゆえに丁稚をひっぱりまわしたあげく、故郷に返し、そこで宙ぶらりんのままにしておいたというようにも解釈できるのである。

有賀の弟子と言われる中野であるが、こうした側面では有賀と全く異なっている。先にも述べた通り、有賀にとっての親方本家は天候不順や地理的悪条件、さらには政治の苛斂誅求から子方を守るべきものであった。比喩的な言い方をすれば、有賀の家長であれば、すぐに生家へ返す方が良いと考えれば、丁稚がついて行きたいと言っても、叱りつけてでも返すのであり、中野の家長は、丁稚を引き連れて一緒に戦災地を右往左往して運命を共にすることが、家長と家成員のあるべき姿だと信じているのである。

繰り返しになるが、この違いは、有賀は家の結合の本質を支配庇護関係にあると考えていたのに対して、中野はそれを心と心のふれあいだと考えていたからなのである。

心のふれあいを基軸とするたおやめぶりは、危機的状況において、リーダーシップの欠如や優柔不断をもたらすこともあるが、心のふれあいを守るという点で堅固な性格を露わにすることもある。中野の議論における心のふれあいの領域の自律性がそれである。中野は外部の政治権力に対する、私的な生活の領域が確固として自律すると主張するのである。

次に中野における社会の自律にかかわる議論を見て行くこととしよう。

二　自然村と行政村——村落社会における自律と他律

中野の業績といえば、一般的にはまず商家の家と同族の研究であり、次いでオーラル・ヒストリーによる生活史研究が挙げられることが多い。前者との関係で都市にかかわる研究や調査法研究が挙げられることもある。また中野は八学会（九学会）調査に同行して対馬や佐渡、能登の漁村に関する調査研究をも行っていて、それらの研究を土台にして農村や漁村など村落に関する研究をも行っている[909]。都市社会の研究者とされがちの中野のこうした村落研究は、中野の考えを理解するのに重要な手がかりを与えてくれる。

中野は村落社会研究会の年報に前後二回、村落やむらの捉え方についての論稿を寄せている。最初のものが一九六六年の『村落社会研究』第二集に掲載された「「むら」の解体（共通課題）の論点をめぐってⅡ」であり、

907　中野卓『商家同族団の研究』一九六四年、四四六ページ。
908　中野卓、同書、同ページ。
909　中野は村落社会研究会の発起人にも名を連ね、主要メンバーの一人として活躍し、いくつもの論文を研究会の機関誌である『村落社会研究』に寄せている。

次のものが一九七二年の第八集の「村落社会の一研究方法」である。その中で中野は村の自律性をめぐって、鈴木の「自然村」概念を取り上げているのであるが、前後の論稿におけるその評価がわずかに異なっていることが非常に興味深く、また、中野の理論の深まりを見せていると思われる。便宜上、以下では第二集、第八集としてそれぞれの論稿を表すこととする。

第二集において中野は、「むら」の解体という研究会大会の共通課題に関連して、そもそも「むら」や村落とはどういうものかを論じている。その中で、中野は村を見る基本的視角として、支配者の側からの制度的な村と、村人たちによって形成される村落制度の複合体とを区別する必要性を述べている。「この両者〔支配者の村制度と村人たちの村制度の複合体〕のあいだには、たとえ、支配者（領主）が近世への村の変化、近世における村の変化に合せて「村制度」をつくったとしても、現実にはギャップがあった[910]」と。

近世を通じて支配者と村人たちは、このギャップをそれぞれの都合の良いように埋めようとしてきた。支配者の方では、村人の作り上げた制度を支配組織の末端に位置付け、支配に都合のよいように扱おうとし、村人の方では支配者の「村制度」を利用して村人の要求を実現しようとしたのであると[911]。「このようなことの結果が、近世的「村制度」の枠のはずされたのちに見出された鈴木のいわゆる「自然村」と呼んだものであった[912]」のだ。

鈴木の自然村は近世において、支配の末端としての村制度でもありながら、村自治のための組織でもあるという、二重の性格を持っていたのである。中野曰く、「支配の末端としての「村制度」に膚接する組織が、そのまま村自治のための組織にもなりえたこと、村高上納のために仰付けられた連帯が、上納軽減のための村人の連帯にもなりえたことは、このためである。村名主の二重の役割はまさに彼らがこのような村の二重の性格を代表したことによる[913]」と。

中野はこのような観方から能登の漁村の構造を実証的に明らかにしてきた。中野が調査したのは調査当時の石川県鹿島郡北大呑村の旧村大字庵である。ではこの「庵」を単純に村と捉えることができるかというと、かなり複雑な構造をしている。当時の行政村としての「庵」は、一番小さい小字集落としては「虫崎」「庵本村」「百海」「白鳥」という四つの集落に分かれている（第一レベル）。そのうち、「虫崎」は一番独立性が低く、江戸時代には本村である「庵本村」の枝村であったので、「庵本村」と「虫崎」とを一つの「庵」村として、その他の「百海」「白鳥」とともに三つの村落があると考える集落レベルがある（第二レベル）。四つの小字集落のうちでも「百海」は他の三つの集落、とりわけ「庵本村」と対立してきたので、「庵本村」を中心として「虫崎」と「白鳥」を合わせて「庵」として、「百海」と区別する村落の捉え方もある（第三レベル）。行政村としてこれら四つの集落を束ねる「庵」村が第四レベルにあたる。[914]

村とはこのような重層的な実体を持つのであり、それを鈴木のように、大字集落をもって「自然村」とするというような、一般的な取り扱いをすることはできないのであるという。[915] 中野によれば、「むら」はそれ自体で、動的な社会過程として存在するのであるから、何らかの形で「むら」や村落の構造をとらえ、典型を見出そうとする場合にも、本来動的でしかないものであることを忘れてはならない。[916]

910 中野卓「『むら』の解体の論点をめぐってⅡ」『村落社会研究』第二集、一九六六年、二六四ページ。
911 中野卓、同論文、二六四ページから二六五ページ。
912 中野卓、同論文、二六五ページ。
913 中野卓、同論文、二六四ページから二六五ページ。
914 中野卓『鰤網の村の四〇〇年』一九九六年、四ページから五ページ。
915 中野卓「『むら』の解体の論点をめぐってⅡ」『村落社会研究』第二集、一九六六年、二六二ページには次のようにある。すなわち、「鈴木が「自然村」と呼んだものは、近世の行政村（「藩制村」）をめぐる政治構造に大きく規制されて形成された村落部落であり、それを、主として大字部落について見たのである。鈴木が小字の神社について述べたところにもうかがわれるように、小字部落を、自然村の内部にある小さな自然村としてとらえるなどということは、自然村の「精神」が自立するかぎり、ありえなかった」と。

中野はこの第二集においても、村人たちの側が作り出す村の要素を決して軽視しているわけではないし、そうした下からの自律性の根拠となる理論的考察をも行っている。だが、議論の重点は上からの支配組織としての村制度の影響を強調するところに置かれていると思われる。

中野曰く、「これらは［第一次レベルから第四次レベルまでの庵村のありかた］、すべて、藩制村としての「村制度」の単位といい、部落の単位といっても、全体社会の一時期における政治体制のなかで公式制度とされた村制度を、たいていは強い枠としてではあるが、一村落を形成する一部落、ないし部落連合全体の構造が、それぞれの内外にある諸条件の変化のなかで、相対的な自立度を示すにすぎないことを示している。「むら」の自立性というようなものも、決して超歴史的に固定したものでなく、村落の統合はただ動的な過程としてのみ現実にはとらえうるものである[917]」と。

この段階では、先に述べた村に見られる上からの権力による制度と、村人による下からの自律との二つの方向性のうち、前者に重きが置かれていたことがわかる。

第八集では、大会の共通課題であった「村落社会研究の方法」に合わせて、中野は自らの調査研究を題材に、歴史社会学的研究の必要を訴えているが、まず鈴木の自然村の自立性・自律性についての批判から話を始めている。すなわち、中野は自身の対馬と能登における調査を振り返って「……部落の「自立性・自律性」（鈴木榮太郎）が、あくまで相対的なものだという留意を[918]」もって調査を行ってきたというのである。

その上で、鈴木の立場に対する疑問をかねてより抱いていたが、実際の調査で自らの立場を明らかにすることができるようになったが、さらに有賀の「村落の概念について」論文によって勇気付けられたという[919]。ここで中野が依拠する有賀の論文は、第五章でふれたように、鈴木が主張するような村落の自律性を批判し、村は外部の政治権力との関係によって大きく規定されているると述べているのである。

だが、そうした村落における支配による被規定性を述べたあとに、中野の筆致は少し違った色合いを描き出す。能登の庵村の調査によって明らかになった、村の組織の多層性を念頭に、中野は村落が決して外部の権力によって一枚岩的に支配されていたのではないことを強調する。

曰く、「また、行政末端組織としての村、あるいは部落といっても、それには、同時に幾つかの水準で、範囲も機能も異なるものさえありうる。時代・時期の異なるもの、それらに対応して生じた村人たちの生活組織の重複も考慮されねばならない[920]」と。

さらには社会学研究の継承材としての村落概念は上からの権力支配に対抗して村人たちが作り上げた生活組織なのであると述べる。そして、そうした社会学の捉えた村落概念と同等なものとして鈴木の自然村概念が捉え直されるのである。

すなわち、「社会学研究者が先学の研究から継承し発展させてきたはずの部落とか村落社会とかいうものの概念は、行政村（幕政村をも含めて）の枠を介して、村人たちに迫ってきた政治制度に対処しつつ、村人たち自身が「創造」してきた「生活」（有賀、昭和一三年）の組織をさしている。「自然村」（鈴木）もまた同様な村として、行政村から区別すべき、われわれのいう意味での部落を、その述語で呼んだものと私には考えられる[921]」と。

中野はさらに続けて、政治的支配の作成した制度に対抗する、村人たちの生活から成り立つ村の自律性を強

916　中野卓「『むら』の解体の論点をめぐってⅡ」『村落社会研究』第二集、一九六六年、二六三ページ。
917　中野卓、同論文、二六七ページから二六八ページ。
918　中野卓、同論文、一二三ページ。
919　中野卓「村落社会の一研究方法」『村落社会研究』第八集、一九七二年、一二四ページ。
920　中野卓、同論文、一二四ページから一二五ページ。
921　中野卓、同論文、一二五ページ。

調し、村を政治的支配の単なる末端組織であるとする考えに批判を加える。例えば、河村望による「部落が「自然組織ではなく」、「支配のなかで現実に機能してきた」という主張に対して、村は「村人たちの「自立性・自律性」を失わぬ組織である」と述べる。「それゆえ、部落そのものを所詮「行政部落」にすぎぬなどと見てよいことにはならない[922]」のであると。

あるいは中野は次のようにも述べる。曰く、「たとえ行政部落とは別に部落があるにしても部落の抵抗力など結局は国家の支配力には「圧倒」されるほかない程度のものだとみることから、部落が支配の末端を「支える」だけの存在であるかのようにみてよいのではない[923]」と。つまり、中野にとっては部落とは国家の支配にも何らかの程度、抵抗し得るものなのである。それはなぜなのか。中野曰く、「政治的支配や経済的支配がどんなに強力でも人間の生活を完全に支配できるわけにはいかない[924]」のであるから。そして社会学とは、そうした抵抗のあり方を見つめる学問なのであるという。中野はさきほどの引用に続けて次のように述べている。すなわち、「これが、私たちが社会学の上で「生活」という言葉を使ってきた中心的な意味である[925]」と。

ここに、喜多野とは違ったアプローチではあるが、政治を排除した社会が成立することになる。喜多野は社会の中から政治的なもの、歴史的なものをどんどん排除して行ったのであるが、中野は政治的なものの代わりに「生活」を充塡した、非政治的な社会を作り出したのである。そして、中野によれば、そうした社会のあり方を研究することこそが社会学という学問の任務なのであった。こうしたアプローチは、その後、政治とは区別された空間における生活の豊かな叙述を産んで行くことになる[926]。しかし、その反面、ある大きなものを失うことにもなったのである。

三　非政治的領域としての社会の自律

中野が村落の政治権力からの自律を主張する根拠となったのは、能登庵村における村落組織の多層性であったが、この根拠をより理論的に述べた叙述があるので、詳しく見てみよう。中野はすでに述べてきた、村落の二重性、とりわけ村名主の、一方で上からの支配の末端機関として機能しながら、他方では村の人々をまとめて領主層からの収奪に対抗していたという、二つの矛盾する性格[927]に着目し、この二重性にあらわになっている二種類の「おおやけ」という問題に迫っている。

曰く、「それゆえ、「村」の公的な制度といってもそれは単純にひとつの「村制度」が上から与えられたままのものとして、それだけがあったわけではない。村役人の扱う公文書の上での「村制度」が「おおやけ」のものであっても、村落自治の「おおやけ」というものが、もうひとつは少なくとも存在した[928]」と。

すなわち、上位権力の主張する上からの制度的な「おおやけ」がある一方で、村人たちによる村の諸制度による「おおやけ」もまた存在するというのだ。村の二重性、権力による支配と、それに対する自律という二つの矛盾したあり方が二つの「おおやけ」の対立という形で顕れていて、このような「おおやけ」の多重性が下位のものの自律の領域を生み出すというのである。

中野曰く、「村落が小字部落による部落連合としての内部構造をもっているなら、小字部落ごとの「おおやけ」

922 以上、河村望の主張も含めて、中野卓「村落社会の一研究方法」『村落社会研究』第八集、一九七二年、一二五ページ。
923 中野卓、同論文、一二六ページ。
924 中野卓、同論文、同ページ。
925 中野卓、同論文、同ページ。
926 中野は、その後、一九七〇年代後半から、口述による生活史の多くの叙述を次々に著していくことになる。
927 中野卓「『むら』の解体の論点をめぐってⅡ」『村落社会研究』第二集、一九六六年、二六五ページ。
928 中野卓、同論文、同ページ。

がさらにその下位［上位権力の「おおやけ」に対する下位という意味］の「おおやけ」であることは、しばしば現実に示された。さらにまた本家によって代表される同族の「おおやけ」も存在した。このような相対的な一連の「おおやけ」が上位の「おおやけ」に内包されつつ重畳する体系は、フォーマルな制度とインフォーマルな制度との一対の「制度」概念を要求する。いいかえればインフォーマルな組織自体が「制度化されたもの」としての特質を備えることは、このような構造をもつ社会において一般的にみられることである[929]」と。

つまり、下位のものであっても、それが少なくとも「おおやけ」である限りにおいて、一定程度の妥当性を主張し得るというのだ。

こうした叙述の背景となっているものとして、真っ先に思い浮かべることができるのが、庵本村とその枝村である百海の対立であろう。庵本村の枝村の百海であるが、この枝村というのは、そもそも網を下すところに近い浜に、漁業繁忙期に作られた仮住まいの作業小屋が発展して部落を形成したものであり、庵本村は前述のように百海の他に虫崎、白鳥をいう枝村を持っていた。中でも百海は有力で、江戸時代半ばには本村とは別に網を卸すまでになっていた。そのため、本村の網との網争いを生じ、自分たちの網の利益を図るために、隣村の江泊村、大野木村と結託して本村の網を切るなどの出入りを生じたり、あるいは本村の網の認可に異議を唱えさえしたのである[930]。その後も明治になって共同網を卸すようになる[931]まで、百海は庵本村の枝村でありながら、本村の鰤網業展開にとって最大の障害の一つとなっていたのである。

ここで、中野の言う「おおやけ」の多重性がどのように現れているのかを見てみると、幕府（この地域は貞享元（一六八四）年から天領であった）あるいは加賀藩（享保元（一七一一）年からは加賀藩の「御預所役所」の管轄となった）に対して、公式には庵本村が対置されるが、藩政村の庵村の内部においては、百海が本村に対置されているのであり、藩・幕府にならんで本村という「おおやけ」が存在するとともに、百海自身もまた公式に認められた行政単位ではないものの、一種の「おおやけ」として本村に対抗することができたのである。そして、このような「おおやけ」の多重性の中で、百海は十分な自立性を発揮していたとするのが、中野の見方なのである。すなわち、独自に鰤網を卸すまでに発展した百海の人々の「生活」の基礎の上に生み出された「生活組織」としての百海部落は、村落自治としての「おおやけ」であり、そこに行政制度としての藩政村に見られる支配に対抗する自律を見ることができるということになるのである。

このような、中野による村落社会における「おおやけ」の多重性という議論は、先に述べた有賀の公《おおやけ》と私《わたくし》の入れ子の構造を思い出させるものである（第五章一六〇ページ以下）。こうした公《おおやけ》と私《わたくし》の構造が「入れ子」と呼ばれるのは、上位の公《おおやけ》の方が下位の公《おおやけ》よりも必ず大きいからである。マトリョーシカのように、大きなものの中に小さなものが入り、それが順繰りにどんどん小さくなって行くわけである。

では、中野の議論における「おおやけ」の多重性とはどのようなものだったろうか。中野は、多様な「おおやけ」の存在について「このような相対的な一連の「おおやけ」が上位の「おおやけ」に内包されつつ重畳する体系は、フォーマルな制度とインフォーマルな制度との一対の「制度」概念を要求する[932]」と述べていた。中野の「おおやけ」の多重性と有賀の「公《おおやけ》と私《わたくし》の入れ子」とは、その構図については同じものであるということがで

929 中野卓「『むら』の解体の論点をめぐってⅡ」『村落社会研究』第二集、一九六六年、二六五ページ。ここで中野が参照先としているのは、自らによる川口市の鋳物工場の労働組合の調査研究（中野卓「労働組合に於ける人間關係――親方徒弟的組織に支配されるその一タイプ」『社会学評論』二巻三号、一九五二年）である。中野はこの研究で、ある会社の労働組合というフォーマルな組織は、実は入社以来の教育指導の関係などを基礎とする親分子分関係に支えられていることを明らかにしたのである。

930 中野卓「庵」九学会連合能登調査委員会編『能登――自然・文化・社会』一九五五年、三四八ページ。

931 明治二年になって、それまでの庵本の「たぶの木網」と百海の「赤岩網」が共に、「網総代、五郎左衛門」のもとに、ひとつの「網持連中」となり、一年交代で卸すことになった（中野卓『鰤網の村の四百年』一九九六年、一二一ページ）。

932 中野卓「『むら』の解体の論点をめぐってⅡ」『村落社会研究』第二集、一九六六年、二六五ページ。

きよう。だが、その構造については、若干の、しかし重要な違いがある。

有賀の公《おおやけ》と私《わたくし》の入れ子の構造では、それぞれのレベルの親方は二重の性格を持つ結節点となっている。さきほど触れた「村名主の二重性」である。彼は上位の公《おおやけ》に対しては私《わたくし》として接し、下位の者に対してはその者を私《わたくし》として、自らを公《おおやけ》とするのである。だが中野が能登の庵村の村落組織に見出したレベルの違い（第一レベルの村落組織から第四レベルの村落組織にいたる四種類のレベル）は、大きな行政村に含まれてる小字部落の組み合わせの仕方の違いにすぎない。そこに支配庇護の上下の支配関係があるわけではないのだ。

この違いは結節点で接続された上下の支配の連続性についての両者の捉え方の違いに明らかである。有賀においては、藩士の忠誠の対象は藩主であり、決して将軍に忠誠を誓っていたわけではない。将軍に忠誠を誓っていたのは、あくまで藩主自身なのである。[933] これに対して、庵地域における庵本村も百海もいずれも当時の領主に従っていたことに違いはない。それゆえ、中野が言う小字部落の「おおやけ」は、小字部落の支配下にある者や集団に対しては公《おおやけ》ではあっても、上位の支配者の村制度に対してはやはり私《わたくし》であるにすぎない。そこで別様の「おおやけ」であることを主張できるのは、庵本村と百海村のそれぞれの「おおやけ」同士の間でのことであり、行政村（幕政村）からすれば、下々の間の争いに過ぎない。うるさいことを言うなら、あっちの村をこっちの村へ付け替えることなど、朝飯前のことである。

中野はこうした同じレベルの異った「おおやけ」同士を対抗させることによって、それぞれのレベルの自律性を基礎づけようとしたのであるが、それは言うなれば、現代の行政機関の上下の組織の関係のようなものである。すなわち、下級官庁もその権限の範囲では一種の独立性を持っていて、上級官庁と言えども一定の範囲で下級官庁の判断を尊重しなければならない。しかし、それをもって上位の支配権力から自律していると言い得ようか。[934]

有賀の議論においては、結節点において支配は切断される。そこで上位の権力による支配と、結節点に立つ者が下位の者に及ぼす支配とは切り離されているのである。他方で中野の議論のように支配が連続する場合には、百海のように本村の一部が独自性を主張することは、広い観点から見れば、かえって上位権力（藩あるいは幕府）の支配の拡張に手を貸すことになるのである。すなわち、一見、自律を獲得したかに見える百海であるが、それは上位権力の側からすれば、庵本村の自律性を侵食して下位のより具体的な場面にまで支配を及ぼすことができるようになったということなのであるから。そもそも庵における本村と枝村の間の網争いは、本村の自律性を前提にすれば内部の争いであり、上位権力者としては「よきにはからえ」で済ませることもできたはずである。そこに両者が争いの裁定者として上位権力者を呼び込むことにより、内部の事情にまで権力の介入をまねいてしまっている。こうした権力の介入を避け、その内部にはたとえ権力であろうとも立ち入らせない内部を守るというのが、有賀の考える結節点としての親方であり、境界に立つ者としての二重性を持つ村名主達であったのとは、対照的である。

庵本村との争いにおいて、藩権力に対してうまく立ち回ることに成功した百海村にとっては、庵本村から奪った権限の限度においては、藩権力からの一定程度の自律性を獲得したのは事実である。中野にとっては、一定範囲の自律的領域が結果として獲得されたことが重要なのであって、その領域が上位の権力に対して本来的に自律しているかどうかは重要ではないし、また、こうした領域をどのようにして獲得したのかということもま

933 それが、同時の日本の国制を正しく捉えていたものかどうかは別として、有賀は「朕の封臣の封臣は朕の封臣にあらず」と認識していたのである。（近世日本の国制とヨーロッパの封建制との違いについては、石井紫郎『日本国制史研究II 日本人の国家生活』一九八六年を参照のこと。）

934 都道府県知事の一時的判断を全く無視するような国の行為は違法であるとして、差し止めの対象となり得るが、だからと言って、都道府県が国から自律しているとはたして言えるであろうか、というのと同じ問題である。

た重要ではない。それゆえに、下位の公《おほやけ》であっても、公《おほやけ》である限りにおいて自律性を持つという主張がなされて、その公《おほやけ》と上位の公《おほやけ》との関係が問われることはないのである。

　これに対して、有賀は家の自律性を認めないわけではないが、それは決して支配のレベルを混同した上で本来下位のものの自律性を認めるわけではない。有賀が認めるのは家の対内的自律としての「家の自治」である。本論第五章二三八ページ以下で述べた通り、有賀にとって、家とはその成員を対外的な災い、天候不順や地理的悪条件、さらには飢饉などの自然的条件および政治の苛斂誅求という社会的条件から守り、生活保障を与えるということを目的としていた。その目的のために、家はその成員に様々な制約を課し、時には家の存続に反するような家長の行為を制限もした。こうした家の規範は、家を一つに統合する基軸であり、その意味で家は自律していたと言える。

　しかし、対外的には家を代表する家長はその上位の権力に従うものであり、その支配の内容に下位の者がどうのこうの言うべき筋合いはなかった。そうであればこそ、中野も述べるように「二重の性格」を持つ結節点としての村名主は、行政組織の末端として、「上からの力に多くの場合は押しきられ[935]」たわけである。しかしそれでもなお、「村自治が全く有名無実になってしまっていたわけではない[936]」のは、他方で村名主が何らかの消極的・積極的行動によって村を守ろうとしたからであった。第五章でも述べたように、有賀が重視するのは、上位の公《おほやけ》に対して、しょせん私《わたくし》でしかないものの中に、わずかであっても、成員の生活保障を行うための非政治的な自律的領域を形成することなのである。

　これに対して中野は、親方百姓が持つそうした役割や責任を視野に入れることなく、下位の「おおやけ」もまた「おおやけ」であるということだけを論拠として、上位権力からの自律を主張する。しかし、それは上から下まで十全に貫徹した支配の中で与えられた権限の領域を「自律」していると主張しているにすぎない。権限を持つ以上、その範囲では確かに自律性が存在するだろうから。中野の主張する「生活」の自律とは、観方を変えれば、権限の対象となっている領域だということになる。有賀はそうした領域が所詮は権力の作り出した秩序の一環に過ぎないことを忘れはしない。そこで有賀が重視するのは、そうした権限の範囲、上位の者からは「よきにはからえ」と命じられる領域を作り出し、その中で成員を守って行く親方のリーダーシップなのである。

このような違いはリーダーの役割の捉え方にも顕著である。中野がリーダーについて語ることはあまり多くはないが、その数少ない例を庵村の調査研究の叙述の中に見いだすことができる。中野はリーダーを二つの種類に分類する。一つが指導者であり、これは日常用語のリーダーに近い意味を持っている。いわば、何事かの実行を主導していく人のことである。もう一つが統率者である。これは指導者が行ったことに対して正統性を付与する役割を担う人である。指導者が行うことは、それが何がしかの改革の要素を含む場合には、旧来の伝統・秩序を根拠とした反対が唱えられる可能性があるが、そうした反対を抑えて、村落全体として指導者の活動を支持していく統合を行うのが統率者なのである。[937]

こうしたリーダー像は、具体的な歴史の条件下でどのように描かれるのであろうか。中野は明治以降の農林漁業務の課題をめぐる国家の側からの村の侵食とそれに対する村の反応を次のように述べている。

すなわち、「農林漁業を当時の産業化過程に適合しうるよう方向づけ、村落を当時の国家機構へ一層緊密に組

935 中野卓「『むら』の解体の論点をめぐってⅡ」『村落社会研究』第二集、一九六六年、二六五ページ。
936 中野卓、同論文、同ページ。
937 中野卓「村落社会の一研究方法――対馬・能登の漁村における研究事例に即して」『村落社会研究』第八集、一九七二年、一四七ページには次のようにある。すなわち、「「統率者」自身が同時に部落のそれぞれの時点の状況下で具体的な問題解決のための「指導者」である場合もないわけではなかったが、むしろ両者は別人によって分担される役割であることのほうが多かった。統率者は、具体的方策とそれを実行する力ある指導者を見出し、あるいは逆に後者が前者に接近してそのオーサライズをうけ、これらいずれかの方法で指導者は登場した」と。

入れていくために、中央官庁の意図し奨励した機能別の目的合理的な組織を志向する動きが少しずつではあれ村落内部に形成されたとき、それがただちに行政村大の規模をもち、しかも内実のある成果を生みうるものとなることはなお困難であった。とはいえ、旧村大でならそれも可能となった」[938]と。

つまり、明治になって新たに作られた行政単位では不可能でも、江戸時代から続く村の統治のあり方を利用して国家の側の意図を浸透させて行くことは可能であったという。さらには、部分的にはそうした旧村規模を超える活動も組織され、複数の旧村をたばねるような機能別の組織が生まれることもあったという。

曰く、「……、特定の局面では行政村内の部分によって複数の旧村を連合して構成する機能別組織も作られ、成果をあげはじめるようになる。つまりは、村人たち自身の生活上必要に迫られた限りでは、小字部落を超え、旧村の単位を超えて機能別の組織の或るものは実際内容をもつものとして結成されていったのである」[939]と。

旧村大の組織であれば、従来のようにそれら旧村の有力者すなわち庄屋役などを歴任した同族本家の当主が、それらの組織運営の中心ともなろう。しかし、旧来の村を超えた規模かつ新しい時代に対応すべき組織になると、従来のリーダーでは事足りなくなった。

新しい時代にはリーダーには異なった二つの役割が期待された。すなわち、「……彼らはそのとき小地域共同社会の代表者としての役割と共に、その新たな、特定機能を果すための組織の幹部としての役割を兼ねてもつこととなった点で、単に従来どおりの役割だけを果せばいい場合とはちがっていた」[940]と。

しかもこの二つの役割はしばしば矛盾したのであった。「しかし、そういう矛盾に対決して自分なりのまとめを付け、新たなそのような組織を成立させることにより、村落の構造に対してそれが再編されていく方向を附与しうる者こそが新たな状況下でリーダーとなりえたのである」[941]と。

ここで中野が新しいリーダーに必要な資質として挙げた、二つの役割の矛盾に対してまとまりをつけるとは、いかなるものであるのかを、より具体的な叙述から探ってみよう。

中野曰く、「……彼らは下位集団の、より私的な利害を、上位集団の、より公的な利害の中へ組み入れるのに必要な公的役割を果したり、所属部落の利害関心を敢て強調し、特定機能遂行の面で一村落の枠をこえてつくられている一層公的であるはずの組織のなかでそれを主張し所属村落の利益を優先させようと尽力する傾向もあった。かかる仕組みは、一部落の内部で更に下位集団をその中に含んでいる場合、それが同族的家連合であろうと、組的家連合であろうと、部落とそういう部落内小集団との間で同様にみられた方式の拡大版であったといってよい[942]」と。

すなわち、二つの矛盾した役割とは、国家行政からの支配命令を遂行するという役割と、自らの出自たる同族団、あるいは自らが属する旧村の利害を代表するという役割であり、その矛盾にまとまりをつけるとは、国家行政のあり方をうまく誘導して、自らの出自の集団に利益をもたらすという利益誘導の政治なのである。

このような利益誘導が地域の「自律」を保障していたのが、戦前の政友会以来の地方政治のあり方であり、戦後日本政治の特色の一つであったとも言えよう。逆にこうしたあり方に中野自身の認識も大きな影響を受けていたと思われる。なぜなら、中野はこうした利益誘導の構図を江戸時代にまで展開しているからである。

庵村では十七世紀終わり頃に、後に「金網」と呼ばれた麻苧台網が考案され、それを利用した「たぶの木網」が新流の「御拾分壱網」として認可されていた[943]。またほぼ同じ時期に庵村の有力者で、高橋弥惣左衛門となら

938 中野卓「大正期前後にわたる漁村社会の構造変化とその推進力――北大呑村鰤網再論」『村落社会研究』第四集、一九六八年、九二ページ。
939 中野卓、同論文、同ページ。
940 中野卓、同論文、九三ページ。
941 中野卓、同論文、同ページ。
942 中野卓、同論文、九四ページ。

ぶ石垣五左衛門が当時の土方領の十村およびそのあとの天領の大庄屋となっている。この二つの事実について中野は次のような関係の存在を推理している。

まず中野は新しく発明された網が新流として許可されることの重大性を強調する。すなわち、「このような全く新規な形式の網の認可が、何事も新規御法度の社会で実現し、以後、同様な「新流」への道を開きえたのには、それを可能にするだけの社会的条件がなければならなかったろう[944]」というのである。そして、この社会的条件こそが、庵村の石垣五左衛門が十村あるいは大庄屋であったという事実なのである。

中野曰く、「五左衛門＝柴左衛門が十村＝大庄屋をしていたのは貞享元年前後にわたる一〇年余の間だけである。元禄三年（一六九〇）以降は南北大呑のような、不動山脈の東側の漁村地帯から大庄屋が任命されるようなことは生ぜず、邑知潟地溝帯の、交通便利でもある農村からだけを任命される。土方領地代末期から天領となった初期にかけて、彼が十村大庄屋だったことを千載一隅の条件として、「たぶノ木網」は初めての「新流」として実現し、鰤台網技術に大きな前進をもたらした[945]」というのである。

すなわち、五左衛門が十村（大庄屋）の地位を利用することによって、新流の「たぶノ木網」を認可させることができたというのだ。これはまさに、公的地位を利用しての利益誘導に他ならないだろう[946]。

中野の推理が歴史的な事実に適合しているのかどうかということは、ここでは問題にしない。それよりも、こうした推理を導いた中野の発想方法こそが問題である。中野の議論の前提となっている、近世社会は一切の「新規」を認めなかったという認識の当否[947]も問題ではあるが、そこも問わないでおく。問題なのは、新流の網を考案し、十分の一税を納めるという功績を挙げたからこそ、十村あるいは大庄屋という役職に就けたのである、という因果を逆にした解釈も成り立つ余地があるのに、中野はそうした解釈が成り立たないことを論証した上で、自身の議論を展開しているわけではない。中野にとっては、こうした点は問題にするまでもなく「当たり前」のことだったではなかろうか。そして、そうした「当たり前」の感覚をもたらしたのは、こうした議論の背景となった当時の庵村の社会的事実であるとともに、当時の日本社会のあり方だったのではなかろうか。

叙述の背景として中野の念頭にあるのは、指導者で言えば、明治の終わりに鰤網組合を株式会社化した高橋雄二や戦後の漁協の再編を行った藤田肇であろうし、統率者としては、代々の舟元であった石垣五左衛門であったろう。雄二や藤田肇は、巧妙に自らの地位を利用して自分の利益をあげるとともに、自らの属している集団に利益をもたらした。また、その地位自体も、そうした利益配分によって獲得したものであった。[948] 彼ら指導者は、決して自らは集団統合の正統性を付与する地位につこうとはしない。そこは別途、統率者たるべき者にまかせるのである。[949] そして統率者は実際には何らことを行うことをせずに、単に正統性を与える役目として存在しているのである。こうした関係は、指導者の失敗の後始末についての中野の叙述に顕著である。雄二が失脚した際に、統率者であった石垣五左衛門は徹底的な責任追求を免れることができた。それは「庵ムラにおける鰤網の伝統的安定保持者としての役割が五左衛門家によって果たされ続けることは、……村人らも期待するところだっ

943 中野卓「北大呑諸村鰤台網再考」蒲生正男・下田直春・山口昌男編『歴史的文化像 西村朝日太郎博士古希記念』一九八〇年、五四ページから五五ページ。

944 中野卓、同論文、五四ページ。

945 中野卓、同論文、五五ページから五六ページ。

946 中野は次のようにも述べている。曰く、「彼〔たぶノ木網を考案した初代門兵衛〕の本家五左衛門の政治的・経済的な力量は、政治的変動期のどさくさともあいまって、そのような「新流」を実現する好機を用意した」と（中野卓、同論文、五六ページ）。

947 この当時多く行われた新田開発などを、中野はどう解釈するのだろうか。

948 高橋雄二については、中野卓『鰤網の村の四百年』一九九六年、一六四ページ以下、また藤田肇については同書三五七ページ以下を参照。

949 中野は次のような藤田の発言を引用している。すなわち、「やはり組合長にはA〔青木〕家かI〔石垣〕家にやってもらわないと北大呑村を統（す）べることはむつかしいでしょう」と（中野卓「村落社会の一研究方法——対馬・能登の漁村における研究事例に即して」『村落社会研究』第八集、一九七二年、一四四ページ）。

た[950]」からなのであった。

以上具体的な叙述によって、中野にとってのリーダーのあり方を振り返ってきた。こうしたリーダー像にささえられた集団の自律という考え方は、リーダーとは上位権力者から与えられた権限の範囲で利益を誘導して来る指導者と、そうした指導者に正統性を付与する統率者のことを言い、上位の権力者に対する生活者の自律とは、こうして獲得した利益によって生活を満たすことを意味しているのである。

中野のこのような考え方は、高度経済成長を経て経済的成功を収めた日本社会における一つの社会像と政治観を代表するとも言えるものであった。彼らにとっては、有賀の親方百姓のように自律した領域を政治から守っていくというモチーフは存在しなかった。国家とは別の社会という領域は、国家によって与えられた権限の範囲としてあらかじめ存在するものであり、それを新たに作るとか、あるいは国家とは区別される領域自体を守らねばならないという考えはなかった。彼らにとって重要だったのは、権限の範囲内での自分の取り分をどれだけ豊かにできるかということ、そしてその上にのみ成り立つ各人の生活、すなわち豊かさに保障されたそれぞれの心のつながりを守ることだったのである[951]。

950　中野卓『鰤網の村の四百年』一九九六年、二五六ページ。
951　中野の意図には反するものだろうが、経済国家としての戦後日本の自己主張もまた、中野の議論の生み出した鬼子とも言えるだろう。中野は近代日本の経済的発展の基盤を、国家とは区別された社会の領域に次のように求めている。すなわち、「徳川封建制身分社会においてすでに広範な商品流通の役割を担い、一定の都市経済を担う主役となり、武家身分の安定をさえゆるがせる実力を近世商家がたくわえていったことを、この家原理、ならびに家をこえた系譜関係へのその展開たる同族原理、ことにそれらが許容し奨励した実力主義による人材活用のフレキシビリティの認識をぬきにして誰が説明しえようか。ことに商家とその同族組織において、近代経営への土着の原型が用意されてきたことを無視するなら、武家による封建制的な官僚制の形成だけを受けとめ手とするだけで、日本近代における近代経営組織の導入の経過とその文化変容を論ずることは困難である」と。（中野卓「商家同族団」青山道夫・竹田旦・有地亨・江守五夫・松原治郎編『講座 家族６ 家族・親族・同族』一九七四年、二八八ページ）。

第七章

結論
家理論における
昭和の終わり

昭和の始まる頃に産声をあげた日本社会学の家理論の六〇年あまりにおよぶ展開を見てきた。彼らの議論は第一次世界大戦後の、世界的な社会変動――それまで虐げられ、不当な扱いを受けてきた人々による新しい社会のあり方の希求の時潮に大きな影響を受けることによって始まった。戸田貞三は人々の自己実現の要求を家族における精神的融合によって実現しようとし、鈴木榮太郎は不平等に対抗して平等な社会を実現するために積極的な政治参加を求め、有賀喜左衞門は自立することの難しい人々の庇護を親方の支配によって行うことを主張したのである。

これらの議論は、戦時体制と敗戦、戦後改革という大きな変化を体験する中から、新たな課題に対応する新たな姿を取るようになった。喜多野清一は社会から政治と歴史を排除することにより、行われた何かによってではなく、単なる継続によって統合を維持するという議論を展開し、中野卓はそれに反発して家を捉える際には家を取り囲む社会的・歴史的条件が不可欠であることを強調しながら、政治に対する生活の自己主張という形で社会の自律を主張したのである。

ここで、本論の初めに提起した問いを再確認してみよう。第一の問いは、本当に社会学における家理論は、戦前期においても「非政治的」であったのかどうかということである。

第二の問いは、こうした理解――戦前期の議論を戦後の議論とともに「非政治的」であると評価すること――がいつ、どのようにして生まれたものなのかということである。

そして第三の問いは、社会学における家理論が、戦後のものばかりでなく、戦前に展開されたものもまた非政治的であったという学説史的理解が形成されるのに大きな影響を与えた要因としては何が考えられるのかということである。

それぞれの問いを検証してみよう。

① 社会学における戦前の家理論と政治

一　戸田貞三の家理論

具体的な論者の議論を振り返ることにより、一つ目の問いを検証してみよう。

実証的な社会学の先鞭をつけた戸田貞三は、現在では近代的な小家族論者として伝えられているが、その学問的生涯をたどってみると、そのように決めつけてしまうわけにはいかない。戸田はキャリアの開始当初から社会問題や社会政策に大きな関心を持っていて、東京大学の助手をやめた後の就職先は大原社会問題研究所であり、また留学の際の任務は社会事業の調査をすることであった。戸田は社会問題解決の重要な要素として家族による精神的安定作用を捉えており、なかんずく高齢者の扶養について、欧米のように養老院などの施設に頼るのではなく、家族の中で老人が暮らすことによる精神的安定を求めていた。戸田の家族論の実践的原点は、社会問題にあったのである。

戸田の家族論は近代的小家族論であるというのは、後世のとりわけ喜多野と中野の解釈による影響が強いのだが、こうした解釈は戸田の業績の頂点を『家族構成』に見ていて、その後の戸田の議論を考慮していない。戸田の家族論は精神的融合を家族結合の基軸とする本質論、その本質に基づいて家族成員の人数と範囲が決まるという構成論、家族の果たすべき役割を明らかにする機能論、そして家族を取り囲む民族や国家による家族への要請の実現である制度論という体系をなしているのである。その中で、家と呼ばれる伝統的な家族のあり方は、家長的家族あるいは親子中心の家族として、近代的家族あるいは夫婦中心の家族とならんで、制度論において詳しい議論の対象とされているのであり、戸田の家族論が近代的小家族論に限られていたわけでは、決してないのである。

戸田の家族論、とりわけ家長的家族の議論から明らかになる社会像は、精神的融合を軸とするものであった。家族が精神的融合の範囲にとどまり、それがゆえに小家族とならざるを得ないのと同様に、戸田の捉える社会もまた、その範囲は極めて狭いものであった。精神的融合を作り出すことのできる家族が唯一社会的関係の成り立つ世界であり、家族の外の世界は食うか食われるかの非社会的世界なのである。

こうしたそれぞれの狭い社会を統合するのは、上位の権力の支配によるのであり、戸田の考える社会においては、すべての個人や集団はより公《おほやけ》のものを重視することにより、上位の権力に抵抗することなく従うものとされているのである。戸田は集団を個人へと還元することにより、国家以外の集団について、個人を超えた集団としての存在を認めないので、それぞれの集団のとる姿はその時々の国家の与える諸条件によることになる。こうした見方は家や家族などのあり方を捉える際の柔軟な見方を可能にするとともに、国家の支配に対する従属をもたらすことになるのである。

二　鈴木榮太郎の家理論

鈴木の家理論は他の論者のそれと比べて、極めて強い政治的意味を含んでいるが、従来はそうした側面は議論の対象とはならずに、鈴木の家理論の持つ観念性、いわゆる「家の精神」が何ら集団的実体を持たなくても成立し得るという主張にフォーカスがあてられてきた。こうした観念的な家の捉え方がどのような背景を持っていたのか、それがどのような政治観を構成することになったのかという問題は注目されてこなかったのである。

実際には、鈴木の主張する家の精神は、現在の家成員を、家長をも含めて従え、現在の利害を没して過去と未来の家のための奉公を要求する。このようなリゴリスティックな家の規範は、ややもすると個人主義に走りがちな人々を、村の精神・規範と並んで一致団結させて農山漁村の経済更生運動に向かわせようという、明確な政治的意図を持っていた。このような家や農村に対する強い要求は次第に強度を増し、しまいには農村からの物資・人員の供出を正当化し、鼓舞する主張へと展開したのである。このような家の理論の政治への強い関与は、他の論者には見られないものであった。

こうした過剰な政治は鈴木のイメージする人間同士、家同士の関係の捉え方に規定されていた。鈴木が考える社会像は、平等という価値に基づいているのである。そして平等という価値を重視するがゆえに、鈴木は当時の民法における家督相続の規定に反対し、嫡男の総取りをやめて他の兄弟姉妹にも一定の権利を認めるべきことを主張した。そしてその平等は村の生活においては、政治的権利、公民権としての平等として機能した。

鈴木にとっての政治的権利の平等は、政治に参加する条件としての平等というよりも、政治に参加することによって平等となるという色彩が強くなっている。これはある段階までは旧来の不平等の下で、支配されていた人々が政治的参加によって平等を獲得するという機能を果たしたであろう。しかし、それがある限界を超えると、人々に平等な参加を強いるようになり、過剰な参加は体制への包摂を意味するようになったのである。

三　有賀喜左衛門の家理論

有賀は後に、敗戦という大きな経験によって、家というもののあり方を考える際に、政治という要素がとても重要であることに気づかされたと述べている。だが、そうだからといって、有賀の家理論が戦前には政治と無関係なものとして形成されていたかというと、それは別である。

確かに有賀の議論において、家は政治とは別なものとして捉えられている。有賀は統治権力およびその作用のことを「公法的」と呼び、家は公法的なものから区別して考えられているのだが、それは全くの無干渉・無関係という意味ではない。有賀は家を形成する社会関係の中核として親方子方関係を重視しているが、その成立の端緒として有賀が考えていたのは、公領を押領して私領とすることであった。すなわち、家は「公法的」なものとの対抗によって生み出されたというのである。

こうした公法的＝政治的なものとの対抗は、家の役割として有賀が何を重視していたのかにも明らかになっている。親方子方関係において有賀が重視するのは一方で、親方による子方の支配であり、他方でそれに応ずる親方による子方の庇護である。親方は家の成員を守る義務があったのである。その場合に、家成員を何から守るのかということについて、有賀は立地や気候、天災などの自然的な条件とならんで、政治（統治権力）の苛斂誅求などの社会的要素を挙げている。すなわち、政治が災厄として捉えられる一方で、家はそうした災厄から人々を守るものとして、政治に対抗するものと考えられていたのである。

有賀による家と政治との対抗関係という理解は、戦前の現実の政治に対する抵抗としても姿を現している。鈴木が経済更生運動に積極的に関与して行ったのに対して、有賀はそうした中央からの農村統制に対して真っ向から反対していた。そしてその反対の根拠は有賀自身の家と同族の理論によるものであった。

経済更生運動がさらなる集中を求めて皇国農村確立運動へと展開し、全ての農業関連団体が農業会へと統合されるために、廃止となる前の最後の産業組合中央会の研究会において、有賀は当時の政府主体の農村改革に対して、徹底的な反対意見を述べた。すなわち、日本農村の発展は、日本民族の特質としての同族団体によるのでなければあり得ない。同族団体を基礎におかない改革は内紛を招くばかりで決して成功しないというのである。

有賀の理解する家とは直接的に統治権力と関わるものではないのだが、家に属する人々を自然災害や政治権力の荒波から守るための防波堤として捉えられている限りにおいて、決して政治と無縁のものではなく、むしろ政治と深い関係を持つものだったのである。

このように見てくると、第一の問いに対する答えは「否」である。戦前の家理論は決して「非政治的」ではなかった。

② 戦前の家理論を「非政治的」なものとする理解は、いつ、どのようにして生まれたのか

本来、政治と密接な関係を持っていた戦前の家理論が、「非政治的」なものとして理解されるようになったのは、それぞれの議論を展開していた論者たちの直接の弟子にあたる世代によってであった。

喜多野清一と中野卓は戦後に、それぞれ自らの議論を展開する上で、戸田の小家族論に強く依拠した。喜多野は自らの議論の土台とするために、中野は反対に自らの主張を行うための批判の対象として。

喜多野は一九五一年に発表した「同族組織と封建遺制」において初めて戸田の小家族論に言及し、自らの議論の骨組みを作って以来、積極的に戸田理論の解説や擁護を行うようになった。他方で中野は家成員に非親族の者を含むべきかどうかという視点から、一貫して戸田理論を批判するようになった。だが、戸田の理論を『家族構成』を頂点とする小家族論として評価するという点においては両者の理解に異なるところはなかったのである。

こうした理解が広く学会に共有されるようになるのに大きな力を与えたのが、著名な有賀・喜多野論争である。そもそもこの論争の発端が戸田の小家族論をどのように評価するのかという点から始まったということから、論争を捉える視角が戸田理論をどう理解するのかということに大きく影響を受けることになった。

すなわち、喜多野は、戸田が主張した家族本質論としての、近しい親族の間の感情的融合こそが重要であり、だからこそ、家成員には原則として非親族の者は含まないと有賀を批判したのに対して、有賀は家業の経営という側面から非親族が家に含まれるのは当然であると反論したと、受け止められたのである。この受け止め方が間違っているというわけではないが、論争に含まれていたその他の重要な論点、たとえば、家を捉える場合に家内部の要素に限定するべきなのか、それとも家を取り囲む歴史や政治などの要素をこそ重視すべきなのかという対立などは、論争を見る視角から外されてしまったのである。

家をめぐる議論には、大きくこの二系統の考え方、すなわち、家成員を近しい親族に限るとしながら、家の成員の結合の本質を感情的融合に求める喜多野派と、家成員に非親族のものを含むことをいとわず、家は家業経営を軸として成り立っているとする有賀派の二つがあるのだという理解が形成されることになった。

こうした捉え方は、戸田理論の理解にも大きな影響を与えることになった。すなわち、上記の理解においては、戸田の家族理論における本質論と構成論のみが問題とされていて、その機能論や制度論は問題とされていないからである。このような戸田理解は、論争の出発点にあった有賀の戸田理論の要約を中野が作っていたということによって、出発点から家理論第二世代の中野の影響が強い。さらに、この論争の後で、喜多野と中野がそれぞれ戸田理論について、こうした本質論と構成論という『家族構成』の内容にのみよる叙述を行ったために、戸田理論を狭く捉え、その政治性を見失った理解が強化されたのである。

鈴木榮太郎の家理論は、長らく、その観念性を最大の特徴として受け止められてきた。鈴木の理論の観念性は、当然のこととして同時代のその他の論者の家の捉え方、なかんずく戸田の集団としての家と対置されてきた。そのことは、決して全面的に間違っているというようなものではない。しかし、戸田の理論における制度的な議論を切り落とした上で、鈴木の議論と対照されていることにも明らかなように、理解が一面的であることは否めないだろう。

鈴木の議論の評価に論点をしぼってみた場合においても、その捉え方には偏りがあったと言わざるを得ない。鈴木の議論の成り立ちや前提としている社会像、あるいは政治観を見ようとしないがために、鈴木の家理論の観念性が持つリゴリズムを見失って、「……直系家族は家族のだれに対しても天国で」ある[952]などとする評価まで生まれてしまったのである。

鈴木の理論のこのような受け止め方の形成に影響した最大の議論の一つが喜多野清一のものである。喜多野は鈴木の没後、鈴木の家理論を対象とした論文を二つ書いている[953]。そしてその第一のものは、鈴木榮太郎著作集の第二巻の『日本農村社会学原理 下巻』の解説として収められたために、学会により一層大きな影響を与えたと思われる。

喜多野は、鈴木の家理論の特徴を家と家族との「両極分解的論理」と呼ぶ。鈴木は欧米に見られる家族に対する日本の家の独自性を強調するあまり、家族を集団性によって、家を制度的・観念的性格によってのみ理解して、家の持つ集団性を見失ってしまったと言うのである[954]。

喜多野の議論の特徴は鈴木理論の特徴をもっぱら理論の中で語り、議論の背景にある実践的意図については全く考慮していないところにある。鈴木が戸田が集団として家族を捉えることを批判し、家や村に存在する「統合性」を精神や規範と呼ぶことに込められた、平等を獲得するための政治参加への切迫感については一顧だにされることはない。鈴木の議論はあくまで家についての理論の内部で問題にされるにすぎない。

こうした観点を受け継いだ後の学説史は、鈴木の家理論の観念性を、集団に基礎を置く一般の家・家族論に対して、「特異なもの」としてのみ理解することになったのである。

有賀喜左衞門の家理論が戦前の議論をも含めて「非政治的」であると理解されるようになった一つの大きな原因は、有賀・喜多野論争によってであると思われる。この論争はその出発点が戸田の小家族論をどのように評価するのかということであったために、「非親族成員を家の固有の成員とするのかどうか」が、論争のテーマであるとされるようになった。さらには、その問いに対する有賀と喜多野両者の答えの相違を生み出したのが、家を経営体と見るか、それとも親族と見るのかの違いであるという、二人の理論の違いを矮小化するような理解が形成されてしまったのである。

喜多野やその影響を強く受けた人類学からの家研究は、非親族成員を家の固有の成員とする有賀の議論を厳しく批判したが、これに真正面から答えていったのは、有賀本人よりもむしろ中野卓であった。だが、この構図にすでに有賀がその後の世代から理解され得ないことの原因が含まれていた。すなわち、第一に有賀を批判した喜多野や光吉らの議論が、有賀の議論の、もしかしたら本質的ではない一部を捉えていただけなのかもしれないし、どうしてそのような部分を捉えるのかということは、有賀の議論の文脈にではなく、批判する側の理論の持つ必然性によっていたからである。第二にそうした批判に答えた中野の議論は批判者たちによって作られた議論の土俵の上で展開される、中野自身の議論なのであり、それは決して有賀の議論そのものではなかったからである。

952 米村昭二「家族研究の動向」『社会学評論』第二八巻二号、一九七七年、三七ページ。
953 喜多野清一「鈴木農村社会学における村と家」『鈴木榮太郎著作集 第二巻』一九六八年、同「鈴木榮太郎博士の家族論――日本の家と家族 その二」武田良三博士古希記念論文集『近代社会と社会学』一九七一年。
954 喜多野清一、同論文、七二五ページ以下。

このようにして、有賀の議論は有賀・喜多野論争というフィルタを通ることによって、非親族成員を家の固有の成員と認めるのか、それとも「擬制」として認めるにすぎないのかという、親族論のフィルタを通じての議論とされてしまったのである。中野は有賀および自身の議論を非親族論という形で親族論によって規定してしまったのだ。

以上見て来たように、「戦前の家理論を「非政治的」であるとする観方」は、戦後、一九六〇年代頃に、「非政治的」であるとされた当の論者である、戸田、鈴木、有賀の直接の弟子にあたる学者たちによって形成されたのである。

3 社会学における家理論が、戦後のものばかりでなく、戦前に展開されたものもまた非政治的であったという学説史的理解が形成されるのに大きな影響を与えた要因としては何が考えられるのか

一 敗戦と戦後改革——学説と社会の変貌

敗戦によって、日本社会は大きく変わったが、戦前に形成された家理論がそれに応じて全く新たに姿を変えたというわけではなかった。戸田の理論の枠組みは戦後に発表されたものと、戦前のそれとの間に大きな違いは存在しない。鈴木は戦後にあまり家には言及しなくなるが、それらにおいても、自らの議論に何からの訂正や変更を加えたわけではない。[955] 有賀は敗戦という出来事が自らの理論を深めるきっかけになったとは語っているが、そこに見られるのは理論の深化ではあっても、何らかの断絶ではない。憲法は変わっても、学説は変わらなかっ

たのである。

　大きく変わったのは社会の方であった。戸田の議論は、時代の要請に対応しやすい、柔軟な判断を生み出すことのできるように成り立っているのだが、そのことは戦争中の翼賛的な発言を生むとともに、戦後の新しい国のあり方にも対応することが可能であった。なかんずく、国民が被支配者であるとともに、支配者でもある国民主権制は、変化する時代に戸田理論が適合することに大いに資することとなった。

　鈴木の追い求めた公民の平等は、敗戦後の数年の間に法規上は実現された。日本国憲法に両性の平等が謳われ、家族成員の平等が規定された。民法親族編の改正により家が法的裏付けを失ったとともに、相続法においては鈴木が『日本農村社會學原理』で主張した相続人の平等が実現された。他方で、農村においては農地改革により事実上も平等が実現されようとしていた。戦前期に顕著になり始めていた地主支配の没落は誰の目にも明らかになり、農村においても古くからの有力者の権力は弛緩し、民主化が進行した。

　民主化の進展にともない、過去のいさましい翼賛的言辞が忘れられる一方で、家をめぐる議論において争われた、その争いの基盤としての平等への願いや、その願いの実現にかかる焦燥感もまた、平等の実現によって忘れられることとなった。そのため、議論がもっぱら理論内部のこととされることに対して、大きな違和感が抱かれることもなかったのである。

　戦前の理論を受け止めるための文脈自体が大きく変化している中で、彼ら家理論の第一世代に「ついての」議論を行う第二世代が登場することとなった。

955　戦後の「農村社会研究ノート」には、『日本農村社會學原理』の叙述に対する自負が記されているのみである（鈴木榮太郎『鈴木榮太郎著作集 Ⅳ』一九七〇年）。

③ 社会学における家理論が、戦後のものばかりでなく、戦前に展開されたものもまた非政治的であったという学説史的理解が形成されるのに大きな影響を与えた要因としては何が考えられるの

二　第二世代家理論と政治

前節で述べたように、戦前の家理論が「非政治的」であるという理解が生まれたのは、戦後、喜多野や中野らの家理論第二世代による議論によってであった。その際に、第二世代の議論を見て明らかになったことは、第一世代の理論が「非政治的」であるとする評価には、彼ら第二世代自身が家をどのように捉えているのかということが関係している、そのあり方であった。そこで、以下に簡単に第二世代の議論の代表として喜多野と中野の家理論を振り返ってみよう。

喜多野清一もまた鈴木にならって、平等を重視した。より具体的には親方子方関係などの支配関係に喜多野は戦前の段階から反対しており、戦後も日本社会の改革の流れに棹さして、戦後社会に残された事実上の支配関係を除去することを目指したのである。平等な社会の実現という、その理想の方向性において、喜多野は鈴木と共通していた。だが、喜多野の場合は平等の実現にあたって、鈴木のように政治的参加を要請することはなかった。そのかわりに喜多野が期待したものが経済的条件の改善であった。端的に言うと豊かになることによって平等が実現すると喜多野は考えたのである。

言うなれば喜多野の経済主義は、鈴木のように農村の伝統的な精神や規範や、そもそも農村の統合を維持していこうという意識が欠けていて、それよりも新たにできる施設（商業センターなど）によって、人々の生活を向上させていくことを重視したのである。もちろん、喜多野は生活の向上の後に形成されるはずの、文化の豊かさを目指したのであるが、その経済主義は、戦後日本において文化の豊かさまで到達したかどうかは別として、生活の向上の段階までは実現されることになった。

他方で喜多野の議論は、戦後の日本社会が歴史を失って行くことに理論的支柱を与えた。家は戦前の日本においては、日本独自の存在であるとされることにより、その歴史を背負ったものであった。ところが、喜多野は家と同族を単なる親族関係として理解し、そこに歴史が入り込む余地を塞いだのである。喜多野は平等な社会の実現を望んでいたが、それは具体的には戦後社会の様々な部分に残された経済外的な支配関係の除去を目指すものであった。当時の多くの論客はその際に、そうした支配関係、いわゆる親分子分関係と同族組織とを同一視していた。喜多野はその優れた調査能力を活かして、必ずしも同族組織は親分子分関係と一致するものではないことを明らかにした。その上で、喜多野は支配関係とは無縁な同族関係のあり方を明らかにすることに力を注いだのである。

同族関係を具体的な支配の関係とは独立のものとすることは、戦後の怒涛のような改革の波から同族関係、ひいては家というものを守ることを意味した。その過程で喜多野は、支配の持つ具体的な歴史的関係を家と同族から排除する理論化を行い、家と同族を親族関係と理解する道を開いた。こうして家とは、具体的な歴史を捨象して、ただ続いているということを価値とするものとして理解された。

喜多野はこうした自らの議論を方法的には、家や家族を捉える場合に、その外部に存在する要素を度外視し、内部にあるもののみで考察するということを主張したのである。そのような視角からは、政治的なものは最初から議論の俎上に乗らないのである。

中野は有賀にならって、家の内部の関係を支配と呼ぶこともあるが、自分の言葉で語る場合には「階統的」という言葉を使うことが多く、支配というよりもむしろ、役割に応じた指示系統というニュアンスが強い。

中野は平等ということを正面から論ずることはないが、人と人との関係を捉える場合には、支配ではなく、

③ 社会学における家理論が、戦後のものばかりでなく、戦前に展開されたものもまた非政治的であったという学説史的理解が形成されるのに大きな影響を与えた要因としては何が考えられるの

むしろ戸田のような精神的融合を基軸としていた。それは中野が捉える家のあり方に明確に表れている。『商家同族団の研究』は、近世後期に生まれた家と同族の原型を明らかにし、それが以後の時代の変化に応じて、どのように変貌していったのかを描くことを目的として書かれたものである。そこで中野が描いている原型としての家の本質は、主家家族と奉公人との血縁を超えた「運命共同」の心と心のふれあいであった。戸田の家族が、成員同士の精神的融合に基づいて結合していて、その限界が近しい近縁の者に限られるのと同じように、中野の家は成員の対面的接触による心と心のふれあいによって結合していて、対面的接触の限界をなす地域的近接を限界としていたと言えるだろう。

そういう意味で中野の家は、精神的なつながりを軸とする戸田の家族を、非血縁者を含む分だけ、拡大したものだとも言えるのである。

このような視角をもって家を捉えている中野にとって、戸田との違いは、まさに家成員としてどこまでを含むのかということであった。それゆえ、中野にとって批判されるべき戸田理論とは、家成員を血縁の近しい親族に置くという『家族構成』の議論に限られてしまうことになったのである。

家の本質を精神的な結合におく中野の考え方は、他方で有賀の議論に含まれる「政治的」要素、すなわち親方のリーダーシップを捉えそこなってしまう。親方子方関係を、運命共同による心と心のふれあいと解釈する中野は、そもそも親方の支配とリーダーシップという問題にたどり着くことがない。このことは家や社会の自律という問題を考える際に、再び有賀の議論との決定的な違いをもたらすことになる。

上位の権力の末端としての立場と、自らに従う家成員たちの生活を保障すべき立場との矛盾した二重性をかかえる親方たち（例えば、村名主）について、有賀は彼らが上位権力に抗して獲得するのが、自律的領域としての「家の自治」であることを述べるのに対して、中野はレベルの異なる複数の権力の間に生じる自律の可能性を、そのまま自律した領域として受け取り、その中身がどうであるのかには関心を示すものの、そうした領域を作り出す行為、親方のリーダーシップには触れることがないのである。

三　経済発展と家庭生活――有賀を理解しない時代

喜多野や中野という第二世代の家理論家たちの議論が成熟し、彼らの議論によって、戦前の第一世代の議論が「非政治的」であるとされるようになった一九六〇年代から七〇年代にかけて、日本では政治とは利権の分配争いであると捉えられ、エコノミック・アニマルと言われるような、政治とは無縁な経済活動が盛んである一方で、一億総中流と言われるような形での平等が実現していた。そこでは、統治としての政治によって作られた、「家庭」と言われるプライベートな親密空間としての「生活」が謳歌されていた。

有賀喜左衛門は、そうした「生活」、一見すると政治から自律しているかのように見える私的な空間を作り出す行為に着目していたのであるが、「生活」の領域がすでに実現されていて、それを所与のものとして享受することに慣れてしまった人々には、そうした有賀の意図は理解することの難しいものであった。

有賀喜左衛門は、若い頃に信州白樺派として活躍していたことからも明らかなように、戸田や鈴木と同じく、第一次大戦後の新しい社会の息吹の中でその理論を形成していた。しかし、二者とは全く異なり、有賀が捉える人と人とのつながりの基軸は、平等や精神的融合にあるのではなく、支配と庇護との関係であった。有賀は人間の生まれながらの平等を認めない。人間には指導する者と指導される者との区別があると考えているのである。それゆえ、有賀は家の内部においても、そこに感情的な融合がないとは言わないが、第一義的に重要なのはオヤによるコの支配であり、その支配は傍系や血縁のない非家族成員にも及ぼされるのである。逆に言えば、実

③ 社会学における家理論が、戦後のものばかりでなく、戦前に展開されたものもまた非政治的であったという学説史的理解が形成されるのに大きな影響を与えた要因としては何が考えられるの

の親子の関係までもが、奉公人に対する支配の原理によって説明されるのだ。

他方で有賀は支配者である親方に、子方保護の義務を課す。有賀の捉える社会において、人々の平等というものは存在しないが、独り立ちできない者たちは、親方の庇護下に入ることによって、その生活を守ってもらえるのであり、そこには人が人であることによる価値を守り認めるという意味でのヒューマニズムが存在したのである。有賀はこうした親方による子方の保護を基軸にして社会を認識して行く。自然災害や社会的な悪条件、さらには政治の苛斂誅求などの外的災厄からその成員を守るための領域が、親方によって形成されるが、それを有賀は家と考えたのである。

親方によって作り、守られるこうした成員保護の領域は、戦後になると政治との関係で理論的により深められて行くことになった。有賀は一方で、家の内部における成員間の規範や義務などを、家を家として成り立たしめるための「家の自治」として認識した。それは、個々人が独立では生きていくことのできない厳しい生活条件のもとで、誰かを頼ることによって生きてゆき、単独ではできないことを連合してそのリーダーの指導に従うことによって克服するという、家の成員の生活を保障するという中心的価値による集団の統合を意味していた。

有賀は、家を取り囲む社会的条件の一つとしての、外部の権力に対する家の関係を公《おほやけ》と私《わたくし》の入れ子の構造によって認識した。すなわち、家は私《わたくし》の領域として上位の権力＝公《おほやけ》に対するのであるが、この公《おほやけ》はもう一つ上のレベルにおいては、上位の公《おほやけ》に仕える私《わたくし》となりる。ここに新たに登場した公《おほやけ》も、そのまた一つ上のレベルにおいては、より上位の公《おほやけ》に使える私《わたくし》となり、この公《おほやけ》と私《わたくし》の入れ子の連鎖は、上は天皇にまでつながって行くというのである。このように日本社会の権力構造を捉えることにより、有賀の家理論は日本社会論となった。

こうした公《おほやけ》と私《わたくし》の入れ子の構造という理論を構築した有賀は、一方では上位の権力に対する下位の私《わたくし》の従属を認め、決して私《わたくし》の領域の自律を主張することはなかった。むしろ、家に対する上位権力の様々な規定性を見失ってはならないと述べるのであった。他方で有賀は、そのような上位権力の規定性のもとにおいても、成員の生活保障という私《わたくし》の領域、一種の自律した非政治的領域をそれぞれのレベルの親方が作り出すことの意義を述べていた。上位の政治の支配からの自律性は所与のものとしては存在することはない。それは、常にそうした領域を作り出す親方の行為、リーダーシップによって生み出されるものとしてのみ存在し得たのであるというのが有賀の政治観なのであった。

一九七〇年代に至り、喜多野らのように、社会から歴史を排除した非政治的なものの見方が定着する一方で、中野はまた政治とは区別された領域としての社会における非政治的な歴史を語っていくことにより、有賀のように、自律した社会を成り立たしめる作為をテーマとして考える見方が失われていったのである。

以上、一九六〇年代後半から一九七〇年代にかけて、一方では喜多野が政治的・歴史的要素を排除する家理論を形成するとともに、中野は喜多野に対抗しながらも、喜多野によって政治的・歴史的要素が排除された場を「生活」で埋める理論を形作っていた。そこには戦前に戸田が展開したような、素朴に政治に追従してしまうような議論もなければ、鈴木のように積極的に政治に参加する議論も見られなかった。また、有賀のように権力の圧力から自律した領域を作り出すという意味での政治の領域も顧みられることはなかった。そして、こうした理論を色眼鏡として、過去の議論を振り返ることが行われるようになったのである。

結語　昭和の終わりと非政治的な家理論の終わり

ここで最後に、もともと「政治的」であった、戦前の家理論が「非政治的」であるとされた、そのメカニズムについてまとめておきたい。

③社会学における家理論が、戦後のものばかりでなく、戦前に展開されたものもまた非政治的であったという学説史的理解が形成されるのに大きな影響を与えた要因としては何が考えられるの

第一に、それぞれの議論の性質がある。戦前の家理論と一口に言っても、戸田、鈴木、有賀のそれぞれの議論にはそれぞれの特色があり、政治との関係も決して同じではない。戸田の議論は、社会の変化に適合しやすく、国家や民族のあり方が変化すれば、それに応じることができるようになっている。そのため、非政治的な戦後の社会に適応したのだと言えよう。鈴木の直接的に政治的な議論は、著作集の編集の仕方にも大きく影響を受けているが、広く捉えれば、戦前の発言から目をそむけ、忘れてしまうという戦後社会のあり方の一貫として、その政治性が忘れられたのだとも言えよう。有賀の政治性は、その理論の内容が戦後社会がある意味で自明視している前提を問うものだったがゆえに、理解されがたく、誤解されやすかったと言えよう。

このように見てきたとき、それぞれの論者の議論の特色だけでなく、それらの特色が戦後という時代との組み合わせによって、それぞれの政治性が見失われたとみることができる。戸田の理論の融通性は、戸田理論の特色であるが、それが戦後の非政治的な社会の中で、「非政治的」な議論という姿を取ったのである。また、鈴木理論に込められた平等への願いは、戦後社会で平等が実現されたがゆえに、気づかれなくなってしまったのである。

すなわち、戦後という時代、その社会のあり方が、家理論の第一世代の議論を「非政治的」とすることに大きく影響しているのである。これが第二に指摘しうることである。

そして第三に、こうした個々の論者の議論の特色とそれを受け止める戦後という時代の組み合わせに対して、触媒として働いたのが、喜多野や中野ら第二世代の論者たちの議論である。彼らの、それ自体が「非政治的」な家の捉え方からした学説史の理解が、第一世代の議論を「非政治的」であるとする観方を形成し、固定化したのである。

そして彼ら第二世代の議論そのものが、戦後の経済優先の、政治色の薄い消費社会の深まりの中で形成されたことを考え合わせると、戦後という時代は、戦前の家理論を「非政治的」であるとすることに、二重に大きな影響を与えているのである。

昭和の六十余年間に形成された家理論は、一種の古典となって、その後の議論を支配するようになった。とりわけその最後をしめくくった喜多野と中野の議論によって作り出された、議論を整理するその観方がその後約二十年間を支配した。[956]

しかし、昭和も最後の頃になると、家族社会学の中にも、従来の非政治的な見方を覆すような研究が現れた。だが、こうした家族社会学の「政治の覚醒」にもかかわらず、旧時の議論を新たな文脈において見直してみるということは、まだ十分には行われていない。ようやく、二〇一四年の米村千代の『「家」を読む』において、家理論を家や家族という狭い枠組みの中ではなく、広く「社会の中で」読むことが始められたばかりである。[957]

956 喜多野や中野の影響を見事にまで受けている例として富永健一の有賀に関する次の叙述を参照のこと。富永曰く、「有賀は、……日本の家族の原型は伝統的な「家」とその連合体としての「同族」からなる大家族に求められると主張して、戸田の小家族論に挑戦した。しかし有賀のこの挑戦に対しては、戸田門下の喜多野清一がこれを受けて立ち、……日本の「家」は核家族を世代間でつないだものとしての直系家族であり、夫婦と親子の親密な感情的融合を求める核家族の求心力が中心になっているという点で基本的に小家族であると主張して、有賀に対する透徹した反批判を展開した」と。（富永健一『戦後日本の社会学』二〇〇四年、一〇八ページ）有賀の議論に含まれる弱者の庇護という「生活保障」や、家の成員を守るための抵抗としての政治の側面、そうした家の自治の領域を生み出す親方のリーダーシップなどは一顧だにされない。そのような社会学史像を描く富永はリベラル社会学を推進した者として、資本主義の自由市場制度と、民主主義の自由投票制度に対応する諸制度を自ら理論化してきたのだと言う。（富永健一、同書、一七九ページ）富永にとって、政治とは「選挙」に過ぎなかったのであろうが、それは戦後政治が歴史的な偶然により、「統治」の問題に関わらないでもすんでいたということと、附合している。

本書は、こうした新しい流れに棹さしながら、家理論が前提としている社会像を明らかにして、それぞれの理論の持つ政治観を示すことを目指してきた。しかし、以下のような限界を持っていることも事実である。

第一に、昭和の家理論の前提となっている、歴史的な意識の問題である。戸田の議論に明らかになった、上からの支配への無抵抗性が、戸田個人の特殊な問題なのか、それともある伝統的な意識の一つの表れなのかを明らかにするためにも、近世における家や社会の認識の仕方、それが明治維新でどのように変貌して昭和の意識を規定したのかを、詳細に辿り直す必要があるだろう。

第二に、戦後の社会像を明らかにする上で、家理論の対岸に位置した核家族論を位置付け直すことである。戸田の議論の受容のあり方を検討し、親族構造論としての家理論の意味について考えたことを、より多面的に展開し、より豊かな戦後の社会像を獲得するためには、この作業は欠かせないものであると思われるが、本論文ではそこまで触れることができなかった。

第三に、家族社会学の政治的覚醒をもたらした議論についても、その社会像と政治観を明らかにすべきではないかということである。しかし、昭和の終わりから平成にかけて生まれた新しい家族社会学の政治的な議論が、どのような社会像と政治観に基づいていたのかを明らかにするためには、もう少し時間をおいて、平成が歴史的対象になるまで待つ必要があるのかもしれない。

957　米村千代『「家」を読む』二〇一四年。そのほかに最近の新しい流れとして、本多真隆や石黒史郎の業績を挙げることができよう。

あとがき

本書は二〇一六年十二月に東京大学人文社会研究科に提出した博士論文「日本社会学における家理論の形成と展開――その社会像と政治観」をもとに加筆・訂正したものである。博士論文自体が、二〇〇六年十二月に同研究科に提出した修士論文「社会の想像力――日本社会学における家理論の形成と展開」を発展させたものであるので、修士課程入学から数えてもう十年以上も同じテーマについて考え続けていることになる。

本にするために論文を読み返しながら、この十数年をかけて、自分は一体何を言いたかったのだろうかと自問してみることになった。本書冒頭に三つの問いを提出して、それに答えるという体裁を取っているのだから、言いたいことはそこに尽くされているというのがあるべき姿なのかもしれない。だが、蛇足ながら、少し違う観点からこの十数年の遅い歩みを振り返ってみたい。

もともと、学部時代は法学部で法制史を学んでいたおかげか、鷗外や漱石を読んでも、書かれたものを素直に楽しむというのではなく、早くに西欧の個人や社会のあり方に触れた人間が、日本においては生活の隅々にまで政治や公《おおやけ》が入り込んできて、内面を持った個人や、その個人に立脚した社会が成立しようもないことに感じた苛立ちを見てしまうような、そんな読み方が習い性となってしまっていた。四十を過ぎてから大学に戻ったわけであるが、社会学の議論を読んでも、「政治」にこだわってしまうことが避けられなかった。

そのため、修士論文では、社会学者が家について書いたいくつかの著作・論文を読んで、部外者から見た特徴、社会学者それぞれの議論が政治的な視点を欠いているということを論じたのであるが、表面的な指摘のレベルに留まってしまったように思われる。

その後、より多くの資料を読み込むことにより、社会学者の書き遺したものにのめり込むようになった。

例えば、戸田貞三の議論について言えば、確かにそれは非政治的であると言えるだろうが、それを以って、本来政治的なものだった家の姿を捉えそこなっているという側面にだけ注目するのではなく、そうした捉え方がどのような考え方に支えられているのか、戸田が社会や政治というものにどのように向かっていたのかという点に関心が向かうようになったのである。

そのような読解を積み上げて行く中で、あの戦争に向かって行った人々の、そのうちのごく一部ではあるが、彼らの考えの歩みのようなものに触れることができるのではないかと思うようになった。例えば、戸田の考えをたどって行くと、自らの世界の中で十分に誠実に生きて行くことが、いつの間にか翼賛体制の一翼を担うことになる能吏の姿が、また鈴木榮太郎には、そうしたあり方を横目で見ながら、「もう一歩」先んじることを求めて過剰適応した新興の人々の、体制への参加と包摂の顚末が、である。

そうするとさらに彼ら第一世代に続く喜多野や中野の書いたものを追いかけることにより、戦後という独特の時代、経済は目覚ましく発展しつつも、政治は選挙と利権配分に堕し、優れた思想や文化を生み出すことのなかった、いわば「鉛の時代」のあり方についての見通しが掴めるのではないかと考えた。喜多野の議論からは、具体的な政治的事蹟を除外して、ただ続いていくということにのみ価値をおく歴史意識としての象徴天皇制を、中野卓からは、そうして政治が除外された隙間を「生活」で埋めることに血道をあげる高度経済成長のあり方を、である。

　では、有賀喜左衛門はどうなのか、という疑問をもたれる向きもあろう。「時代を超えた」という評があるが、有賀にこそ、この評は当てはまるだろう。だがそれは、未来を予測し、新たな時代を招来するのに力があったという意味においてではなく、同時代に理解されなかったという意味においてである。戦前においては更生運動や自作農創設運動に反対し、戦後は支配と庇護を理論の中軸として、人間の平等を否定した有賀は、その理論の独自性のゆえに、真に理解されることはなかったと言えるだろう。だが、だからこそ有賀の議論を鏡とすることにより、時代に応じたその後の論者たちの議論の性格を明らかにすることが可能となるのである。

　しかし、それはあくまで、そういう裏テーマを漠然と意識していたという程度のことであり、博士論文執筆の際には、冒頭の三つの課題に関連させて、どのように叙述を進めるのかということだけを考えていたにすぎない。

　出版ということになり、改めて自分の書いているものを見直していた時に、編集者の中村憲生氏が、読む人のことを考えるようにとアドヴァイス下さった。確かにそうである。四〇〇ページにもなろうかというものを、わざわざ時間を使って読んでいただくのである。すこしでも読みやすくしなくてはいけない。

　どうすれば読みやすくなるのか。四苦八苦している際に、博士論文をお読みいただいた日本政治思想史の渡辺浩先生から「社会学の政治思想史」という評をいただいた。なるほど、自分が漠然と考えていたことはこのことだったのだと、加筆・修正の方針を決定し、いくらか悪あがきをした結果が本書である。

　最初から昭和の政治思想史を描こうと考えて、それにふさわしい対象として選んだわけではなかったのであるが、このような裏テーマからすると、本書で社会学の家理論を分析の対象としたのは、とても良かったのではないかと思う。政治思想だからと言って、政治学者や公法学者を対象としても、このようにはいかなかっただろう。とりわけ、戦後の思想のあり方について、こうした学問は難しいだろうと思われる。なぜかと言うと、学問にはふさわしい時代があるからである。国家学が十九世紀のプロイセン・ドイツにふさわしいように、二十世紀には社会学がふさわしい。戸田が述べたように、この時代は、単なる経済的な条件に加えての、もう一声の上乗せとしての「生きがい」を必要とする時代である。衣食足りて、基本的には飢えから自由になった時代には生産よりは消費が必要である。法学や政治学は生産の時代にふさわしく、消費の時代には社会学こそがふさわしい。

だがこのような意図があったのだということを「あとがき」で述べても後の祭りである。意図は実現されなければ何の意味もない。本文を読んでいただいて、ご評価いただくよりほかはない。

内容の拙さは筆者の浅学菲才のゆえであるが、本書のようなものでも書き上げることができたのは、様々な方々からいただいた学恩の故である。学部生の時に本の読み方を教えていただいた石井紫郎先生、修士論文のテーマ変更をご示唆いただいた盛山和夫先生、指導教官の枠を超えて、時に編集者の役割まで買って出て導いて下さった赤川学先生には特に感謝したい。

弘文堂の中村憲生氏からは良い本を作るのに何が必要かを教えていただいた。この本の出来がまだまだであれば、それは筆者が中村氏の教えを十分に実行できていないせいである。

最後に、大学院入学から博士論文提出まで、様々に支援いただいた勤務先の株式会社金融エンジニアリング・グループのみなさまに感謝したい。勤務時間中に、机の上に古文書や外国語文献を広げていても、一言の文句を言わない自由な雰囲気を作られた、創業者の中林三平氏には感謝してもしきれない。本書の出版と前後して退社する身であるが、皆様のご多幸をお祈りする次第である。

なお、本書は平成二九年度東京大学学術成果刊行助成を受けて刊行されたものである。

二〇一八年五月

斉藤　史朗

――――「家族社会学における家族史・社会史研究」『家族社会学研究』第 23 巻 第 2 号 2011 年　東京　家族社会学セミナー
――――『「家」を読む』2014 年 東京　弘文堂

Z

Zweig;Stefan, "Joseph Fouché" 1981 Frankfurt am Main S.Fischer

上野千鶴子　『ナショナリズムとジェンダー』1998 年 東京　青土社
内田隆三　「ソフトな管理の変容――家庭の生成と臨界点」
　『岩波講座・社会科学の方法Ⅷ システムと環境世界』1993 年 東京　岩波書店

W

我妻栄　『親族法・相續法講義案』1938 東京　岩波書店
―――　『家の制度 その倫理と法理』1948 東京　酣燈社
―――　『民法研究 VIII 憲法と私法』1970 年 東京　岩波書店
和田宗樹　「オオヤケとワタクシの階層的相互転換――日本の社会関係の特質」『哲学』116 集
　2006 年　東京　慶応義塾大学
渡辺秀樹　「多様性の時代と家族社会学――多様性をめぐる概念の再検討」『家族社会学研究』
　第 25 巻 第 2 号 2013 年 東京　家族社会学セミナー
渡辺祥子　『近世大阪 薬種の取引構造と社会集団』2006 年 大阪　清文堂出版
渡辺浩　『東アジアの王権と思想』1997 年 東京　東京大学出版会
―――　「「夫婦有別」と「夫婦相和シ」」『中国――社会と文化』第十五号 2000 年 東京
　中国社会文化学会
―――　「徳川日本における「性」と権力」『政治思想研究』第一号 2001 年 東京　政治思想学会
―――　「『おほやけ』『わたくし』の語義：『公』『私』“Public” “Private” との比較において」
　佐々木毅他編『公と私の思想史（公共哲学）』2001 年 東京　東京大学出版会
―――　『日本政治思想史』2010 年 東京　東京大学出版会
Weber; Max , “Wirtschaft und Gesellschaft Die Stadt Max Weber Gesamt Ausgabe Ⅰ /22-5”
　1999 Tübingen J.C.B.Mohr
――――――, ‘Hausgemeinschaften’ in “Wirtschaft und Gesellschaft Gemeinschaftten Max Weber
　Gesamt Ausgabe I /22-1” 2001 Tübingen J.C.B.Mohr
――――――, “Wirtschaft und Gesellschaft Herrschaft Max Weber Gesamt Ausgabe Ⅰ /22-4”
　2005
　Tübingen J.C.B.Mohr
――――――, “Wirtschaft und Gesellschaft Soziologie Max Weber Gesamt Ausgabe Ⅰ /23” 2013
　Tübingen J.C.B.Mohr

Y

柳田國男　「聟入考」『三宅博士古希祝賀記念論文集』1929 年 東京　岡書院
柳田國男編　『山村生活の研究』1937 年 東京　民間伝承の会
山之内靖　「ウェーバー都市論の方法的視座」高橋幸八郎・安藤良雄・近藤晃編『市民社会の経済構造』
　1972 年 東京　有斐閣
山室周平　「戸田貞三の家族学説――初期における家族史の研究を中心に」『家族史研究 4』
　1981 年 東京　大月書店
山本起世子　「民法改正にみる家族制度の変化」『園田学園女子大学論文集』第 47 号
　2013 年 兵庫　園田学園女子大学
好本照子・福田はぎの　『家政学概論』1990 年 東京　朝倉書店
米村昭二　「家族研究の動向」『社会学評論』110 号 1997 年 東京　日本社会学会
米村千代　『「家」の存続戦略――歴史社会学的考察』1999 年 東京　勁草書房

――――　「家族」『倫理学』第八冊 1941 年 東京　岩波書店
――――　「我が國の家族と家族制度」『家庭教育指導叢書』第四輯 1942 年 東京
　文部省社會教育局
――――　『家の道』1942 年 東京　中文館書店
――――　「家族の機能と子供の扶養との關係」『民族科学研究』第一輯 1943 年 東京　朝倉書店
――――　「家族社會學」『日本國家科學体系』第二巻「哲學及社會學」1944 年 東京　実業之日本社
――――　『家と家族制度』1944 年　東京　羽田書店
――――　「社會調査の方法と技術」『與論調査』1946 年 東京　時事通信社
――――　「古代の住居趾と家族の大きさ」『社會科學評論』第一・二集合併号 1948 年 東京
　関書院
――――　「社會調査」民族文化調査會編『社會調査の理論と実際』1948 年 東京　青山書院
――――　「建部先生の思い出」『社會學研究』第二巻一集 1948 年 東京　国立書院
――――　『家族と社會』1948 年 東京　印刷局
――――　「家族の構成と機能」田邊壽利編『社会学体系 家族』1948 年 東京　国立書院
――――　「社會教育法と民間社會教育團体」『社會と教育』第四巻八号 1949 年 東京
　社會教育研究會
――――　「社會的矛盾と反社會的行為」『月刊刑政』第六一巻二号 1950 年 東京　刑務協会
――――　「社會教育の隘路」『社會と教育』第五巻三号 1950 年 東京　社會教育研究會
――――　『家庭生活』1950 年 東京　六三書院
――――　『家族制度』1950 年 東京　三省堂
――――　『社會學概論』1952 年 東京　有斐閣
――――　「學究生活の思い出」『思想』第三五三号 1953 年 東京　岩波書店
戸田貞三監修　『高校社会科概説』1952 年　東京　日本出版協同
戸田貞三・甲田和衛　『社會調査の方法』1949 年 東京　学生書房
戸田貞三編　『社會學研究の栞』1949 年 東京　中文館書店
戸田貞三・鈴木榮太郎監輯　『家族と村落』第一輯 1939 年 東京　日光書院
――――――――――――　『家族と村落』第二輯 1942 年 東京　日光書院
戸田貞三　『戸田貞三著作集』第一巻～第十五巻 1993 年　東京　大空社
富永健一　「鈴木栄太郎の社会学理論」『現代社会学研究』第二号 1989 年 北海道　北海道社会学会
――――　『日本の近代化と社会変動』1990 年 東京　講談社
――――　『社会学講義』1995 年 東京　中央公論社
――――　『近代化の理論』1996 年 東京　講談社
――――　『社会変動の中の福祉国家』2001 年 東京　中央公論社
――――　『戦後日本の社会学』2004 年 東京　東京大学出版会
鳥越皓之　「有賀理論における生活把握の方法」『トカラ列島社会の研究』1982 年 東京
　御茶ノ水書房
利谷信義　『家族と国家』1986 年 東京　東京大学出版会

U

上野千鶴子　『家父長制と資本制』1990 年 東京
――――　「日本型近代家族の成立」『近代家族の成立と終焉』1994 年 東京　岩波書店
――――　「ポスト冷戦と「日本版歴史修正主義」」日本の戦争責任資料センター編
　『シンポジウム　ナショナリズムと「慰安婦」問題』1998 年

戸田貞三　「昭和三年社會學界」『經濟往来』第三巻一二号 1928 年 東京　日本評論社
――――　「臺灣の人と社會」『社會學雑誌』第六八号 1929 年 東京　日本社會學會
――――　「夫婦本位の結婚」『經濟往来』第五巻四号 1930 年 東京　日本評論社
――――　「家族の集團的特質の變遷過程」『理想』第一九号 1930 年 東京　理想社
――――　「愛郷心と教員生活」『郷土』第五号 1931 年　刀江書院
――――　「都市農村」『季刊 社會學』第一輯 1931 年 東京　天地書房
――――　『社會政策』1931 年 臺北　臺灣社會事業協会
――――　「拡まる文化社會學」『帝國大學新聞』第四一三号 932 年 東京　帝国大学新聞社
――――　「家族の集團的特質」『社會學』第二号 1932 年 東京　森山書店
――――　「社會變動の一局面」『經濟往来』第七巻八号 1932 年 東京　日本評論社
――――　『社會學 岩波講座 哲学』1932 年 東京　岩波書店
――――　『現代中學公民教科書 上・下』1932 年 東京　杏林堂
――――　「社會調査」『岩波講座 教育科学』第一八冊 1933 年 東京　岩波書店
――――　『農村人口問題』1933 年 東京　大日本聯合青年団
――――　「家族制度の改造」『社會政策時報』第一五四号 1933 年 東京　協調會
――――　『社會學講義案 第二部』1933 年 東京　弘文堂
――――　『社會調査』1933 年 東京　時潮社
――――　『家族と婚姻』1934 年 東京　中文館書店
――――　「事実上の婚姻と法律上の婚姻」『家族と婚姻』1934 年 東京　中文館書店
――――　「家族の集團的特質」『家族と婚姻』1934 年 東京　中文館書店
――――　「家族と外部社會」『學校教育』第二六四号 1935 年 福岡　学校教育研究会
――――　「家族の大きさ――東北地方の家族とその他の地方の家族」『社會政策時報』第一七四号 1935 年 東京　協調會
――――　「社會調査概説(一)～(六)(完)」『社會事業』第一八巻一二号～第一九巻六号 1935 年 東京　社會事業研究所
――――　「生計単位としての家族」『中央公論』第五〇巻九号 1935 年 東京　中央公論社
――――　「家族構成と人口」『経済法律論叢』第七巻一号 1936 年 東京　専修大学学会
――――　「家族生活と子供の再認識」『児童』第四巻二号 1936 年 東京　刀江書院
――――　「社會生活」『日本文化講座』第一一輯 1937 年 東京　帝国教育會
――――　「現代我國民の形造つて居る家族の形態に就いて」社會學』第五輯 1937 年 東京　岩波書店
――――　「新要目に於ける家の生活の意味」『公民教育』第七巻七号 1937 年 東京　公民教育研究所
――――　「農村の人口問題」『農村講座（農村問題十講)』1937 年 東京　日本放送協会
――――　『家族構成』1937 年 東京　弘文堂書房
――――　『新制中學公民教科書 上・下』1937 年 東京　中文館書店
――――　「村を離れる人々」『丁酉倫理會倫理講演集』第四二八輯 1938 年 東京　大日本圖書
――――　「村における「まき」の機能」『日本諸學振興委員會研究報告 第二篇（哲学)』1938 年 東京 文部省教学局
――――　「宗門帳に於て觀られる家族構成員」『家族と村落』第一輯 1939 年 東京　日光書院
――――　「公人關係と私人關係」『公民教育』第九巻五号 1939 年 東京　公民教育研究所
――――　「長期建設と婦人」『丁酉倫理會倫理講演集』第四四〇輯 1940 年 東京　大日本圖書
――――　「日本の家族問題講話」『公論』第四巻三号 1941 年 東京　第一公論社
――――　「日本社會學會を中心として」『社會學』第八輯 1941 年 東京　岩波書店

御茶ノ水書房
建部遯吾 『普通社會學第一巻 社會學序説』1905 年 東京　金港堂書籍
――――『現代社會問題研究 第 1 巻 現代社會文明論』1920 年 東京　冬夏社
建部遯吾・戸田貞三 『現代社會問題研究 7 巻 私有財産問題 1922 年 東京　冬夏社
建部遯吾編 『現代社會問題研究 第 24 巻 國家社會觀』1921 年 東京　冬夏社
田原嗣郎 「『仁政』の思想と『御家』の思想」『思想』第六三三号 1977 年 東京　岩波書店
暉峻衆三編 『日本の農業 150 年』2003 年 東京　有斐閣
戸田貞三 「日本に於ける家の制度發達の研究」『日本社會學院年報』第一年第一・二合冊 1913 年 東京　日本社會學院事務所
――――「何故細民が出來るか」『社會と救済』第一巻三号 1917 年 東京　中央慈善協会
――――「生活調査法について」『救済研究』第七巻 6 号 1919 年 東京　救済事業研究会事務所
――――「米國に於いて社會學及社會問題を中等學校の生徒に教授する事に關する從來の経過」『日本社會學院年報』第八年第一・二合冊 1920 年 東京　日本社會學院事務所
――――「跋論」建部遯吾編著『現代社會問題研究 24 巻 國家社會論』1921 年 東京　冬夏社
――――「社会的方面」『日本社會學院年報』第一〇年第三・四合冊 1923 年　東京　日本社會學院事務所
――――「バラック生活の改善事項」『太陽』第二九巻一三号 1923 年 東京　博文館
――――「社會に關する事項」『公民教育講演集』1924 年 東京　実業補習教育研究會
――――「夫婦關係の強さの測定」『社會學雑誌』第一号 1924 年 東京　日本社會學會
――――「親子中心の家族の特質」『思想』第三四号 1924 年 東京　岩波書店
――――「家系尊重の傾向に就て」『丁酉倫理會倫理講演集』第二六三輯 1924 年 東京　大日本圖書
――――「日米兩國に於ける夫婦結合の強さに關する比較」『統計時報』第九号 1924 年 東京　帝国地方行政學會
――――「故外山教授の『神代の女性』に就いて」『社會學雑誌』第九号 1925 年 東京　日本社會學會
――――「家族結合と社会的威圧」『哲學雑誌』第四〇巻四五九号 1925 年 東京　有斐閣
――――「親子の結合に就いて」『社會學雑誌』第一七号 1925 年 東京　日本社會學會
――――「家族的生活者と非家族的生活者」『社會政策時報』第六二号 1925 年　東京　協調會
――――「階級的内婚制に就いて（上・下）」『社會學雑誌』第二一・二二号 1926 年 東京　日本社會學會
――――「家族構成に就いて」『統計時報』第一四号 1926 年 東京　帝国地方行政學會
――――「社會政策と連帯責任」『社會政策時報』第六八号 1926 年 東京　協調會
――――『家族の研究』1926 年 東京　弘文堂書房
――――「家族の特性としての員数限定の傾向」『我等』第九巻一号 1927 年 東京　岩波書店
――――「夫婦結合分解の傾向に就いて（一）（二）（三）」『社會學雑誌』第三三・三四・三五号 1927 年 東京　日本社會學會
――――「閥の社會的特質」『社會學雑誌』第四〇号 1927 年 東京　日本社會學會
――――「一九二七年に於ける日本の社會學界」『經濟往来』第二巻一二号 1927 年 東京　日本評論社
――――「自然の人口と人工の人口」『社會學雑誌』第四五号 1928 年 東京　日本社會學會
――――「自然の人口と人工の人口（承前）」『社會學雑誌』第四七号 1928 年 東京　日本社會學會
――――『社會學講義案 第一部』1928 年 東京　弘文堂
――――「家族」『大思想 エンサイクロペヂャ』第一三冊 1928 年 東京　春秋社

鈴木榮太郎 「血縁に關する二つの方面」『社會學研究』第壹輯 1935 年 東京 良書普及會
―――――― 「社會學より見たる聚落」『地理教育十周年記念 聚落地理学論文集』1935 年 東京 地理教育研究会
―――――― 「日本のむらの分類に就いて」『社會學』第四輯 1936 年 東京 岩波書店
―――――― 「農村社會の性格と農村社會事業」『共榮』第十巻第七号 1937 年 福岡 福岡縣社會事業協會
―――――― 「我が國の農村社會の構造」『農業と經濟』1938 年 京都 昭和堂
―――――― 「氏神の國家性に就いて」『共榮』第十一巻第八号 1938 年 福岡 福岡縣社會事業協會
―――――― 「部落組織と共同作業」『帝國農會報』一一九巻八号 1939 年 東京 帝國農會
―――――― 「農村社會指導原理私見」『共榮』第十二巻第十二号 1939 年 福岡 福岡縣社會事業協會
―――――― 「日本に於ける農村協同體に就いて」『國民思想』第五巻十二号 1939 年 東京 國民思想研究所
―――――― 「農村における勞力交換の慣習」『富民』一一巻一号 1939 年 大阪 富民協会
―――――― 「農村における勞力交換の慣習 (前承)」『富民』一一巻二号 1939 年 大阪 富民協会
―――――― 『日本農村社會學原理』1940 年 東京 時潮社
―――――― 「農村協同體の國家性」『北海道農會報』昭和十五年一月号 1940 年 北海道 北海道農會
―――――― 「農村社會の國家的使命と農村工業」『農村工業』第九巻六号 1942 年 東京 農村工業協會
―――――― 「家族生活の三つの型に就いて」『緑旗』第七巻第六号 1942 年 京城 興亜文化出版
―――――― 「日本家族の特性『緑旗』第八巻第四号 1943 年 京城 興亜文化出版
―――――― 「皇國農家の特性」『農業と經濟』第十一巻第一號 1944 年 東京 農業と経済社
―――――― 「農村」田邊壽利編『社会学体系 都市と農村』1948 年 東京 国立書院
―――――― 『鈴木榮太郎著作集』第一巻 1968 年 東京 未來社
―――――― 『鈴木榮太郎著作集』第二巻 1968 年 東京 未來社
―――――― 『鈴木榮太郎著作集』第六巻 1969 年 東京 未來社
―――――― 『鈴木榮太郎著作集』第四巻 1970 年 東京 未來社
―――――― 『鈴木榮太郎著作集』第三巻 1971 年 東京 未來社
―――――― 『鈴木榮太郎著作集』第五巻 1973 年 東京 未來社
―――――― 『鈴木榮太郎著作集』第八巻 1975 年 東京 未來社
―――――― 『鈴木榮太郎著作集』第七巻 1977 年 東京 未來社
鈴木榮太郎・喜多野清一 『日本農村社會調査法』1948 年 東京 国立書院
―――――――――― 『農村社會調査』1952 年 東京 時潮社

T

竹内利美 「初期研究の出発点――「郷土調査要目・民俗」」柿崎京一・黒崎八州次良・間宏編『有賀喜左衛門研究』1988 年 東京 御茶の水書房
武笠俊一 「有賀社会学の成立と展開」『社会学評論』第 29 巻第 4 号 1979 年 東京 日本社会学会
―――― 「系譜関係と親方子方関係」『社会学評論』第 32 巻第 4 号 1982 年 東京 日本社会学会
―――― 「有賀喜左衛門の『白樺』派時代」『社会学評論』第 37 巻第 3 号 1986 年 東京 日本社会学会
―――― 「実証研究における理論的飛躍について」『村落社会研究』第 11 巻第 1 号 2004 年 東京

萩野美穂　「歴史学における構築主義」上野千鶴子編『構築主義とは何か』2001 年 東京　岩波書店
荻生徂徠　「徂徠擬律書」『赤穂義人纂書補遺』赤穂義人纂書補遺 1912 年 東京　国書刊行会
――――　「政談」巻之四『日本思想体系 36 荻生徂徠』1973 年 東京　岩波書店
大橋薫　「同族並にその類縁概念」『ソシオロジ No.4』1953 年 京都　社会学研究会
大藤修　『近世農民と家・村・国家――生活史・社会史の視座から』1996 年 東京　吉川弘文館
尾高朝雄　『國民主權と天皇制』1947 年 東京　国立書院

R

Riehl; Wilhelm Heinrich, “Die Familie” 1925 Stuttgart J.G. Cotta
――――――――――, “Land und Leute” 1899 Stuttgart J.G. Cotta
――――――――――, “Die bürgerliche Gesellschaft” 1897 Stuttgart J.G. Cotta

S

佐々木衛　「鈴木榮太郎「社会理論」再考」『山口大学文学会志』1981 年 山口　山口大学文学会
Schutz; Alfred, ‘Common-sense and scientific interpretation of human action’ in “*Philosophy and Phenomenological Reserch*” XIV, No.1 1953 New York Universicy of Buffalo
佐藤健二　「家庭文化の歴史社会学にむけて」井上俊・上野千鶴子・大澤真幸・見田宗介・吉見俊哉編『岩波講座現代社会学 19〈家族〉の社会学』1996 年 東京　岩波書店
Schmitt; Carl, “Verfassungslehre” 1928 München und Leibzig Ducker&Humblot
――――――, “Der Begriff des Politischen, Text von 1932 mit einem Vorwort und drei Corollarien” 1963 Berlin Duncker&Humblot
Schwab; Dieter,‘Familie’ in “Geschichtliche Grundbegriffe Bd.3” hsg. von Otto Brunner, Werner Conze, Reinhart Koselleck und Rudolf Walthe 1975 Stuttgart Klett-Cotta
盛山和夫　『制度論の構図』1995 年 東京　創文社
千田由紀　「『家』のメタ社会学：家族社会学における『日本近代』の構築」『思想』898 号 1999 年 東京　岩波書店
――――　「家族社会学の問題構成――『家』概念を中心として」『社会学評論』第 50 巻第 1 号 1999 年 東京　日本社会学会
――――　「構築主義の系譜学」上野千鶴子編『構築主義とは何か 2001 年 東京　勁草書房
――――　『日本型近代家族』2011 年 東京　勁草書房
滋賀秀三　『中国家族法の原理』1967 年 東京　創文社
清水幾太郎　「戸田先生のこと」『清水幾太郎著作集』第 15 巻 1993 年 東京　講談社
白石玲子　「日本近世・近代国家の法構造と家長権　近代の部　その二」『法制史研究』42 号 1992 年 東京　創文社
Sprandel; Rolf, “Verfassung und Gesellschaft im Mittelalter” 1978 Paderborn, München, Wien, Zürich Schöningh
砂川寛栄　『日本家族制度史研究』1925 年 東京　中文館
鈴木榮太郎　「農村の社會學的見方」『大谷學報』1933 年 京都　大谷學會
――――　『農村社會學史』1933 年 東京　刀江書院
――――　「農村社會調査及び社會事業の單位としての部落」『社會事業』1934 年 東京　中央社會事業協會
――――　「部落は大字なりや」『社會學』第二輯 1934 年 東京　岩波書店

中野卓　「環境と人間についての緊急調査と長期調査——環境問題と歴史社会学的調査（その四）」
『未來』104 号 1975 年 東京　未來社
———　『下請工業の同族と親方子方「高度成長期」前におけるその存在形態』1978 年 東京
御茶の水書房
———　「北大呑諸村鰤台網再考」蒲生正男・下田直春・山口昌男編
『歴史的文化像 西村朝日太郎博士古希記念』1980 年 東京　新泉社
———　『家と同族団の理論 第二版（上）（下）』1981 年 東京　未來社
———　「個人の社会学的調査研究について」『社会学評論』第 32 巻第 1 号 1981 年 東京
日本社会学会
———　「村と生活史」『村落社会研究』第 19 集 1983 年　東京　御茶ノ水書房
———　『中学生のみた昭和十年代』1989 年 東京　新曜社
———　『「学徒出陣」前後 ある従軍学生のみた戦争』1992 年 東京　新曜社
———　『鰤網の村の四〇〇年』1996 年 東京　御茶ノ水書房
———　「有賀先生の生涯と社会学」北川隆吉編『有賀喜左衞門研究＊社会学の思想・理論・方法＊』
2000 年 東京　至文堂
中野卓編　『明治四十三年 ある商家の若妻の日記』1981 年 東京　新曜社
南相虎　『昭和戦前期の国家と農村』2002 年 東京　日本経済評論社
西川祐子　「比較史の可能性と問題点」『女性史学 3』1993 年 向日　女性史総合研究会
————　『近代国家と家族モデル』2000 年 東京　吉川弘文館
日本人文学会編　『封建遺制』1951 年 東京　有斐閣
NHK 放送文化研究所編　『現代日本人の意識構造 第五版』2000 年 農林省、
「農山漁村経済更生計画ニ関スル農林省訓令」『農山漁村経済更生計画樹立方針』
1932 年 東京　農林省

O

落合恵美子　『近代家族とフェミニズム』1993 年 東京　勁草書房
—————　「近代家族をめぐる言説」『岩波講座 現代社会学 19〈家族〉の社会学』1996 年 東京
岩波書店
及川宏　「分家と耕地の分與——舊仙臺領增澤村に於ける慣行について」『民族學年報』
第一巻 1938 年 東京　三省堂
———　「同族組織と婚姻及び葬送の儀禮——舊仙臺領增澤村に於ける慣行に就いて」
『民族學年報』第二巻 1939 年 東京　三省堂
———　「所謂「まいりのほとけ」の俗信に就いて舊仙臺領增澤村慣行調査報告 (三)——」
『民族學年報』第三巻 1940 年 東京　三省堂
———　『同族組織と村落生活』1967 年 東京　未來社
大門正克　『近代日本と農村社会』1994 年 東京　日本経済評論社
大竹秀男　「日本家族法史の課題——「家」と家父長制」『比較家族史研究 1』1986 年 東京
弘文堂
岡利郎　「大正期における法体系の再編と新しい法学の登場——「社会政治」との関連で」
石井紫郎編『日本近代法史講義』1972 年 東京　東京大学出版会
小笠原真　『日本社会学史への誘い』2000 年 京都　社会思想社
岡野昇一　「いわゆる「産業組合主義」の歴史的意義」高橋幸八郎・安藤良雄・近藤晃編
『市民社会の経済構造』1972 年 東京　有斐閣

1949 年 東京　弘文堂
―――「労働組合に於ける人間關係――親方徒弟的組織に支配されるその一タイプ」『社會學評論』第 2 巻第 3 号 1952 年　日本社會學會
―――「北大呑村の社会構造――鰤大敷の村とその組合」九学会連合編『人類科学』第 6 号 1953 年
―――「鴨居瀬及び周邊地域の村落組織」九学会連合編『対馬の自然と文化』1954 年 東京　古今書院
―――「商人社会――商家の歴史とその背景」福武直編『日本の社會』1954 年 東京　要書房
―――「都市調査」福武直編『社會調査の方法』1954 年 東京　有斐閣
―――「農村社会調査法」『社會事業』第 38 巻第 5 号 1955 年 東京　全国社会福祉協議会
―――「庵」九学会連合能登調査班編『能登――自然・文化・社会』1955 年 東京　平凡社
―――「家族と親族」『講座 社會學 第四巻 家族・村落・都市』1957 年 東京　東京大學出版會
―――「北陸の定置網漁村」『村落社会研究会年報 V』1958 年 東京　時調社
―――「家のイデオロギー」『講座 現代社会心理学 8 階級社会と社会変動』1959 年 東京　中山書店
―――「大和屋暖簾内資料抄」喜多野清一・岡田謙編『家――その構造分析』1959 年 東京　創文社
―――「維新前夜の乱衆と家連合――お札降りとええじゃないか踊り」『社会学評論』第 10 巻第 2 号 1960 年 東京　日本社会学会
―――「商家における同族の変化」『社会学評論』第 12 巻 2 号 1962 年 東京　日本社会学会
―――「漁場をめぐる村落社会の変化――近世の石高階層と現在の収入階層を手がかりとして」九学会連合編『人類科学』第 15 号 1962 年
―――「方法の反省」九学会連合編『人類科学』第 16 号 1963 年
―――「漁協連合の協同経営と漁民組織」『村落社会研究会年報 Ⅸ』1963 年 東京　時調社
―――『商家同族団の研究――暖簾をめぐる家研究』1964 年 東京　未來社
―――「「地域」の問題と社会学の課題」『現代社会学講座 Ⅱ』1964 年 東京　有斐閣
―――「『むら』の解体」（共通課題）の論点をめぐってⅡ」『村落社会研究』第 2 集 1966 年東京 塙書房
―――「商業経営の主体――商家とその同族組織」『社会経済史学』第 31 巻第 6 号 1966 年東京　社会経済史学会
―――「大正期前後にわたる漁村社会の構造変化とその推進力――北大呑村鰤網再考」『村落社会研究』第 4 集 1968 年　東京　塙書房
―――『家と同族団の理論『商家同族団の研究』より』1968 年 東京　未來社
―――「村落社会の一研究方法――対馬・能登の漁村における研究事例に即して」『村落社会研究』第 8 集 1972 年　東京　塙書房
―――「商家同族団」青山道夫・竹田旦・有地亨・江守五夫・松原治郎編『講座 家族 6 家族・親族・同族』1974 年 東京　弘文堂
―――「社会学的調査と「共同行為」」『UP』33 号 1975 年 東京　東京大学出版会
―――「歴史社会学と現代社会――環境問題と歴史社会学的調査（その一）」『未來』101 号 東京　未來社
―――「社会学的調査における被調査者との所謂「共同行為」について――環境問題と歴史社会学的調査（その二）」『未來』102 号 1975 年 東京　未來社
―――「社会学的な調査の方法と調査者・被調査者との関係――環境問題と歴史社会学的調査（その三）」『未來』103 号 1975 年 東京　未來社

東京大学出版会
宮本又次 『株仲間の研究』1938 年 東京 有斐閣
――― 『近世商人意識の研究』1943 年 東京 有斐閣
宮沢俊義 『憲法の原理』1967 年 東京 岩波書店
水林彪・大津透・新田一郎・大藤修編 『新体系日本史 2 法社会史』2001 年 東京 山川出版社
Mitterauer; Michael und Sieder ;Reinhard, "Vom Patriarchat zur Partnerschaft : zum Strukturwandel der Familie" 1977 München C.H. Beck
森岡清美 『家の変貌と先祖の祭』1984 年 東京 日本基督教団出版局
――― 「1920 年代の家族変動論」『現代家族変動論』1993 年 京都 ミネルヴァ書房
――― 「家憲と先祖祭祀」『国立歴史民俗博物館研究報告 41』1992 年 佐倉 国立歴史民俗博物館
――― 『発展する家族社会学』2005 年 東京 有斐閣
――― 「私が出会った家族研究の四先達――鈴木・有賀・小山・喜多野の諸先生」『家族社会学研究』第 23 巻第 1 号 2011 年 東京 家族社会学セミナー
森岡清美・望月嵩 『新しい家族社会学』1983 年 東京 培風館
森田政裕 「有賀喜左衛門の「家」理論とその論理構造――戸田貞三との対比で」『社会学評論』第 28 巻第 3 号 1978 年 東京 日本社会学会
森謙二 「政治学者神島二郎教授の学説」『比較家族史研究 1 』1986 年 東京 弘文堂
――― 「家(家族)と村の法秩序」水林彪・大津透・新田一郎・大藤修編『新体系日本史 2 法社会史』2001 年 東京 山川出版社
森武麿 『戦時日本農村社会の研究』1999 年 東京 東京大学出版会
――― 『戦間期の日本農村社会』2005 年 東京 日本経済評論社
森武麿編 『近代農民運動と支配体制』1985 年 東京 柏書房
森田政裕 「有賀喜左衛門の「家」理論とその論理構造――戸田貞三との対比で」『社会学評論』115 号 1978 年 東京 日本社会学会
――― 「柳田国男の家族論」『家族研究年報』5 号 1979 年 東京 家族問題研究会
Mohnhaupt;Heinz, 'Verfassung(1)' in "Geschichtliche Grundbegriffe Bd.VI" Hrg. Von Otto Brunner, Werner Conze, Reinhard Koselleck und Rudolf Walthe 1990 Stuttgart Klett-Cotta
牟田和恵 「日本型近代家族の成立と陥穽」井上俊・上野千鶴子・大澤真幸・見田宗介・吉見俊哉編『岩波講座現代社会学 19〈家族〉の社会学』1996 年 東京 岩波書店
Münkler;Herflied, ,Staatsräson' in "Historisches Wörterbuch der Philosophie Band10" 1998 Darmstadt Wissenschaftliche Buchgesellschaft
村上淳一 『近代法の形成』1979 年 東京 岩波書店
――― 『ゲルマン法史における自由と誠実』1980 年 東京 東京大学出版会
――― 『ドイツ市民法史』1984 年 東京 東京大学出版会
村上泰亮・公文俊平・佐藤誠三郎 『文明としてのイエ社会』1979 年 東京 中央公論社

N

中川善之助 『日本親族法――昭和十七年』1942 年 東京 日本評論社
――― 『随想 家』1942 年 東京 河出書房
中根千枝 『タテ社会の人間關係』1967 年 東京 中央公論社
中野卓 「同業街に於ける同族組織――京都二條藥種卸商同業街調査」『社會學研究』第一巻第三輯 1948 年 東京 高山書院
――― 「都市に於ける同族と親類」戸田貞三博士還暦祝賀記念論文集『現代社會學の諸問題』

derFranzösischen Revolution und 1848' in "Familie zwischen Tradition und Moderne" hrg. von Neithard Bulst, Joseph Goy und Jochen Hoock, 1981 Göttingen Vandenhoeck & Ruprecht

————————, 'Begriffsgeschichtliche Probleme der Verfassungsgeschichts - schreibung' in "Gegenstand und Begriffe der Verfassungsgeschichtsschreib- ung" 1983 Berlin Duncker&Hunblot

Kroeschell; Karl, "Haus und Herrschaft im frühen deutschen Recht;ein methodischer Versuch" 1968 Göttingen Schwartz

黒崎八州次良 「ある成熟——青年 有賀喜左衞門の場合」『人文科学論集』第 20 集 1986 年 長野 信州大学人文学部

小山隆・牧野巽・岡田謙・喜多野清一 「家族研究の回顧と展望（座談会）」『現代家族の社会学——成果と課題』1970 年 東京 培風館

小山隆編 『現代家族の研究』1960 年 東京 弘文堂

L

Luhmann;Niklas, 'Gesellschaftliche Struktur und semantische Tradition' in "Gesellschaftsstruktur und Semantik" 1980 Frankfurt am Main Suhrkamp

M

Manhaim; Ernst, 'Beiträge zu einer Geschichte der autoritären Familie' in "Studien über Autorität und Familie" hrg. Von Max Horkheimer, 1936 Paris F. Alcan

牧原憲夫 『客分と国民のあいだ』1998 年 東京 吉川弘文館

正岡寛司 「家研究の展開と課題——有賀喜左衞門および鈴木栄太郎の「家」研究から」『家族史研究 3』1981 年 東京 大月書店

枡田忠雄 「わが国農村社会学における「家」理論の形成と展開——喜多野清一の「家」理論を中心として」『山形大学紀要』4-1 4-3 1972 年 1973 年 山形 山形大学

松島静雄・中野卓 『日本社会要論』1958 年 東京 東京大学出版会

松田忍 『系統農会と近代日本』2012 年 東京 勁草書房

丸山侃堂・今村南史 『丁稚制度の研究』1912 年 東京 政教社

丸山眞男 『日本の思想』1961 年 東京 岩波書店

———— 『増補版 現代政治の思想と行動』1964 年 東京 未来社

———— 『丸山眞男講義録』第二冊 1999 年 東京 岩波書店

Meinecke;Friedrich, "Die Idee der Staatsräson" 1924 München Wien R.Oldenbourg

————, "Die deutsche Katastrophe, Betrachtungen und Errinnerungen." 1946 Wiesbaden, E.Brockhaus

蓑輪明子 「一九二〇年代の「家」制度改正論——臨時法制審議会の民法改正構想を素材に」『一橋社会科学』第 5 号 2008 年 東京 一橋大学大学院社会科学研究科

三井文庫編 「宗竺遺書」『三井事業史 資料編 1』1973 年 東京 三井文庫

———— 『三井事業史 資料編 3』1974 年 東京 三井文庫

光吉利之 「書評 中野卓『商家同族団の研究』」『社会学評論』第 17 巻第 1 号 1966 年 東京 日本社会学会

光吉利之・松本通晴・正岡寛司編 『リーディングス 日本の社会学 3 伝統家族』1986 年 東京

喜多野清一　「同族の相互扶助」中川善之助・青山道夫・玉城肇・福島正夫・兼子一・川島武宜編『家族問題と家族法Ⅴ 扶養』1958 年 東京　酒井書店
――――　「同族団の構成と協助の態様」『大阪大学文学部創立十周年記念論叢』1959 年 東京　創文社
――――　「同族」岩村忍・関敬吾編『日本の民族・文化――日本人の人類』1959 年 東京　講談社
――――　「身分と家格」『日本民俗大系 4 社会と民俗二』1959 年 東京　平凡社
――――　「親方子方」『日本民俗大系 4 社会と民俗二』1959 年 東京　平凡社
――――　「江戸中期甲州山村の家族構成」喜多野清一・岡田謙編『家――その構造分析』1959 年 東京　創文社
――――　「甲州山村の親方子方――棡原村大垣戸のヂルヰとオヤブン・コブン」『大阪大学文学部紀要』七号 1960 年　大阪大学文学部
――――　「社会学と民俗学」『日本民俗学体系 1 民俗学の成立と展開』1960 年 東京　平凡社
――――　「同族における系譜関係の意味」『九州大学九州文化研究所創立二五周年記念論文集』1961 年 福岡　九州文化史研究所
――――　「日本の家と家族」『大阪大学文学部紀要』11 巻 1965 年 大阪　大阪大学
――――　「及川宏「同族組織と村落生活」解説」及川宏著『同族組織と村落生活』1967 年 東京　未來社
――――　「鈴木農村社会学における村と家」『鈴木榮太郎著作集 Ⅱ』1968 年 東京　未來社
――――　「解説――日本における家族社会学の定礎者戸田貞三博士」戸田貞三『新版 家族構成』1970 年 東京　新泉社
――――　「日本の村と家」『社会学年誌 12』1971 年 東京　早稲田大学社会学会
――――　「社会学と私」『現代社会学大系第六回配本月報』1971 年 東京　青木書店
――――　「鈴木榮太郎博士の家族論」武田良三博士古希記念論文集『近代社会と社会学』1971 年 東京　早稲田大学出版会
――――　「はじめに」喜多野清一編『「家」と親族組織』1975 年 東京　早稲田大学出版会
――――　「ヂルイとオヤブン・コブン――山梨県北都留郡上野原町大垣外」喜多野清一・正岡寛司編著、『「家」と親族組織』1975 年 東京 早稲田大学出版部
――――　『家と同族の基礎理論』1976 年 東京 未來社
――――　「山陰農村における子方従属の一事例」『地域社会学の諸問題』1979 年 京都　晃洋書房
――――　「日本の家族史研究によせて」『家族史研究 1』1980 年 東京　大月書店
喜多野誠一編　『家族・同族・村落』1983 年 東京　早稲田大学出版部
喜多野清一・岡田謙編　『家――その構造分析』1959 年 東京　創文社
喜多野誠一・住谷一彦　「日本の家と家族――有賀・喜多野論争の問題点」『思想』第 527 号 1968 年 東京　岩波書店
喜多野清一博士古希記念論文集編集委員会編　『村落構造と親族組織』1973 年 東京　未來社
喜多野清一・正岡寛司編著　『「家」と親族組織』1975 年 東京　早稲田大学出版部
小平権一　「農山漁村經濟更生計畫の大要」『郷土教育』第 28 号 1931 年
小山隆・牧野巽・岡田謙・喜多野清一　「家族研究の回顧と展望（座談会）」
山室周平・姫岡勤編　『現代家族の社会学』1970 年 東京　培風館
Koselleck; Reinhart, ,>Erfahrungsraum< und >Erwartungshorizont< —zwei histo rische Kategorien‘ in “Vergangene Zukunft” 1979 Frankfurt am Main Suhrkamp
Koselleck; Reinhart, ‘Die Auflösund des Hauses als ständischer Herrschaftseinheit. Anmerkungen zum Rechtswandel von Haus, Familie und Gesinde in Preußen zwischen

――――「具體的方法論の確立「日本農村社會學原理」」『帝國大學新聞』第八百四十號 1941 年 東京 帝國大學新聞社
――――「同族組織と親方子方慣行資料」『民族学年報　第三巻』1941 年 東京　三省堂
――――「民主主義と農村」『東京新聞』第一千百四十四号 1945 年 東京　東京新聞社
――――「農村の民主化 英國の地方政治」『東京新聞』第一千三百十七号 1946 年 東京 東京新聞社
――――「農村の民主化 生活密着の指導」『東京新聞』第一千三百十八号 1946 年 東京 東京新聞社
――――「農村の民主化 徐々に且確實に」『東京新聞』第一千三百十九号 1946 年 東京 東京新聞社
――――「村への愛に立脚して」『新青年文化』第 2 号 1946 年 東京　新青年問題懇話会
――――「變貌する農村」『評論』1946 年 東京 河出書房
――――「科学的分析の要――農村・家族制度の調査に期待」『帝国大学新聞』994 号 1946 年 東京　不二出版
――――「同族団資料」『民族學研究』新三巻二輯 1947 年 東京 彰考書院
――――「及川宏くんの略歴と業績」『民族學研究』新三巻二輯 1947 年 東京　彰考書院
――――「町人請負新田に於ける小作関係」『社会学研究』1947 年 東京　高山書院
――――「社會調査法 (1),(2)」『社會圏』一巻一号・二号 1947 年 東京　青山書院
――――「日本の村と家に關する二、三の問題」『社會と學校』一巻二号 1947 年 東京 金子書房
――――「社會調査法の諸問題」『社會と學校』二巻六号 1948 年 東京 金子書房
――――「社會調査の方法」東京社会科学研究所編『現代の社會學』第一巻 1948 年 東京 実業之日本社
――――「農村問題――農地改革を中心として」田邊壽利編『社会学体系 都市と農村』1948 年 東京　国立書院
――――「新田開発村の同族組織」『戸田貞三博士還暦祝賀記念論文集 現代社会学の諸問題』1949 年 東京　弘文堂
――――「アメリカ農村社会学における共同体研究の展開」『季刊 社會學』第三巻 1949 年 東京 同文館
――――「同族組織と封建遺制」日本人文科学会編『封建遺制』1951 年 東京　有斐閣
――――「対馬村落の研究（一）」『九州大学九州文化史研究所紀要』第一号 1951 年 福岡 九州大学九州文化史研究所
――――「小作争議」『日本社會民俗辞典』第一巻 1952 年 東京 誠文堂新光社
――――「農村の文化運動（上）（下）」『東京新聞』第 3591 号・3592 号 1952 年 東京 東京新聞社
――――「対馬村落社会構造の諸問題」九學会年報第四集『漁民と對馬』1952 年 京都　關書院
――――「農村教育」『教育研究事典』1954 年 東京 金子書房
――――「二、三の主要な発展線について　―理論と方法、社会学」『村落社会研究会年報』第一巻 1954 年 東京 時潮社
――――「農村社會とらえ方 続」『経済研究資料』第八二号 1954 年 東京 農林省農林経済局経済研究室
――――「社会学」村落社会研究会編『村落研究の成果と課題』1954 年 時潮社
――――「新しいモノグラフへの期待」『林恵海教授還暦記念論文集』1956 年 東京　有斐閣
――――「村落共同体に関する覚え書」『村落社会研究会年報』第三巻 1956 年 東京　時潮社

早稲田大学出版部
川合隆男 『戸田貞三――家族研究・実証社会学の軌跡』2003 年 東京 東信堂
川島武宜 『日本社会の家族的構成』1948 年 東京 岩波書店
――― 『イデオロギーとしての家族制度』1957 年 東京 岩波書店
河田正矩 『家業道徳論』元文五年『通俗経済文庫 巻九』1916 年 東京 明治文献
河村望 『日本社会学史研究（上）』1973 年 東京 人間の科学社
――― 『日本社会学史研究（下）』1975 年 東京 人間の科学社
川本彰 『近代文学に於ける「家」の構造 その社会学的考察』1973 年 東京 社会思想社
木戸功 『概念としての家族』2010 年 東京 新泉社
北川隆吉編 『有賀喜左衛門研究＊社会学の思想・理論・方法＊』2000 年 東京 至文堂
喜多野清一 「建設への一道標――鈴木榮太郎氏著『農村社會學史』を読む」『帝國大學新聞』第四百六十八號 1933 年 東京 帝國大學新聞社
――― 「農民階級構成の史的段階」『社會學』第一輯 1933 年 東京 岩波書店
――― 「信州更科村若宮の同族団」『民族学研究』3-3 1937 年 東京 日本民族学会
――― 「新刊紹介 有賀喜左衛門著 農村社会の研究」『民族学研究』5-4 1939 年 東京 日本民族学会
――― 「農村社會調査における樞軸的視點」『郷土教育』第三十號 1933 年 東京 刀江書院
――― 「昭和五年國勢調査にあらはれたる日本農業」『社會政策時報』第百五十六號 1933 年 東京 協調會
――― 「昭和五年國勢調査にあらはれたる日本農業（續篇）」『社會政策時報』第百六十八號 1934 年 東京 協調會
――― 「昭和五年國勢調査にあらはれたる日本農業（續篇）（下）」『社會政策時報』第百七十號 1934 年 東京 協調會
――― 「社會調査の基本問題」『社會事業』第十八巻第十二號 1935 年 東京 社會事業研究所
――― 「米國に於ける農村社會學の発達」『社會學』第四輯 1936 年 東京 岩波書店
――― 「農村社會學文獻目録」『社會學』第四輯 1936 年 東京 岩波書店
――― 「農村家族構造の分析に就て」『社會事業研究』第二十四巻第四號 1936 年 大阪 社會事業研究会事務所
――― 「大阪市近郊農村の生活調査報告を讀みて」『社會事業研究』第二十五巻第九號 1937 年 大阪 社會事業研究会事務所
――― 「日本的新傾向（上）新明教授「ゲマインシャフト」等」『帝國大學新聞』第六百九十七號 1937 年 東京 帝國大學新聞社
――― 「日本的新傾向（下）戸田・鈴木教授等の近著に就て」『帝國大學新聞』第六百九十八號 1937 年 東京 帝國大學新聞社
――― 「信州更科村若宮の同族団」『民族學研究』第三巻第三號 1937 年 東京 三省堂
――― 「柳田國男氏輯「山村生活の研究」」『東京朝日新聞』第一萬八千六百三十二號 1938 年 東京 朝日新聞社
――― 實際主義的研究の興隆 日本社會學會に望みたきこと」『帝國大學新聞』第七百四十九號 1939 年 東京 帝國大學新聞社
――― 「舊會津藩山三郷の分家取斗仕法」『民族學研究』第五巻第二號 1939 年 東京 三省堂
――― 「有賀喜左衛門著「農村社會の研究」」『民族學研究』第五巻第四號 1939 年 東京 三省堂
――― 「國勢調査の意義」『帝國大學新聞』第八百二十五號 1940 年 東京 帝國大學新聞社
――― 「甲州山村の同族組織と親方子方慣行」『民族学年報 第二巻』1940 年 東京 三省堂

――――　「有賀喜左衛門初期著作にみる方法論的探求と家族の問題化」『家族社会学研究』22巻2号 2010年 東京　家族社会学セミナー
石田雄　『明治政治思想史研究』1954年 東京　未來社
石原晋吾　「戸田貞三における社会学と公民教育」『慶應義塾大学大学院社会学研究科紀要』五五号 2002年 東京　慶應義塾大学大学院社会学研究科
石部雅亮　「プロイセン国家の家族観」青山道夫・竹田旦・有地亨・江守五夫・松原治郎編『講座家族 8 家族観の系譜 総索引』1974年 東京　弘文堂
――――　「ドイツ・三月前期の家族法」『家族史研究 5』1982年 東京　大月書店
――――　「一八世紀ドイツにおける「家長権」の観念について」永原慶二・住谷一彦・鎌田浩編『家と家父長制』1992年 東京　早稲田大学出版部
磯野誠一　「明治民法の変遷」中川善之助・青山道夫・玉城肇・福島正夫・兼子一・川島武宜編『家族問題と家族法 I 家族』1957年 東京　酒井書店
――――　「民法改正（法体制再編期）」鵜飼信成・福島正夫・川島武宜・辻清明編『講座日本近代法発達史 2』1958年 東京　勁草書房
磯野誠一・磯野富士子　『家族制度』1958年 東京　岩波書店
伊藤幹治　『家族国家観の人類学』1982年 京都　ミネルヴァ書房
稲本洋之助　「市民革命の家族観――フランス革命下の家族法改革を素材として」青山道夫・竹田旦・有地亨・江守五夫・松原治郎編『講座家族 8 家族観の系譜 総索引』1974年 東京　弘文堂
――――　「フランス近代の家族と法」『家族史研究 5』1982年 東京　大月書店
稲本洋之助編訳　『フランス民法典第一篇――その原初規定（一八〇四）と原行規定（一九七一）』1972年 東京　「家」制度研究会
井上光貞　『日本古代史の諸問題』1949年 東京　思索社
入江宏　『近世庶民家訓の研究』1996年 東京　多賀出版
岩崎祖堂　『日本現代富豪名門の家憲』1908年　丸山舍書籍部

J

慈円　『愚管抄 日本古典文学大系』1967年 東京　岩波書店

K

柿崎京一　「「家」研究ノート―M・ウエーバーの「ピエテート」に関連して――」『社会科学の方法』14巻5号 1981年 東京　御茶ノ水書房
風早八二十編著　『全国民事慣例類集』1944年 東京　日本評論社
笠谷和比古　「序論「家」の概念とその比較史的考察」『公家と武家 II「家」の比較文明史的考察』1999年 京都　思文閣出版
加藤一郎・星野英一・米倉明・平井宜雄・石田穣編　『法律学教材民法 6　親族相続』1979年 東京　東京大学出版会
鹿野政直　『戦前・家の思想』1983年 東京　創文社
加納美紀代　『女たちの銃後』1987年 東京　筑摩書房
鎌田浩　『幕藩体制における武士家族法』1970年 東京　成文堂
――――　「法史学界における家父長制論争」『比較家族史研究 2』1987年 東京　弘文堂
――――　「家父長制の理論」永原慶二・住谷一彦・鎌田浩編『家と家父長制』1992年 東京

1959 Berlin J. Beltz
堀米庸三 「中世の家族観」青山道夫・竹田旦・有地亨・江守五夫・松原治郎編 『講座家族 8 家族観の系譜 総索引』1974 年 東京 弘文堂
法務大臣官房司法法制調査部監修 『法典調査会民法議事速記録 第五巻』1984 年 東京 商事法務研究会
―――――――――――――― 『法典調査会民法議事速記録 第六巻』1984 年 東京 商事法務研究会
―――――――――――――― 『法典調査会民法議事速記録 第七巻』1984 年 東京 商事法務研究会
穂積重遠 『親族法』1933 年 東京 岩波書店
穂積重遠・中川善之助編 『家族制度全集』史論篇 1 ～ 5、法律篇 1 ～ 5 1937 年 ~1938 年 東京 河出書房
穂積八束 『穂積八束博士論文集 増補改版』1943 年 東京 有斐閣
本多真隆 「戦後民主化と家族の情緒」『家族社会学研究』第 25 巻第 1 号 2013 東京 家族社会学セミナー
――――― 「家族研究における「ピエテート」概念受容の諸相――戸田貞三と川島武宜の家族論にみる情緒と権威の関連性」『家族研究年報』第 38 号 2013 年 東京 家族問題研究会
――――― 「有賀喜左衛門の民主化論――「家」の民主化と「家族」の民主化」『家族研究年報』第 40 号 2015 年 東京 家族問題研究会
堀内節編著 『家事審判制度の研究』1970 年 東京 日本比較法研究所
―――――― 『続・家事審判制度の研究』1976 年 東京 日本比較法研究所
Husserl,; Edmund,"Husserliana Bd.VI Die Krisis der europäischen Wissenschaften und die transzendentale Phänomenologie" 1954 Haag Nijhof
品治佑吉 「戸田貞三における集団概念と社会認識――戸田社会学の歴史的再低位に向けて」『社会学史研究』第三八号 2016 年 東京 いなほ書房

I

井ヶ田良治 「近世村落身分秩序の諸矛盾――丹波国南桑田郡保津村」『近世村落の身分構造』1984 年 東京 国書刊行会
井上哲二郎編著 『國民教育と家族制度』1911 年 東京 目黒書店
石田雄 『明治政治思想史研究』1954 年 東京 未来社
――― 『近代日本政治構造の研究』1956 年 東京 未来社
石井紫郎 『日本国制史研究Ⅰ 権力と土地所有』1963 年 東京 東京大学出版会
――――― 「『いえ』と『家父長制』概念」『社会科学の方法』4-12 1971 年 東京 御茶ノ水書房
――――― 『日本国制史研究Ⅱ 日本人の国家生活』1986 年 東京 東京大学出版会
石井紫郎編 『日本近代法史講義』1972 年 東京 青林書院新社
石井紫郎編著 『近世武家思想』1974 年 東京 岩波書店
石井進・石母田正・笠松宏至・勝俣鎮夫・佐藤進一編著 『中世政治社会思想 上・下』1972 年 東京 岩波書店
石井良助 『家と戸籍の歴史』1981 年 東京 創文社
石黒史郎 「戸田貞三の初期著作に見出される家族：社会改良、統計法と近代文明社会における家族」『家族社会学研究』19 巻 1 号 2007 年 東京 家族社会学セミナー

de France

E

遠藤浩 「分家についての諸問題」『学習院大学政経学部研究年報』1 巻 1953 年 東京
學習院大學政經學會

F

Fichte,;Johan Gottlieb, 'Reden an die deutsche Nation' in "Fichtes Werke Bd.VII" 1971 Berlin
Walter de Gruyter & Co.
藤井勝 「近世農民の家と家父長制」永原慶二・住谷一彦・鎌田浩編『家と家父長制』1992 年 東京
早稲田大学出版部
――― 『家と同族の歴史社会学』1997 年 東京 刀水書房
福島正夫編 『戸籍制度と「家」制度』1959 年 東京 東京大学出版会
福島正夫 『日本資本主義と「家」制度』1967 年 東京 東京大学出版会
船橋春俊 『組織の存立構造と両義性論――社会学理論の重層的研究』2010 年 東京 東信社

G

Gadamer; Hans Georg, "Wahrheit und Methode" 1960 Tübingen J.C.B.Mohr
Grimm;Dieter, 'Verfassung(2)' in "Geschichtliche Grundbegriffe Bd.VI" hrg.
von Otto Brunner, Werner Conze, Reinhard Koselleck und Rudolf Walthe 1990 Stuttgart Klett-Cotta

H

長谷川善計 「有賀社会学の理論形成の諸特徴――柳田民俗学との関連において」
『新しい社会学のために』12 号 13 号 15 号 1977 年 1978 年 京都 現代社会研究会
――――― 「同族団の初源的形態と二つの家系譜――有賀喜左衛門の同族団理論の再検討」
『神戸大学文学部紀要』9 号 10 号 1981 年 1983 年 神戸 神戸大学文学部
――――― 「社会学における家と家父長制」『比較家族史研究２』1987 年 東京 弘文堂
長谷川善計・藤井勝・竹内隆夫・野崎敏郎 『日本社会の基層構造――家・同族・村落の研究』
1991 年 京都 法律文化社
平賀明彦 『戦前日本農業政策史の研究』2003 年 東京 日本経済評論社
平野敏正 「有賀喜左衛門の家理論」『家族史研究 3』1981 年 東京 大月書店
Hegel;G.W.F.,,Phänomenologie des Geistes" 1977 Frankfurt am Main Suhrkamp
―― ―――,"Vorlesung über die Philosophie der Geschichte" 1980 Frankfurt am Main Suhrkamp
――――――,"Grundlinien der Philosophie des Rechts" 1978 Frankfurt am Main Suhrkamp
Heidegger ; Martin, "Sein und Zeit" 1927 Tübingen Niemeyer
平山朝治 『イエ社会と個人主義』1995 年 東京 日本経済新聞社
Horkheimer;Max, ,Allgemeiner Teil' in "Studien über Autorität und Familie" hrg.
Von Max Horkheimer, 1936 Paris F. Alcan
星野英一 『民法論集第三巻』1972 年 東京 有斐閣
Hoffmann; Julius,"Die "Hausväterliteratur" und die "Predigten über den christlichen Hausstand"

有賀喜左衛門　『日本の家族』1965 年 東京　至文堂
――――――――　「家族理論の家への適用――喜多野清一氏の『日本の家と家族制度』を読んで」『社会学評論』第 19 巻第 2 号 1968 年 東京　日本社会学会
――――――――　「社会学と私」『現代社会学大系 月報（一）』1969 年 東京　青木書店
――――――――　「家と奉公人」喜多野清一博士古希記念論文集『村落構造と親族組織』 1973 年 東京　未來社
――――――――　「『聟入考』と柳田國男」『季刊 柳田國男研究』八号 1975 年 東京　白鯨社
――――――――　『一つの日本文化論――柳田國男と関連して』1976 年 東京　未來社
――――――――　「民族の心を求めて」『私の自叙伝（一）』1979 年 東京　日本放送協会出版
――――――――　「有賀喜左衛門先生最後の講話」北川隆吉編『有賀喜左衛門研究＊社会学の思想・理論・方法＊』2000 年 東京　至文堂
――――――――　『有賀喜左衛門著作集Ⅲ 大家族制度と名子制度』1967 年 東京　未來社
――――――――　『有賀喜左衛門著作集Ⅳ 封建遺制と近代化』1967 年 東京　未來社
――――――――　『有賀喜左衛門著作集Ⅴ 村の生活組織』1968 年 東京　未來社
――――――――　『有賀喜左衛門著作集Ⅵ 婚姻・労働・若者』1968 年 東京　未來社
――――――――　『有賀喜左衛門著作集Ⅶ 社会史の諸問題』1969 年 東京　未來社
――――――――　『有賀喜左衛門著作集Ⅷ 民俗学・社会学方法論』1969 年 東京　未來社
――――――――　『有賀喜左衛門著作集Ⅸ 家と親分子分』1970 年 東京　未來社
――――――――　『有賀喜左衛門著作集Ⅹ 同族と村落』1971 年 東京　未來社
――――――――　『有賀喜左衛門著作集Ⅺ 家の歴史・その他』1971 年 東京　未來社
――――――――　『有賀喜左衛門著作集Ⅻ 文明・文化・文学』2001 年 東京　未來社
有賀喜左衛門著 中野卓編　『文明・文化・文学』1980 年 東京　御茶ノ水書房
有地亨　『近代日本の家族観 明治篇』1977 年 東京　弘文堂
有馬祐政・秋山梧庵編　『武士道家訓集』1907 年 東京　博文館

B

坂野潤治編著　『自由と平等の昭和史』2009 年 東京
――――――――　『〈階級〉の日本近代史』2014 年 東京
Böckenförde; Ernst Wolfgang, “Die deutsche verfassungsgeschichtliche Forschung im 19.Jahrhundert” Zweite Auflage, 1995 Berlin Duncker&Humblot
Brunner ; Otto, “Land und Herrschaft 5.Aufl.” 1965 Darmstadt Wissenschaftliche Buchgesellschaft
――――, Moderner Verfassungsbegriff und mittelalterliche Verfassungsgeschichte’ in “Mitteilungen des Österreichischen Instituts für Geschichts- forschung” XIV.Erg-Band Insbruck Universität-Verlag Wagner
――――, “Neue Wege der Verfassungs-und Sozialgeschichte” ,1956 Göttingen Vandenhoeck & Ruprecht
ブルンナー ; オットー　『ヨーロッパ その歴史と精神』石井他訳 1974 年 東京　岩波書店

D

Dahl;Robert A, *Polyarchy, participation and opposition* 1971 Yale University Press, New Haven
R. ドーア著 青井和夫・塚本哲人訳　『都市の日本人』 1962 年 東京　岩波書店
Durkheim;Émile, *De la division du travail social* 9e édition 1973 Paris Presse Universitaires

岩波書店
――――「日本家族制度の特質について」『日本社会学会年報　社会学（第九輯）』1943 年
東京　日本社会学会
―――― 日本農村の性格について」産業組合中央会編『新農村建設の基本問題
――第六回産業組合問題研究会報告書』1943 年 東京　産業組合中央会
――――「上代の家と村落」東亜社会研究会編『東亜社会研究』第一巻 1943 年 東京　生活社
――――『日本家族制度と小作制度「農村社会の研究」改訂版』1943 年 東京　河出書房
――――「日本農村における封建制」『社会学研究』1-2 1947 年 東京　高山書院
――――「社会關係の基礎構造と類型の意味」『社会学研究』1947 年 東京　高山書院
――――「同族と親族」『日本民俗学のために』第 2 巻 1947 年 東京　民間伝承の会
――――「社會秩序」『社會と學校』2-2 1948 年 東京　金子書房
――――「奈良時代の戸籍と計帳」『社会経済史学』25-2 1948 年 東京　世界書院
――――「都市社会学の課題――村落社会学と関連して」民族文化調査会編
『社会調査の理論と実際』1948 年 東京　青山書院
――――『村落生活――村の生活組織』1948 年 東京　國立書院
――――『日本婚姻史論』 1948 年 東京　日光書院
――――「社会秩序」『社会と学校』2-2 1948 年 東京　金子書房
――――「親族呼称の本質に関する一考察――漢民族の親族呼称を通して」
戸田貞三博士還暦祝賀記念論文集『現代社会学の課題』1949 年 東京　弘文堂
――――「家について」八学会連合編『人文科学の諸問題』1949 年 東京　関書院
――――『封建遺制の分析』 1949 年 東京　中央小論社
――――「日本社会構造における階層制の問題」『民族学研究』14-4 1950 年 東京　岡書院
――――「日本の家」日本人類学会編『日本民族』1952 年 東京　岩波書店
――――「民俗資料の意味――調査資料」金田一京介博士古希記念『言語民俗論叢』
1953 年 東京　三省堂出版
――――「対馬封建制度の諸問題――木庭と間高、地方知行、加冠」
八学会連合対馬共同調査委員会編『対馬の自然と分化』 1954 年 東京　古今書院
――――「義理と人情」『現代道徳講座（三）』1955 年 東京　河出書房
――――「家制度と社会福祉」全国社会福祉協議会編『社会事業』38-9 1955 年 東京
全国社会福祉協議会
――――「全体社会研究の必要」林恵海教授還暦記念論文集『日本社会学の課題』1956 年
東京　有斐閣
――――「村落共同体と家」村落社会研究会編『村落共同体の構造分析』1956 年 東京
時潮社
――――「ユイの意味とその変化」『民族学研究』21-4 1957 年 東京　岡書院
――――「大家族崩壊以後――南部二戸郡石神」『信濃』10-5　1958 年 長野　信濃史学会
（『有賀喜左衛門著作集 Ⅲ』1967 年）
――――「村落の概念について」『哲学』35 1958 年 東京　三田哲学会
――――「家について」日高六郎編『社会学論集――理論篇』1959 年 東京　河出書房新社
――――「日本における先祖の観念――家の系譜と家の本末の系譜と」岡田謙・
喜多野清一編『家――その構造分析』1959 年 東京　創文社
――――「家族と家」『哲学』38 集 1958 年 東京　三田哲学会
――――「同族団とその変化――はしがき」『社会学評論』46 1962 年 東京
日本社会学会

文献表

A

Altenbockum; Jasper von, "Wilhelm Heinrich Riehl　1823-1897 : Sozialwissenschaft zwischen Kulturgeschichte und Ethnographie" 1994 Köln Böhlau
青山道夫　「法律婚主義と事実婚主義」『中川善之助教授還暦記念 家族法大系Ⅱ婚姻』1959 年　東京　有斐閣
――――　「日本の「家」の本質について」福島正夫編『家族 政策と法 7 近代日本の家族観』1976 年　東京　東京大学出版会
赤川学　『構築主義を再構築する』2006 年 東京　勁草書房
有賀喜左衛門　「生きやうではないか」『地上』1-2 1919 年 長野　地上社
――――――　「吹雪」『創作』2-4　1923 年 東京　創作社
――――――　「「炉辺見聞」『民族』1-2　1925 年 東京　民族発行所
――――――　「炉辺見聞」『民族』1-3　1925 年 東京　民族発行所
――――――　「ゐろり雑考」『旅と伝説』9-4 1926 年 東京　三元社
――――――　「炉辺見聞」『民族』4-3　1928 年 東京　民族発行所
――――――　「火の玉と狐火」『民俗学』1-2 1929 年 東京　岡書院
――――――　「民俗學の本願」『民俗學』1-3 1929 年 東京　民俗學會
――――――　「村の人の話」『民俗學』1-5 1929 年 東京　民俗學會
――――――　「村の人の話」『民俗學』1-6 1929 年 東京　民俗學會
――――――　「村の生活と山林」『郷土』1-3 1931 年 東京　郷土発行所
――――――　「村の見方」講演　(筆記は『有賀喜左衛門著作集 Ⅷ』1969 年)
――――――　「村の家」『蕗原』特輯号　1932 年 謄写版 (『有賀喜左衛門著作集 Ⅳ』1967 年)
――――――　「捨て子の話」『法律新聞』3508 号～ 3520 号 1932 年 東京　法律新聞社
――――――　「小作・ユイ・他所者」『民俗学』5-4　1933 年 東京　岡書院
――――――　「名子の賦役――小作料の原義(上)」『社会経済史学』3-7 1933 年 東京　岩波書店
――――――　「名子の賦役――小作料の原義(下)」『社会経済史学』3-10 1934 年 東京　岩波書店
――――――　村の記録 附、熊谷家傳記のこと」『ドルメン』3-8 1934 年 東京　岡書院
――――――　「不幸音信帳から見た村の生活――信州上伊那郡朝日村を中心として」『歴史学研究』2-4　1934 年 東京　歴史学研究会
――――――　「若者仲間と婚姻」『社会経済史学』4-11 4-12 5-1 5-2 1935 年 東京　岩波書店
――――――　田植と村の生活組織」『民族学研究』1-3　1935 年 東京　三省堂
――――――　「タウト氏のみた白川村」飛騨考古土俗学会編『ひだびと』1936 年 高山町(岐阜県)飛騨考古土俗學會
――――――　「菅江真澄翁の墓(一)」『帝國大學新聞』第六百七号 1936 年 東京　帝国大学新聞社
――――――　「菅江真澄翁の墓(二)」『帝國大學新聞』第六百八号 1936 年 東京 帝国大学新聞社
――――――　「ゐろり雑考」『旅と伝説』9-4　1936 年 東京　三元社
――――――　「タウト氏の観た白川村」『ひだびと』4-11 1936 年 高山町(岐阜県)飛騨考古土俗學會
――――――　「さなぶり――田植と村の生活組織」『民族学研究』4-1 4-2 1937 年 東京　三省堂
――――――　「結納と労働組織」『社会経済史学』6-3 6-4 6-51 1938 年 東京　河出書房
――――――　『農村社会の研究――名子の賦役』1938 年 東京　河出書房
――――――　『南部二戸郡石神村に於ける大家族制度と名子制度』1939 年 東京　河出書房
――――――　「家族制度と労働組織」『日本社会学会年報　社会学(第八輯)』1941 年 東京

な

は

た

索引

あ

か

【著者紹介】
斉藤史朗（さいとう　しろう）
1960年生まれ。東京大学法学部卒業のち、様々な職業を経て、2001年に株式会社金融エンジニアリング・グループに入社。2004年 東京大学人文社会系研究科に入学。2017年 東京大学より博士号（社会学）授与。データサイエンティスト協会 企画委員長。

昭和日本の家と政治――日本社会学における家理論の形成と展開

2018（平成30）年7月30日　初版1刷発行

著　者　斉藤 史朗
発行者　鯉渕 友南
発行所　株式会社 弘文堂　101-0062 東京都千代田区神田駿河台1の7
TEL 03(3294)4801　振替 00120-6-53909
http://www.koubundou.co.jp

装　丁　笠井亞子
組　版　スタジオトラミーケ
印　刷　大盛印刷
製　本　牧製本印刷

ISBN978-4-335-55195-6